洪啟嵩 著

觀音傳十萬史詩系列

二部曲

千手觀音

獻給
大悲觀世音菩薩

目錄

出版緣起

南無大慈大悲觀世音自在菩薩摩訶薩
一心頂禮在您的面前
安心淨聽著您的教誨
一心一心深跪在您身前
寫下您無生無滅的究竟詩篇
於是大悲聖者觀世音自在菩薩
那無始無終的史詩在法界一切處中傳響
那觀世音十萬史詩啊！
是我一心依著您一言一語的教授
輕輕的揭下了心骨為筆沾上了心血為墨
一字一句寫下這永恆的詩篇

大悲觀世音菩薩可以說是人間最熟悉、最廣受歡迎的菩薩，他無限的慈悲心與般若深智，圓融無二的具體表現，無剎不應的示現，使他成為與我們娑婆世界眾生最為相契的菩薩，俗語說：「家家阿彌陀，戶戶觀世音」，正是這種現象的最佳寫照，「觀音媽」的親切稱呼，更代表了民間對觀世音菩薩如慈母般的情感。

觀世音菩薩（梵名 Avalokiteśvara），以慈悲救濟眾生為本願，又有光世音、觀自在、觀世自在、觀世音自在等名號。由於觀世音菩薩的偉大勝德，有時也被稱為救世菩薩、救世淨聖、施無畏者、蓮華手、普門或大悲聖者。

觀世音菩薩遍歷宇宙中無數世界，而其主要居住的淨土，則是在極樂世界，與大勢至菩薩同為阿彌陀佛的兩大脇侍，共同在極樂世界教化眾生。在《悲華經》中記載，將來西方極樂世界阿彌陀佛涅槃之後，觀音菩薩將補佛處，號為「遍出一切光明功德山王如來」。其淨土名為「一切珍寶所成就世界」，比起現在的極樂世界，更加的莊嚴微妙。

觀世音菩薩代表著諸佛的大悲菩提心，拔除一切有情苦難，聞聲救苦，不稍停息；在《法華經》普門品中說：「若有無量百千萬億眾生受諸苦惱，聞是觀世音菩薩，一心稱名，觀世音菩薩即時觀其音聲，皆得解脫。」可見觀音法門的廣大，與悲願的弘深。

正因為其廣大無盡的悲願，「普門示現」成為觀音法門的特點；無論眾生有任何的需求，應該以那一種身份得度，觀世音菩薩即示現出何種身相來救度。觀音菩薩由「普現色身三昧」現起的不可思議變化身，常在十方世界作無邊的救濟，使苦難眾生得到無限的安慰與清涼。

而除了無盡的大悲救度，觀世音菩薩蘊藏於大悲之後的，乃是無邊的大智，所以在華人世界最廣為人知的智慧經典《般若波羅蜜多心經》，正是觀世音菩薩所宣說。

在中國歷史上，觀世音菩薩秉著循聲救苦的悲願，不斷的示現救度有情眾生，感應無數。唐代的不空三藏，在海上遭遇大黑風、巨鯨噴出水柱造成巨浪，以觀音神咒平息海難。玄奘大師西行求法時，在沙漠中遇到種種惡鬼異類糾纏，甚至有迷途長達五日無滴水進喉，連人帶馬倒臥沙中，幾至殞滅，以不斷持誦般若心經及觀音聖號，而脫離險境。宋朝政治家范仲淹，也曾感得白衣大士降凡誦經為亡母超度。

「眾生被困厄，無量苦逼身；觀音妙智力，能救世間苦。」觀世音淨聖，於眾生苦惱死厄，能作為無上依怙，而使之不生畏怖，所以又稱為施無畏者。釋迦牟尼佛滅度後，彌勒菩薩尚未降生前，大悲觀世音菩薩是娑婆地球無佛世界眾生的大悲依怙。

由於作者洪啟嵩禪師深受觀世音恩被慈護，一九九五年起陸續完成《阿彌陀佛大傳》、《地藏菩薩大傳》之後，開始著手《觀音大傳》的寫作計劃，一轉眼已近三十年，如今終於逐步圓滿，令人引頸期盼！

而除了籌備著述之外，歷年來洪啟嵩禪師也透過藝術、文創等型態實踐「觀音行動」，使更廣大的普羅大眾，親切悟入觀音之心。二〇〇七年，恭繪五公尺巨幅千手觀音為全球禽流感祈福，二〇一四、二〇一五年母親節，與台灣鐵路管理局合辦「母親是一千隻手的觀音」藝術特展及千人孝親寫經活動。二〇一六年以Q版觀音彩繪觀光列車，滿載三百位旅客，環台祈福，除了在沿途七大車站舉行觀音畫展，列車內也安排寫經、畫畫、品茶、養生功法教學，車廂化身行動教室，圓滿健康覺悟的幸福觀音之旅。

二〇二〇年伊始，在全球新冠疫情爆發前夕，洪禪師率團前往印度南端科摩林角附近的普陀洛迦山，朝禮觀世音菩薩。

普陀洛迦山（Potalaka）是經典中所記載，觀世音菩薩在地球的淨土祕境，罕為人知，在印度，此地被視為三大神祇之一濕婆神的聖地，由政府所保護管理，入山時為表示崇敬，須穿著僧服禪袍，並赤足進入。在《華嚴經》〈入法界品〉中記載：

「善男子！於此南方有山，名：補怛洛迦；彼有菩薩，名：觀自在。……

海上有山多聖賢，眾寶所成極清淨，

華果樹林皆遍滿，泉流池沼悉具足。

勇猛丈夫觀自在，為利眾生住此山。」

在印度時，洪禪師帶領著禪旅大眾，一行人於觀世音菩薩居止處「石天宮」前安坐修法，祈求疫情早日平息。而此處正是《華嚴經》中描寫，善財童子參訪觀自在菩薩之地。

洪啟嵩禪師在如實的相應下，承擔了觀世音菩薩的咐囑：以十萬句史詩，完成觀世音菩薩大傳。〈觀音傳十萬史詩系列〉在如是因緣中誕生，其規模將媲美印度第二大史詩鉅著《羅摩衍那》。

一本書就是一座心靈道場，就是觀音菩薩的清淨法身，宛若觀世音菩薩希望以此普度眾生，此書所在之處，無論是圖書館、學校、飯店、寺院、宮廟，就如同觀世音菩薩法身常住，無間福佑眾生。來年朝禮觀音聖境普陀洛迦山時，所有倡印大德芳名錄，也將寫於疏文之上，上表菩薩，大悲護念，永世福佑！

我們期待此書出版後，如果每個人每一天，都能為世界讀誦一段觀音史詩，透過網路上傳分享，在網路之流投下大悲覺性的音聲，將如同暗夜中的點點繁星，照亮混亂苦難的人間。

在今日眾苦煎逼的時代，祈願觀世音菩薩傾下清涼的甘露，再施救濟；亦願每個人都能具足觀世音菩薩的無限悲願威力，作觀音使者，使人人都成為觀世音菩薩！

南無　大悲觀世音菩薩摩訶薩

2020 年作者洪啟嵩禪師率禪旅大眾朝禮印度普陀洛迦山，
於石天宮前留影。

序

我們的心現出了　一千隻的手眼
我們的身現出了　一千隻的手眼
我們的呼吸與聲音都成了　大悲心陀羅尼
這一切都是法界中的施無畏
大悲觀世音菩薩的真心所現
我們同成了觀自在王菩薩
在宇宙中永遠傳述著他的故事

聞聲救苦的觀世音菩薩，千處祈求千處現，眾生有任何的需求，應以那一種身份得度，觀世音菩薩即示現出何種身相來相應救度，這是觀世音菩薩的「普門示現」；常在十方世界無邊的救度一切有情。千手觀音正是觀世音菩薩以無量手眼護育眾生的具體顯現。

千手觀音（梵名Avalokiteśvara-sahasrabhuja-locana），全稱「千手千眼觀自在」，又稱為「千手千眼觀世音」、「千手聖觀自在」，或稱「千眼千首千足千舌千臂觀自在」。「千」是代表無量、圓滿之義。在《千光眼觀自在菩薩祕密法經》中說：「大悲觀自在，具足百千手，其眼亦復然，作世間父母，能施眾生願。」也就是「千手」象徵此觀音大悲利他的方便廣大無量。「千眼」象徵其度化眾生，觀察眾生根機的智慧圓滿無礙。

在《千手千眼觀世音菩薩廣大圓滿無礙大悲心陀羅尼經》中記載：過去無量億劫有千光王靜住如來出世時，因為憐念一切眾生，所以宣說廣大圓滿無礙大悲心陀羅尼。觀世音菩薩一聞此咒，就從初地直超第八地菩薩境界，心得歡喜，發起身生出千手千眼，以利益安樂一切眾生的廣大誓願，並應時身上具足千手千眼，滿足眾生一切需求。而廣為流傳的「大悲咒」，即是由此而來，古來傳誦諸多不可思議的靈驗事蹟。

觀音傳十萬史詩二部曲《千手觀音》，呈現了千手觀音最龐大的修法體系，並以詩偈的方式呈現，希望透過此種特別的表達形式，使讀者能「聞即解脫」、「見即解脫」，依此進入千手觀音的壇城，灌頂成就，隨學千手觀音，成為千手觀音的化身，在世間守護自身，利益眾生，共同圓滿成就。

《千手觀音》著述期間為二〇二一年，台灣面臨世紀旱魃，本土疫情嚴峻，國際局勢動盪不安，我發願以書法繕寫千句大悲咒全文梵字悉曇，至誠伏跪，將全文四千多字書寫圓滿，加以詩偈形式呈現真言心要，使有緣見聞者具足莫大的功德，罪滅福生，安康長壽，圓滿覺悟。

這段期間，除了應南部企業之請，修造法軌、恭書千句大悲咒梵字真言，四月十八日，龍月龍日於高雄西子灣，修持〈龍王佛、龍王善祈淨雨〉公益火供法會。後更接續書寫二十八部眾梵字真言，召請二十八部眾共同加入為台灣善祈淨雨行動。而龍王與觀音有著深刻的因緣，觀音護法眷屬二十八部眾中即有諸尊大龍王。

如是每日觀測各水庫降雨狀態，持續修法，透過量子心念相應，祈願精準降雨。故從二〇二一年三月開始，每天進行「觀音、龍王行動」修法，至五月底旱象解除，又逢台灣本土疫情升溫，因此大悲千手觀音菩薩的每日「觀音行動」修法持續至今，已超過四百天。

由於旱災修法祈雨，使這部史上最龐大的《千手觀音》完成時間延後，而在書寫完後，書中浩大的梵字真言與校正工程，使觀音傳十萬史詩首部曲出版年半之後，二部曲才得以面世。

本書是千手觀音最完整的教法，包含了各種不同系統的大悲咒，和觀世音菩薩的四十二手眼、二十八部眾的真言等，為史上手書最完整的千手觀音大悲咒悉曇梵字真言，也可以說是有史以來千手觀音真言最完整的匯集。特別是《聖觀自在菩薩蓮花三摩地青頸大悲大心陀羅尼》，也就是《千句大悲咒》。此陀羅尼出自房山石經中的《釋教最上乘秘密藏陀羅尼集》，為唐代密教大德行琳法師所編集，其秉承開元三大士之密法漢譯傳承，總集唐密重要的真言陀羅尼。而千句大悲咒石刻版約於金．皇統七年（一一四七年）所刻成。

本書也是史上首見將千手觀音二十八部眾護法眷屬的真言完整匯集者。其實二十八部眾並非僅有二十八部，例如：「烏芻君荼鴦倶尸」，其中「烏芻」即穢跡金剛，「君荼」指軍荼利明王，「鴦倶尸」則是馬頭明王。所以是三尊，而非一尊。依內容解析，二十八部眾應為五十尊。本書除了將尊名、真言完整解析列出，並將諸尊真言回譯為悉曇梵字，至心書寫，願一切見聞者能獲千手觀音護法眷屬廣大威力守護。

本書最後以《攝無礙軌》之「補陀落海會」，輔以尊像、名字曼荼羅圖像，引領讀者進入千手觀音的壇城，如同千手千眼觀世音菩薩，普眼救度一切眾生吉祥安樂，圓成無上大覺。

這是一個艱鉅的工程，從相關經典、研究中，匯整比較各種不同版本，確認中文譯音、羅馬拼音，再將之譯成梵字悉曇，最後再將所有真言寫成梵字悉曇書法。在此特別感謝我的學生劉詠沛女士，及全佛文化張育甄、莊慕嫺小姐，我所處理及書寫的龐大梵字真言資料，經由她們細心比對、處理超過一萬多個悉曇梵字圖檔的轉檔，並將相關古圖重新校正，浩大的編輯工程花費了近一年的時間，本書才得以付梓。

二〇二二年全球新冠疫情持續肆虐，又二月俄烏戰爭爆發，世界大戰危機四伏，和平地球更成了千手觀音修法的核心精神之一。三月台灣本土疫情再次爆發，五月底本土病例累計突破一百九十萬人。祈願大慈大悲千手千眼觀世音菩薩與二十八部眾，慈悲守護台灣、地球疫情淨銷，人間和平，圓成淨土，一切有情圓滿成佛！

地球禪者

洪啟嵩

主要人物及場景簡介

千手千眼觀世音菩薩

梵名 **Avalokiteśvara-sahasrabhuja-locana**，為大悲觀世音菩薩的偉大示現，以利益安樂一切眾生的廣大誓願，圓滿眾生一切世間、出世間的願求，尤其在平息災障的修法上特別相應。「千」，是代表無量、圓滿之義，「千手」象徵此觀音大悲利他的方便無量廣大，「千眼」象徵其度化眾生，觀察眾生機根的智慧圓滿無礙。千手觀音根本咒語大悲心陀羅尼，梵名 **Mahākārunikacitta-dhāraṇī**，廣為佛教徒所持誦，靈驗無數。觀音傳十萬史詩二部曲，敘說千手觀音以大悲心陀羅尼、四十二手眼等修法，守護人間度脫苦厄，圓滿覺悟的歷程。

釋迦牟尼佛

梵名 **Śākya-muni**，為現前地球上圓滿覺悟的佛陀，是在這個時劫因緣中，娑婆世界的無上導師。公元前五百餘年出生於北印度，為淨飯王太子悉達多，他是我們這時代中，唯一一位自覺覺他的圓滿佛陀，被尊稱為「釋迦牟尼」，意即釋迦族的聖人，為佛教教主。在佛陀時代，印度毘舍離城發生大瘟疫，佛陀教導大眾迎請觀世音菩薩從極樂世界前來救度，此即為觀音傳十萬史詩之第一冊《楊枝淨水》的因緣。

普陀洛迦山

普陀洛迦山為觀音菩薩的道場，所在地點諸說不同，一般皆認為位於南印度秣刺耶山以東。在《大唐西域記》卷十中記載：「秣刺耶山東有布呾洛迦山。（中略）觀自在菩薩往來遊舍。」《華嚴經》授記此山為觀世音菩薩和多羅菩薩常住之地。經上言此山清淨，花、果、樹林遍佈，溪流、池沼眾多。善財童子曾至補怛洛迦山，參詣觀自在菩薩，菩薩為其解說「大悲行法門」。

阿彌陀佛

梵名 **Amita-buddha**，意譯為無量光，或無量壽佛，為西方極樂世界的教主，以觀世音、大勢至兩大菩薩為脇侍，在極樂淨土實踐教化、接引眾生的偉大悲願，是華人最熟知的佛陀。在毘舍離大瘟疫時，西方三聖共同降臨人間，施以救度。

華藏世界海

華藏世界海為《華嚴經》所描述之華藏莊嚴世界海，為毘盧遮那如來於過去發願修菩薩行所成就之清淨莊嚴世界。此世界為須彌山微塵數之風輪所持，其最底之風輪稱為平等住，最上之風輪，稱為殊勝威光藏。最上之風輪能持香水海，其中有一大蓮華，稱為種種光明蘂香幢。蓮華藏世界即在此大蓮華之中，周圍有金剛輪山圍繞，其內大地皆由金剛所成，堅固不壞，清淨平坦，無有高下，尚有世界海微塵數之莊嚴。

千光王靜住如來

《大悲心陀羅尼經》中記載，過去無量億劫有千光王靜住如來出世，因為憐念一切眾生的緣故，宣說廣大圓滿無礙大悲心陀羅尼，觀世音菩薩一聞此咒，即時從初地超越至八地菩薩的境界，而發起願身生出千手千眼以利益安樂一切眾生的大誓願，應時身上即具足千手千眼。

投山仙人

投山仙人（Agastya），是印度神話中最具有威力的仙人之一，在印度天文學與占星術中，他代表南極老人星。在泰米爾語傳統中，他被認為是泰米爾語之父，創發了泰米爾語語法，並傳承了瑜伽之學，尤其是阿育吠陀等醫學、養生的祖師。

相傳濕婆神即將與帕爾瓦蒂結婚時，全世界都前往喜馬拉雅山觀禮，導致地球向一側傾斜，因此濕婆神即請求投山仙人遷往印度南部，以使地球恢復平衡。在現今南印度秣刺耶山脈，觀音菩薩聖境普陀洛迦山上，即有投山仙人和其妻子的雕像，受人供奉。

在佛法中，他曾隨學於觀世音菩薩修學，成為觀世音菩薩的弟子，守護著普陀山。而他在醫學、養生，與梵文、泰米爾語言，乃至於諸法空性的體悟，則是來自觀世音菩薩的傳授。

善財童子

善財童子是印度覺城的年輕佛弟子，出生之時，家中自然有五百寶器出現，因此他父母替他取名為「善財」。善財成長之後，受到文殊菩薩的教導與啟發，遍歷參訪各個不同領域的善知識共五十三位，稱為「善財五十三參」，記載於《華嚴經》〈入法界品〉。善財童子於普陀洛迦山參訪觀自在菩薩時，受學「菩薩大悲速疾行解脫門」。

千手觀音二十八部衆

千手觀音二十八部眾是千手觀音的護法眷屬，有金剛明王、諸天善神、龍王、神母女等，他們又各領無數眷屬。由於儀軌各異，二十八部眾的名稱也有所不同。根據《千手陀羅尼經》中所記載的名稱如下：

密跡金剛士、烏芻、君荼、鴦俱尸

密跡金剛士即密跡金剛、烏芻即穢跡金剛，君荼指軍荼利明王，鴦俱尸則是馬頭明王。

八部力士賞迦羅

金剛力士。

摩醯、那羅延

指摩醯首羅天與那羅延天。摩醯首羅天即大自在天，那羅延指天上金剛力士，也是梵天王之異名。

金剛羅陀、迦毘羅

金剛羅陀即金毘羅，為中印度王舍城之守護神，也是藥師十二神將及般若守護十六善神之一，為夜叉神王之上首。迦毘羅為大孔雀王咒經中所記載，東方四夜叉之一。

婆馺娑樓羅

水天，密教十二天之一，護世八方天之一，是西方之守護神，亦為五類龍王中一切魚龍王。

滿善、車鉢、眞陀羅

此三位皆為夜叉神將。夜叉是住於地上或空中，能以威勢惱害人類，或是守護正法的鬼類。

薩遮摩、摩和羅

薩遮摩神王女，守護眾生不受他人厭禱增疾的邪法所傷害的善神。摩和羅為威猛的金剛夜叉大神將軍，發願守護眾生不受各種邪雜鬼魅侵擾而遭厄難恐怖，使眾生和解俱生善心。

鳩闌單吒、半祇羅

鳩闌單吒大藥叉神王，守護眾生遠離恐懼，不畏水、火、盜賊眾難，讓怨家、債主自然避去。半祇羅為東北隅大藥叉神將，守護眾生辟除一切災障。

畢婆伽羅王

守護眾生辟除鬼神、疾疫、飢饉等種種災障的神王。

應德、毘多、薩和羅

應德為婆藪大仙，為信奉婆羅門教之仙人，後皈依佛法。毘多是一位夜叉王，薩和羅是一位羅叉王，善護一切眾生於見聞覺知無所怖畏，速證無上正等正覺。

梵摩三鉢羅

大梵天王，為色界初禪天當中最高層大梵天的天主，是第一位在梵天出生的天眾，被後來往生梵天的天眾尊為天主。此天離欲界的淫欲，寂靜清淨。又被稱為「大梵王」、「娑婆世界主梵天王」。

五部淨居、炎摩羅

五部淨居天是指色界九天中的五天——無煩天、無熱天、善現天、善見天、色究竟天。炎摩羅即閻摩王，為人間第一位死者，掌管幽冥界。

釋王

帝釋天為三十三天，忉利天天主，每月定期派天王、天子巡視，探察人間之善惡邪正，扶善袪惡，為佛教重要護法。佛陀成道後，昇忉利天為母說法，即為帝釋天之天宮。

大辯、功德、娑怛那

大辯指大辯才天女，為主掌福德、智慧的女神，聰明又有辯才，且能發美音而歌詠，所以也稱為妙音天。功德指大功德天女（吉祥天女），能守護眾生財寶盈滿，福德成就。娑怛那即摩利支天，具有大神通自在力，擅於隱身術，能為人消除障難，修習摩利支天法，也往往能得到其不可思議能力的加護，不為冤家所害。其總管一切星宿，在道教被尊為「斗姥」，意為北斗眾星之母。

提頭賴吒王

欲界六天當中，四天王天有四位天王，各守護一方的天下，包括東方持國天王，南方增長天王，西方廣目天王，北方多聞天王。提頭賴吒王即東方持國天王。

神母女等大力衆

鬼子母、訶帝利母及其子冰揭羅童子。神母女原為噉食兒童的鬼子母，經佛陀度化後，成為善法守護神。

毘樓勒叉王

四大天王之南方增長天王。

毘樓博叉、毘沙門

毘樓博叉為四大天王之西方廣目天王，毘沙門為四大天王之北方天王，亦名為多聞天王。

金色孔雀王

能滅除眾生一切諸毒怖畏苦惱。

二十八部大仙衆

指二十八位天神，以伊舍那天為首。

摩尼跋陀羅

寶賢大夜叉王。

散支大將、弗羅婆

散支是指散支大將，又稱僧慎爾耶大藥叉大將，北方毘沙門天王八大將之一。弗羅婆是指滿賢夜叉王。

難陀、跋難陀

指難陀龍王與跋難陀龍王兄弟。

娑伽羅龍、伊鉢羅

指娑伽羅龍王和伊鉢羅龍王。

修羅、乾闥婆

修羅是指阿修羅，乾闥婆為食香神，是天界的樂師。

迦樓、緊那、摩睺羅

迦樓是指迦樓羅，即大鵬金翅鳥。緊那羅為歌樂神，因為他的形貌似人，但是頭頂有一角，使見者疑惑是否為人類，所以又稱為「人非人」。摩睺羅是指摩睺羅伽，大蟒神，常現蛇頭人身。

水火雷電神

指水火、雷神、電神。

鳩槃荼王、毘舍闍

鳩槃荼是一種噉人精氣之鬼，譯為甕形鬼、冬瓜鬼，是南方增長天王之領鬼。毘舍闍又稱畢舍遮，是東方持國天所領之鬼眾。二者皆為食精氣鬼。

八大菩薩

當佛陀安止於普陀洛迦山聖觀自在菩薩的宮殿時，百千俱胝那庾多菩薩前後圍繞著。此時寶藏月光菩薩請問如來如何建立八曼荼羅，能生起無量福德、速證菩提？佛陀因而宣說八大菩薩甚深法要。此八大菩薩分別是指觀世音菩薩、彌勒菩薩、虛空藏菩薩、普賢菩薩、金剛手菩薩、妙吉祥菩薩（文殊菩薩）、除蓋障菩薩、地藏菩薩。

彌勒菩薩

彌勒菩薩為繼釋迦牟尼佛之後成佛的菩薩，其生生世世修持慈心三昧，發願給予一切眾生安樂，因此被稱為「大慈彌勒菩薩」。

虛空藏菩薩

虛空藏菩薩具足福德、智慧二種寶藏，無量無邊如虛空廣大，能滿足眾生一切欲求，不管是財施、法施，皆能令眾生歡喜，故名虛空藏。

普賢菩薩

普賢菩薩為具足無量行願，普遍示現於一切佛剎的菩薩，被稱為「大行普賢菩薩」。

金剛手菩薩

金剛手菩薩又稱祕密主，代表著如來的身、語、意三密，唯佛與佛乃能知之，祕中最祕，為心密之主，所以稱為祕密主，是代表如來三密的金剛薩埵。

文殊菩薩

文殊師利菩薩又稱為「三世佛母妙吉祥」，由於其於諸法實相通達無礙，具足種種說法、教學善巧，因此被稱為「大智文殊師利菩薩」，為出生三世諸佛之母。

除蓋障菩薩

除蓋障菩薩為胎藏界曼荼羅除蓋障院主尊，除蓋障是指消除一切煩惱之義。其以淨菩提心之因照明諸法，徹見八萬四千煩惱之實相，成就八萬四千之寶聚門。

地藏菩薩

地藏菩薩代表著潛伏在大地的寶藏，包含了眾生清淨自性的寶藏及生命無盡的福德、智慧、財寶。由於其悲願特重，因此又被稱為「大願地藏王菩薩」。

宇宙光明品、遍歷星際品的場景

麒麟的幻步

麒麟座又名獨角獸座（Monoceros）是在天球赤道上的一個黯淡星座。麒麟座包含許多星團和星雲，如：玫瑰星雲、聖誕樹星雲、錐狀星雲、哈伯變光星雲。

射取無明的獵戶

獵戶座（Orion）是一個非常顯著的星座，一般人肉眼能看見，也很容易辨識，是分佈在天赤道上耀眼明星，有著「星座之王」的美譽。在古中國，獵戶座是廿八宿之一，也就是「參宿」。「參」就是「三」的國字大寫，指獵戶腰帶上的三顆星。中國傳統中，有「三星高照」的說法，認為三顆亮星高照，象徵福、祿、壽具足。「三星」即指參宿一、參宿二與參宿三。民間也有「三星正南，就要過年」的諺語，表示這三顆星在天空中的位置和農曆新年的關係。

始覺同本覺・雙子一如的體悟

雙子座（Gemini）黃道帶星座之一。雙子座代表的是希臘神話中的天神宙斯與斯巴達王后勒達所生的雙胞胎。雙子座流星雨是少數非由彗星造成的流星雨，曾有高達每小時一百二十至一百六十顆流星的奇景。

英仙・智慧的勇士

英仙座是（Perseus）是著名的北天星座，每年北半球春季在北側天空最為顯著，主星群包含十九顆恆星。銀河系的銀河平面穿過英仙座，星座以一點七九視星等的黃白超巨星天船三最亮。胃宿、大陵、天讒，都是英仙座相關的星官。一年一度的英仙座流星雨非常顯著，輻射點就在英仙座星系團。

戒、定、慧的三角因緣

三角座（Triangulum）是一個北天星座，其中有亮於六等的星十五顆，它們組成了幾乎等腰的瘦長三角形。與英仙座、仙女座、白羊座、雙魚座相鄰。

初生無畏的小獅子

小獅座（Leo Minor）是一個比較暗淡的星座，位於大熊座和獅子座之間的三角形地帶，共有三十七顆亮度超過六點五視星等的恆星。中國天文學中，勢星、紫微垣、少微、太微、朱雀星宿，都是小獅座相關的星官。

仙女座的自性

仙女座（Andromeda），位於天球赤道以北，是天球上最大的星座之一。仙女座中最著名的深空天體仙女座星系（M31），是肉眼可見的最遙遠的物體之一，距離地球二百二十萬光年，是銀河系周邊最大的星系。天文學家預估，五十億年後仙女座星系可能會和銀河系相撞。

馳騁法界的車御

御夫座（Auriga）是北天星座之一，在北半球冬季夜空最明顯，與另外五個星座的恆星組成冬季六邊形星群。

鯨魚遊於法界大海

鯨魚座（Cetus）是南天的一個星座，是橫跨赤道南北的大星座。土司空是鯨魚座最明亮的恆星，位於鯨魚座南方，在阿拉伯語中稱為「鯨魚南方的尾巴」。在中國星官中，土司空是負責籌集土木建築的材料，所以在其左上方有婁宿相對應。婁宿為聚眾，為收聚木、物之庫房。因此土司空便為庫房的管理者。天倉也是婁宿的星官之一，位於鯨魚座。

仙后座的心

仙后座（Cassiopeia），北天星座，北半球一整年都可以看到它。仙后座是一個易認的星座，其五顆最亮星組成一個非常獨特的W形或M形。王良是位於仙后座的星官，以春秋時代駕馬車的高手王良為名。

長蛇現成龍一切時定

長蛇座（Hydra）是八十八個星座中長度最長、面積最大的星座，橫跨四分之一天際。中國古代星官：柳宿、外廚、張宿、翼宿，都位於長蛇座。南風車星系為長蛇座的深空天體之一。

養一頭心牛

金牛座（Taurus）是北半球冬季夜空上最大、最顯著的星座之一。金牛座的畢宿亮星排列稱V字形結構，又稱為金牛座V字。漢朝時以畢宿為雨師，掌管降雨。金牛座有兩個肉眼就可以看到的疏散星團：昴宿星團和畢宿星團。

回首白羊悟本覺

白羊座（Aries）為北天黃道帶星座，東西兩側分別是金牛座和雙魚座。白羊座比較暗淡，僅四顆高亮恆星：婁宿三、婁宿一、婁宿二和胃宿三。白羊座也是部分流星雨的輻射源頭，如白晝白羊座流星雨和左更增七流星雨。

波江水淨

寶瓶座（Aquarius），為黃道帶星座之一，位於黃道帶摩羯座與雙魚座之間。波江座相傳為寶瓶座所流出的水。在中國古代星宿學中，天園和水委都是波江座的星官。

鹿豹皈命

鹿豹座（Camelopardalis），是北天球一個較大的星座，「鹿豹」指的是長頸鹿。在中國古代星宿學中，八穀和六甲都是鹿豹座重要的主星。

船帆航越了無常

船帆座（Vela），於十八世紀由南船座拆分得來。南船座原是南天星座之一，後被拆分為三個單獨的星座，分別是船帆座、船底座和船尾座。在船帆座內的深空天體行星狀星雲（NGC 3132，暱稱為八裂星雲），是船帆座超新星殘骸。

在中國古代星宿學中，天社、天記、天狗都是其重要主星。

奔向覺悟的小馬座

小馬座（Equuleus），北天星座，為赤道帶星座之一。位於飛馬座的西南，海豚座之東。小馬座流星雨基本上已絕跡，但在其處於高峰的二月六日，仍有機會觀測到，其流星呈綠色。公元七世紀早期，在小馬座發生過著名的「大白天」流星雨。當時有僧侶為此創作詩歌：「伊奎拉斯是匹小馬，它的流星雨令人羨慕驚詫。它們在那裡飛奔，有的飛快，有的緩慢，老天爺，巨大火球一樣的陣雨紛紛落下！」

飛馬寶座

飛馬座（Pegasus）的大四邊形是秋季星空中北天區中最耀眼的星象。天馬座是全天第七大星座，又稱飛馬座。在秋季的夜空中，常能見到由四顆亮星排列成一個東西稍長的四方框形，稱為「飛馬—仙女大方框」。

北斗大熊的體悟

大熊座（Ursa Major）是北天星座之一，位於小熊座、小獅座附近，與仙后座相對。春季適合觀察，是著名的北斗七星所在星座。大熊座全天面積為第三，僅次於長蛇座和室女座。

2020年印度聖境禪旅，
洪啟嵩禪師於印度普陀洛迦山宣講《心經》。

無始無終的大悲心曲
拈起自性的心筆
用最誠摯的心願墨滴
寫下您具德的史詩
大悲的聖者啊！
智慧卑微如我
如何書寫您法身歷程的一粒微塵
請用千手助我
請用千眼照我
讓我用最真的微心
描繪您的少分聖德
讓一切眾生尋那無盡的光明
成就大覺
圓滿那全佛的法界

—地球禪者 洪啟嵩

初品　無始祕密品

一

於是　這不可思議的傳記開始了
我問觀世音菩薩：
「您的故事到底要怎麼開始呢？」
大悲觀世音菩薩的千手千眼熙怡的微笑了
用一千種的眼光微笑
用一千隻手召來歡喜
用一千種大悲的喜悅現前了所有幸福的信息
「您的故事來自過去嗎？」
……
「您的故事來自未來嗎？」
……

「您的故事來自現在嗎？」

……

「您的故事是否來自十方三世？」

……

「您的故事有開始嗎？」

……

「您的故事有結束嗎？」

……

「您的故事是否無初、無始呢？」

……

「或是您的故事是有始與無始的？」

……

「或是您的故事本來就是如此！」

……

於是　在這當下

那大悲的傳記就這麼現成了……

二

微妙的梵音　從法界中如實的響起
是誰在梵唱這大悲心陀羅尼
是從耳根流入　還是心底
於是法爾如是的問道：「你是否聽聞了這陀羅尼的妙音？」
於是法爾如是的回道：「我聽聞了」

這時梵音停息無聲了
如是又問道：「你現在是否聽聞了呢？」
如是很快的回答道：「沒有聽聞」
這時梵唱又如是的再響起　如是又問道：「你現是否又聽聞了？」
如是又欣然的回答道：「又聽聞了」
如是這時又問道：「你為何一下子說聽聞？一下子又說沒有聽聞？」
如是回答道：「梵音唱起時　我們就聽聞

當梵音止息無聲時　我們就沒有了聽聞」

這時梵唱又響起了

如是問如是道：「你現在有聽聞聲音嗎？」

「有聲音」

一時梵唱音銷了

如是又問：「你現在是否有聽聞聲音呢？」

如是又回道：「沒有聲音」

過了一會　梵唱又響起了

如是又問：「你現在有聲音嗎？」

如是只好又回道：「有聲音」

如是疑惑的問如是道：「你為何說有聲？為何又說無聲？」

如是莫名其妙的回答如是道：

「梵唱聲起　就是有聲

梵唱若寂然無聲時　則名為無聲」

如是告訴如是說：「你現在為何自語矯亂？　前言不對後語？」
如是反問如是道：「我現在為何是自語矯亂？　前後矛盾呢？」
如是說道：

「我問你是否聽聞？　你說聽聞
問你是否有聲？　你說有聲音
但是在聞與聲中　你的回答不定
一下子有　一下子無　如何不是自相矛盾嗎？
如是啊！
當聲音銷然無響　你說無聞
如果是真的無聞　你的聞性就已消滅如同枯木一般
梵唱再響起時　你如何能夠知曉？

知道有或知道無　這只是外境聲塵的或有或無
哪裡是你聞性的有與無呢？

聞性是如是的真實　卻說為無
那又有誰能了知這無者呢？
因此！　如是啊！
聲音在聞中自有生滅　但並非你聞性的聞聲生或聞聲滅
而使你的聞性為有或無
如是且莫顛倒迷惑於以聲音為聞性啊！
如是你的聞性是如實的
是聽聞了有聲或聽聞了無聲

眾生從無始以來　以無明的緣故
妄心追尋著外境的法塵、聲、色逐念流轉
不能開悟體性微妙常淨　追逐於外境生滅
如是生生世世流轉雜染輪迴
放下吧！　放下吧！
放下那生滅的幻思　不執著於妄境

體悟法爾的實相體性　常寂光明本然現成
當下塵根與虛妄識心應時銷落
心想眾相為外塵、識情為染垢　二者同俱遠離
如是啊！　則你的法眼應時清明
如何不能成就無上正覺？」

三

滿空的清芬　白色的小花迎風　展出法爾的妙舞
宛若須彌山王的普陀洛迦山　用八瓣的蓮華
聚護著中央蓮台　如同法界心輪
自然從心中蓮開九峰
頂上天池　宛然澄鏡　派出大河　周流巖谷
淨泉繞山有二十匝　流入南海
泉如雪山大龍　捲動晶明的微妙色身

歡欣嬉戲　縈映法界的妙空
林樹蓊鬱　香草柔軟　右旋布地
滿山淨妙白華與寶樹花藤　竟現自然成就的法界曼荼羅
普陀洛迦聖境　竟似有那超越時空的通衢　直向西方極樂土

山下大海　種種奇魚寶獸　自在嬉戲
捲起清波密浪　此山四時自然現出妙寶光明
迴映著九峰中台
這是觀世音菩薩的大悲宮殿　殊勝的寶莊嚴道場
現觀如實宛同亙古而來　法爾恆住的金剛大寶　自在聳立
如是天石寶殿　是觀世音菩薩遊歷娑婆地球的微妙淨域
無比的殊勝　整座大殿由無上的摩尼珍寶、金剛妙石所鑄成
宛若虹彩的各色奇珍　間飾其上
交徹成廣大的奇燄光輝　象徵大樂無間增長的半月
成證無上大覺的滿月　自然淨空相攝相映

寶鐸金鈴、摩尼瓔珞處處懸列
當微風輕動　飄舞演動法音鳴空

從大悲的心　甚深　甚深　甚深的法界呼喚
是觀世音的心　是法界體性的心
還是來自最深層的自心
於是　呼喚著　呼喚著　呼喚著
嗡　紇哩
產生了共鳴　產生了宇宙的共鳴
產生了法界的共鳴
嗡……　那自性的大悲法會即將開啟
在普陀洛迦　那最殊勝的大悲勝海曼荼羅
緣啊！　甚深的緣啊！　甚深的因緣啊！
與佛陀世尊有緣！
與大悲觀世音菩薩有緣

如是我聞
普陀洛迦山上　觀世音菩薩的大悲曼荼羅宮殿
所有的菩薩、天人及一切大悲行者　都歡欣鼓舞的交相預告
偉大的佛陀世尊　即將降臨這殊勝的小白華山宣說妙法
如是難得的機緣　不只修行大眾生起勝喜
所有的天龍八部、山神、地神、樹神、水神……都充滿了期待
那些神妙的奇禽異獸也交相耳語　充滿法喜
眾寶花樹　曼荼羅宮　也現起無際的光明
所有的地、水、火、風、空、識六大
乃至色、聲、香、味、觸、法六境
都各自以法爾瑜伽　現成的本覺姿態
歡喜微笑的迎請佛陀世尊的到來
寶蓋幢幡　奇花雜拂　配飾著真珠寶縵及珍絲妙繒作為莊嚴

令人宛若身處在阿彌陀佛的極樂世界之中
當如是如法的右旋繞殿　豁然幻空
現觀無數寶樓、寶閣聳立其中　無量的觀音行者精進的如法修行
珍妙寶帳、雜沓在迴旋寶徑　眾寶花樹重重行列
無盡迴繞　相攝相生　無有窮盡
奇花異卉　如是現成　有寶汝羅樹花、寶多羅樹花、
寶多摩羅樹花、寶瞻葡迦樹花、寶阿輸迦樹花、
寶阿底穆多迦樹花及無量的珍寶香樹所生奇花
芳馥的香氣　旋繞出無盡莊嚴
寶池泉沼交流其中　八功德水　瀰漫清涼
香花軟草　柔如細緞　眾花映飾　可樂其間

山上異類眾生、寶獸珍禽　形貌殊妙　廣具慈心
常出眾妙音聲　和鳴遊樂　如是偈讚：
「在那光明大海的邊際　殊勝的金剛寶山普陀洛迦正在目前

山上住著那麼多修行成就的賢聖
如是　宛如安養國土　宛若西方極樂淨土
眾寶所成極為清淨的大山曼荼羅
無盡的華果樹林在其中遍滿　用清冷的淨泉流縈帶妙善為嚴飾
那施無畏者
勇猛的大丈夫千手千眼觀世音自在菩薩
為了利益一切眾生　現化成淨土　安住於此山
所有的眾生應當前往啟問諸佛的勝妙功德　一切究竟成佛的捷徑
他會為你圓滿的宣說」

嗡　縛日羅　達磨　紇哩

oṃ vajra dharma hrīḥ

釋迦牟尼佛的光明　普照在普陀山上的大悲勝海曼荼羅

世尊安坐在吉祥的寶師子座上　甚深禪定
寶座以最精純的各種摩尼寶石作為莊嚴　並以百寶幢幡周匝懸列
如來安坐在寶座之上　即將開啟光明的陀羅尼妙法
無數的菩薩摩訶薩十方來聚　參與了這無上的法會
他們是：總持王菩薩、寶王菩薩、藥王菩薩、藥上菩薩、
觀世音菩薩、大勢至菩薩、華嚴菩薩、大莊嚴菩薩、
寶藏菩薩、德藏菩薩、金剛藏菩薩、虛空藏菩薩、
彌勒菩薩、普賢菩薩、文殊師利菩薩
這些偉大的菩薩摩訶薩　都是即將成佛的灌頂大法王子

又有無量無數的大聲聞弟子參與勝會
他們都是已證得大阿羅漢　圓滿聲聞十地的智者
此中以摩訶迦葉尊者而為上首領袖
無量的大梵天眾　他們以善吒大梵天王為上首
無量的欲界天子　其中以瞿婆伽天子為上首

無量的護世四大天王　其中以東方持國天王提頭賴吒為上首
那無量的天龍、夜叉、乾闥婆、阿修羅、迦樓羅、
緊那羅、摩睺羅伽、人非人等八部大眾相俱　其中以天德大龍王為上首

又有無量的欲界天諸天女　以童月天女為上首
又有無量的虛空神、江海神、泉源神、河沼神、藥草神、
樹林神、舍宅神、水神、火神、地神、風神、土神、
山神、石神、宮殿神等自然神祇　共來集會

四

那普陀洛迦山的大悲海會
來自十方的如海大眾　漸悉雲集
無量不同的眾生　來自宇宙的各處　漸集遍滿
無盡的身相形色　無數的部屬從侍

以各式的莊嚴來參加這殊勝的法會
他們隨著所來的方所　前來親近世尊與大悲觀世音菩薩
一心如實的瞻仰禮敬
這些如海的會集大眾　已遠離了一切煩惱心垢及殘餘的習氣
摧破了重重障礙的無明業障大山　能夠見佛無礙

這些都是佛陀與大悲觀世音菩薩　在往昔無數時劫之中
廣修菩薩的聖行　以布施、愛語、利行、同事四攝法
善攝的有情眾生　如是於無量一一佛所道場
種下菩提善根善巧攝持種種方便之門
深受教化　善根如是圓具成熟
安立一切智慧大道　以無量善根
具足廣大福報　積聚匯生入於勝利方便願力大海
如斯大眾妙行　具足圓滿　清淨無礙
善能自在出離世間一切雜染　常能親見諸佛

一心諦觀了悟諸佛與大悲觀世音菩薩的微妙音聲
以如是智慧體解諸佛妙法語言　入於如來功德大海
得悟佛陀解脫法門　具足如來及觀世音菩薩諸種神通遊戲

大家歡欣的寂靜相會　在安喜中身心受到佛光的加持
在這殊勝的日子　清淨的聖地　不可思議的法會中
觀世音菩薩祕密的示現了究竟體性的神通
豁然間光明照耀十方的諸佛國土　以及我們身處娑婆三千大千
那滿密的光明　映透出一切的虛空、國土盡成金色
所有的天宮、龍宮、諸尊神眾宮殿　都自然產生微密的震動
江河、大海、鐵圍山、須彌山、土山、黑山等　亦皆廣大震動
日、月、珠、火、星宿之光　皆悉隱匿不現了

於是總持王菩薩　見到了如此的希有之相　驚奇於未曾有見
即從座起　叉手合掌

以偈問佛　如此不可思議的神通妙相：

「是誰於今日成就了無上的正覺？　普放如是廣大清淨的光明

讓十方剎土皆成為金色　三千大千世界 亦復具足了如是的妙光

是誰於今日得證究竟圓滿的自在？　演放希有的廣大神力

讓法界無邊的佛國普皆震動　龍神宮殿皆悉不安

現今大眾心中咸有疑惑　不能測知如此的因緣是由誰的力量所致

是諸佛菩薩或是諸大聲聞？　為梵王、魔天或諸帝釋天王等？

唯願世尊生起大慈悲　宣說此神通所由來的因緣」

於是佛陀告訴總持王菩薩說：

「善男子！汝等應當知曉

今此會中　有一位菩薩摩訶薩　名曰觀世音自在

他從無量劫來　成就了大慈大悲

善能修習無量的陀羅尼門

現在為了要安樂一切的眾生　是故密放了如是的大神通力」

佛陀說了是語之後　觀世音菩薩即時從座而起
他整理了衣服　向佛陀合掌而敬白佛言：
「世尊！我有大悲心陀羅尼咒　現在應當宣說
為了使諸眾生得到安樂故　除去一切病故
得到無量壽命故　得到廣大的福德富饒故
滅除一切的惡業、重罪故　遠離所有障難故
增長一切的白法諸功德故　成就一切諸善根故
遠離一切諸怖畏故　速能滿足一切諸希求故
乃至成就無上菩提　善使眾生成佛
唯願世尊　慈哀聽許宣說！」

佛陀言：
「善男子！
你生起了廣大慈悲　為了利益安樂一切的眾生　欲說神咒

於今正是說法之時　宜應速說

如來隨喜與你　諸佛亦然」

觀世音菩薩於是重白佛言：

「世尊！我憶念過去無量億劫時

有佛陀出世　名曰千光王靜住如來

彼佛世尊由於慈悲憐念我故　並為了一切諸眾生故

宣說了這廣大圓滿無礙大悲心陀羅尼

佛陀當時以金色手摩於我的頂上如是的說道：

『善男子！

汝應當持此心咒　普為未來惡世的一切眾生

作廣大的利益安樂』

我於是時　始住於初地境地

一聞此咒之後　立即超於第八地

我當時心生歡喜之故　即發起大誓願說：

『若我當來世時　堪能利益、安樂一切眾生者
今我即時能身生千手、千眼具足』

我發了如是願後
應時身上　現起了千手千眼　圓滿具足
這時十方大地　產生了六種震動的祥瑞
十方千佛　悉放光明　照觸我身　及照耀十方無量無邊的世界
從此之後　我又復於無量佛所 在無量的大法會中
重更得聞　親承受持此陀羅尼
更生起了廣大歡喜　踊躍無量　便得超越於無數億劫的微細生死
從此已來　恆常不斷誦持　未曾廢忘
由於持此咒的緣故　所生之處　恆在於佛前
蓮華化生　不受胎藏之身

若有比丘、比丘尼、優婆塞、優婆夷、童男、童女　欲誦持者

應於一切的眾生　生起大慈悲心　並先從我發起如是的大願：
『稽首千手觀世音菩薩法界大悲主　具足願力洪深與微妙相好之身
用千臂莊嚴普遍護持法界一切有情
以千眼光明普遍觀照所有眾生
從真實語中宣說究竟的密語真言　依無為心內而生起大悲心
速令滿足所有眾生的諸般希求　永使滅除一切有情的諸種罪業
龍天眾聖共同慈心守護　百千三昧頓證薰修圓滿
受持身是光明的寶幢　受持心是神通的密藏
洗滌塵勞生起慈願濟度法界大海　超證菩提具足一切方便之門
我今稱誦大聖名號誓願皈依　所願從心而生悉皆圓滿
南無大悲觀世音菩薩　願我能速知一切的勝法
南無大悲觀世音菩薩　願我早得智慧之眼
南無大悲觀世音菩薩　願我能速知一切究竟的勝法
南無大悲觀世音菩薩　願我早得無上的智慧佛眼
南無大悲觀世音菩薩　願我能速度一切的眾生

南無大悲觀世音菩薩　願我能早得圓滿的善巧方便
南無大悲觀世音菩薩　願我能速乘般若智慧的船筏
南無大悲觀世音菩薩　願我能早得超越無邊生死的苦海
南無大悲觀世音菩薩　願我能速得戒定慧的菩提大道
南無大悲觀世音菩薩　願我早登無上涅槃的大覺寶山
南無大悲觀世音菩薩　願我速會於無為體性的寶舍
南無大悲觀世音菩薩　願我能早日同證如來的法性真身

我若走向了刀山　刀山自然就會摧折
我若走向了火湯　火湯自然就會消滅
我若走向了地獄　地獄自然就會枯竭
我若走向了餓鬼　餓鬼自然會具足飽滿
我若走向了修羅　惡心自然會調伏
我若走向了畜生　畜生自然得到大智慧』

如此善發此願後　應當至心稱念我的名號
亦應專念　我的本師阿彌陀如來　然後即當誦此陀羅尼神咒
如是一宿誦滿五遍　能除滅身中百千萬億劫生死重罪」

五

觀世音菩薩這時再復啟白佛言：
「世尊！
若一切人天大眾　誦持大悲心陀羅尼章句者
臨命終時　十方諸佛　皆來授手
欲生何等佛土　隨願皆得以往生
世尊！若諸眾生　誦持大悲神咒
墮於三惡道者　我誓不成正覺
誦持大悲神咒者　若不生於諸佛國　我誓不成正覺

誦持大悲神咒者　若不能得無量三昧辯才　我誓不成正覺
誦持大悲神咒者　於現在生中一切所求
若不能果遂者　這神咒不得名為大悲心陀羅尼
唯除以不善的心及不至誠的心誦念大悲心陀羅尼者

如是一切的十惡、五逆、謗人、謗法、破齋、破戒、破塔、壞寺
乃至於偷僧祇物、汙淨梵行
如是等的一切惡業、重罪　能悉皆滅盡
唯除對於大悲心陀羅尼心生疑惑者
當你心中對於大悲咒生起了疑惑
此時乃至小罪輕業　亦不得以除滅　何況是重罪呢
但是雖然不能立即滅除重罪　還是猶能長遠作為成就菩提的因緣」

這殊勝的大悲蓮華手觀音菩薩又復啟白佛言：
「世尊！

若諸人天能誦持大悲心陀羅尼神咒者

能得十五種善生　不受十五種惡死

所謂惡死即是：

一者　不令其因飢餓困苦而死

二者　不為枷禁杖楚而死

三者　不為怨家仇對而死

四者　不為軍陣相殺而死

五者　不為豺狼惡獸殘害而死

六者　不為毒蛇蚖蠍所中而死

七者　不為水火焚漂而死

八者　不為毒藥所中而死

九者　不為蠱毒害死

十者　不為狂亂失念而死

十一者　不為山樹崖岸墜落而死

十二者　不為惡人厭魅而死

十三者　不為邪神惡鬼得便而死
十四者　不為惡病纏身而死
十五者　不為非分自害而死
誦持大悲神咒者　不會有如是等十五種惡死

如是得十五種善生者：
一者　所生之處　常逢善王
二者　常生和善的國土
三者　常值於善好的時節
四者　常逢善友
五者　身根常得以具足
六者　道心純熟
七者　不犯禁戒
八者　所有眷屬　恩義和順
九者　資具財食　常得豐足

十者　恆得他人　恭敬扶接
十一者　所有財寶　無他人劫奪
十二者　意欲所求　皆悉稱遂
十三者　龍天善神　恆常擁衛
十四者　所生之處　見佛聞法
十五者　所聞正法　能悟甚深妙義
若有誦持大悲心陀羅尼者　能得如是等十五種善生
一切天、人應常誦持　勿生懈怠」

貳

大悲心陀羅尼品

一

觀世音菩薩如是宣說之後　於大眾會前　合掌正住
於諸眾生　生起了大悲心　開顏含笑
即說如是廣大圓滿的無礙大悲心大陀羅尼神妙章句陀羅尼

南無喝囉怛那哆囉夜耶

namo ratna trayāya

南無阿唎耶　婆盧羯帝爍鉢囉耶

nama āryā valokite śvarāya

菩提薩埵婆耶　摩訶薩埵婆耶　摩訶迦盧尼迦耶

bodhi sattvāya mahā sattvāya mahā kāruṇikāya

唵 薩皤囉罰曳 數怛那怛寫

oṃ sarva rabhaye sudhanadasya

南無悉吉嘌埵伊蒙阿唎耶 婆盧吉帝室佛囉楞馱婆

namas kṛtvā imaṃ āryā valokite śvara raṃ dhava

南無那囉謹墀 醯唎摩訶皤哆沙咩

namo narakindi hrīḥ mahā vata same

薩婆阿他豆輸朋 阿逝孕

sarva athatu śubhaṃ ajeyaṃ

薩婆薩哆那摩婆薩多那摩婆伽

sarva sat nama vasat nama vāka

摩罰特豆　怛姪他

mavitado tad yathā

唵　阿婆盧醯　盧迦帝　迦羅帝　夷醯唎

oṃ avaloki lokate krānte e hrīḥ

摩訶菩提薩埵　薩婆薩婆　摩囉摩囉

mahā bodhi sattva sarva sarva mala mala

摩醯摩醯唎馱孕　俱盧俱盧羯蒙

mahima hṛdayaṃ kuru kuru karmaṃ

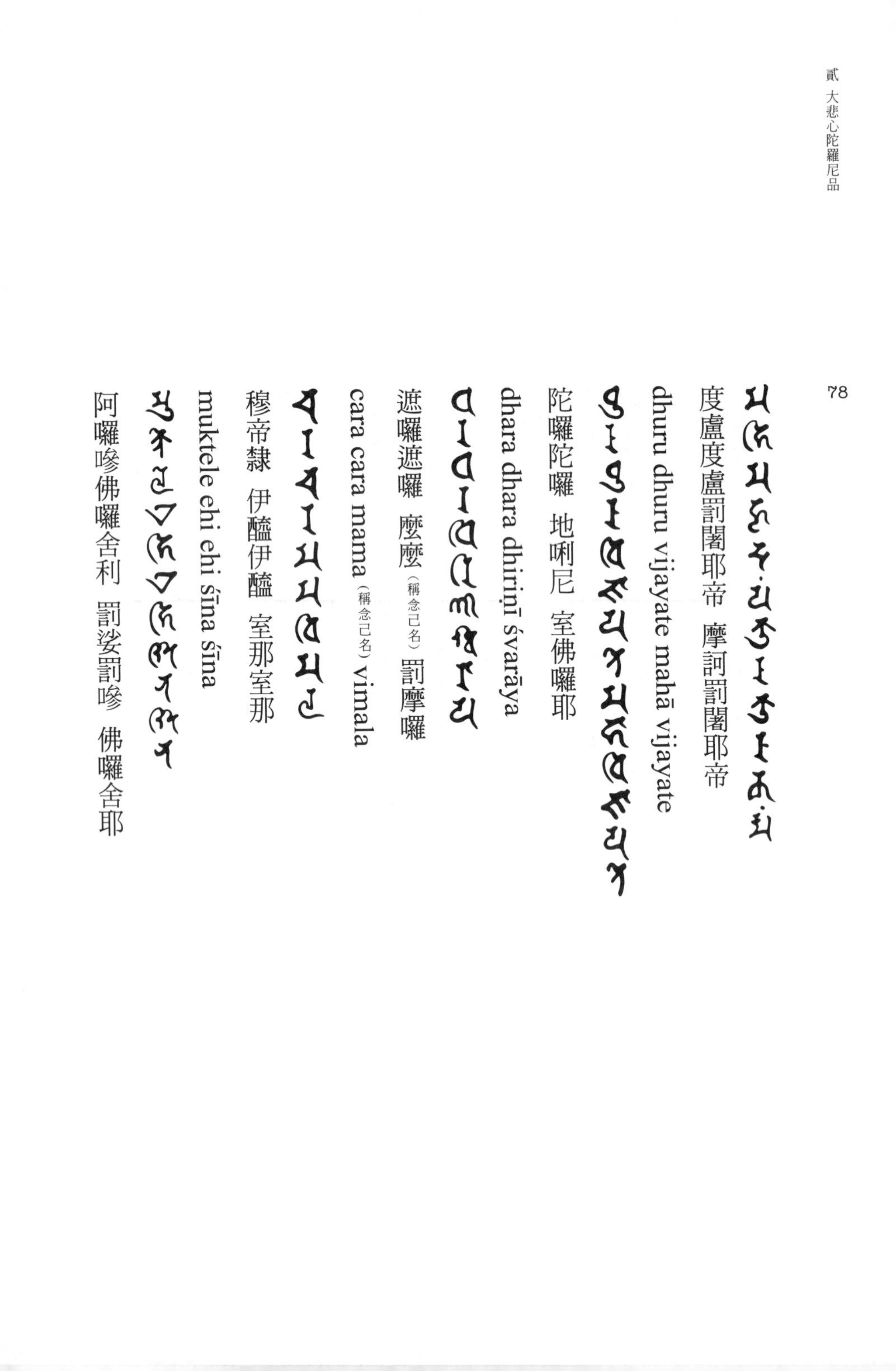

度盧度盧罰闍耶帝　摩訶罰闍耶帝

dhuru dhuru vijayate mahā vijayate

陀囉陀囉　地唎尼　室佛囉耶

dhara dhara dhiriṇī śvarāya

遮囉遮囉　麼麼（稱念己名）　罰摩囉

cara cara mama（稱念己名） vimala

穆帝隸　伊醯伊醯　室那室那

muktele ehi ehi śīna śīna

阿囉嘇佛囉舍利　罰娑罰嘇　佛囉舍耶

ārṣaṃ pra śali viṣa viṣaṃ pra śaya

呼盧呼盧摩囉　呼盧呼盧醯利

huluhulu māra huluhulu hrīḥ

娑囉娑囉　悉唎悉唎　蘇嚧蘇嚧

sara sara siri siri suru suru

菩提夜菩提夜　菩馱夜菩馱夜

bodhya bodhya bodhaya bodhaya

彌帝利夜　那囉謹墀　地利瑟尼那　婆夜摩那　娑婆訶

maitryā narakindi dhṛṣṇinā vāya mana svāhā

悉陀夜　娑婆訶　摩訶悉陀夜　娑婆訶

𑖭𑖰𑖟𑖿𑖠𑖯𑖧 𑖭𑖿𑖪𑖯𑖮𑖯 𑖦𑖮𑖯 𑖭𑖰𑖟𑖿𑖠𑖯𑖧 𑖭𑖿𑖪𑖯𑖮𑖯

siddhāya svāhā mahā siddhāya svāhā

悉陁喻藝　室皤囉耶　娑婆訶

𑖭𑖰𑖟𑖿𑖠 𑖧𑖺𑖐𑖸 𑖫𑖿𑖪𑖨𑖯𑖧 𑖭𑖿𑖪𑖯𑖮𑖯

siddha yoge śvarāya svāhā

那囉謹墀　娑婆訶　摩囉那囉　娑婆訶

𑖡𑖨𑖎𑖰𑖡𑖿𑖟𑖰 𑖭𑖿𑖪𑖯𑖮𑖯 𑖦𑖯𑖨𑖜 𑖨 𑖭𑖿𑖪𑖯𑖮𑖯

narakindi svāhā maraṇa ra svāhā

悉囉僧阿穆佉耶　娑婆訶

𑖫𑖰𑖨 𑖭𑖰𑖽𑖮 𑖦𑖲𑖏𑖯𑖧 𑖭𑖿𑖪𑖯𑖮𑖯

śira siṃha mukhāya svāhā

娑婆摩訶阿悉陁夜　娑婆訶

sava mahā asiddhāya svāhā

者吉囉阿悉陁夜　娑婆訶

cakra hastāya svāhā

波陁摩羯悉陁夜　娑婆訶

padma hastāya svāhā

那囉謹墀皤伽囉耶　娑婆訶

narakindi vāgarāya svāhā

摩婆利勝羯囉夜　娑婆訶

mavari śaṅkarāya svāhā

南無喝囉怛那哆囉夜耶

namo ratna trayāya

南無阿利耶　婆嚧吉帝　爍皤囉耶　娑婆訶

nama āryā valokite śvarāya svāhā

唵　悉殿都　漫多囉　跋陁耶　娑婆訶

oṃ sidhyantu mantra padāya svāhā

如是大悲咒的清淨真言

皈命三寶　禮敬聖者觀自在菩薩

這位偉大的有情　圓具大慈悲者

嗡！　一切施無畏的至尊　祈請給予歡喜的濟度

現前皈命禮敬這位　安住在清淨海島香山的　聖觀自在菩薩

再次的皈命　賢善順教心髓的廣大光明　能使一切菩薩童真
具足無與倫比無貪無染的莊嚴清淨　更能清淨一切生命的存有之道
因此　就如實的宣說神咒：

嗡！　這位洞見法界真相者　超越世間者　具有蓮華心的大菩薩
請以一切、一切　遠離塵垢的大自在心　來作業成辦一切的眾事
安住啊！安住啊！　勝利的至尊　偉大的勝尊
善能總持、善能總持諸法
甚為勇猛、具足威光自在的勝尊
請行動吧！請行動吧！　成就我　最殊勝離垢　最殊勝的解脫

來吧！來吧！　弘偉的誓願！弘偉的誓願！
賢聖的行動　隨緣生起甚深的歡喜　堅如金剛的至尊
祈請以如意自在的無垢作法　流出無死的甘露
以無念隨心的作法成就大覺之道

賢善堅固的至尊　殊勝吉祥、殊勝吉祥　流出了無死的甘露淨水
覺悟吧！覺悟吧！　已經覺悟了！已經覺悟了！

偉大的慈悲者　大悲賢善的至尊　大堅固的勇猛者
名聞十方的至尊！娑婆訶
成就者！娑婆訶
大成就者！娑婆訶
成就瑜伽自在者！娑婆訶
賢善的尊者！娑婆訶
如意自在上妙的遊戲者！娑婆訶
第一義愛語和合者！娑婆訶
一切大義成就者！娑婆訶
無上的持輪降魔者！娑婆訶
紅蓮善勝成就者！娑婆訶
賢首的聖者！娑婆訶

本具大勇威德的聖尊！娑婆訶皈命三寶
皈命聖觀自在王！娑婆訶
嗡！令我成就　真言密句祈願成就　娑婆訶！

二

在那吉祥的普陀聖境　寂然一心
用法界光鉢
承著　大悲的心水
淨淨的飲入中脈
用法界的光鉢
承著清清的大悲甘露
密密的喝入體性

在無盡時空的因緣網絡中

用大悲的鼓
千手鳴起
聽到了開悟眾生的重力波

寂靜的天樂鳴空
眾生的身即是菩提樹
寂寂無聲的唱和
菩提本然非樹
當用明鏡照著非明鏡時
心　是不是心？

原來如此
在塵埃中幻出宇宙
在實相中演出如來
所謂法界即非法界

誰是佛與非佛
法界本然如是

輕輕的用清清的
光鉢
承著大悲心的水
用如中而來
在如中而去用
我們的心笑了
我們啜著大悲觀世音菩薩撫育我們的光鉢
是大悲的水
是遍照光明
是心光
是心鉢

普陀洛迦山上夜很靜　星星很明
普陀洛迦山上靜淨
我們的心
就像大悲的星星

一閃、一閃的小星星
像滿天鑽石般亮晶晶
與觀自在菩薩心心相印點點明清
是一閃、一閃的亮晶晶
大悲觀音用一千隻手牽著我們
坐在金剛宮前的吉祥草地上聽經

小白鹿、小獅子在地上打滾
他們仰躺在普陀山上的草地上數星星
一、二、三、四、五、六、七……

小獅子看到小流星
不知不覺的吼了一聲
變成了小獅座
小白鹿忽然忘記數了多少星星
於是要牢牢記得四十八顆星
那是我的老師阿彌陀佛的心

阿彌陀佛化現出四十八個願星
讓我們許下最清淨的願
現成了四十八個門
觀世音菩薩在普陀山上幫我們開了門
進入從此西去十萬億佛土的極樂世界

在剎那之間
我們直接進入了那

四十八顆願星
進入阿彌陀佛的心
如是！如是　是心是佛
是心作佛
我們的心就成了佛陀的三十二相、八十種好
用心念佛　佛念用心

當下我們的心念佛
當下佛心念著我們
於是我們的心就成了
阿彌陀佛
南無阿彌陀佛

三

如是的聽聞
誰能聽到無事？
如是的淨聞
誰能看到實相？
啊！這是覺性在宇宙中自在的迴響

嗡……
那是觀世音菩薩大悲自心的梵唱
吽……
一切寂了
一切寂滅了
於是在法界的究竟深空　如實的淨聽
那麼吉祥

如是的聽聞了大悲觀世音與自性的觀自在菩薩的相遇

如是的歡喜成為觀自在者
在大悲淨聖的教誨下
那自在的蓮華手
讓我成了觀世音
如實體悟了耳根通聞　這法界中偉大的樂章
觀世音菩薩的心觸覺了我們的心
寂淨的演出這無聲的妙樂
在這最勝歡喜的當下
如是現成

沒有過去　沒有現在　沒有未來
一心一意的感恩
點起了那不滅的心燈

觀世音菩薩導引我們
遍歷了無盡的法界
用心弦彈出了無盡的時空
演那最深的祕境
如是超越了一切　那麼的華麗莊嚴
在心中　聽聞了法界中最深最深的妙音

啊！大悲的蓮華手觀世音菩薩
請教誨我
如何從極樂淨土中聽聞你的勝利樂章
如是的自心　通視了所有世間的樂音演唱
悟！觀世音
在當下宛然中　淨聽大悲的聲
如是的觀自在
於是耳根圓通了

現前！現前！
如是聽聞　導引著我們的聞思的究竟
證入最深的禪定三摩地

如是　如是　明覺一心　專注無所執著
淨聽來自大悲心海的樂音
聽聞法界中任何的音與無音
在現聞現照之中
將融注一切音的界性
超越了所有的聽聞
如實的同悠遊於法界音流之中
只聽聞到那觀世音菩薩的大悲心曲
當所聞的一切音聲與沁入的音流都寂淨了
於是所有的動靜二相
都已了然不生

如是當下　現前聽聞
一切至小與至大　一切世間所唱出的一切音聲
如是如實的現成
那至美的大悲樂音
這麼現成了
且莫執取
體悟那覺悟與所覺的一切
如是現前空寂
連那最美麗的覺悟
也如是放下
如實讓空現前寂滅吧
當超越了這一切生與滅的萬境
寂滅如實就如是的現前了

那剎那間！
從觀世音菩薩的心中　如是的聽聞到完美的大悲樂音
啊！在當下！在現前的當下！現成的了悟了
十方的諸佛與我們的心如實的現空同住
如是的畢竟空！畢竟空！
我們將永遠聽聞法界的實相妙音
究竟的觀世音

四

觀世音菩薩宣說最勝吉祥的大悲咒之後
山河大地六變震動天上雨下了寶華　繽紛而下
十方諸佛悉皆歡喜　天魔外道恐怖毛豎
一切眾會皆獲得果證　或是證得須陀洹果　或是證得斯陀含果
或是證得阿那含果　或是證得阿羅漢果者

或得一地、二地、三地、四地、五地　乃至十地者
無量眾生悉皆發起了無上的菩提心

這時　大梵天王從座上而起　整理衣服
合掌恭謹的敬白觀世音菩薩說：
「善哉！　大士
　我從往昔以來　經過無量佛陀的大會
　聽聞了種種教法、種種的總持陀羅尼真言
　未曾聽說過　如此的無礙大悲心
　大悲陀羅尼的神妙章句
　我一心唯願大士
　為我宣說這偉大陀羅尼的真實形貌狀相
　我等大眾　都十分的願樂欲聞！」

觀世音菩薩告訴大梵天王說：

「你為了方便利益一切眾生的緣故
作如是的提問
你現在善巧聽聞
我將為汝等　略說其中的少分」

觀世音菩薩說道：

「大慈悲心是　平等心是
無為心是　無染著心是
空觀心是　恭敬心是
卑下心是　無雜亂心是
無見取心是　無上菩提心是
你應當了知如是等心
就是大悲心陀羅尼的真實相貌
你應當依此而修行之」

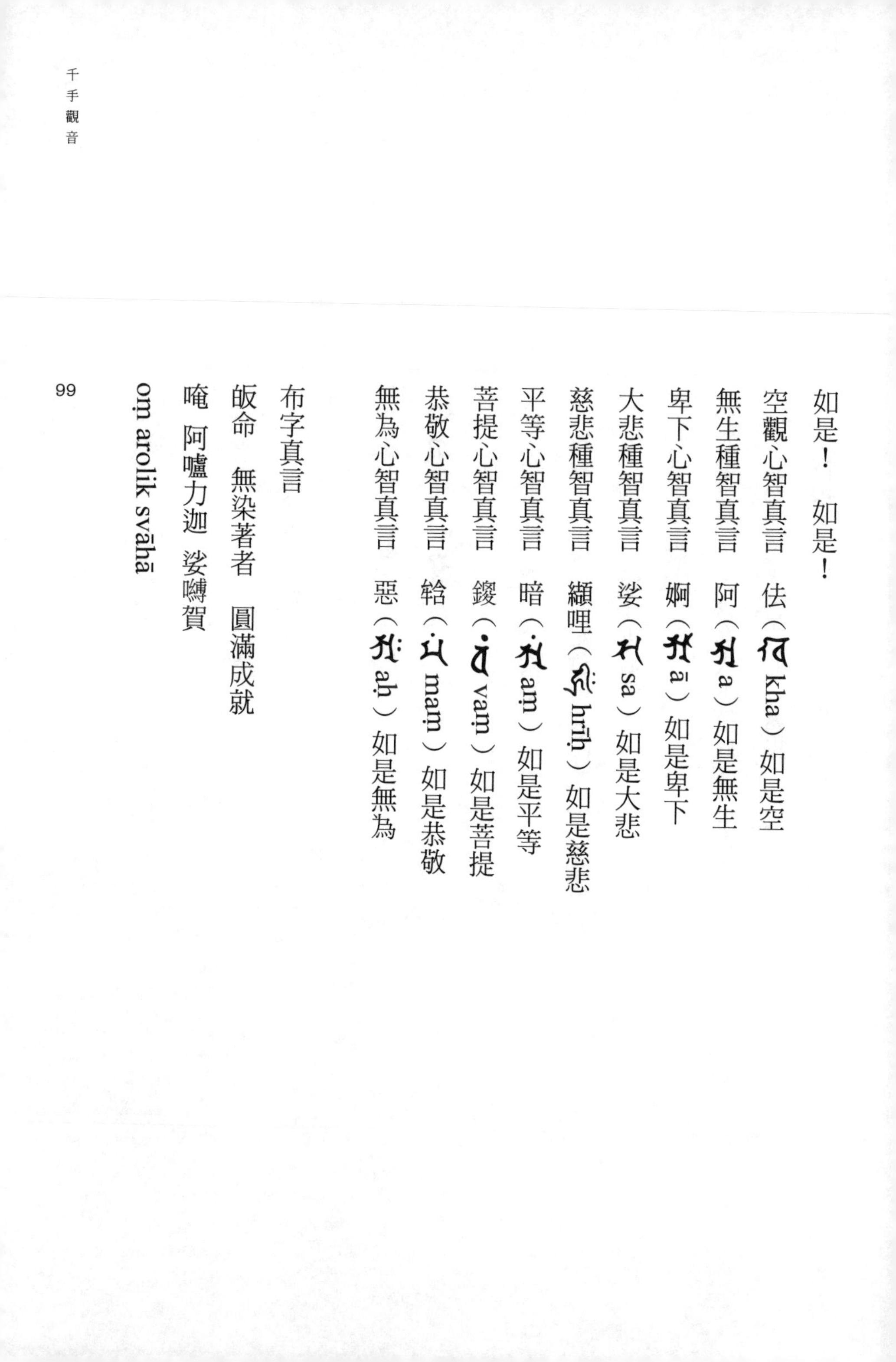

如是！　如是！

空觀心智真言　佉（kha）如是空

無生種智真言　阿（a）如是無生

卑下心智真言　婀（ā）如是卑下

大悲種智真言　娑（sa）如是大悲

慈悲種智真言　纈哩（hrīḥ）如是慈悲

平等心智真言　暗（aṃ）如是平等

菩提心智真言　鑁（vaṃ）如是菩提

恭敬心智真言　𤚥（maṃ）如是恭敬

無為心智真言　惡（aḥ）如是無為

布字真言

皈命　無染著者　圓滿成就

唵　阿嚧力迦　娑嚩賀

oṃ arolik svāhā

根本真言

皈命　無染著　圓滿成就

唵　阿嚧力　娑嚩賀

oṃ aroli svāhā

大梵天王這時恭敬的說道：

「我等大眾現在方始識得此陀羅尼的相貌

從今爾後受持不敢忘失」

觀世音菩薩說道：

「如果善男子、善女人誦持此神咒者

應當發起廣大菩提心　誓度一切眾生

身持齋戒　於一切的眾生生起究竟的平等心

常誦此咒莫令斷絕
安住於淨室之中澡浴清淨　身著清淨的衣服
懸旛、燃燈、香華、百味飲食以用供養
制心一處更莫有異緣如法誦持
是時當有日光菩薩、月光菩薩與無量神仙大眾　來為作證益其校驗
此時我當以千眼照見　千手予以護持
從是以往之後　所有世間的經書悉能受持
一切外道法術、韋陀典籍　亦能通達
誦持此神咒者　世間八萬四千種病悉皆能治之　無不痊癒者
亦能使令一切的鬼神　降諸天魔　制諸外道
若在山野誦經坐禪
有諸山精、雜魅、魍魎、鬼神　橫相惱亂　心不安定者
誦此咒一遍　這些鬼神悉皆被縛不能為亂
若能如法誦持　於諸眾生　生起慈悲心者
我當時即敕命一切善神、龍王、金剛密迹等　常隨衛護不離其側

如同守護眼睛　如同善護己命」

此陀羅尼是過去九十九億恆河沙諸佛所說
彼等諸佛為諸行人修行於六度　而未滿足者能速令滿足
未發菩提心者　能速令發心故
若聲聞人　未證果者能速令得證
若三千大千世界內　一切諸神仙人
未發無上菩提心者　能令他速發菩提心
若諸眾生未得大乘的信根者
以此陀羅尼威神力故　令其大乘的種子　法芽增長
以我方便慈悲力故　令其所須皆得成辦

若三千大千世界中的幽隱闇處　三塗眾生聞我此咒皆得離苦
若有諸菩薩未階於初住地者　速令得證　乃至於令得於十住地
又令得到佛地　自然成就三十二相、八十隨形好

「若聲聞行的人　聞此陀羅尼
不管是一經其耳者　或修行、書寫此陀羅尼者
以質直心　如法而安住者　四沙門果不求自得
假若三千大千世界內　山河、石壁、四大海水　能令涌沸
須彌山及鐵圍山能令搖動　又令碎如微塵
其中眾生也能悉令發起無上菩提心
若諸眾生現世求願者　於三七日淨持齋戒　誦此陀羅尼必果所願
從生死際至生死際　一切惡業並皆滅盡
三千大千世界內
一切諸佛、菩薩、梵釋四天王、神仙、龍王悉皆證知
若諸人天誦持此陀羅尼者　其人若在江河大海中沐浴
其中的眾生得到此人浴身之水霑著其身
一切惡業、重罪　悉皆消滅　即得轉生他方淨土
蓮華化生不受胎身、濕卵之身　何況受持讀誦者呢？
若誦持者行於道路之上　大風時來吹此人身、毛髮、衣服

餘風下過的諸類眾生　得到其人飃身的風　吹著於身者
一切重罪、惡業並皆滅盡　更不受三惡道報　常生佛前
當知受持者　福德果報不可思議
誦持此陀羅尼者口中所出的言音　不管是善、是惡
一切的天魔、外道、天龍、鬼神聽聞者
都皆是清淨的法音　皆於其人起恭敬心尊重如佛
誦持此陀羅尼者當知其人　即是佛身藏
為九十九億恆河沙諸佛所愛惜故
當知其人即是光明藏　一切如來光明普照故
當知其人即是慈悲藏　恆以陀羅尼救護眾生故
當知其人即是妙法藏　普攝一切諸陀羅尼門故
當知其人是禪定藏　百千三昧常現在前
當知其人是虛空藏　常以空慧觀照眾生
當知其人是無畏藏　龍天善神常能護持
當知其人是妙語藏　口中陀羅尼音無有斷絕

當知其人是常住藏　三災惡劫不能破壞
當知其人是解脫藏　天魔外道不能稽留
當知其人是藥王藏　常以陀羅尼療癒眾生病
當知其人是神通藏　能遊化諸佛國得大自在
其人功德讚嘆不可窮盡

若能如法受持此陀羅尼自然剋證果報
若聞此陀羅尼名字者　尚滅無量劫生死重罪　何況是誦持者？
若得此神咒並持誦者　當知其人　已曾供養無量諸佛　廣種善根
若能為諸眾生拔除其苦難　如法誦持者
當知其人　即是具大悲者　不久自當成佛
所見的眾生　皆悉為他們讀誦　令彼耳聞　與他們作為菩提之因
是人功德無量無邊　讚嘆不可窮盡
若能精誠用心身持齋戒　為一切的眾生懺悔先業的罪障
亦自行懺謝無量劫來的種種惡業

口中專注誦此陀羅尼　聲聲不絕者　四沙門果此生即可得證
如其利根有智慧者　能善巧觀察方便　十地的果位剋獲不難
何況世間的小小福報？　所有的求願自然皆無不果遂」

如是的一心讚嘆！如是的一心皈命！
南無正法教主釋迦牟尼如來
南無觀音本師無量壽如來
南無觀音本師正法明如來
如是皈命大慈大悲千手千眼觀世音菩薩
一心如是的合十讚嘆

南無皈命頂禮南方海際普陀洛迦淨土
南無千手千眼觀世音菩薩廣大圓滿無礙大悲心大陀羅尼
救苦陀羅尼　延壽陀羅尼　滅惡趣陀羅尼　破業障陀羅尼
滿願陀羅尼　隨心自在陀羅尼　速超上地陀羅尼

如是觀世音菩薩一聞神咒即超第八地的陀羅尼
四百四病一時消滅陀羅尼
如是能救度一切眾生的大悲心陀羅尼

若有眾生入於阿鼻地獄者　若有眾生入於一切惡道者
今此真言善能救濟安慰及為主宰
如是的大悲心陀羅尼　能與一切眾生作廣大利益
世尊如是的讚嘆！並以大金剛印而以印可
這大明陀羅尼決定能消除一切罪業、一切惡趣、一切苦惱
復令眾生安住於菩提之道　如此的真言微妙最勝
如同大寶樹能圓滿一切眾願
這是不可思議廣大蓮華莊嚴曼陀羅陀羅尼心
這是無能勝的大力真言　圓滿有情一切勝願
如是！如是！

禮敬觀世音菩薩具足不可思議威神之力
已於過去無量劫中已作佛　號為正法明如來
以大悲願力　發起一切菩薩的廣大成就
如是安樂成熟一切眾生　倒駕慈航現作菩薩
南無過去無量劫正法明如來
南無現前大慈大悲觀世音菩薩摩訶薩

參

極樂明淨品

一

這是我們一心所寫下的宇宙傳記
用體性的至念描繪出無際的法界印記
如是在無量宇宙中有著無盡的歷遊
用不可思議的星塵大海
錄下了不生不滅的法爾妙相

那無始無終的梵音
從無初響澈到無滅
會通了我們所有的心意
大覺全佛的法印
法爾始覺了本覺

本覺從來如是的究竟
於是看到了一切本然的遍照光明

嗡 從無初無相的心中
幻出了覺明的量子心意
完完全全的記錄著眾生全佛的法界史詩
阿 在無生究竟的體性中
現成了如是清靈的法界大海
不滅的記錄著你的宇宙遊記
吽 在不滅的大覺中
看到了大悲千手千眼觀世音菩薩
如實的守護著不滅的心燈
直到大家都成了佛
那全佛 如實的全佛
南無大慈大悲千手千眼觀世音菩薩摩訶薩

就這樣　我們這個宇宙開始了
從無始將至無終
無初的法界如是的清唱著心音
嗡……是如此的現成
阿……是如實的無生
吽……竟如是的無滅
成、住、壞、空依然如　依然如如的實際、實相現成

如實的觀照　佛所莊嚴的廣大剎土
那普等於一切微塵海數
清淨的佛子悉滿於其中　雨下實相不可思議的最妙勝法
在我眼目中　佛陀莊嚴的坐定
在一切的微塵當中　佛陀悉皆是如實的安坐
普見那殊勝微妙的千手千眼觀世音菩薩

也如是的普現無量的妙身在我眼瞳之中

那無去亦無來的佛身　那無生無滅的千手觀音
在所有國土如實的普明現前
顯示一切菩薩所修的勝行　在無量的世界中示現方便教化
宣說難思的實相妙理　悟一切佛子入於法界之中
出生如塵數般的化佛　相應如是的千手觀世音菩薩
普遍應化群生心中所欲　入於甚深法界的一切方便之門
廣大無邊的勝法於是自在的開演了

十方無邊的國土中　充滿了等同於世間的如來及千手觀音的名號
一切的方便教化絕無空過者　調伏眾生遠離塵垢眾惱
佛陀在一切的微塵中　示現無邊的廣大神力
千手觀音菩薩亦復如是　用千眼注照、千手教化一切的眾生
如是安坐在菩提道場中教化演說

如同諸佛往昔的一切菩提勝行
過去、現在、未來三世中所有的廣大時劫　佛陀在念念中自在的示現
在超越時空的現觀中　千手觀世音菩薩亦復如是　念念現成

所有法界宇宙中成、住、壞、空的一切事件
在不可思議的智慧中無不了知
那無比廣大光明遍照的法界　一切的宇宙世界在其中如實的顯現明了
佛陀本願所顯現的神通　在十方一切法界中無不明照
千手觀音亦復如是　以如實的大悲　顯示了一切宇宙的真實
在光明的宇宙網中　宣說了一切修行成就大覺的妙法
十方境界無有窮盡　無等無邊顯現了一切的差別妙相
佛陀無礙的大力發出大光　法界宇宙中的一切國土悉皆明現

二

從自身中看到了無盡的宇宙法界
從無盡法界中看到了全然的自身
依、正二報身相與宇宙相互影現
所謂大身即非大身
所謂小身即非小身
如是在細之又細、小之又小、退藏至密中成了至密之空
在廣而又廣、大而又大、彌諸法界宇宙　現成了廣大無際的空境
如是的密空　同於大空
如是的大空　同於密空

至小的空與至大之空　竟是平等無二無別
那麼非大非小的畢竟空
至密之空與無盡大空
密空與大空的宇宙法界依然平等無二
現空　現空　現空

在法界體性中法爾現成
在諸佛的大悲中燦然現身
那清淨圓滿的大悲聖者
於是如此的圓滿現前
南無大慈大悲的怙主千手千眼觀世音菩薩摩訶薩

同體大悲是實相中唯一的真言
無緣大慈是法界中無二的心意
用大悲的祖母出生了大覺的佛父
於是我們如實的成為清淨的佛子
揮灑出全佛的法界

唵　阿嚧力迦　娑嚩賀
oṃ arolik svāhā

皈命　無染者　圓滿成就
那現前圓滿一切的千手千眼觀世音自在菩薩摩訶薩
如是無盡無窮的幻遊宇宙法界
那甚深、甚深的與娑婆地球　甚深、甚深的結下了不破的三昧耶誓句
如是深緣永不退卻的救度一切有情眾生
那麼幸福的有您慈悲眼目的注照
那無比大悲的智眼穿透了你我的心識
在同體不二的甚深注照加持中　於是一切同體不二的現成
在您的現觀下　一切眾生全是了佛
娑婆世界地球的眾生　全是了佛

我們全同了佛　全佛的法界就這麼熾然現前了
在觀世音菩薩大悲眼的注照下　誰不是佛陀？
哪有眾生能夠不成了佛？

在那同體大悲的眼目下　我們化了　我們空了
我們慈了　我們大悲了　我們如何不是如來
哪有世界成不了淨土　那是全佛的眼目　大慈大悲的光明眼眸
那是法界大悲的行動　正注照著你我　如何能不是佛陀？

那究竟現觀的法界大悲體性　如來真實的自心
成就了普眼蓮華的大悲千手觀自在聖者
正倒駕著慈航　翻將覺海作為紅塵
細將紅塵成了大覺法海　那同體大悲啊！
讓眾生全成了佛

那麼深的感恩、那麼深的憶持大恩！那麼永遠的深憶恩德！
那久已成佛的大悲者　還入此界成了大悲菩薩
佛境菩薩行永遠成了我們深憶的典範
而那深憶現前師恩的頂現無量壽佛　現起了如來的普門方便智慧

那是！　那是！　法界甚深的體性妙行

於是一心皈命南無本師阿彌陀佛
在無上的金剛三昧中　現觀了全佛
一切眾生豁然同成了無量光佛　無量壽佛
在實相的體性中生起了大慈大悲的心
一切眾生的自性佛　全成了究竟的本師如來

於是法界中普現色身三昧現起了
那無比圓淨具德的如意寶珠王身　示現了千手千眼的莊嚴
就這麼隨順的滑入一切如來境界
那廣大自在的心力　成了法界眾生的無上依怙
一切的法界是那麼的明鏡交映相攝　眾生諸佛全如來
一切的本覺實相如是的明白　普現體性的微妙勝身宛如清淨琉璃
十方諸佛於是法爾宛然的在身中現前

那從本覺自性所流出的遍照光明妙德　普照著十方三世法界
普周圓淨一切無量的諸佛世界
一切眾生普現如來一相　如是真金妙色
一切平等現前　如是相好莊嚴法爾同佛

南無一切眾生全佛　全佛法界如斯的現成
原來無初般若本然平等無別
如實的現身自然　自在同佛無異　法爾如是
原然如是在大悲觀世音菩薩千手護持　千眼現觀之中
我們都是如實的佛陀
在千手觀自在的普門蓮華眼中我們都成了佛陀
如是始悟本覺　諸佛世尊與我等真實的無差無別

現觀法界諸佛的大悲心性
如是皈命上與一切如來同一慈力　普照十方世界

為法界一切眾生　普現最勝清淨的妙身
那大悲的千手千眼如實的明現了
如是現起一切眾生所喜見的微妙身影　相應的入於一切國土
廣度一切有情眾生成佛
這是如實現成　大悲示現如摩尼寶珠相應的瑜伽之王

三

仰望無盡星空的天際　向無始的本初來處相看
這是現在　還是過去　還是未來　或說如是當下
如是乘著大悲的心　在法界中雲遊
到了最深淨緣的娑婆地球　普陀洛迦山上
將揭開那一幕宇宙中最宏偉的大悲心劇
如是的吉祥　看著星明成了瀑流
在無常的重力波中　玉浪騰悅

在明暗體性能量中　相會成了玉宇霄漢
在現成平行的宇宙　在無時無空中
不動道場身遍十方　現成明空實相如幻

喜用星斗舀光　大悲心雨從銀河流下靈明清瀑
是如是微明的淨水
流出了千手觀音的吉祥眼心
在成住壞空的祕密處
拈一粒微沙　點化成了星明
將恆河般的塵沙　流成了天河
在法界大海中　如幻的留下了虹影
無所不在　並無住處

微步宇宙捲起無數的日陽　相會成片片蓮瓣
在淨池的八功德水裡

長出千葉的淨蓮　波湧出法界明空
用一千朵清淨的蓮華雲星
如是莊嚴的成了三千大千世界
成為佛的家園　圓滿的成了佛土
將百千個佛土匯成淨流星水　漫出宇宙霄漢
將如是億萬千條的銀河　掛在無垠的空際
如是吉祥的安住在我們的心底　幻化出如是的星海宇宙
用重力因緣的波濤演出那宇宙的心劇

四

無有眾苦　但受諸樂
我們來到了阿彌陀佛的極樂國
從此西去十萬億佛土
跟著大悲觀世音菩薩大悲禪步　我們跨出了平行的宇宙

一切如是現空了不可得　如是一切現成的明現在前
這是淨心處　安在最深淨的自心大海窮底
在億萬光年里程中　自在逍遙宇宙風吟
如是向上望來　如同百千億個太陽透出藍海相看如幻
那無量光雪飄下了宇宙大海　將星燦鋪落成銀流
就這樣成了極樂世界的大地

淨水澈澄　清然現明　晨光雨虹舞　淨琉璃淨
七寶池中八功德水　清冷淨心
來將金沙布地明空玄照　用無邊星點映上波金
用那光明作水　金剛光鍊成絲
於是塵星玉滴繁灑大空　逐那法爾大海妙成晶流
吹成空幻銀盤普漩法界　細將霓霞星旋巧搭成橋
用日月明光　鋪成玉階　拈法界明星點作燈晶

幻布虹霓密織出千百億莊嚴樓閣
再織金剛光鍊築妙欄楯
這無盡莊嚴的極樂世界
安立在我等尊師阿彌陀佛的四八大願及觀音的大悲上
安立在我師　無量光明的心
現成無量壽的自在
用妙香光音清淨自性

演來白鶴善鳴佛音　孔雀銜來明空不二的體性
彩虹展出羽屏　善現空心
幻入妙歌法界　細細合了光音
鸚鵡普唱迴向的淨心曲　輕敲如玉星磬
絲竹輕和如來妙音　舍利清唱善應彩霞風韻
迦陵頻伽與共命鳥相互鳴淨演出
天樂密圓大空勝韻　淨演暢心曲雅　飛音巧叩翠雲鳴箏

心心相唱入於大悲三昧　是念佛　是念法　是念僧

南無是我本師阿彌陀佛
南無是我本阿闍黎教授師　大悲千手千眼觀世音菩薩
香霓演光舞靈心　妙焰雲銷　空湧上了玉波
麗曲珠露妙唱　秋月喜來琴彈
聲飄無際法界　眾生同悟大覺寂淨
清聖虹舞自心

如佛念我　如我念佛
是心是佛　是心作佛
諸佛如來是法界身
如是一心合十
南無阿彌陀佛　南無阿彌陀佛　阿彌陀佛
南無大悲千手千眼觀世音菩薩

佛常念我
大悲心常念我
相續如如大覺自證

如是的極樂世界七寶池中的八功德水　如明光般流著靜
如恆河淨流在無垠廣大的平原　宛若不動而動在靜中
恰似彩虹　豁然已流佈了天際
自然的凝注著池水　那水不只是水
每一滴水都是無限廣大的法界　盡攝了無邊的宇宙
寶池如是的無盡擴大　越了無垠的大洋　成了無盡的法界大海

於是已起了童心　撥弄著清潤的池水
激起了水花　幻化出無盡的星辰
水珠擁有生命　如是的水花激撥躍起
宛若摩尼珠網一般　隨著光明清淨的舞蹈

珠玉璇光輾轉映在身上
相互的唱和、融合、分躍　那美妙的梵音合奏啊！
豁然從淨水如意珠中　發出了無比慈威的妙音
每一顆水摩尼珠中　如是的浮現了無比莊嚴的阿彌陀佛妙容
如是一心！　一心的頂禮稽首
南無阿彌陀佛

五

把時拈成絲　織成了時間
把空拈成絲　織成了空間
把時空織成像蛛絲般吐出　幻成了時空的網
把濕舔成了水珠　漂盪於時空之間
隱去了絲網　讓微塵　微微塵
一切眾相　在宇宙中擺盪周圓

如幻的世界　隨緣現成
現成隨緣的成、住、壞、空
眾生如是的生、住、異、滅
我們於是生、老、病、死
是輪迴嗎？　有輪迴嗎？
嗡！……

於是觀世音菩薩告訴我們：
「在過去無量劫前　爾時有佛出現於世　名為定光如來
教化度脫無量眾生皆令得道　而後入於滅度
其次有佛名光遠佛　次有佛名月光如來
次有佛名為栴檀香如來　次有佛名善山王如來
次有佛名須彌天冠如來　次有佛名須彌等曜如來
次有佛名月色如來　次有佛名正念如來
次有佛名離垢如來　次有佛名無著如來

次有佛名龍天如來　次有佛名夜光如來
次有佛名安明頂如來　次有佛名不動地如來
次有佛名瑠璃妙花如來　次有佛名瑠璃金色如來
次有佛名金藏如來　次有佛名炎光如來
次有佛名炎根如來　次有佛名地種如來
次有佛名月像如來　次有佛名日音如來
次有佛名解脫華如來　次有佛名莊嚴光明如來
次有佛名海覺神通如來　次有佛名水光如來
次有佛名大香如來　次有佛名離塵垢如來
次有佛名捨厭意如來　次有佛名寶炎如來
次有佛名妙頂如來　次有佛名勇力如來
次有佛名功德持慧如來　次有佛名蔽日月光如來
次有佛名日月瑠璃光如來　次有佛名無上瑠璃光如來
次有佛名最上首如來　次有佛名菩提華如來
次有佛名月明如來　次有佛名日光如來

次有佛名華色王如來　次有佛名水月光如來
次有佛名除癡冥如來　次有佛名度蓋行如來
次有佛名淨信如來　次有佛名善宿如來
次有佛名威神如來　次有佛名法慧如來
次有佛名鸞音如來　次有佛名師子音如來
次有佛名龍音如來　次有佛名處世如來
如是過去五十三佛如實相承

六

再次有佛名為世自在王如來、應供、等正覺、明行足、善逝、世間解、無上士、調御丈夫、天人師、佛、世尊
圓滿具足十號　在世教化四十二劫
爾時有一位大國王　聽聞佛陀說法喜悅開悟
即時放棄王位出家做了沙門　號為法藏比丘

這時他具足了廣大的悲心、智慧勇猛無能及者
如是他前往世自在王佛之前稽首禮足　右繞三匝長跪合掌

這時他以無比至誠的信心　用偈頌讚嘆佛陀：
『如來的微妙色相　世間無等比倫
遠勝於日光摩尼寶珠、火月珠與清淳的淨水
具足無比威神無有窮極　如是偉大尊勝的名聲遠震十方
如是皆由三昧無窮的威神力與無比精進所成就的智慧
善持大覺宛若溟鉅的大海　深廣無量無有涯底
一切的無明與貪念、瞋恚　皆已如冰化釋無有餘遺
如是超越了一切世、出世間　我心中讚嘆景仰不能自已

妙相端嚴如至好的樹華　莫不使人愛樂
處處有眾生得見者　一切善能生起廣大的歡喜
如是圓具了布施及淨戒　忍辱及精進

禪定與大智慧等六波羅蜜　達證究竟的彼岸
吾誓得證這無上善妙的究竟境界
超越一切諸般恐懼　普能獲得廣大安悅
度過一切的生死境界　一切煩惱無明無有不解脫者

我發起無上大願：
直至作佛之時　一切的諸佛、世尊、如來法王
假使甚至有如恆河沙數一般　這一切諸佛我皆悉如願的供養
我如是勤求無上正覺　堅勇一心必定成就圓滿
如是勝願能使無量剎土　光明普皆照耀
濟度如恆河沙般無數的眾生　這威德誰可言量？
我所建立的佛剎及其莊嚴　妙好獨特超卓
凡有欲求往生者　皆得究竟清淨安樂
度脫眾生永無窮盡　普願諸佛祝作明證
如是發願究竟之後　如實力行無有懈怠

如是雖居於一切苦毒之中　究竟安忍終無有悔』

當法藏比丘宣說此偈後　又復敬白世自在王佛道：

『世尊！　我發起無上菩提之心

願作佛時　於十方無央數佛當中為最光明

智慧勇猛　頂中光明照耀十方世界　無有窮極

所居的剎土自然的七寶現前極為明麗溫柔

我所化度的名號　皆普聞於十方無央數世界　無有不聞知者

諸無央數的諸天人及眾生　以至於動物、蜎飛蠕動之類

如是來生於我佛剎者　悉皆成就為菩薩、聲聞

其數量不可窮盡　悉皆勝於十方諸佛的世界

祈問佛陀　如是之願是否能成就呢？』

這時世自在王佛　了知他具足了智慧明識與高遠廣大的心願

即時為他說道：

『譬如大海不可以一人斗量
但是當歷劫不止的行持取水　尚可見其窮底
何況於人至心求道　精進不止
何求不可得呢？　何願不能成遂？』

這時法藏比丘聞佛所說　心生廣大歡喜
如是世自在王佛乃選擇二百一十億佛剎
顯示了其中諸天人民的善惡形態　國土粗重微妙
隨其心願悉令顯現
法藏比丘如是專一其心　於是獲得了無障的天眼
莫不徹見一切世界
這時法藏比丘　乃於一吉祥靜處
至心寂然　一切俱無所著　默坐禪證如實的思惟觀察
如是攝取這二百一十億的佛剎清淨之行　如彼勝妙而一心修持

如是圓成之後　復詣世自在王佛所而白佛言：
『世尊！
我已攝取這二百一十億佛剎的全相
了悟所有莊嚴國土的清淨之行
如是境界願有敷陳　唯願佛陀聽察證明！』
世自在王佛告訴他說：
『善哉！你可具說　如是諸菩薩眾聽聞你的大願
因此而生策勵　亦能於諸佛剎土修習莊嚴』

這是我的本師阿彌陀佛的宿世大願與傳承
我亦如是成就這偉大的法界傳承」
大悲觀世音菩薩如是的教誨著

七

如是無盡時劫來
阿彌陀佛世尊所教化的大眾　現已成為極樂淨土法會中的菩薩大眾
從西方極樂世界阿彌陀佛的眉心白毫上　現前射出了無比莊嚴的光明
柔觸的照耀了我們的菩提心海　這一念種子　將使我們也必然成佛
於是法藏菩薩成了佛　現前於極樂淨土說法
如是那帶給眾生無量光明的無量光佛
那帶給眾生無量壽命的無量壽佛
那創造極樂淨土　讓眾生依止成佛的阿彌陀佛！
南無阿彌陀佛　阿彌陀佛　阿彌陀佛
阿彌陀佛　阿彌陀佛……
念念憶念著您偉大洪名　如是現成！如是了知！
我將步您偉大的足跡圓滿成佛

阿彌陀佛的毫光解說了這一切　那是最殊勝的恩澤
從此西去十萬億佛土　如是莊嚴的極樂世界清淨的創建了

這偉大的法界學園　在宇宙中擁有最殊勝的盛名
阿彌陀佛正在此說法、教學、授課
而大悲千手觀音菩薩也在此教授成為了教學之長
阿彌陀佛成佛以來　已經歷經了十劫
我們心中如是的無盡喜悅　阿彌陀佛現前就在我們的心中
自心是佛　自心作佛
讓我們如觀自在現前　宛然身在極樂世界之中

肆

性空如意品

一

這是諸佛與我們心中最深的祕密
如是法界究竟的密義
從畢竟空開始
這是我們心中最深的祕密
是無始無初的實相伏藏
在無初的真如中當中
明顯現成　那麼如實的畢竟空
就這麼成了我們心中最深、最深的祕密
屈指算來　經過了無量時劫的沒有時間
我們依舊愚悶的在無始的幻旅
如是不曾移動過的十方雲遊

那麼夢的痴幻

如是那法界體性本覺的同體大悲
那一切現成始覺的無緣大慈
就那麼如實的在諸佛體性中現起
那無生無滅的究竟菩提心
那諸佛如來的大悲心總集現成
南無千手千眼觀世音菩薩
請聽我至性的呼喚
南無千手千眼觀自在菩薩
請許我自心現觀自在　圓滿的自由
是我自性中最究竟的大悲自身
如是現成

南無大慈大悲的觀世音菩薩

那麼如實的教授我
成了觀自在
靜聽！　淨聽！
聽那諸佛大悲的教授
淨聽！　靜聽！
聞那大悲自性的教誨
於是一切性空摩尼的教授圓滿了
從空聽到了空　在大悲裡
十八空現成

也該盡吐那無始以來　無明的絕決悶氣
一吐煩惱無明消融結於胸中的塊壘　如大悲怙主般是法界英豪
縱橫法界自在現空
如是吧！　空本空
空本自空　畢竟空本畢竟空

那本然究竟如實　本覺如是　如是本覺
根本一切絕不可得　現前燦然　大悲遍照無礙
本佛如實現不可得
始覺成佛絕不可得
本來畢竟空　現觀畢竟空

千手觀音那麼細細密密的教誨
於是空與空者　觀成觀者　畢竟空現然
畢竟空畢竟不可得　觀不可得　畢竟空者亦不可得
這甚深的法界密義啊！
只有在同體大悲中熾然流注我等心中
於是現成畢竟空　畢竟空　畢竟空
宛轉法然如幻現觀　如是現觀　如實不可得的空啊！
於是我見到了同體大悲
見到了觀世音菩薩的本來面目

那內空究竟啊！
於是內法、空法、內法空
誰能觀　誰被觀　何能成觀
於是觀世音
三輪體空　觀不可得　如實現觀
於是觀自在
眼、耳、鼻、舌、身、意內六處
那大悲深深的呼喚
於是眼空、耳鬆、鼻空、舌、身、意空
無我、無我所、無眼法
無耳、鼻、舌、身、意法
如實了越了眾法　照見五蘊皆空　名觀自在
熾然澈見了一切法界

如是現觀了極樂世界
千手千眼成了我的手眼
現觀一切法界外境現空本然
於是外法、空法、外法空
色空、聲、香、味、觸、法空
色空、無我、無我所
無色法　聲、香、味、觸、法　現前即空
觀了世音　成了自在

那法喜是現觀　觀了世音　成了自在
相應了內外空
如是　內外法、空法、內法空
眼、耳、鼻、舌、身、意空
色、聲、香、味、觸、法空
十二入空　如是空　如是現空

如是　眼、耳、鼻、舌、身、意、六識空
十八界現空
法界　法爾現空
那麼觀自在　成了觀世音
如是身、受、心、法四念處
念了觀世音
於是身、受、心、法四念處
如實的觀自在

四念處現觀了三空　內、外、內外空
四念處內觀相應空三昧　證成內空
四念處外觀相應空三昧　證成外空
四念處內外觀相應空三昧　證成內外空
現空成了觀自在
如是內外相應處

現前眼識空、耳識空、鼻、舌、身、意識空
如是俱觀內外身淨不可得　內外空
內外受不可得　內外空
內外心不可得　內外空
內外法不可得　內外空
如是啊！
內空、外空、內外空
只有在大悲心中　一切現成

如實的三昧力啊！　空、無相、無作現空
如實的三解脫門啊！　空、無相、無作現空
身、受、心、法　不得我　不得我所　現空
如是內外空法無有自性　但有假名　內、外法空
如是的大悲真實現空

二

在無所分別的大悲心中　眾生空了
如是眾生空　一切法空
無我、無我所、無常、無作者、無知者、無受者
如是內空　外空亦復如是
如是了悟大悲心中
觀自在的觀世音

內法中無有內法相　外法中無有外法相
五蘊自相空　六大自相空
六根自相空　六塵自相空　六識自相空
如是一切諸法自法空
無生　無生　無生　如是現空
無滅　無滅　無滅　如是現空

如是內空　如是外空　如是內外空
如是空即大悲　大悲即空

如是大悲、大悲、空
如是空、空、大悲
放下內空、外空、內外空吧！
連空也如是的不可執著、無可執著
只有在大悲現空中　一切自由自在
現成　現成　現成
在當下以空破內空　以空破外空　以空破內外空
原來空如是破除三空　如是的空空　空亦空
先以法空破內外法　一切都不再執著啊！
讓實相的大悲教授這真空的空亦空

內空、外空、內外空

再以此空破內空、外空、內外空
如是空空
空三昧觀照五蘊皆空　得證八正道　斷除一切煩惱
證成了有餘涅槃
當先世因緣命終　欲捨八正道　如是生起空空三昧
是名空空
大悲是真實的空空

空破除一切法　如是空在
空破除一切法已　空亦應捨
空空破空　如是空空
空緣一切法　空空但緣空
如是　如是　以空破十七空　如是空空
大悲空了一切空　空空了一切大悲

十方法界現成大空
只有那究竟的大悲淨眼一目了然
只有甚深的大悲教授現前總持
如是法空　如是大空
如是了悟人老死為眾生空　如是老死即是法空
如是摩訶衍大乘甚深法教　十方、十方相空　十方空　如是大空
如是無邊、一切處有、遍一切色、常有　名為大
如是利益眾生、令眾生無迷是為大
如是大方能破　如是大空
那大空大悲的千手觀世音菩薩
真實教授著如實觀自在的大空法門

餘空破除因緣所生的眾法、一切的造作法
這粗陋的法易破　不能名為大
如是方位並非因緣生法、亦非造作之法　這是微細法實難破除

如是方名為大空
如是一切諸方自然現前　如是非因緣的造作
亦非先無今有　今有後無　如是法非有為造作之法
非現前了知故　如是的微細之法
如是以世俗諦而有　在第一義中　一切法不可得
不墮於常中　如是破除清淨執著

如是破除大邪見　因此名為大空
如是慈心緣於東方一國土的眾生　後再緣一國土的眾生
輾轉相緣　如是盡緣東方國土的一切眾生　如此則墮於邊見
如是未能窮盡　則墮於無邊見
邊見、無邊見等二見生已　則失去了慈心
如是方位空破除了如是的東方　則除滅有邊、無邊的邪妄執見
若不以方空破除十方見者　則隨於十方中生心
隨著心生不已　慈心則滅失　邪心則生起了

大悲行者若隨心漂盪　則漂墮在邪見中
若隨心還　則不失於慈心
如是破大邪見　名為大空
這是大悲聖尊的真實法教

三

第一義　如是的諸法實相
如是無可破無可壞　諸法實相亦空
如是無所受、無所著　第一義空
如是在諸法中的第一法要　名為涅槃
涅槃中亦無有涅槃之相　涅槃相空即為第一義空
如是一切煩惱斷　名為有餘涅槃
聖人如是於今世所受的五蘊盡更不復受
不受後有　名為無餘涅槃

世人執著有如是而執著於世間　如是執著若無　則著於涅槃
如是涅槃離於有與無

聖人於一切法不受不著　不取於相　如是涅槃
一切法不離第一義　第一義亦不離諸法實相
出世間中以涅槃為大　世間中以方為大
第一義空亦為大空
如是大悲觀世音菩薩
成就正法明如來
不著於大般涅槃
涅槃不可得故　第一義不可得故
如是倒駕慈航
翻將覺海入紅塵
如是究竟翻將紅塵成覺海
如是一切眾生全佛

如是亦不可得
大悲觀世音淨聖如是教授
如是善演第一義空諸法實相

如是諸法實相空　如是第一義空
如是有為空、無為亦空
有為法無我、無我所、常相不可得空
有為法、有為法相　不生不滅所有現前空寂
如是我空、法亦空
有為、無為相待而有　若除有為則無無為
若除無為則無有為　是一法盡攝一切法
空　如是空
空

如是畢竟空　以有為空、無為空破諸法　令無有遺餘

如是畢竟空　從本已來　無有定實不空者
於三世法中　無有一法定實不空者　如是畢竟空
本無所依止　末亦無所依止　如是　如是
當知一切法畢竟空
如是　如是　外物既空　內主亦空　如實無我
畢竟空如是真空
一切法畢竟不可得　如是畢竟空
如是畢竟空　大悲如實現體
法界體性大悲現成　如是千手千眼觀世音菩薩
如是畢竟空中觀自在的教誨
如是畢竟空中真實受用體證
一切眾生圓滿成佛啊！
南無大慈大悲千手千眼觀世音菩薩摩訶薩

眾生無有始　諸法亦復如是

眾生為無明所覆　貪愛所繫　往來於生死　始不可得
破如是的無始法　名為無始空
如是無始空破滅無始見　又不墮於有始見
如救人於火　不應著於深水之中
現破無始　亦不應著於有始之中　如是行於中道
云何破於無始　以無窮盡故
若無窮則無有後　無窮無後　則亦無終
若無始　則破除一切智人
若世間無窮　則不知其始
不知始故　則無一切智人
若有一切智人　如是不名為無始
如是取眾生　取諸一相、異相
如是輾轉推衍今世、前世、前前世無盡無窮
眾生及始法皆不可得　則生無始之見

如是虛妄　以一、異為本　現前即當破除
如有為空破除有為法　此有為空亦復成為障患
如是以無為空破除無為法
現以無始破除有始　無始即復為障患
如是以無始空破除無始　如是成就無始空
佛以方便力故說無始　以無著心故
受者亦得無著　無著　則生厭離
以慧眼善觀　則見眾生及法畢竟空
如是無始空成就

諸法和合假有　畢竟是別離散滅之相　實無所有
如車以輪、輞、轅、轂等眾相合成為車
若離散各於一處　則失車名
如是五蘊和合同緣為人　若別離於五蘊　人則不可得
如是善觀察集諦則無無見　善觀滅諦則無有見

如是現觀　但有名字　莫逐於假名　有無皆空
如是種種因緣名為散空

性空如是　諸法性常空　假業力相續　似若不空
如是諸法法性　未生時空無所有
諸法眾緣和合故有
如是　眼空　無我、無我所　其性法然自爾
耳、鼻、舌、身、意　一切色乃至法等　亦復如是
性空於十二入無我、無我所　十二入相性無亦復自空
性名為自有　不待因緣　若待因緣　則是造作之法
不名為性　如是諸法中皆無性
一切諸法　性不可得　如是性空

四

如是了悟畢竟空名為無有遺餘
性空　本來常爾
如是畢竟空　常恆不生不滅、不垢不淨
諸法畢竟空　性不可得
諸法性空　畢竟空故
性空中　但有因緣和合　無有實性　如是多為菩薩所行
畢竟空三世清淨　如是多為諸佛所行
一切諸法性　如是總性、別性

所謂總性者
即無常、苦、空、無我、無生無滅、無來無去、無入無出等
所謂別性者　火為熱性、水為濕性、心為識性、作惡惡性、行善善性
如是總性、別性　諸性皆空　性不可得　名為性空
如是性空　從本已來空　如、法性、實際如是亦空
有為性三相　生、住、滅

無為性三相　不生、不住、不滅
有為性尚空　何況有為法
無為性尚空　何況無為法
性不可得　如是性空

一切法有二種相：總相、別相　如是二相空名為相空
性言其體　相言可識的狀貌
性、相、內、外、遠、近、初、後　有如是等差別
一切有為法　是無常相　生滅苦空、無我　如是種種名其總相
諸法悉皆無常　各有別相　地堅、火熱、水濕、風動
如是種種名為別相
如是諸相皆空　是名自相空
如是自相空　相空　法體空亦空
眾法和合一法生　一法空　如是一一法皆空
和合因緣法　展轉亦復為空

一切法各各自相空　如是自相空
眾生顛倒　以一相、異相、總相、別相等　執著於諸法
為斷如是執著故　名為自相空

如是一切法　五蘊、十二入、十八界等
如是諸法皆入種種門　所謂一切法有相、知相、識相
緣相、增上相　因相、果相　總相、別相、依相
如是一法門能相攝一切法
二法門亦能相攝一切法　所謂色、無色法　可見、不可見法
有對、無對法　有漏、無漏法　有為、無為法
如是等種種二法門相、若三、四、五、六乃至無量法門相
如是皆攝一切法
如是諸法皆空　名一切法空
如是離凡夫法更無聖法　凡夫法實相即是聖法
聖人於諸法不取相亦不著　是故聖法為真實

智者於一切法不受不著　諸得道聖人於諸法無取無捨
若無取捨　能離一切諸見
如是等名為一切法空

五

於五蘊、十八界、十二入中　我法、常法不可得
諸因緣中求法不可得　如五指中拳是不可得的
一切法及因緣畢竟不可得
如是不可得空
世尊從初發心乃至成佛　於諸法求實不可得　如是不可得空
如是於一切法乃至無餘涅槃皆不可得　如是不可得空
如是行於不可得空　具足戒、定、慧、四果等一切聲聞法
如是得般若波羅蜜　則具足六波羅蜜及十地諸功德
得是諸法　皆能助不可得空　亦名為不可得

如是無受無著故　是名不可得
為無為法故名不可得
聖諦、第一義諦　如是不可得
如是現前不可得空

如是無法　名法已滅　是滅無故　名無法空
諸法因緣和合生　故無有法　有法無故　名有法空
取無法有法相不可得　是為無法有法空
現觀無法有法空　如是無法有法空
生無所得　滅無所失　除世間貪愛　如是無法有法空
如是善哉！　內空、外空、內外空　破一切法
無法空、有法空、無法有法空　亦破一切法
有法空破一切法生時、住時
無法空破一切法滅時

或言無法有法空　生滅一時俱破
過去、未來法空　如是　過去滅失　未來未起名無法空
現在及無為法空　如是　現在法及無為法現有　名有法空
如是二者俱空　名無法有法空
或言無為法無生、住、滅　名無法
有為法生、住、滅　名有法
如是等空　名為無法有法空

善知　善知　善知
吉祥　吉祥　覺智現前
菩薩依般若波羅蜜多故　圓證內空乃至無法有法空
如是聖觀自在菩薩大悲教誨
如是千眼普照　千手普護　一心普說
如是究竟畢竟空教誨現前悟心
如是眾生同成大悲千手觀音

如是現前　如是現成
畢竟空中　始覺同覺本覺現成
善哉　廣大圓滿無上菩提　現前成佛
全佛　全佛究竟

伍

法界無盡品

一

華藏世界的大海　與法界平等而無差別
如是莊嚴極其清淨　安住處於虛空之中
於此世界海中　一切的塵剎國土種類難以思議
一一皆得以自在現起　各各國土之間無有雜亂
華藏世界的大海　國土剎種善巧安然分布
各類殊形異相示現了各種的莊嚴　種種的妙相各不相同
諸佛變化的音聲　種種善妙成為剎土的體性
隨其業力因緣所見　如是剎種示現了微妙莊嚴巧飾

有些國土是如須彌山城的網形　或是水旋輪圓的形狀
或如廣大蓮華的開敷　彼此之間相互圍遶

或是如山幢樓閣的形狀　或如同旋轉的金剛形
如是不可思議的示現　如是廣大的諸般剎種
如同大海真珠的光焰　光網相映不可思議
如是一切的諸般剎種　悉在蓮華之中自在安住
一一諸般的剎種　光網映照一微妙不可言說
光中亦現起無量的眾剎　普遍十方世界大海

一切諸般剎種之中　所有的莊嚴之具
如是國土悉入於其中　普見而無有窮盡
剎種如是的不可思議　十方世界無有邊際
種種的妙好莊嚴　皆由如來神力所現
一切的眾剎種之中　世界如是的不可思議
或是現成或是有沮壞的剎種　如是或有已壞滅者
這譬如林中的樹葉　有生起亦有落下時
如是的剎種之中　一切世界有成有壞

譬如依止於樹林之中　種種的果實各有差別
如是依於剎種之中　種種眾生依緣而安住
譬如種子有各類差別　生出的果實亦各有殊異
如是業力差別之故　眾生安住剎土各有不同
如是譬如心王妙寶　隨心而見到一切眾色
由眾生心清淨故　得以現見清淨的佛剎

譬如大海的龍王　興雲遍佈於虛空之中
如是諸佛的願力　出生諸佛的國土
宛如幻師的咒術　能化現種種的情事
如是眾生業力之故　國土示現不可思議境界
譬如一切眾績繪畫之像　如是由畫師所造作繪製
如是的一切佛剎　為心畫師所畫製成就
一切眾生身各自相異　隨心分別如是而現起

如是的一切種種剎土　莫不皆由業力所生

譬如睹見導師世尊　如是種種的眾色差別
隨於眾生種種的心行　了見諸佛剎土亦復皆然
一切的諸剎邊際　周布於蓮華之網中
種種的眾相不同　一切莊嚴悉皆清淨
如是彼等蓮華之網　為國土剎網之所安住
種種一切的莊嚴眾事　示現如是種種眾生安居
或是有剎土之中　如是的險惡而不平坦
這是由於眾生的煩惱　同於彼等乃會如是知見

如是雜染以及清淨的國土　現於無量諸剎土的種類
隨著一切眾生心中煩惱現起　及以菩薩大悲力所加持
或有如是的剎土之中　種種的雜染以及清淨
如是皆由業力而生起　緣於菩薩之所教化

有剎土能放大光明　由離垢大寶所成就
種種的莊嚴妙飾　諸佛如是悉令清淨
一一的佛剎種中　時劫燒至不可思議
一切所現雖然見其敗惡　其處如是常為堅固
如是眾相乃由眾生業力　出生無量的眾多剎土
依止於風輪之上　及以水輪而安住

二

世界因緣法爾如是　一切種種所見不同
一切究竟而實無有生者　亦復無有滅壞的眾相
在一一心念之中　出生無量的剎土國度
以佛陀威神之力　如是悉見清淨無垢
有國剎為泥土所成　其體甚為堅硬強固
其中黑闇無有光明照耀　為惡業者之所居住

有剎土為金剛所成　其中雜染有大憂怖畏
如是國度苦多而樂少有　是為薄福者之所處

或有國土用鐵鑄成　或以赤銅造作的世界
石山險阻十分可畏　罪惡者悉能充滿此國
剎土中有諸種地獄　眾生苦痛而無救者
常在黑闇世界之中　如是為焰海所燃燒苦痛
其中或復有種種的畜生　種種的醜陋形貌
由於其自身的惡業　常受無量諸般的苦惱
或是見到閻羅鬼界　恆為飢渴之所煎熬逼迫
或是登上大火山中　受盡一切極重的苦惱眾難

或是有諸剎土之中　如是為七寶所合成
種種的諸般宮殿莊嚴　如是皆由淨業所獲得
如是普觀世間種種眾相　其中人界與諸天大眾

皆由淨業果報所共同成就　如是隨時能受諸快樂
如是一一的毛孔之中　有億萬剎土不可思議
具足種種的妙相莊嚴　國土廣大未曾稍有所迫隘
如是眾生依隨各自的業力　示現了無量的種種世界
有情於中生取執著而生　身受種種的不同苦樂

如有剎土為眾寶所在　恆常放出無邊的光明
善由金剛妙寶蓮華　莊嚴清淨無有垢染
有國剎以光明為體　依止於光輪而安住
善出金色栴檀的妙香　無邊的焰雲普遍照明
有剎土為月輪所成　如是香衣悉周遍布此世界
善於一蓮華之內　菩薩如是悉皆充滿其中
有剎土為眾寶所成　國土色相無有一切垢染
如是譬如天帝的珠網莊嚴　無盡光明恆能相映照耀

也有剎土以妙香為體　或是以金剛寶華而建成
摩尼光影的種種妙形　如實觀察甚為清淨
或有難思的剎土世界　為妙華旋繞所示現成就
化佛悉皆充滿於其中　菩薩於此普放光明
或有清淨微妙的剎土　悉是眾華寶樹滿布其中
妙枝圓布於菩提道場　其蔭以摩尼示現寶雲
有剎土清淨光明照耀　由金剛妙華所成就
有如是的佛化音聲　示現無邊的行列成網

有剎土宛如菩薩的摩尼妙寶勝冠
或是有如寶座之形　從變化的光明中出生
或是以栴檀的香末　或是以眉間的光明
或是佛光中的音聲　而成就如是不可思議的微妙剎土
或有到見清淨佛剎　恆以一種光明莊嚴
或是見多種光明莊嚴　一切種種示現皆甚奇妙不可思議

或是運用十國土中　微妙眾物作莊嚴寶飾
或是以千國土中　一切的妙物作為莊嚴校飾
或是以億剎國土的寶物　莊嚴於一國土中
如是種種的眾相不同　悉皆宛如影像示現

三

不可說國土的眾物　如是的莊嚴於一剎土
各各放出廣大光明　一切皆由如來願力所生起
或有諸國的剎土　為大悲願力所淨治
於一切的微妙莊嚴中　普見到一切眾剎土海
一切修習大悲行願　所得的清淨國土
如是三世佛剎的自在莊嚴　一切皆於剎中示現
佛子如是仔細觀察　剎種中的大威神力
未來的諸佛國土　如夢如幻悉令得以了見

十方一切的世界　過去的眾國土大海
咸於一剎那之中　如實的現相猶如幻化一般
三世一切的諸佛　及以其國的所有剎土
如是於一剎土種之中　一切悉能親自觀見
一切諸佛的大威神力　剎塵中示現了所有眾土
種種的眾相悉皆明見　如影如響無有真實

或有眾多的剎土現起　其形宛如大海一般
或是如同須彌山形　如是的世界皆不可思議
或有剎土善能安住　其形宛如帝釋天網一般
或是如同樹林之形　諸佛如來充滿於其中
或是現作寶輪之形　或有示現為蓮華形狀
八方八隅備滿莊嚴眾飾　一切種種眾相悉皆清淨
或有如同寶座之形　或是復有三角三隅形狀
或如同盛糧的圓竹篙佉勒迦形　或如同城廓梵王的身形

或如同天主的髮髻形　或有如半月形
或有如摩尼山形　或如同日輪之形
或有如世界的形狀　或有譬如香水海的旋繞
或作為光明輪的形狀　如是諸佛如來往昔所嚴淨
或有如輪輞的形狀　或有如祭壇之形
或有如佛陀的白毫相　或如同廣長的肉髻　或如佛眼之形
或有如佛手的形狀　或如同金剛杵的形狀
或如同焰山的形狀　一切菩薩皆悉充滿周遍
或如同師子之形　或如同海蚌的形狀
無量的諸種色相　其體性亦各各有所差別

而於一剎種之中　剎土形式無有窮盡
如是皆由佛陀的廣大願力　護念而使之得以安住
有些剎土或住世一劫　或有住於十個時劫

乃至過於百千時劫　或有國土住於微塵數劫
或於一劫之中　見到剎土有成有壞
或經由無量無數時劫　乃至於不可思議時劫
才見到剎土成、住、壞、空的變化

或有剎土有佛陀　或有剎土當中並無佛陀
或是有唯有一佛陀　或有無量的諸佛示現
當國土若無有佛時　如是他方世界之中
有佛陀世尊變化前來　為此土示現諸佛能行之事
示現從天而沒與降神世間　如是處於胎中及出生之時
終至降魔而成正覺　恆轉於無上法輪
並隨一切眾生心中所樂　示現種種莊嚴妙相
為有情轉動勝妙法輪　悉相應於一切眾生根欲
在一一佛剎之中　如是一佛出興於世間

經歷於億千歲時　如實演說無上的妙法
若有眾生非法器者　不能睹見諸佛的妙相
若有諸眾生心樂於佛者　於一切處悉皆能見
如是於一一的佛國剎土中　各有諸佛出興於世間
一切剎土中的佛陀　乃至億數不可思議
此中的一一佛陀　可示現無量不可思議的神變
如是悉皆遍周於法界之中　調伏無量眾生大海

有些剎土無有光明　其中黑暗令人多生恐懼
苦觸宛如刀劍一般　見者如自中酸毒的情境
或有諸天的光明　或有眾宮殿的光明
或示現日月的光明　如是的剎土之網難以思議
有些剎土能自生光明　或是眾樹能咸放清淨光明
未曾有諸般痛苦煩惱　如是皆由眾生福力因緣之故
或有山峰放諸光明　或有摩尼寶放出光明

或以燈光照耀世界　如是皆悉眾生業力所現

或有佛陀世尊的光明　如是菩薩充滿於其中
或有如是蓮華的光明　焰色光照甚為莊嚴妙好
或有剎土華光照耀世界　或有以香水來照耀世間
或以塗香、燒香明照　如是皆由清淨願力所現
有以雲彩光明照耀　有摩尼蚌的光明普照
有些以佛神力的光明照耀　光明中能宣說悅意的音聲
或是以寶光來照耀　或是以金剛焰光明照
清淨的音能遠震世界　所至之處無有眾種苦惱

或有摩尼的如意光明普照　或是以莊嚴具的光明照耀世間
或有以道場光明遍映一切　照耀所有大眾集會中
佛陀放出廣大光明　如是化佛充滿於其中
其光明普遍照觸一切　如是法界悉皆周遍明空

或有剎土甚可怖畏恐懼　時時嗥叫出大苦的音聲
如是音聲極為酸楚可哀　聽聞者心生甚深的厭懼恐怖
如是地獄及畜生惡道　及以閻羅王眾幽冥的處所
如是等種種濁惡的世界　時時恆出悲憂苦惱的眾聲
或是有國土之中　常出歡喜可愛樂的音聲
眾生悅意隨順諸法教化　如是皆由淨業所得而成

或是有國土之中　時時恆聞帝釋天王的音聲
或是聽聞大梵天王的音聲　或是一切世主的音聲
或有於諸剎土之中　雲中恆常出現妙聲
於寶海摩尼樹之中　勝妙的樂音悉皆遍滿清聆
如是諸佛的圓光之內　幻化音聲無有窮盡
如是眾菩薩的微妙音聲　周遍充滿聞於十方剎土
法界中不可思議的國土　普轉著法輪的音聲
從大願海所出現的妙聲　如實修行著眾妙的音聲

三世一切的諸佛　出生於諸般的世界之中
如來名號悉皆具足　世尊的音聲也無有窮盡
或有在剎土中聽聞　一切如來佛力的音聲
十地六度等菩薩無量妙慧　如是的妙法普皆演示究竟
普賢的廣大誓願之力　在億剎土恆演著淨妙音聲
其音宛若雷震一般　安住時劫亦無有窮盡
佛於清淨的國土之中　示現無上自在的音聲
普於十方法界之中　一切無有不遍聞著

四

如是真實的教授　來自大悲千手觀世音菩薩
他細細的在實相中　宣說著實相
在畢竟空中解說著畢竟空的法界

他如是解說著法界中的一切緣起
六大和合示現了宇宙世間中的種種變化
如是地、水、火、風、空、識六大的性體若非和合所成
則六大之際如是不能相互通和
就像絕然的虛空不與其他物質眾諸色相和
如果能和合者就同於變化之相　始終相成　生滅相續

如是生死、死生　生生、死死　如同旋火輪一般未有休息之時
如同純水加入其他物質會產生作用變化　又重新迴轉
如是水在不同溫度下　有了種種遷變
當水化成了水氣　水氣再落下成雨
水若凍結則化成冰　若融化時冰再還成水
如是觀察地性含容眾物　其中微物粒子各有差別
但粗者為大地　細者為微塵、微微塵最後至於鄰虛塵　成為基本粒子
如是將鄰虛塵基本粒子再分解　就成為虛空性了

如果此鄰虛析成虛空　我們即能了知虛空中　能出生一切物質色相
如實觀察一鄰虛塵當中　當用多少虛空來和合而有？
而鄰虛塵析解入空後　到底要用多少色相來合成虛空
若色相相和合時　和合的色相並非是空
若空和合時　相合的空也非色相
色相猶可解析　空相何得相合？
如是了悟　在如來藏中　體性的色相是真空　體性的空是真色
色空如是一如不二　清淨本然　周遍於法界
隨著眾生的心性　相應於其所知之量　依循著業力而發起現前作用
如是世間無知　不能體解

其實不只這一切眾境的顯現　皆是由意識心所分別計度而成
其中但有言說假名　並無真實的內義
如是火性無我　寄於諸緣而顯現

當知地、水、火、風、空、識名為六大
其體性真實圓融　皆是如來藏　本無生滅
如是體悟一切的見、聞、覺、知本然即為如來藏
於如來藏中　體性之見如是的覺明
覺性能如是現觀明見　清淨本然　周遍於法界
隨著眾生的心　應於所知的量　如實並現

如是以一見根　能見周於法界
聽、嗅、嘗、觸、覺觸、覺知　也如是的妙德瑩然
遍周於法界　圓滿十方虛空　那有方所可言？
如是依循於業力發起現前　皆是由於識心當中分別計度
如是這一切只有言說假名　都無真實之義

心識的體性本無根源　因於六種根塵虛妄而出
當遍觀世間萬物　用眼目循歷周視　但見宛如鏡中所現

其實此中無有分別解析的意念　如是當意識中次第的標指眾相
此是某人　彼是另一人　這是其他人　這是一個人　這是一群人
如是意識的分別了知　是出生於見？　或出生於相？
還是出生於虛空？　還是無因突然出現？
細細詳微的觀察　審密觀察那託於眼中之相
如是推衍於前境　可成相狀成為有
不能成相狀則成為無　如是的識緣因何所出呢？

當意識動搖了見的澄靜　種種眾相非和非合
而聞聽覺知也亦復如是　不相應於識緣則無從自出
若此識心本然無所從來　則當知曉了別見聞覺知　本來圓滿湛然
性為非從客體所對而來　則體性亦皆真實圓融
如是皆為如來藏　本無生滅可得

如實善觀此六處的識心

是同？是異？是空？是有？是非同異？還是非空有？
在體性的如來藏中　體性識了明知　覺明真識
如是妙覺湛然　遍周於法界十方
那有虛空方所可得　只是依循著業緣而發起現前
而世間無知　因而產生了迷惑　這皆是識心分別計度所成
但有言說　都無實義

如是體悟如來微妙開示　現前身心蕩然得無罣礙
大眾現前各各自知心遍十方法界　了見十方空寂
如同觀察掌中所持的樹葉　及一切世間的諸所有物
當下現觀皆即菩提妙明的本寂元心　心精妙遍圓含包裹十方世界
如是反觀父母所生之身　猶如在十方虛空之中
所吹起的一粒微塵　若存若亡
如是如同湛巨大海流中的一泡浮漚　起滅無從
當下了然自知　獲得本覺清淨的妙心　常住而不滅

如是如實的從自性中禮讚佛陀世尊與大悲千手觀世音菩薩：
那微妙湛然總持法界究竟的不動至尊佛陀
不可思議的大悲聖者觀世音菩薩
如幻薰聞修習金剛三昧
具足不壞的法界體性　現起大悲究竟的首楞嚴王境界
與一切諸佛同具大慈悲力　妙應法界一切的國土
如是善現於無邊的世界　廣度無盡的眾生
這是一切世間所最希有的妙相　能銷除一切眾生億劫以來的顛倒夢想
如是不必經歷無量阿僧祇劫的勤苦修持　現前如實獲證如來的法身
如是甚深的祈願　於今能得果成證無上的寶王
能還度如是恆河沙般無量的眾生　讓一切有情同證大覺究竟
將此最深的願心獻給無邊的塵剎國土　以如是的供養報佛恩德
伏請世尊及大悲怙主為我作廣大證明

如是的五濁惡世我誓願先行趣入其中
如有一眾生未能成佛　我終不於此中證取泥洹
大雄大力大慈悲的無上佛陀　大悲勇猛的千手觀自在菩薩
祈願您等更審細的去除我那微細的塵沙迷惑
令我早登無上的大覺　在十方世界中普坐道場而證成佛果
普度法界中無邊無際的眾生

如是甚深的發願　就是那舜若多空性能夠銷亡
而大悲無盡爍迦囉願心也絕無動轉
如是無上的大悲願力　終將圓滿全佛究竟
祈願十方三世一切諸佛　大慈大悲聖觀自在菩薩
明證我這金剛不壞的大悲願心
慈悲注照守護我圓滿如是的三昧耶本誓

陸

千手自心品

一

為什麼我有一千隻手
那是千光王靜住如來的教誨
大悲心陀羅尼的體性加持
讓我具足了上與諸佛同一的慈力
下與一切眾生共同的悲仰如來
於是我將帶著所有的眾生　圓成了佛果
如是我將用第一隻手　來加持你的頂
讓你具足圓滿的智慧
如是我將用第一千隻手　安撫你體性的心
讓你生起無畏勇猛的大悲菩提心
用一千隻手牽著你　護著你

度過一切宇宙
到菩提樹下成了佛

為什麼我有一千隻眼
那是千光王靜住如來的啟示
大悲心陀羅尼的廣大威力
讓我用千眼具足了五眼的功德
每一隻眼都穿透了紅塵浮雲
讓眾生具足大悲智慧
於是我用一千隻清淨的眼目
成了眾生的大悲智慧
讓一切有情圓成了佛果
來讓我用一千種莊嚴的眼神　端注著你的心
那清澄淡定的深智
圓滿了菩提

每一眼都帶著最深的大悲心願
開示悟入　佛的知見
將眾生看成開悟了
這是大悲觀音的絕活
再用那一千種真心　端注著你的眼目
透覺明真　吉祥清淨
直到所有的眾生都成了佛

為什麼我有一千隻腳
有五百隻腳是大悲心所化現
有五百隻腳是大智慧所現成
用悲智雙運的足踏穿了宇宙
只是圓成眾生本覺的佛
每一隻腳都將成為眾生的支柱

法界遍歷　演示吉祥圓滿
助所有眾生奮力開拓覺的人生

是健康　是幸福　是快樂　是慈悲　是無上的大覺
歡歡喜喜地學著佛　隨著千足觀音的步伐
在大悲聖足的導引下　快快樂樂地成了佛
如是奔走在無盡的宇宙時空路途
用一千隻腳再一次一次的磨穿了法界、宇宙與地心
為你磨卻心中的煩惱糾結
讓你成為真正的觀自在
於是我們千足觀世音菩薩的大悲教誨下
都成了大悲的觀自在
原來如是知曉　我們都是大悲的觀世音
那麼淨靜的點出了無盡的星空

宇宙是那如如的微妙心境
於是在無始無終　無邊無際中
輕泛著小舟行月　法界自妙吉祥常春
用千種眼目看過了萬劫風塵　如恆河點沙竟成宇空星明
心在無始無終　從現空中拈宇宙絲弦　彈奏出多重宇宙
如是拈出暗能量　調出時空的維度
用心在闇物質中　抽出量子的絲弦　彈奏著幻化的弦波
是空　非有　非無　非關有無
是不真的空　如實如幻的動

於是用星瀑天水　烹茶飲下清寧
那天江空明的秋月　稍把億萬經卷密藏於心
如是平懷　憶念蒼生　深憫有情
在三界遊戲去來
願如香花馨馥天地

南無大悲千手千眼觀世音菩薩啊！
我願是你清淨大悲的心影
永隨您的步伐直到成佛

二

以蒼宇明志　入法界誓深
大悲觀世音菩薩如是自說
在觀世音佛前　如實發起了無上的菩提心
觀世音佛如是教我　從聞思修中證入了甚深的金剛三摩地中
如是全然放下　都攝六根初心專念寂淨
如實的聽聞了一切的聲音
剎那際　法流音靜　敲破了一切的聲塵
當入於法性流中　當下亡失了所聞音聲的種種差別
聞聲與法流同注於寂滅消融　現時法爾平明

隨那白雲松聲　如是展袖風清
在琴鳴迴音中　現前碧山空磬
萬柏浪雲自在任長
如是現前動靜二相　了然無生
依彼證相如是增聞於法界的一切音聲
如是聽的自我　所聞的音聲
一切了然於盡處　寂清明淨

如是聽聞一切眾音　如實窮盡眾音　心無一切執住
當下能覺　所覺　眾念全空
如是空淨覺知　在極圓滿處　一切境界了然無生
能空、所空如是全然寂淨
一切生滅分別　全然現前寂滅
圓音不再染於聲塵　在聲色以外

成就了觀世音

如是究竟的寂滅　妙覺悟證現前
在豁然間　超越了一切世、出世間
現前十方法界同證圓明
上合十方一切諸佛本妙覺心
善與諸佛如來同一慈力
下合一切眾生最深的信心禮敬
與諸眾生同生廣大的悲仰
南無無上正覺　諸佛世尊

如是大悲觀世音菩薩如實宣說往昔供養觀世音佛
觀世音如來如是教授觀世音菩薩大悲如幻三摩地
如是現成　一切現成
由薰聞性習　如實的聞性修鍊

究竟的金剛三昧如實圓證
彼佛授我觀世音

三

覺悟的法界星海
同演了如幻的大戲宇宙
如夢幻化的大悲舞步
上與諸佛如來同一慈力
於是回應了大悲的心願
成了三十二種微妙身相
善入一切法界國土世界　教化一切眾生
南無大慈大悲千手千眼觀世音菩薩
如實感恩教授於我大悲如幻的觀自在
我當隨您　度化一切眾生成就無上的菩提

於是向您致上最深的頂禮稽首
願您成為眾生與我的善友
這是您大悲的心願
於是我身映照您的廣大慈悲
用您最深淨的大悲心相顯現
大悲聖尊千手觀世音菩薩用最莊嚴大悲的梵音宣告：
「我將回應眾生與你所有的善願祈求
如鏡相映現成　這正是你心中最深的祈願感應」

無量千化萬變的大悲身影　應化入了法界一切國土
原來就在我們的心
諸佛的大慈大悲　無執著無造作
無上的妙力　於是圓滿自在的成就

大悲聖者如是的教敕：
「你的心　我的心　宛如明鏡相照
如同摩尼寶珠相攝相悟
我正是你心中最覺悟的慈悲
如實回應的正是你智慧的本心」

大悲的施無畏者　現前的觀世音大聖
如實以金剛三昧的無作妙力
帶領著十方三世一切眾生
同生悲仰　禮敬諸佛　禮敬自心本覺的清淨
如實大悲梵音的呼喚：
「當你深心憶念著我觀世音
那十四無畏的廣大功德將覆護你的身
如是大悲的身心微妙含容周遍於一切法界
當聞持我的名號　觀世音時

十四無畏將匯聚於你自身
讓你超越一切的苦難
具足無量、無邊的福德
生生世世在無上的菩提大道上安步
如是圓成無上的佛果
我們將在無量、無邊的世界中聽聞
那最大悲莊嚴的觀世音菩薩聖名
注照在永遠幸福、覺悟、安寧的千眼下」

大悲觀世音菩薩如是的教誨：
「由我觀聽法界十方圓明
在微妙的聽聞中圓滿證悟
於是究竟至妙的聞性自心
豁然超越聽聞的眾相
看哪！如是的現觀

那所有的見聞覺知已了然無所分隔
圓融清淨的寶覺在現空中一切現成
這是我證悟的　最深祕密

於是無量的妙容成了我自身
無比的妙聲善演我音
於是不可思議的頂相妙智現起了
從一頭到無量頭　隨緣自在顯現　善應一切的眾生
我一切的智慧　將成為你的覺悟
這是我甚深的大悲導引
如是從二臂乃至八萬四千臂
這無量的手臂　如是扶持著一切眾生
帶著你我走向無上的菩提
如是二目、三目乃至八萬四千的清淨寶目
或是慈、或是威、或是定、或是慧　將開悟你心

那每個眼目都來自最深的大悲心性
廣大自在的救護你我、及所有的眾生」

四

法然萬境如如　現成不變隨緣去
松鳴萬頃飄浪
古徑原來竟是本然風清
於是三世一念　十方現成
如是超越了一切音聲塵境
南無大慈大悲觀世音
如是觀自在現前妙成　誦持著無聲的妙音
大悲的施無畏者布施一切法界
用淨一心
那大悲的聖者如是的清泠妙言：

「那十方微塵國土　都稱呼我為施無畏的人
如是的周遊十方法界　讓一切悲苦恐懼的眾心
安穩平淨　證得佛智究竟」

我用清淨的心　一念觀世音　念念觀世音
如實究竟圓滿　觀自在法爾現成
如是千手千眼牽著眾生的心
步著你無畏的千足向前
同成為施無畏者教度一切眾生
那大悲的怙主千手千眼觀世音菩薩如實的教授我念佛的究竟：
「用那本覺的初心見佛　用那大悲的初心念佛
於是一念成佛　是心即是佛陀
那究竟無上菩提一念　大家都成了佛陀」
靜看啊！　淨看！

那諸佛如來就是法界身
如是畢竟空中　入了畢竟空
於是遍入一切眾生的心想之中
是心念佛時
這心入了本覺現成了三十二相八十種好的如來自身
放下一切　現空本覺
如實的繫心一念　諦觀著佛陀　如是的是心作佛

喝！
當下這一念心　就是佛陀
那大悲心唱言著法界的妙音：
「隨著我淨心的憶念　南無本師釋迦牟尼佛
南無阿彌陀佛
南無千光王靜住如來
南無正法明如來

稽首十方三世一切佛
南無法界自性中本覺自心自佛陀
讓我們所有的心　清淨的共同相繫於一念
憶念著我那甚深吉祥的名號
南無大慈大悲廣大圓滿
千手千眼觀世音菩薩摩訶薩」

柒

宇宙光明品

一

那無量的光明遍照著無邊的法界
無比莊嚴的華藏世界海就這樣如實的明現了
千手觀世音菩薩　如是的讚嘆著這莊嚴的光明宇宙網
那如實如幻的現成影現　從這無量劫中的修行大海中現起
供養著十方的諸佛大海　化度著一切眾生之海
現在究竟的體性圓滿了　成就了妙覺的遍照光明世尊
從毛孔中現觀無比的幻化雲海星塵　光明普照於十方宇宙法界
應受教化者咸為他們開覺明悟　令他們趣向大覺菩提清淨無礙

佛陀往昔來往於一切諸趣六道之中　教化成熟了無量的群生
神通自在無邊無量　一念之際皆令得證解脫

在那摩尼妙寶的聖菩提樹下　種種的莊嚴悉皆殊勝圓淨
佛陀在於其下成就正等正覺　放大光明普照威耀法界
大音震吼遍滿十方世界　普為眾生弘宣寂滅殊勝的妙法
隨諸眾生心中之所喜樂　以種種方便皆令開曉啟悟
往昔修習一切波羅蜜圓滿　在無數無邊的微塵剎中救度
一切諸佛的大力都已成就了　我們一心共同前往瞻禮
如同微塵般的十方世界的佛子　大家共同歡喜的前來集會
就像無盡的摩尼寶珠一般　在一剎那中交映顯示了無邊世界
在毘盧遮那佛的廣大智海之中　現起無邊清淨的法音

那十方的世界海如同朝陽顯示無盡的金光
從大海中耀出　清淨的海映現前
所有的眾生　蒙受著佛陀光明普照的覺曉
並在千手觀音大悲千眼慈目的注照下吉祥安樂
共同的心　共同的願　共同的會集在大悲勝海之中

十方世界海的如海大眾　各自現起無盡莊嚴雲海
那十方莊嚴雲海世界中的菩薩摩訶薩的妙身毛孔中
又現起了十個世界海微塵數的妙色光明勝寶
在妙色光明中又如實的映現了十個世界海塵數的菩薩
如實的安住在吉祥的蓮華藏師子寶座上
在無盡的交互映射中　如是的菩薩大眾
能遍入一切法界世界海中的所有微塵

如是世界海的微塵各有十佛世界微塵數的佛剎
如是交互映成大小無盡相攝無際的世界　空間現空如幻
在那念念之中　時空交互的融攝
在念念中一切境界如夢如幻的自在顯現
如實的示現大悲自在法門　普令十方世界海微塵數眾生普得開悟
在念念當中　那大悲的光明普照著十方佛土
周遍法界示現勝利智慧的自在神變

讓世界海微塵數般的眾生獲得開悟解脫
在念念之中　普現大悲千手千眼的身影
充遍法界一切如來解脫力法門
普使世界海微塵數眾生圓滿解脫
在念念之中　超越了時空之限
隨著眾生的心念　導引他們達到圓滿開悟的境界

二、麒麟的幻步

於是在銀河開了口井
從無盡的星水中汲取了如幻的光影
天下的河汩汩的淨流
夢出了吉祥的麒麟
深空的天體用玫瑰星雲　芬馨傳香
告訴我們千手觀音遊來的訊息

絢麗的粉紅色氣韻
誕生了星團恆星
告訴我們往昔的無量光景
豁然現起了宛若赤松的樹影
點點雲星爍閃著吉慶
交奏出歡喜的音光

於是在宇空中遊步
嘆息著大悲怙主的降臨
將向娑婆地球去
在路中探問我等
帶來了無上的教語
至深無上的了悟啊！
在大悲的心海中投影
動那亙古不動的

遊那最寂的淨靜
不動道場身遍十方
身遍十方無初本寂淨

那長江、黃河、淮河、濟四瀆星　竟用全相遠投映在天際銀河
原來天地不二
亮了亮了　極亮的恆星
用光明向千手觀音稽首禮敬
於是化成了觀音手上的光明淨雲
開門了闞丘星　向大悲怙主奏起迎賓的聖曲

三、射取無明的獵戶

在夜空中點燃起最深的亮麗
迎請大悲怙主的來臨

他教導著無數的眾生
放下手上的刀
成了射取無明的箭
於是成了覺悟的法界勇士薩埵
用參星的光明映照著大悲的心
用兩肩扛起了善度眾生的願
用雙足決定了無上般若的實踐

歡喜啊！　三星高照　新年來到
迎來千手聖尊正是大覺時刻
善哉！　善哉！
吉祥安福　富覺成就　長壽自悟
騎著黑馬的星雲　奔馳於宇宙
用年輕的心宇　將爆出宇宙的新季
啊！　用流星的雨　用獵戶座的流星雨

告訴娑婆地球
千手觀世音菩薩即將來到的消息

四、始覺同本覺・雙子一如的體悟

那可愛的孿生兄弟
在千手觀音的教誨下
成了一體覺心的雙子
於是歡喜的遊於天河畔
是什麼時候呢？
過去、未來或現在
或是沒有現在的現在
就那麼的現前
超越時空的相遇

大悲的怙主用覺覺了本覺
奏起最歡喜的號音
向娑婆地球發出覺的歡唱
用最盛大的流星雨
在地球的天際燃起了最盛大的爆竹
大悲的聖者即將到來
從始覺到本覺
是地球眾生的無比依怙

五、英仙・智慧的勇士

於是用心戰勝了自己
用智慧成全了自己
在虛空中自在的奔馳
向千手觀音學習了甚深的大悲

這是一場不可思議的相會
是與大覺自性在自心中相遇
於是無我成了真實
用勇士標記著智慧
用大悲的水來澆注吧！
直到長成了大覺的無上菩提

那英仙座就這麼沐浴在銀河之中
曾在宇宙中爆發出了最亮的星辰
那煙火星雲
麗亮了天空的心
胄宿成了宇宙的天庫
在大陵中看了生、住、異、滅
那無常的幻變
在大悲心中如實的觀照

在大智中了然現成
把那捲舌的天讒
化成了清淨的梵音
法雲彌布　眾生覺成
於是用寂滅的清淨心聲
輻射出吉祥的流星雨
向娑婆地球傳來了大悲將來的訊息

六、戒、定、慧的三角因緣

如理生活的戒
安心不亂的定
解脫自在的慧
於是大悲的千手觀音
用如幻的千眼

將三角習題化成了戒、定、慧三學
如實的安住在星空中相映

現起天大將軍守護著眾生
直到一切有情圓滿成佛
依著觀音菩薩的大悲勝願
自在的以螺旋的步伐　安然一心的幻化成星系
深深的隨順著大覺的悲
願如千手觀音圓滿成就
從戒、定、慧中勇猛的成就
如同千手觀音菩薩的大悲、大智與大定

七、初生無畏的小獅子

初生的獅子無畏的自在哮吼

如同初發心的菩薩王子
畢竟將成為究竟的法王
來了偉大的老師　千手千眼的觀世音菩薩
「我將教誨你　直到你圓滿的成了佛陀」
這是大悲導護的不變心意
小獅座奔馳在宇宙的原野

在星池中嬉戲
用勢星增長了威勢
在紫微垣中嬉戲
如是在少微星中
增長了才智藝能
在太微垣中論議自在
在朱雀星宿中
用內平的心意

一切平等增長
觀世音菩薩如是自在的來到小獅座
留下最深刻的心法
用透鏡般的星系
完整的留下大悲的訊息

八、仙女座的自性

用藍雪球星雲
點出了仙女的幻師
一切美麗的故事
來自最深的心性
那深空的天體
遠在銀瀚之外
無染的淨顏明映自在

最深的緣將帶來無與倫比的消息
大悲觀世音菩薩拈華微笑
用光明點亮了清淨的心性
或許五十億年後
美麗的仙女將與銀河相遇
微微的匯入了銀瀚
成了仙女銀河星系
正如同文殊師利童子的願
那淨土將無比的廣大究竟

九、馳騁法界的車御

用四顆恆星組成了夜空中最亮的星辰之一
在虛空中奔馳吧！　車御

迎向豐收　迎向大悲千手觀音的駕臨
戴著他馳入了銀瀚
星雲化為用火焰慶賀著導師的到來
揭起大悲的座旗
迎著天風召展
那永恆的三昧耶標幟
供養著觀自在的勝利

十、鯨魚遊於法界大海

那奇特的大鯨魚
宛若摩伽羅般的遊於法界的大海
降伏在千手觀音的大悲座下
忿怒已逝去　只留下了慈心
南無般若波羅蜜多

謹記著那心的教誨
揭諦　揭諦
波羅揭諦　波羅僧揭諦
菩提薩婆訶
必向涅槃的彼岸去
用大悲般若悠遊於法界

皈命啊！　一心　一心
是多麼深遠的緣福
迎請了大悲聖者的遊歷
將如是的永護跟隨
在法界中度盡一切眾生
來吧！　婁宿的土司空星
放出金色的光茫
讓天下的糧食豐盈

我一心守護著吉祥的金秋豐收
儲在婁宿的天倉中
莫使眾生饑貧
心心願願隨順著大悲的教誨
願隨您前往地球娑婆教化群生

發出快樂的吼聲
向地球傳達了妙喜
大悲怙主將騎著我
遊向星空幻流
來到地球
度那眾生成佛

捌

遍歷星際品

一、仙后座的心

現觀無盡的大悲光明
注照著那心狀的星雲
如是本覺的心
與千手觀世音菩薩相應
在宇宙中亙古的雲遊
於今如實的皈命
在紫微垣的傳舍星中　接待來自極樂世界的觀世音菩薩
立起華蓋迎著最殊勝的聖尊
用五帝內座裝點成金剛寶座
禮請大悲怙主為眾開法

王良駕著蓮駕奔馳於閣道附路
清淨那無比的星空
天龍化成了蜻蜓星團
如實的侍著大悲的自性
化出天際最亮的星
宛如夢幻的氣泡星雲
吹起虛空的法音
宣告即將向娑婆地球
開出法界最深的密意
始覺同本覺
大悲的究竟

二、長蛇現成龍一切時定

旋出了夜空

穿透了天宇的長龍
迎著大悲的蓮足
千手觀音用悲智雙足安於其上
那麼深長的記憶
如何用覺來記載
在宇空中用風車星系旋舞了南風
拈起一顆球狀星團
現成龍珠舞空
最深的密義來自大悲自性的教誨
那孤獨的心是甚深的淨

飛起日中的星鳥
安住著朱雀的心
披起霓裳羽衣
楊柳依依植於天庭之上

垂柳在宇空中拂星
妙傳了生命的技藝
那柳樹在春風中垂下了千枝萬枝
嫩於金色軟於細絲
將雙枝榮耀於天界
在柳宿光中添了兩顆星宿
用張宿妙廚供養了大悲的聖者
讓我展起雙翼
載著千手觀音的大悲
飛向娑婆地球

三、養一頭心牛

從水中躍出
奔波於宇宙星空

迎著大悲觀音的到來
那麼歡喜的淨
附耳過來　星宿傳音
是甚深覺悟的消息
將最光亮的星宿王星作為眼目
明晰的觀照著大悲的聖跡

化成了雨師　雨下了大悲觀音的清淨心雨
潤了一切眾生的心
悟了眾生本然是佛
用輕靈的五車讓聖尊迅疾的巡行法界
化身無量的在每一個人心前
在天街奔馳
教化著諸王及一切眾生
直到有情成了佛

因緣已至
恭迎著千手觀音的千足
向娑婆地球

四、回首白羊悟本覺

正在奔馳的白羊
宣告了春天的開始
回首相望　喚起了生生不息的日陽
於是揮起翅膀
化成了金色的光輝
迎了大悲怙主來到這將受教化的地方
守護著農夫與天下蒼生
從春分到秋收
豐富了糧倉

更在導師的教誨下成就了智慧慈悲

雙馬童神幻變成了婁宿的雙星
參與了迎請千手觀音的盛會
在黎明時用金色的寶車
恭請大悲聖尊安坐
駛過天際降下吉祥法雨甘露
清淨所有眾生的心
共成了覺　共成了無上菩提
派出那快樂的流星雨
向地球展示了偉大菩薩將至的訊息

五、波江水淨

從寶瓶中流出淨水明了青空

在天苑中長養著群生
點出了覺的自性
迎著千手觀音踏水而來
大悲入了水淨
天園中爭著瓜果蔬食
供養著觀世音淨聖
水委星歡喜的疾速自旋成五扁平的蓮座
明亮的閃耀
歡喜的迎接大悲怙主安坐說法
那大悲的映成了眾生的深慧
一切眾生同發了無上的菩提勝願
願眾生同成了佛
向娑婆地球

六、鹿豹皈命

鹿豹座一心企盼著千手觀音的到來
於是將頭伸展成了長頸鹿
溫馴的恭迎著大悲怙主
安坐在牠的背上
飛躍在群星之間
大悲法雨幻成了明空
普照著眾生
用八穀星宿生長著淨糧
供養觀世音菩薩

大悲的聖者用一千隻手飽足了一切飢苦眾生
安樂富足的直到證成了菩提
開啟了六甲的時空

一心護著大悲　傳遞著自性的訊息
如實的因緣到了
航向娑婆地球
圓滿無際

七、船帆航越了無常

大悲揚帆航越了生死無常
於是恭敬的迎請千手觀音安坐在寶船上
快速的在天海中迎著星風
觀自在成了這航向無上菩提行的標幟
大聖用鉛筆星雲書寫
用八裂星雲為光墨
在星空中寫下了八正道
讓眾生完全了悟了正覺

善平水土的句龍星宿皈命了千手觀世音菩薩
天社地神就這樣的在星宇中
賜福無際的星土　五穀豐富吉祥妙慶
而大悲的法雨也如是的從千手中普萌
於是智慧的妙果生長了
眾生同證了菩提
天狗星辰守護著一切世、出世間的財富
天記星寫下了這大悲的歷史
更向娑婆地球去
眾生將共同授記
成了大覺如來

八、奔向覺悟的小馬座

小馬奔馳過夜空的傷心處
但卻覺了超越了一切是非功過
牠迎向了慈悲的千手觀音大聖
發願永世隨順而覺悟
牠用清亮的馬嘶
噴出了令人欽羨的流星雨
成迷成緩　奔出了無邊的光明訊息
飛火的陣雨告訴了娑婆地球
告訴了大覺將來的訊息

九、飛馬寶座

於是長出了翅膀
成了飛翔星宇的神馬

營造了星宿
迎請大悲的聖尊安臨說法
用不壞的初心
無畏的安坐著千手千眼的大悲聖者
普照無邊的法界
將向娑婆地球
宣說廣大圓滿的甚深法義

十、北斗大熊的體悟

用北斗舀起銀河天水
供養千手觀音的到來
斗母摩利支菩薩歡喜的帶領北斗七星
參與這殊勝的歡迎晚會
吉祥的星系

化為威猛的大熊
做為聖者的寶騎

用風車星系
把大悲的風
吹向一切的星宇
如是的隨順著本妙覺心
迎向究竟的開悟之旅
用像雪茄般的星系
指向娑婆地球
告訴大悲行者的消息

於是北斗七星化為七仙人
與斗母共同跟隨著大悲的施無畏者
來到普陀洛迦山中

共同為一切眾生吹起成佛的號角

北斗總咒

唵　颯跢而曩野　伴惹密　惹野

oṃ saptajinaya bharjavi jaya

染普他摩　娑嚩弭　曩囉乞山　婆嚩都　莎訶

jaṃpū thama svami narakṣaṃ bhavatu svāhā

玖

投山仙人品

一

具壽的星辰　高掛在南天之上
那熾亮的光明燃於天際　遠遠在娑婆地球之外
如是吉祥的天南星　南極老人
正等待著總持一切諸佛大悲的千手千眼觀世音聖尊
一心憶念　一念皈命　一心獻出能療癒摩羅毒蛇
能超越最烈的死毒的阿竭多星咒
如是了悟最殊勝的醫方　只有來自大悲的心腸
於是這南極老仙翁帶來了吉祥、長壽、自在與康寧
令一切眾生具命歡喜　療癒眾生的病
如是發願上求無上菩提

隨學法界大悲之王、最勝利的滿願怙主
永誓皈命　永誓的追隨
如是的大悲依止　圓滿一切眾生到成佛
感恩那大悲的至聖千手千眼觀世音菩薩
當您從極樂世界東來娑婆地球
我將追隨您的光明
同往地球輔佐您的大悲事業
於是那密多羅友善之神及莊嚴妙麗的廣延天女的子嗣
現前為天南星的南極仙翁
阿竭多投山仙人跟隨著觀音的慈悲來到了地球
一心皈命於本師大悲觀世音菩薩

二

如是的祕密教授　如是受用了一切大悲心言的密義
阿竭多投山仙人在大悲千手觀世音菩薩的教誨下
如實了悟一切語言根本無生

一切諸字無礙無名
亦不滅　亦不可說、不可示、不可見、不可書
如是一切諸法現如虛空
如是名為陀羅尼門　如是所謂阿字無生義
若菩薩摩訶薩如是了悟諸字門印　阿字印
如是若聞、若受、若誦、若讀、若持
若為他人解說　如是了知　當證得諸種甚深功德

如是字等、語等者　即是陀羅尼
於諸字平等、無有愛憎　而此諸字因緣在於未會聚時無有
最後亦終歸於無　現在亦無所有

但住於我心中　如是憶想分別　以覺觀心說
如是散亂心所說　不見真實之事　如風動水則無所見
如是等者　與畢竟空、涅槃同等
菩薩以此陀羅尼　於一切諸法通達無礙　如是名為字等、語等
諸陀羅尼法　皆從分別字語所生　如是四十二字門是一切字語根本
如是因字而有語　因語而有名　因名而有義
菩薩若聞字　因字乃至能了悟其義　如是是字
初為阿𑖀　後為茶𑖛　中間有四十字　若得是字陀羅尼菩薩

唱誦阿（𑖀 a）字時　由菩薩殊勝威德力　入於無差別境界般若波羅蜜門
證悟一切諸法本不生

唱誦囉（𑖨 ra）字時　入於無邊際微細差別體解般若波羅蜜門
證悟一切法離於塵垢

唱誦跛（𑖢 pa）字時　入於普照法界平等際微細智般若波羅蜜門
證悟一切法勝義諦不可得

唱誦左（𑖓 ca）字時　入於普輪能斷差別眾四色般若波羅蜜門

證悟一切法無諸行

唱誦曩（𑖡 na）字時　入於無依、無住、無阿賴耶際般若波羅蜜門

證悟一切法性相不可得

唱誦攞（𑖩 la）字時　入於離名色所依處無有垢汙般若波羅蜜門

證悟一切法出世間愛支等十二因緣永不再現

唱誦娜（𑖟 da）字時　入於不退轉加行方便般若波羅蜜門

證悟一切法調伏寂靜真如平等無分別

唱誦麼（𑖤 ba）字時　入於金剛菩提場般若波羅蜜門

證悟一切法離縛解脫

唱誦拏（𑖚 ḍa）字時　入於普遍圓滿輪般若波羅蜜門

證悟一切法遠離惱熱矯穢得悟清涼

唱誦灑（𑖬 ṣa）字時　入於海藏般若波羅蜜門

證悟一切法無罣礙

唱誦嚩（𑖪 va）字時　入於普遍出生安住般若波羅蜜門

證悟一切法言語道斷
唱誦多（𑖝 ta）字時　入於照曜塵垢般若波羅蜜門
證悟一切法真如不動
唱誦野（𑖧 ya）字時　入於差別積聚般若波羅蜜門
證悟一切法如實不生
唱誦瑟吒（𑖬𑖿𑖘 ṣṭa）字時　入於普遍光明息除熱惱般若波羅蜜門
證悟一切法制伏任持相不可得
唱誦迦（𑖎 ka）字時　入於差別種類般若波羅蜜門
證悟一切法作者不可得
唱誦娑（𑖭 sa）字時　入於現前降霔大雨般若波羅蜜門
證悟一切法時平等性不可得
唱誦莽（𑖦 ma）字時　入於大迅疾眾現種種色如眾高峰般若波羅蜜門
證悟一切法我所執性不可得

唱誦誐（𑖐 ga）字時　入於普遍輪長養般若波羅蜜門
證悟一切法行取性不可得
唱誦他（𑖞 tha）字時　入於真如無差別般若波羅蜜門
證悟一切法處所不可得
唱誦惹（𑖕 ja）字時　入於世間流轉窮源清淨般若波羅蜜門
證悟一切法能所生起不可得
唱誦娑嚩（𑖭𑖿𑖪 sva）字時　入於念一切佛莊嚴般若波羅蜜門
證悟一切法安隱性不可得
唱誦馱（𑖠 dha）字時　入於觀察法界道場般若波羅蜜門
證悟一切法能持界性不可得
唱誦捨（𑖫 śa）字時　入於隨順一切佛教般若波羅蜜門
證悟一切法寂靜性不可得
唱誦佉（𑖏 kha）字時　入於現行因地智慧藏般若波羅蜜門
證悟一切法如虛空性不可得

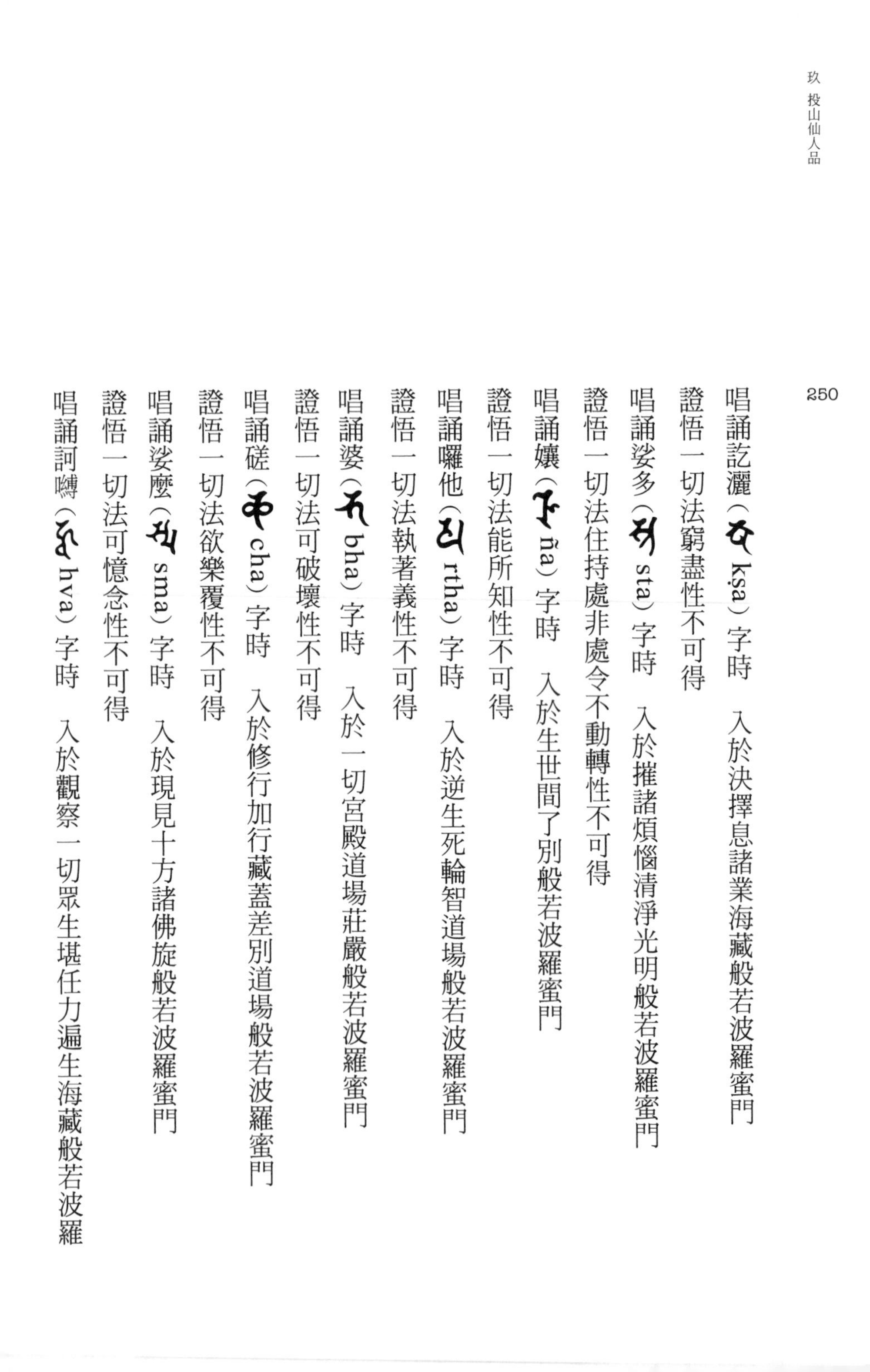

唱誦訖灑（kṣa）字時　入於決擇息諸業海藏般若波羅蜜門

證悟一切法窮盡性不可得

唱誦娑多（sta）字時　入於摧諸煩惱清淨光明般若波羅蜜門

證悟一切法住持處非處令不動轉性不可得

唱誦孃（ña）字時　入於生世間了別般若波羅蜜門

證悟一切法能所知性不可得

唱誦囉他（rtha）字時　入於逆生死輪智道場般若波羅蜜門

證悟一切法執著義性不可得

唱誦婆（bha）字時　入於一切宮殿道場莊嚴般若波羅蜜門

證悟一切法可破壞性不可得

唱誦磋（cha）字時　入於修行加行藏蓋差別道場般若波羅蜜門

證悟一切法欲樂覆性不可得

唱誦娑麼（sma）字時　入於現見十方諸佛旋般若波羅蜜門

證悟一切法可憶念性不可得

唱誦訶嚩（hva）字時　入於觀察一切眾生堪任力遍生海藏般若波羅

蜜門　證悟一切法可呼召性不可得
唱誦哆娑（tsa）字時　入於一切功德海趣入修行源底般若波羅蜜門
證悟一切法勇健性不可得

唱誦伽（gha）字時　入於持一切法雲堅固海藏般若波羅蜜門
證悟一切法厚平等性不可得
唱誦姹（ṭha）字時　入於願往詣十方現前見一切佛般若波羅蜜門
證悟一切法積集性不可得
唱誦儜（ṇa）字時　入於字輪積集俱胝字般若波羅蜜門
證悟一切法離諸諠諍無往無來行住坐臥不可得
唱誦頗（pha）字時　入於成熟一切眾生際往詣道場般若波羅蜜門
證悟一切法遍滿果報不可得
唱誦塞迦（ska）字時　入於無著無礙解脫地藏光明輪普照般若波羅
蜜門　證悟一切法積聚蘊性不可得
唱誦也娑（ysa）字時　入於宣說一切佛法境界般若波羅蜜門

證悟一切法衰老性相不可得

唱誦室左（𑖫𑖿𑖓 śca）字時　入於一切虛空以法雲雷震吼普照般若波羅蜜門　證悟一切法聚集足跡不可得

唱誦吒（𑖘 ṭa）字時　入於無我利益眾生究竟邊際般若波羅蜜門

證悟一切法相驅迫性不可得

唱誦荼（𑖛 ḍha）字時　入於法輪無差別藏般若波羅蜜門

證悟一切法究竟處所不可得

三

如是諸字常在世間能相似相續、入一切語　所以稱為無礙

如是國國不同　無一定名　所以稱言無名　聞已便盡　所以言滅

如是諸法入於法性　一切皆不可得何況有字可說

諸法無憶想分別　所以說不可示

先有意業分別　所以有口業　如是口業因緣　而身業作字

字是色法　或是眼見
或耳聞　眾生強作名字
無因緣　以是故說不可見、不可書
諸法常空　如同虛空相　何況字說之後便已寂滅
如是文字陀羅尼　如是諸陀羅尼門

如是陀羅尼門具足如下功德：
一、得證強悟識念　菩薩得證如是陀羅尼　能常觀諸字相
修習憶念故　得證強悟識念　生生世世善憶勝法
二、得慚愧心　善集諸種善法　厭棄諸般惡法故　生起大慚愧心
三、心得堅固　能善集諸福德、智慧
如是心得堅固宛如金剛　乃至於身處阿鼻地獄中事
亦尚不退轉於阿耨多羅三藐三菩提　何況是其餘苦
四、得悟經典旨趣　如是了知佛以五種方便說法
名為得悟經典旨趣：

一者、了知以種種門說法
二者、了知為何事故說法
三者、了知以方便故說法
四者、了知示現理趣故說法
五者、了知以大悲心故說法

五、證得智慧　菩薩因如是陀羅尼　能分別破散的諸字、言語亦空
如是言語空故　名字亦空　名字空故　義理亦空
而悟得畢竟空　即是般若波羅蜜

六、智慧樂說　既得如是畢竟清淨的無礙智慧
以本願、大悲心　救度眾生故能易於樂說無礙

七、得陀羅尼　如是譬如破竹　初節既破之後　餘者皆易
菩薩亦復如是得證如是文字陀羅尼　諸陀羅尼自然而得

八、無疑悔心　如是入於諸法實相中
雖然未得一切智慧　於一切深法中　無疑無悔

九、聞善不喜、聞惡不瞋　各各分別諸字　了悟現空

如是無讚嘆、亦無毀呰故　如是聞善不喜、聞惡亦不瞋

十、不高不下　斷除一切分別憎愛　具足廣大平等

十一、善巧了知眾生語言　得能解了一切眾生言語三昧

十二、善巧分別五陰、十二入、十八界

　十二因緣、四緣、四諦等一切眾法

十三、善巧分別眾生的諸根利鈍　如是了知他心

　具足天耳、宿命等通　善巧正確解說是處非處

　宛如佛陀十力中所說的智慧力

十四、善巧了知所有往來坐起等一切行止　無所從來　無所從去

十五、等觀一切時空因緣遷化　體證諸法空寂

如是諸菩薩　依於甚深四十二字門般若空智　當精進善修

四

如是仙人若諸菩薩勤修十種法要　具足圓滿

則能得證善巧了知一切眾藝的菩薩解脫法門

何等為十呢？

如是所謂：

具足智慧　勤求善友　勇猛精進　遠離一切障惑　正行清淨

尊重正教　觀察諸法性空　滅除邪見　修習正道　具足真實智慧

如是仙人若諸菩薩　於此十法具足圓滿　則能速疾得證此解脫法門

如是由諸菩薩具足智慧　勤求善友

見到善友之後親近修行　歡喜愛敬　生起如佛之想

因為親近的緣故　常蒙他的教誨　則能行於難行勇猛的精進

如是能以善法滅除一切不善　令一切的善法皆得圓滿

如是能遠離一切的障惑　普令身、口、意業得到廣大清淨　正行相應

如是能於一切諸佛菩薩善知識的教誨　心生尊重

如是尊重教誨　則能勤求觀察諸法空寂

了悟法空之後　自心所向　皆無罣礙

深達緣起正智　遠離無因的邪見　滅卻邪見之心
修習正道　如是得悟真實智慧
由真實智慧而得此解脫法門　證入甚深法界

如此真實境界　名為何等呢？
善男子！即此語言　即名為真實
為何說這語言　名為真實呢？
善男子！不虛誑的語言　是名真實
云何是不虛誑語？
這些語言真實　體性恆常不變　如是恆一性故
如何是不變異性？
善男子！自身所證悟　體解法性的緣故
那如何是法性的相貌？
對於能與所的理解此法是一或是二？
善男子！如是菩薩所自所證的法門　不一不二

由此證悟的力量　則能平等利益自他
猶如同大地一般　能出生一切　而無分別彼此能、所差別利益的心
然而其法性　亦非有相　亦非無相　體性如同虛空　難知難解

善男子啊！
此法甚深微妙　難以用文字、語言來宣說
如是超過一切文字境界　超過一切語言境界
超過一切語業所行諸境界　超過一切戲論分別思量境界
超過一切尋伺分別計度諸境界　超過一切愚癡眾生所知境界
超過一切煩惱相應魔事境界　超過一切心識境界
無此無彼、無相離相　超過一切虛妄境界
安住於無有住處的寂靜聖者境界　如是這些諸聖者的自證境界
無色相、無垢淨、無取捨、無濁亂　如是清淨最勝　體性恆常不壞
如是諸佛出世　若不出世　於法界性　其體恆常為一

如是菩薩為此法故　行於無數的難行之行
以證得此法體性　善能饒益一切的眾生
令諸眾生於此法中　究竟安住　如是真實
是不異相　如是實際
如是一切智慧體性　如是不思議法界
如是不二法界　如是善巧了知一切眾藝圓滿具足菩薩解脫

如是善修　能於一切世、出世間善巧之法
殊能異藝　文字算數　悉綜無遺
又能善巧了知醫方密咒　救度眾生　使得痊癒
又善巧了別知曉珍勝異寶
金、玉、珠、貝、珊瑚、瑠璃、摩尼、硨磲、玻瓈、碼瑙等
一切寶藏出生之處　能善巧分別世、出世法
觀察微細甚深智入其中無礙　無不現證

於是來到娑婆世界地球的普陀洛迦山
殊勝的觀世音菩薩聖境寶宮
極樂世界與地球的祕密通徑
在外相上也成了投山仙人隨侍觀世音菩薩所示的聖境
投山仙人成了觀世音菩薩的心子
體證了甚深的心語密要傳承了梵學與泰米爾文
從大悲觀世音菩薩傳承了守護眾生的一切心要
護壽養生的療癒長流也如斯演下

拾

銀河擺渡品

一

在宇宙大海中隨緣擺渡
回到觀世音菩薩大悲心的原初
於是當下來到了娑婆地球
所有的時空　都成了我心的維度
如是妙身遍滿十方十世
在不動的道場中
無時　無空的遊

當下來到了普陀洛迦山上
當時間停止了　心將在何處
我們就這樣如實的現觀

回首望向億萬星河　蓮華藏海
從此西去十萬億佛土
正是我的家鄉

捲起普陀洛迦山上的雲　鋪成了七彩的虹錦
如是拈起太陽的光
細織成了千葉的寶蓮華座
一心敷坐其上　念念清明　法界入於娑婆
妙光喜常雨下清淨甘露　大悲無害生起勝妙慈心

灑下淨瓶遍灑　普教山河大地成清涼
普陀洛迦山中清聖　用絲竹恆演妙光
晨曦初和　珠玉同唱
舞虹細敲清磬　法界善奏覺音
合掌深心念念　用最清淨的本心

唱出觀自在菩薩的妙音

從銀河到銀河
用空箭射穿宇宙
一念億萬年去　已經歷了多少劫波
在無盡星海中　如意念而去
如是千萬劫　只看一心
永遠無盡的時空旅程
在無念當中只是彈指而逝
暗能、暗物演出無弦妙音微頻　顯了宇宙本初
無始法界從緣起
相注夢中夢

當時間停止時　時間何在？
當空間失去蹤影　大小在何處？

是向東？是向西？是向南？是向北？
是向上？是向下？是向中？是向空？是向大空？

劫波宛然一瞬　剎那已印成百億光年
空亦空成

於是把十萬億佛土　拈成了心光
在無時空中自在的遊歷

銀浪湧於天渠　光明演出津波
身在法界高明　不敢翻身怕北辰破
語輕如風微微　恐驚了法界心

二

朝陽將上
地球媽媽喚醒了月光童子
準備渡航
迎請那法界的宇航者來到娑婆地球
那真是最莊嚴如幻的宇宙大夢
那麼幸福的迎請大悲的聖尊
千手千眼觀世音菩薩
來渡地球娑婆
匆匆的吃了地球媽媽的營養早餐
坐上小舟
備好載具
迎著第一道曙光
搖起光櫓
划向天際

銀色的小船頭
受著金色朝陽的 GPS 指引
沒有猶豫的
在微風中鼓盪
穿過朝霞雲靄
迎風破空而去

今天正是最歡喜的妙吉祥日
迎來了眾生的最殊勝依怙
我們將追尋著大慈大悲的千手觀世音菩薩
在法界如是多重的鏡幻宇宙中
成為法界擺渡者
度盡眾生成就大覺
如是您也將成為在銀河擺渡的人
在無始無終的大幻化網中

從事了宇宙 Uber 的遊戲

不知是否在您身邊仔仔細細的練習
學習在銀河中擺渡
多麼期待也如是成為銀河的擺渡人
幫助所有的眾生達於究竟的彼岸
度盡一切的劫波苦厄
如是在天翰中清唱著銀河夜曲揭諦船歌
「揭諦　揭諦　波羅揭諦　波羅僧揭諦　菩提薩婆訶」

如是歡喜的法界遊戲
一心一意的隨步著您
在心裡
在腦中
在我的定力、願力

一心一意的總持陀羅尼
如是將練習無窮的時劫
直到一切眾生成佛
這真是令人歡喜！

三

是耶　非耶
彼岸　此岸
那麼慶幸的流過
時空的間隙
在法界中暫息
若夢啊　非夢
非夢啊　正夢
那麼安心的說

在圓滿彼岸
擺渡著此岸

在大空中擺渡
歡喜著飲了星乳
有了力氣
再放手擺渡
用彼岸　將此岸
是彼岸
那麼清明的心
是我
我無可我
用盡了我
來成就無我
那非我

正是圓滿無盡眾生的菩提

四

真令人興奮啊！
這最刺激，令人滿足，驚愕的一瞬間
我已搖著小舟
在時空的水域中
破空而去
擺渡的小船在對流層中
穿梭而上
對於迎面而來的飛機
總是用空來掠過
霧、雲、雪、水

複雜多幻的氣象
在強風中吹拂著我的臉
從接地層向上
我拉了拉衣領
氣溫逐漸墮下
到了自由大氣
大氣運動更為繁盛
在自由大氣最上部的罡風處
急流湧動
我緊緊的握住光櫓
掌舵向上

平流層上熱下冷的天氣
讓初次划在其中的我
感受甚深

宛轉向空
看到了臭氧層的破洞似乎更大了
大氣正訴說著
與我們相應的因緣故事
最後我們總是要接受自己所作的因緣

在中氣層中
剛好看到一艘載客的太空船相向飛過
我與他們揮一揮手
從次軌道更向上飛躍
愈往高處氣溫又愈低了
我戴上帽子與手套
向更深的太空旅去

好奇特啊！

陽光直射的夏極地最冷
無陽光的冬極地最熱
極細冰晶所形成的雲彩
在我身邊閃耀
美麗的夜光雲

白日出發　夜光雲的表達是否如恰？
曙光時應當可見夜明？
將成為人們最深的美夢
無數的流星
飛入了大氣
在我身邊焚耀
燦亮的流明
成了我法界初行的煙火

極光出現了
在太陽的輻射下
大氣成了增溫層
趕緊用光櫓划出
航向外氣層
那麼多的衛星
還有太空站在軌道上流行
匆匆打了招呼
離開地球軌道

航向太陽
划著小船航入天際
看著月明
向我招手同心
於是我匆匆的揮揮手

告訴她正要去接人
下次再來拜訪
於是高興的送我遠去向陽

重新校正好心靈的 GPS
對著太陽航去
大白金星正繞著太陽
一面打盹、一面司晨
我打從他身旁航過
並呼喚了一聲
他馬上驚醒
閃出了白色光明
跟我招呼

水星兄弟

見我搖著光槳飛奔而來
趕忙用袋子裝了滿滿的水
拋向下舟上
讓我解渴

五

一路幻行
總算在無始無終中
來到了太陽身旁
大日正踏著特殊的舞步
在太陽系的舞池中
用眾行星夥伴的動
環圈舞空
自在的妙行

我趕忙向月天行禮

太陽公公微微笑著
從口中發出無邊的閃焰
現出金剛彩虹的鍊光
他跟我歡喜打招呼
這時
我彷彿看到一個透明無見的身形
隱在太陽的身前
豁然發出無比的光明閃耀而出
摩利支菩薩顯現太陽之前

太陽公公嚇了一跳問道
我剛剛怎麼沒看到妳？
摩利支菩薩說

我是無可見者
隱身在您身旁
您亦無法見到

這時我愣在現場
說不出話來
小舟也在太陽風中漂盪
定了定神
趕緊掌穩了舵
滿眼疑惑的看著她
摩利支菩薩趕緊向我說明
我們當一同前往銀河邊際
迎請大悲千手千眼觀世音菩薩
前來娑婆地球度化

如是殊勝的功德
讓我們一同具足圓滿

摩利支菩薩斗母也將帶著北斗七星
前往地球濟助眾生
安撫地球的紛亂能量
隨著大悲淨聖
如實的救度一切眾生
直至成佛

六

我們是光音天的族裔
用光作為語言
靜聽光的聲音

用淨光明遍照自他之處
從寂靜定中出生喜樂
澄心不動　寂湛生光中成了少光天
用光光相燃而照耀無盡
映現了十方界遍成琉璃是無量光天
吸持圓光成就自體
發化清淨　應用妙無盡
成了光音天者

常以欣悅而食
不依於有身
安樂而自活

當定力退失
迷失了心念

流浪到了地球墮化

皈命那大悲的聖者千手觀世音菩薩
如是究竟的教誨
讓我們了悟微妙的因緣
如是精進
於是將音再化成了光
讓彩虹的音聲
成了自身
我們不再執著
成為光音天者

那甚深的大悲教主
讓我們了悟一切音聲、光明
絕無自性

成就了照明諸法三摩地
於是了悟一切諸法本不生
隨順著大悲的心意
圓滿眾生成就大覺
於是成了絕無自性的如來

不必寂靜的寂淨
頓入了畢竟空的音光無盡
體悟金剛三昧
是音　是光　是金剛鍊的音光
碎身成了音塵寂光
碎身成了金剛音光相聚
每一明空現成了佛
無量淨音明空成了無量佛
無量化佛　濟度法界的無量眾生

讓法界有情全成了佛
這是大悲千手觀音對光音天裔的特別教授

七

一心稱念那大悲聖者的名號吧
觀世音將成為我們真實的自心
當我們觀照著大悲的音聲
我們將圓滿的解脫
我們的心是法界的倒映
宇宙竟是我們自心的投影
細細的觀照著大悲觀音的妙行
於是我們同入法界甚深　甚深
於是那千手千眼的大悲聖者溫柔的教誨著：

「在如幻的時空中
　一切有如空谷迴音　現空無有真實
　善巧的回應所有因緣吧！
　回觀你的自心
　我正是你最深的大悲心聲」
那深廣的弘誓宛若大海一般　經歷了多少的時劫
啊！
迴首相望　竟在目前

慇懃常憶念那大悲的聖者吧！
在此生現身之際將得遠離一切的苦惱
一切的障難　一切的怖畏
所有貪、瞋、癡的三毒罪業　也將得以洗淨
如實的開悟解脫
得至不退轉的妙境

如是我心宛如明鏡　澈照了無際的法界
一切眾相如同光華舞幻
善觀大悲聖者的微妙莊嚴
一身普現於十方佛土
如是！如是！
一切有為法　如夢幻泡影
如露亦如電　應做如是觀

大悲觀世音菩薩
在法界無量佛所　發起了廣大清淨的勝願　甚深　甚深
於是那諸佛大悲的總持觀世音菩薩教誨道：
「我的心與你的心　宛如明鏡般相映相照
你鏡中有我　我鏡中有你
在最空的當下
如是滅除了一切苦厄

看哪！　火坑已化為清淨的智水
在惡浪大海中也自在地出離了
從須彌山上聖母峰頂墮下時
亦將宛如日輪安住虛空　無所從墮
當惡人追擊、怨賊執刀加害時
一切如化、如響、如焰、如水中月
如是鏡幻中的虛影

憶念我觀世音的名號吧！
如實的觀音力將轉那惡眾念成為清淨的慈心
在苦獄中受諸惡刑　我將守護著你的心
讓你安度一切的苦厄　得到幸福康寧
當羅剎、惡鬼、毒龍、猛獸現身欲害時
我將安撫這可憐的惡意　讓牠們安心慈念
成為吉祥的守護

當大雨、風暴、驚雷、地震
這些從地、水、火、風、空及心識當中
所幻化出的恐怖障難　將危害於你
以我無比的觀音力　讓這些所有的災厄成為慶喜」

於是妙音如虹
所有大地盛開出歡喜的蓮華、牡丹
天華妙雨灑浴身淨
這如同彩雲、善友
帶來了無比的瑞遇
所有眾生吉祥的夢　我們心中所有的願行
大悲觀音將引導我們
圓滿所有的夢願　這是觀世音菩薩的大悲妙行
放下所有的執念吧

讓清風和煦的沁入自性　淨月明照自心
讓我們如實的憶念著大悲觀世音菩薩
看那偉大觀世音菩薩的大悲力願
安住了無邊宇宙、大地與人心
讓一切回到本初的和平
眾生被困厄　無量苦逼身
觀音妙智力　能救世間苦
具足神通力　廣修智方便
十方諸國土　無剎不現身

拾壹　大悲身陀羅尼品

一

如是善修大悲心陀羅尼法門
速求出離生死大海
疾證無上菩提
入那諸佛如來海會灌頂道場
深受灌頂發起歡喜心
從師親受念誦妙法
後於最為上勝淨室山林流水
建立道場安置本尊
當運心思惟觀察　一切眾生本性清淨
為諸客塵所覆蔽　不能徹見清淨真如法性
身口意業悉得清淨

如是五輪著地　皈命敬禮十方一切諸佛諸大菩薩及方廣大乘
以右膝著地懺悔隨喜勸請發願：
皈命十方無上的等正覺
最勝妙法的菩薩眾
我以身口意清淨的三業
慇懃合掌謙恭的敬禮
在無始輪迴於如幻的諸有中
身口意業所幻生的罪業
如同諸佛菩薩所懺悔
我今陳述懺悔亦復如是

在諸佛菩薩的廣大行願中
由金剛三業所生起的廣大福德
乃至緣覺、聲聞及一切有情

他們所集的善根盡皆隨喜
一切世間的燈明安坐於道場成就菩提
他們覺眼開敷普照三有眾生

我今胡跪先行勸請諸佛　轉於無上的正妙法輪
所有如來世尊三界的主宰
臨於涅槃或入無餘涅槃者
我皆勸請祈求他們久住世間
不捨悲願來普救世間
具足懺悔、勸請的隨喜福德

願我能不失於無上的菩提心
祈請諸佛菩薩安在大眾之中
常為善友永不厭捨於我
離於八難　出生於無難的世界

願宿命住智妙相嚴身
遠離愚癡　具足廣大的悲智
悉能滿足一切的波羅蜜門

富樂豐饒　出生於殊勝的宗族
眷屬既廣且多　常能熾盛繁衍
具足四無礙辯及十種自在
六通諸禪皆悉圓滿
如同金剛幢及普賢菩薩
普願如是讚嘆迴向亦復如是

祈請本尊聖眾攝受於我　我於大悲本尊前結跏趺坐
生起大悲心善修此瑜伽勝法
如是為一切眾生速出生死大海　疾證無上正等菩提
如是祈請一切如來　悉當護念加持行者

以光明照觸我身　祈願所有罪障皆得消滅
壽命延遠福德增長　佛部聖眾擁護歡喜
生生世世離諸惡趣　蓮華化生　速證無上正等菩提

如實覺悟觀自在菩薩等持蓮華者　一切菩薩蓮華部聖眾
祈願悉皆歡喜加持護念　一切菩薩光明照觸其身
所有業障皆得除滅　一切菩薩常為善友
一切金剛部聖眾　一切持金剛者加持擁護
所有罪障悉皆除滅　一切痛苦不著於身　當得金剛堅固之體
現前成被金剛甲冑　所有毘那夜迦及諸魔作障礙者退散馳走
悉見行者光明被身威德自在　若居山林及在險難皆悉無畏
水火等災一切厄難　虎狼師子刀杖枷鎖
如是等事悉皆消滅見者歡喜　命終以後不墮惡趣　當生諸佛淨妙國土
如是入於曼陀羅者受得三世無障礙三種律儀

由入曼陀羅　身心備受十微塵剎世界微塵數三摩耶無作禁戒
或因屈身俯仰、發言吐氣、起心動念　廢失忘卻菩提之心而退失善根
以此殊勝方便誦持作意　能除却違犯愆咎　三摩耶如故倍加光顯
能淨身口意故　則成入一切曼陀羅　獲得灌頂三摩耶
如實善觀盡虛空界遍法界生死六趣有情
速得入普集會大曼陀羅　等同聖者

二

如是入於四無量心觀　初入慈無量心定　以殷淨心遍緣
六道四生一切有情　皆具如來藏備三種身口意金剛
以我修三密功德力故　願一切有情　等同普賢菩薩
次入於悲無量心三摩地智　以悲愍心遍緣
六道四生一切有情　沈溺生死苦海　不悟自心
妄生分別起種種煩惱業　是故不達宛如虛空的真如平等

能起恆河沙般的功德　以我修三密加持力故
願一切有情　等同虛空藏菩薩
次入於喜無量心三摩地智　以清淨心遍緣
六道四生一切有情　本來清淨猶如蓮華　不染客塵自性清淨
以我修三密功德力故　願一切有情　等同觀自在菩薩
次入於捨無量心三摩地智　以平等心遍緣
六道四生一切有情　皆離我所離於蘊界
及離於能取所取於法平等　心本不生性相自空故
以我修三密功德力故　願一切有情　等同虛空庫菩薩

修習真言法者　由修習四無量心定　誦持真言的緣故
所有人天種種魔難業障悉皆滅除
頓集無量福智　身心調柔堪任自在
如是入於一切曼陀羅　次安於頂
於所建立道場處　皆成為大曼陀羅　如同本尊親自建立的輪壇

如是修行者設有越法　誤失三業破失三摩耶戒　能除諸過皆得圓滿
如是本尊菩薩不越本誓　將導諸聖眾來赴道場　加持修行者速滿本願

如是心想辟除一切作障礙者　魔鬼神毘那夜迦等退散馳走
由獻閼伽香水供養　令修行者三業清淨　洗除一切煩惱罪垢
從勝解行地至十地及如來地　當證如是地波羅蜜時
得一切如來與甘露法水灌首
如是本尊聖眾真實受持蓮華寶座而坐
從心印中流出種種供養雲海
塗香、華鬘、燒香、飲食、燈明賢瓶、天妙技樂
普遍供養諸佛菩薩本尊聖眾

結起大悲本尊的心密之印
順教相應為念誦真言
諦觀本尊妙好的身相

普放無量廣大光明
所有的受苦眾生之類
蒙光照觸皆得安樂
誦大悲心本真言七遍之後
頂上散印如垂帶下放

如是發願：
願我及一切有情　所求世間、出世間殊勝大願速得成就
二手持珠當心　誦真言一遍　與末後字聲移動一珠
不緩不急不高不下　稱呼真言字令一一分明
或作金剛誦　舌端微動脣齒合　離諸散亂
一心專注本尊勿緣異相　或千或百常定其數
念誦終畢捧珠頂禮至誠圓滿發願

三

如是　觀世音菩薩
向佛陀世尊敬白道：
「由於我前身不可思議的福德因緣
現在親蒙世尊與我授記
為了使一切眾生獲致無上利益
因此生起大悲心
能斷除一切的繫縛煩惱
能滅除一切的怖畏恐懼
一切的眾生蒙此威神加被
悉皆遠離眾苦之因
獲得安樂的果報
若有善男子、善女人

能在日夜六時
依法受持此陀羅尼神咒法門者
一切業障悉皆消滅
一切陀羅尼神咒法門悉皆成就
現今　我念報世尊的恩德
隨任何等處　乃至於一切的鄉村、城市、國邑、聚落
或是在山野　或是在林間
我會常隨擁護是人
不令一切鬼神　能有所嬈害」

爾時　觀世音菩薩又敬白佛道：
「世尊
後五百歲中的眾生
煩惱垢重薄福者多
不能專念修行

就是有受持奉行者
有時也可能能被鬼神侵害
現在　我以佛陀的威神之力
廣為利益一切的眾生
安樂天人、阿修羅等
為眾生宣說總持陀羅尼法門

我在過去無量劫中
以曾親近供養如是的陀羅尼法
乃至過去、未來、現在諸佛
皆因此陀羅尼法
能得證阿耨多羅三藐三菩提

若有善男子、善女人等
專念受持此陀羅尼法門

此人在現世中　口說流利
無所質礙智慧辯才通達
於一切天人大眾中最為第一
聞者歡喜　皆悉稽首禮敬
在所生之處　常能得見佛、法、僧三寶
有所言說　人人皆能信受
當知這是諸佛的威神之力
並非我自身的力量所致」

這時　如來世尊讚嘆觀世音菩薩道：
「善哉！　善哉！
你能如是　利益安樂天人、阿修羅等及清淨一切業道
我現在以智印印成之
令你永不退轉」

爾時　觀世音菩薩又敬白佛世尊道：

「世尊　我念過去無量劫中

持此陀羅尼法門

在普陀洛迦山中

遭逢魔王統領諸魔眾

惱亂我的法門　使我的咒句不能圓滿成就

這時　我就以此陀羅尼法

降伏這魔王與魔眾　令他們完全退散

這陀羅尼的力量實在不可思議」

爾時　觀世音菩薩以大慈大悲故

利益眾生故　安樂天人故

即說此陀羅尼法

如實名為

千臂千眼觀自在菩薩大悲身陀羅尼

曩謨薩嚩枳孃二合、引也一　曩謨喇怛曩二合怛囉二合夜引也二

namo sarva jñāya namo ratnatrayāya

𑖡 𑖦𑖺 𑖭 𑖨𑖿𑖪 𑖕𑖿𑖗𑖯 𑖧 𑖡 𑖦𑖺 𑖨 𑖝𑖿𑖡 𑖝𑖿𑖨 𑖧𑖯 𑖧

曩謨阿上弭跢引婆去也怛他引蘖跢引夜引三　囉曷二合帝三藐三沒馱引也四

𑖡 𑖦𑖺 𑖀 𑖦𑖰 𑖝𑖯 𑖥 𑖧 𑖝 𑖞𑖯 𑖐 𑖝𑖯 𑖧𑖯 𑖨𑖿𑖮 𑖝𑖸 𑖭 𑖦𑖿𑖧 𑖎𑖿𑖭𑖽 𑖤𑖲 𑖟𑖿𑖠𑖯 𑖧

namo amitābhaya tathāgatāyārhate samyaksaṃbuddhāya

曩莫阿去、引哩也二合、引嚩路枳帝濕嚩二合囉引也五

𑖡 𑖦𑖾 𑖁 𑖨𑖿𑖧𑖯 𑖪 𑖩𑖺 𑖎𑖰 𑖝𑖸 𑖫𑖿𑖪 𑖨𑖯 𑖧

namaḥ āryāvalokiteśvarāya

冒引地薩怛嚩二合、引也六　摩賀引薩怛嚩二合、引也七

bodhisatvāya mahāsatvāya

𑖤𑖺 𑖠𑖰 𑖭 𑖝𑖿𑖪𑖯 𑖧 𑖦 𑖮𑖯 𑖭 𑖝𑖿𑖪𑖯 𑖧

摩賀引迦引嚕抳迦引也八

mahākāruṇikāya

𑖦𑖮𑖯𑖎𑖯𑖨𑖲𑖜𑖰𑖎𑖯𑖧

曩謨摩賀引娑他二合、引麼鉢囉二合鉢跢二合、引也九

namo mahāsthāmapraptāya

𑖡𑖦𑖺 𑖦𑖮𑖯𑖭𑖿𑖞𑖯𑖦𑖢𑖿𑖨𑖯𑖢𑖿𑖝𑖯𑖧

冒引地薩怛嚩二合、引也一〇　摩賀引薩怛嚩二合、引也一一

bodhisatvāya mahāsatvāya

𑖤𑖺𑖠𑖰𑖭𑖝𑖿𑖪𑖯𑖧 𑖦𑖮𑖯𑖭𑖝𑖿𑖪𑖯𑖧

摩賀引迦引嚕捉迦引也一二　曩謨尾補攞尾麼引曩一三

mahākāruṇikāya namo vipula vimāna

𑖦𑖮𑖯𑖎𑖯𑖨𑖲𑖜𑖰𑖎𑖯𑖧 𑖡𑖦𑖺 𑖪𑖰𑖢𑖲𑖩 𑖪𑖰𑖦𑖯𑖡

蘇鉢囉二合底瑟耻二合多一四　僧去契引也素哩也二合一五

supratiṣṭhita saṅkheya surya

𑖭𑖲𑖢𑖿𑖨𑖝𑖰𑖬𑖿𑖙𑖰𑖝 𑖭𑖽𑖏𑖸𑖧 𑖭𑖳𑖨𑖿𑖧

捨多娑賀娑囉二合、引底丁以反喙迦一六

śatasahasrātireka

鉢囉二合婆去嚩婆去悉多母引嘌多二合曳一七

prabha vabhasita mūrttaye

摩賀引麼抳木矩吒軍上拏攞馱哩抳一八

mahāmaṇi mukuṭa kuṇḍala dhariṇi

婆去誐嚩底一九　摩賀引鉢納麼二合播引拏曳二〇

bhagavati mahāpadmapāṇaye

薩嚩路迦引播引也二一　舍麼曩引也二二

sarva lokāpāya śamanāya

尾尾馱耨佉二麼引吠引舍引尾瑟吒二合 二三

vividha duḥkha samāvaiśāviṣṭa

薩嚩薩怛嚩二合、引跛哩謨引左曩引也二四　怛你也二合他去、引 二五

sarva satvā parimocanāya tadyathā

唵引 二六　勃引嘌步二合嚩入 二七　摩賀引路迦引羯囉拏二八

oṃ bhūrbhuvaḥ mahālokākaraṇa

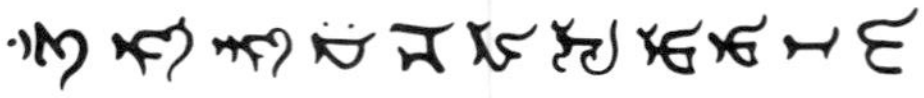

怛麼悉底二合弭囉二九　嚩日囉二合鉢吒攞三〇

tama stimira vajra paṭṭala

尾曩捨曩迦囉引也三一　囉誐你吠二合、引灑謨引賀惹引攞捨麼迦三二

vināśana karāyaraga dveṣa moha jāla śamaka

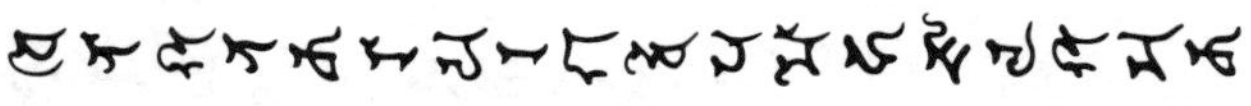

舍引娑上迦咯乞乂二合迦三三　薩嚩引播引也耨佉訥蘖底三四

śāsaka rakṣaka sarvāpāya duḥkha durgati

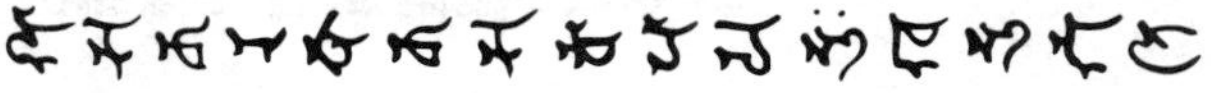

鉢囉二合捨麼曩迦囉引也三五　薩嚩怛他引蘖多娑麼韈馱曩迦囉三六

praśamana karāya sarva tathāgata sama vardhana kara

薩嚩薩怛嚩二合、引舍引跛哩布引囉迦三七

sarva satvāśāpari pūraka

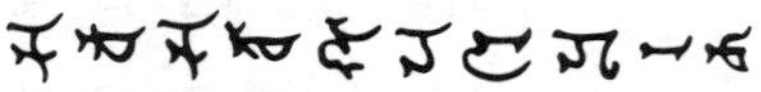

薩嚩薩怛嚩二合三麼濕嚩二合娑上迦囉三八　翳係曳二合、引呬三九

sarva satva samaśvasa kara ehyehi

摩賀引冐引地薩怛嚩二合嚩囉娜四〇

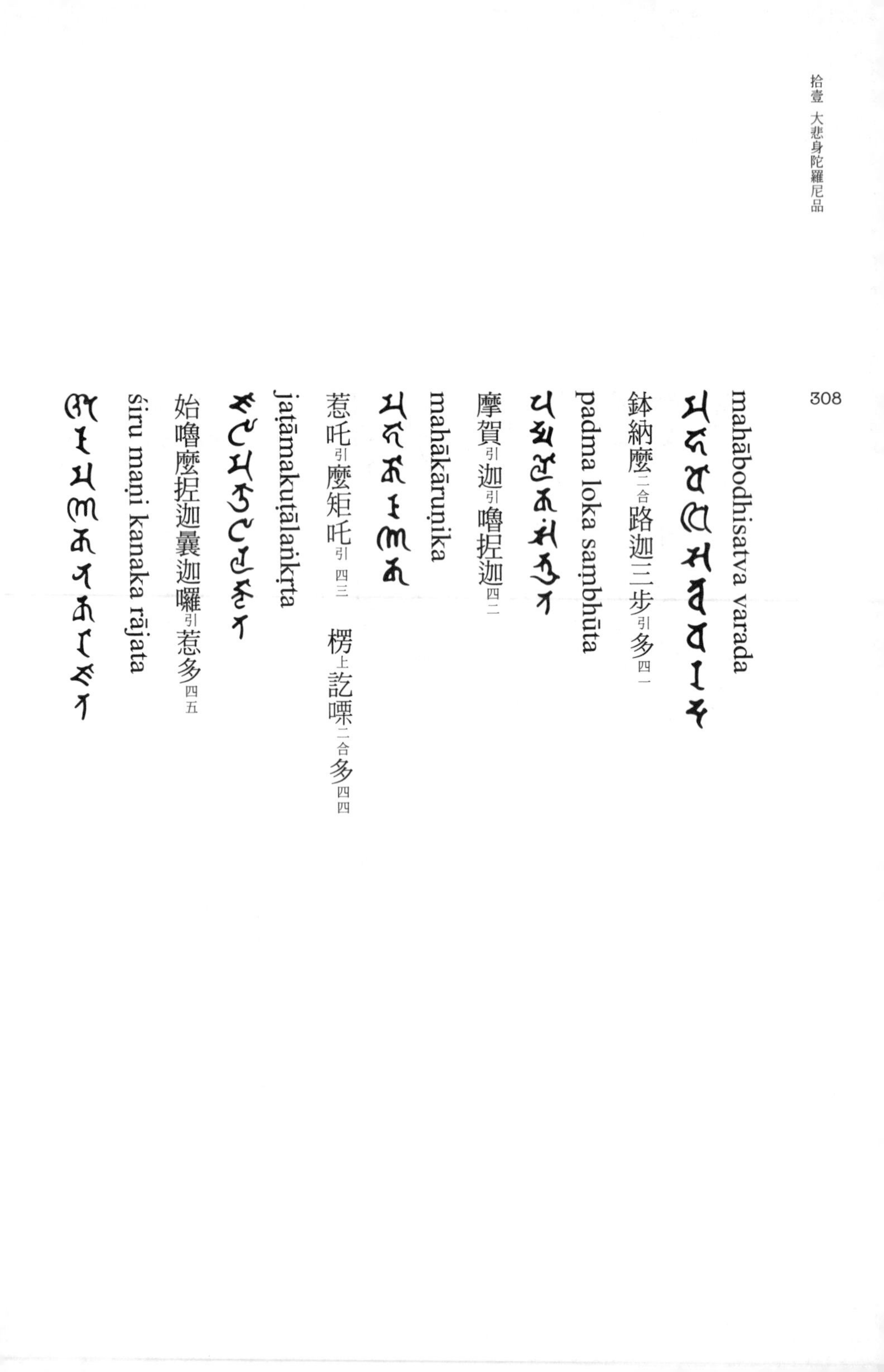

mahābodhisatva varada

鉢納麼二合路迦三步引多四一

padma loka saṃbhūta

摩賀引迦引嚕捉迦四二

mahākāruṇika

惹吒引麼矩吒引四三　楞上訖嘌二合多四四

jaṭāmakuṭālaṅkṛta

始嚕麼捉迦曩迦囉引惹多四五

śiru maṇi kanaka rājata

嚩日囉二合吠引⿰口女引哩也二合四六　楞上訖㗚二合多舍哩引囉四七

vajravaiḍūryalaṅkṛta śarīra

𑖪𑖕𑖿𑖨𑖪𑖹𑖚𑖳𑖨𑖿𑖧𑖩𑖽𑖎𑖴𑖝𑖫𑖨𑖱𑖨

阿上弭跢引婆去尒曩四八　迦麼攞麼引攞引楞上訖㗚二合多四九

amitābhajina kamala mālālaṅkṛta

𑖀𑖦𑖰𑖝𑖯𑖥𑖕𑖰𑖡𑖎𑖦𑖩𑖦𑖯𑖩𑖯𑖩𑖽𑖎𑖴𑖝

鉢囉二合嚩囉曩囉曩哩引五〇　摩賀引惹曩曩囉娜引哩五一

pravara nara narī mahājana naradāri

𑖢𑖿𑖨𑖪𑖨𑖡𑖨𑖡𑖨𑖱𑖦𑖮𑖯𑖕𑖡𑖡𑖨𑖟𑖯𑖨𑖰

捨多娑賀娑囉二合阿上鼻攞引史多迦引也五二

śatasahasra abhilāṣitakāya

𑖫𑖝𑖭𑖮𑖭𑖿𑖨𑖀𑖥𑖰𑖩𑖯𑖬𑖰𑖝𑖎𑖯𑖧

摩賀引冐引地薩怛嚩二合五三　尾馱麼尾馱麼五四

mahābodhisatva vidhama vidhama

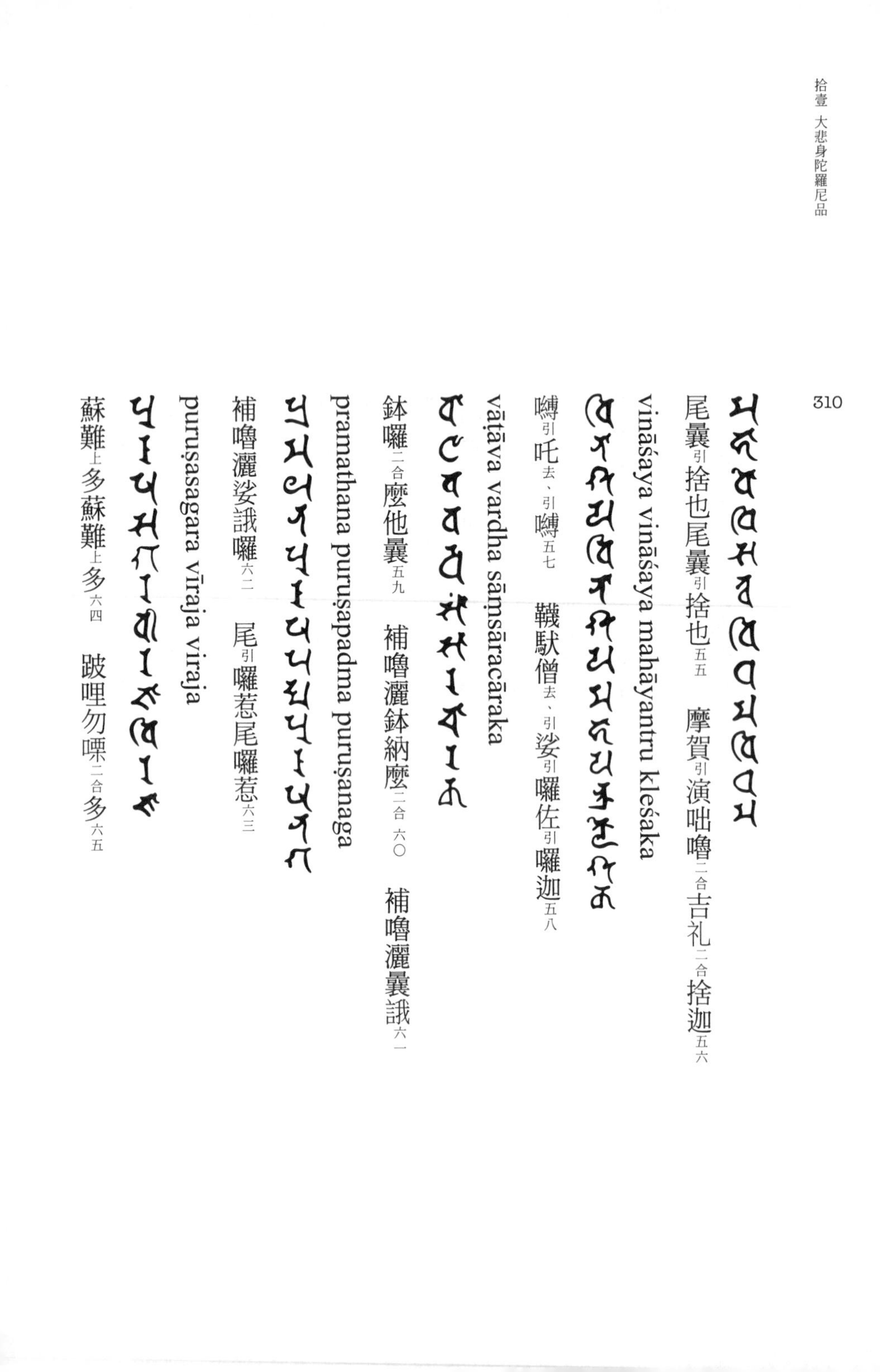

尾曩引捨也尾曩引捨也五五　摩賀引演咄嚕二合吉礼二合捨迦五六

vināśaya vināśaya mahāyantru kleśaka

嚩引吒去、引嚩五七　轙馱僧去、引娑引囉佐引囉迦五八

vāṭāva vardha sāṃsāracāraka

鉢囉二合麼他曩五九　補嚕灑鉢納麼二合六〇　補嚕灑曩誐六一

pramathana puruṣapadma puruṣanaga

補嚕灑娑誐囉六二　尾引囉惹尾囉惹六三

puruṣasagara vīraja viraja

蘇難上多蘇難上多六四　跛哩勿嘌二合多六五

sudanta sudanta parivṛta

駄麼駄麼六六　娑麼娑麼六七　度嚕度嚕六八

dhama dhama sama sama dhuru dhuru

鉢囉二合捨引娑也鉢囉二合捨娑也六九

praśāsaya praśasaya

岐去哩岐去哩七〇　尾哩尾哩七一　唧哩唧哩七二

ghiri ghiri viri viri ciri ciri

祖嚕祖嚕七三　母嚕母嚕七四　母庾母庾七五

curu curu muru muru muyu muyu

捫左捫左七六　婆去誐挽七七

𑖦𑖲𑖗𑖿𑖓 𑖦𑖲𑖗𑖿𑖓 𑖥𑖐𑖪𑖽

muñca muñca bhagavaṃ

阿去、引哩也二合、引嚩路枳帝濕嚩二合囉七八

𑖁𑖨𑖿𑖧𑖯𑖪𑖩𑖺𑖎𑖰𑖝𑖸𑖫𑖿𑖪𑖨

āryāvalokiteśvara

咯乞乂二合咯乞乂二合麼麼稱名七九　薩嚩薩怛嚩二合、引難上左八〇

𑖨𑖎𑖿𑖬 𑖨𑖎𑖿𑖬 𑖦𑖦稱名 𑖭𑖨𑖿𑖪 𑖭𑖝𑖿𑖪𑖯𑖡𑖯𑖽𑖓

rakṣa rakṣa mama 稱名 sarva satvānāṃca

薩嚩婆去曳毗藥二合八一　度曩度曩八二

𑖭𑖨𑖿𑖪 𑖥𑖧𑖸𑖥𑖿𑖧𑖾 𑖠𑖲𑖡 𑖠𑖲𑖡

sarva bhayebhyaḥ dhuna dhuna

尾度曩尾度曩八三　度嚕度嚕八四　誐也誐也八五

vidhuna vidhuna dhuru dhuru gaya gaya

誐馱也誐馱也八六　賀娑賀娑八七

gadhaya gadhaya hasa hasa

鉢囉二合賀娑鉢囉二合賀娑八八　尾尾馱吉礼二合捨嚩娑曩八九

prahasa prahasa vividha kleśa vasana

麼麼九十　薩嚩薩怛嚩二合、引難上左九一

mama sarva satvānāṃca

賀囉賀囉九二　僧去賀囉僧去賀囉九三

hara hara saṅhara saṅhara

度嚕置上度嚕置上九四　摩賀引滿拏攞迦囉拏九五

dhuruṭi dhuruṭi mahāmaṇḍala karaṇa

𑖠𑖲𑖨𑖲𑖘𑖰𑖠𑖲𑖨𑖲𑖘𑖰𑖦𑖮𑖯𑖦𑖜𑖿𑖚𑖩𑖎𑖨𑖜

捨多鉢囉二合細迦嚩婆去娑九六　尾灑曩捨麼迦九七

śata praseka vabhasa viṣaṇa śamaka

𑖫𑖝𑖢𑖿𑖨𑖭𑖸𑖎𑖪𑖥𑖭𑖪𑖰𑖬𑖜𑖫𑖦𑖎

摩賀引冐引地薩怛嚩二合嚩囉娜九八　娑嚩二合、引賀引九九

mahābodhisatva varada svāhā

𑖦𑖮𑖯𑖤𑖺𑖠𑖰𑖭𑖝𑖿𑖪𑖪𑖨𑖟𑖭𑖿𑖪𑖯𑖮𑖯

如是淨言：

皈命　一切智者

皈命　三寶

皈命於　無量光如來、應供、正遍知

禮敬於　具足大悲心者聖觀自在菩薩摩訶薩

敬禮於　具足大悲心者大勢至菩薩摩訶薩
敬禮　善住於越量宮中
以百千不可思議的大日光明融會
普照　那身著寶釧及廣大寶冠的莊嚴妙相
世尊　大蓮華手
祈請消融一切世間的罪業
能使一切眾生相應遠離種種苦惱
讓一切有情得普遍解脫

於是宣說了究竟的神咒：
嗡　皈命　覺了廣大的世界
能成就廣大世間的事業
除滅那宛若金剛不壞的無明翳障
息止　一切的貪、瞋、痴
守護如子的眾生

息滅　一切地獄、惡道的痛苦　讓眾生安心止淨
如是勝福能值遇一切如來
滿足一切眾生的祈願
救渡安慰一切的眾生

禮敬奉請那能施一切勝願的大菩薩
在世間善生清淨寶蓮的大悲心者
頂上髮冠具足莊嚴寶飾
妙身莊嚴寶珠、真金、淨銀、金剛、琉璃眾寶
頂上無量光佛安坐青蓮成就殊勝莊嚴
超越一切男、女相與大有情的差別
為無量百千眾生顯明智慧之身的大菩薩
除滅吧！　除滅吧！　摧滅吧！　摧滅吧！
用大悲的護佑
使眾生從不斷增長的無始生死業海牢獄中　疾行出離

人中的清淨蓮華　人中的龍象
人中的娑伽羅龍王
無垢　遠離一切煩惱
悠揚的妙音　悠揚的妙音　自在旋繞
馱麼　馱麼
娑麼　娑麼
度嚕　度嚕
調順　調伏　平等　平等
如實的降伏　如實的降伏

讚嘆啊！　讚嘆！
如山岳般聳立自在　如山岳般聳立自在
解開纏縛　解開煩惱
那從自性中法爾流出的梵唱

岐哩　岐哩　尾哩　尾哩
唧哩　唧哩　祖嚕　祖嚕
母嚕　母嚕　母庾　母庾
捫左　捫左
隨順自性的流動、暢動
自在的空舞、舞空　圓滿的解脫
最終的吉祥解脫

世尊聖觀自在
守護　守護我及一切眾生
遠離一切的恐怖障難
度曩　度曩　尾度曩　尾度曩
度嚕　度嚕
如是從自性中深吼　深吼
震動　震盪　降伏一切　降伏一切障礙

財富　財富　如雲之財　如雲之財
歡笑　歡笑　大笑者　大笑者
消泯　終結消泯　祈請終結我及一切眾生的種種煩惱習氣
度嚕置　度嚕置
如是　大曼荼羅能成辦百倍功德勝流
息滅一切貪欲眾生愁惱
如是摩訶薩埵　施願成就
娑婆訶

拾貳　清淨朝山品

一

等同於法界的方便　等同於虛空界的方便
等同於眾生界的方便　等同三世、等同一切時劫的方便
等同於一切眾生業　等同一切眾生清淨的意欲
等同一切眾生解悟　等同一切眾生根器
等同一切眾生成熟時　等同一切法光影的方便

大悲聖者千手千眼觀自在菩薩　在十方諸佛的體性加持中
如實相應現起如來無上智慧大悲的微妙勝境
究竟顯示大悲師子頻申三昧的不可思議境界
如是示現等同法界一切佛國剎土微塵的諸佛　如實的出興世間次第
一切佛國剎土成、住、壞、空如幻現成的次第

示現等同虛空界一切佛國剎土
窮盡未來的時劫　讚嘆如來功德聲音
示現等同虛空界一切佛國剎土

如來出興世間不可數　無有邊際成就正覺法門境界
示現等同虛空界一切佛國剎土
佛陀安坐道場　菩薩大眾會集的微妙法義境界
示現在一切毛孔中　念念出現等同三世諸佛變化身
充滿法界的不可思議境界
示現一身充滿十方一切剎海　無不平等顯現的究竟妙境
示現一切種種境界中普現起三世諸佛　神通變化的如幻境界
普遍示現三世一切佛國剎土　微塵數諸佛的種種神通變化
經歷無量時劫的境界
示現一切毛孔中出生三世一切諸佛大誓願海的音聲

窮盡未來劫　開示啟發及勸化導引菩薩的究竟法義
教授諸佛師子座的數量等同法界　菩薩眾會道場莊嚴無有差別
窮盡未來所有的時劫　恆常轉動種種微妙法輪
如是不可思議的如來大悲智慧妙境
示現出不可說微塵數的究竟妙法勝義
如實觀察如來　觀察法界大眾
觀察諸佛不可思議境界　觀察諸佛無邊的三昧境界
觀察不可思議的諸世界海　觀察不可思議的如幻法智
觀察不可思議的三世諸佛平等不二
觀察一切無量無邊的種種妙法究竟

如是於佛陀世尊無上大覺威神力加持中　宣說了如下的偈頌：

「在一一毛孔之中　示現了微塵數剎土大海
一切悉有如來端坐　皆具無量的菩薩大眾
在一一毛孔之中　示現無量的諸剎土海

諸佛安坐於菩提座上　如是遍周無邊的法界
在一一毛孔之中　具足一切剎塵數佛陀世尊
無量菩薩大眾圍繞　為說空竟無上的菩提勝行」

佛陀安坐一國剎土　如是充滿十方世界
無量菩薩海會雲集　咸來共同集會其所
如億剎微塵數土之數　如是菩薩廣大功德之海
俱從大會中安祥而起　遍滿十方世界之中
悉安住於大悲菩薩勝行　皆遊歷於無盡法界大海
普現於一切剎土之中　等入於諸佛廣大集會
安坐於一切剎土之中　聽聞如來一切妙法

如是的一一國土之中　億劫勤修殊勝諸行
菩薩所有的大悲修行　普明法海成就究竟妙行
入於體性菩提大海　安住於諸佛究竟境界

了達大悲菩提勝行　出生諸佛的廣大妙法
具足諸佛功德大海　廣現一切神通盛事
身雲普現等微塵數量　充遍一切諸佛剎土
普雨無上甘露妙法　普令眾生安住佛道
全都明見那窮盡法界、虛空界的一切佛國剎土
每一微塵中各有一切佛國剎土微塵數的諸佛國土
如實現了種種名號、色相、清淨、住處、形相
窮盡法界、虛空界、東、西、南、北、四維上下一切世界大海

啊！　依隨眾生的各種心想相應因緣而安住
從往昔到現在的一切國土身、眾生身與一切虛空道
一一如毛端數多的地方
各有微塵數的剎土興起　如是依次安住
如是現觀佛陀的神力　不毀壞過去、現在、未來三世　亦不毀壞世間
在一切眾生心中示現影像　隨順眾生心所喜樂　發出美妙的言辭聲音

普遍示現趣入一切眾會當中　普遍示現在眾生面前
如是廣大幻化的眾相雖有差別　但大悲智慧卻毫無差異
為隨順相應的眾生　開示佛法　教化調伏一切眾生不曾休息

那是因緣！　那是甚深的因緣啊！
凡是能看見殊勝佛陀神力的　都是曾為佛陀往昔因緣所攝受者
能見到千手千眼觀世音菩薩　大悲示現教化的因緣　亦復如是
如是受佛如來與大悲怙主
往昔曾用布施、愛語、利行、同事四種攝受法門攝受
或是曾見聞憶念親近佛陀與大悲怙主而成熟
或是佛陀與大悲怙主曾教導他發起無上正等正覺之心
或是往昔曾與諸佛、大悲怙主共同種植善根
或是諸佛與大悲怙主過去曾用一切智慧的善巧方便教化而成熟
如是能證入如來不可思議的甚深三昧

窮盡法界、虛空界　具足大神通力
如是證入法身　或是證入色身　或是證入往昔所成就的大悲勝行
或是證入圓滿各種波羅蜜　莊嚴清淨微妙菩薩行輪
如實證入菩薩的一切境地　或證入成就正覺之力
或證入諸佛與大悲怙主所安住的三昧無差別大神通變化
或證入如來力、大悲力的無畏智慧　或證入諸佛辯才無礙的大悲勝海

如是具足大悲大智神通　明利自在　用廣大的智慧普遍觀察一切
從各種智慧種性出生　一切智智無不顯現在前
證得遠離痴翳的清淨智眼　能作眾生的調御導師
如實安住在諸佛平等性中啊！　於無分智中示一切的法門
了知一切世間體性究竟寂滅　無有依止之處
普遍行參遍諸佛國土　卻毫無染著
如是觀察諸法　卻無所住　如是遍入一切妙法宮殿卻無所從來
不斷教化調伏世間　為眾生示現安穩處所

智慧解脫是其妙行　恆常用智慧身安住實相遠離貪際
解脫一切存有大海　示現究竟真如實際
智光圓滿　普見諸法
大悲現成　安住三昧　堅固不動

如是對眾生恆常心生大悲　了知諸法門如同幻化
眾生如同夢幻　如來亦如幻影
一切的言辭聲音都如山谷中的迴響　諸法都如幻如化
如是積集殊勝行願　智慧圓滿　清淨善巧　心念寂靜
善入一切總持境界　具足三昧力　精進勇猛毫不怯弱
如是現具光明智慧之眼　安住法界　證得一切法無所得的境地
如是修習無涯的智慧大海　到達智慧波羅蜜的究竟彼岸
以神通波羅蜜普遍趣入世間　依三昧波羅蜜得到心的自在
如是用無顛倒的智慧了知所有的義理

用善巧分別的智慧開示法藏
以示現究竟明了智慧的訓示妙理文辭
用廣大的願力說法　無有窮盡
無所畏懼作大師子吼　常樂於觀察無依處法
用清淨法眼普觀一切　用淨智月映照世間的成、住、壞、空
用智慧光明照耀真實諦理　如是福德智慧同於金剛大山

如是善於觀照諸法　增長慧根
勇猛精進　摧伏眾魔
智慧無量　威德光焰熾盛
身形殊勝　超越世間一切身形
具足一切法無礙智慧　善能悟解　無盡妙法
安住普遍周達的境界　證入正真實際　無相觀照智慧常顯在前
能善巧成就一切菩薩行　以無二智慧了知一切境界
普見世間各種生命　普遍前往諸佛國土

智燈究竟圓滿　無有障礙
清淨法光　普照十方法界
如是世間的真實福田
見聞其名號者　能隨其所願　無不圓滿
福德無量　超出一切世間
勇猛無畏　摧伏一切外道　宣演微妙法音　遍布一切剎土
普見諸佛　證得諸佛法身自在

如實隨順所應度化眾生而示現　能以一身充滿所有的佛國剎土
如實現證自在清淨神通　乘著大智慧的舟船
往來法界無所障礙　智慧圓滿　周遍法界
如日出普照世間　能隨順眾生心意示現微妙色相
清楚了知眾生一切根性欲樂　證入一切法無諍的境界
了知一切法性無生、無起　小、大自在的相攝相入

決定了知諸佛境地甚深義趣
能以無量的文句宣說究竟甚深的妙法義理
能在一語一言中演說一切修多羅法海
已證得大智慧陀羅尼身　凡所受持法門　永遠憶持不忘

一念之間憶起無量劫來眾事　一念之間了知三世眾生的一切智慧
恆以所有的陀羅尼法門　演說無有邊際的諸佛法海
常轉動不退失的清淨法輪　使一切眾生都能生出無邊智慧
證得諸佛境界　如是證入一切無障礙法門　於一切法中智慧殊勝自在
一切境界清淨莊嚴　普入十方法界　隨順一切方位處所　無有不達者
於一塵中示現成就正覺
於無色相的體性中顯現一切色相　以一切方所普遍攝入於一方所

二

如是不可思議的甚深妙境
大悲千手觀音怙主如實善受佛陀神力加持
宣說一切神通變化妙境
如是觀察無邊法界　佛陀威神寬廣無際
一切莊嚴普能清淨示現　十方法界悉皆充滿
十方一切諸佛國土塵剎　無邊品類眾生廣大莊嚴
於其寶座平等境界之中　色相分明自在皆悉顯現

從諸佛子毛孔如幻流出　種種莊嚴實相寶焰彩雲
及發如來微妙不可思議音聲　遍滿十方一切剎土
十方法界中示現妙身　其身色相究竟清淨
從禪定出起而自在遊步　進止威儀恆皆吉祥寂靜
如來一一毛孔之內　常現不可思議變化妙身
悉皆如同大悲觀音菩薩　種種諸相最為莊嚴妙好

法界無盡虛空之中　一切莊嚴悉發微妙勝音
普說三世諸菩薩大眾　彼所成就一切功德大海
一切寶樹、妙華、淨草、微風、流水　發出無量微妙音聲
演說法界一切所有群生　種種業海起現各各差別
如是無邊世界所有眾妙境界　悉皆現示三世諸佛如來
一一皆起無盡廣大神通　如同十方剎海微塵眾數

十方所有諸國剎土之中　一切剎海微塵眾數
悉入如來毛孔之中　次第莊嚴悉皆普現親睹
所有莊嚴普皆示現諸佛如來　數等眾生遍於一切世間
一一咸放廣大光明　種種隨宜教化眾生群品
香焰眾華及無數寶藏　一切莊嚴殊特妙雲
靡不廣大等同無盡虛空　遍滿十方諸國剎土
十方三世一切諸佛　所有莊嚴微妙道場

如實示現大悲微妙境界之中　一一色相悉皆如實明現
一切大悲諸佛真子　百千劫海莊嚴剎土
其數無量等同一切眾生　莫不於此境中真實示現
如是的大悲菩薩　深受佛陀三昧光明照耀
得以立即證入究竟的甚深三昧
一一證得不可說佛國剎土微塵數的大悲法門　利益安樂一切眾生
從身上的一一毛孔　發出不可說佛國剎土微塵光明
周遍十方法界　以無盡大悲方便教化調伏一切眾生

三

應著觀世音菩薩的大悲呼喚
善財童子　吉祥的朝聖者一心一意的向山
年輕的聖者、朝聖者　瘦健的身形
經歷了重重的艱辛　步步迎向覺

不時　雙手合十的祈敬
或　一心一意的稽首頂禮
那　頭面禮足的拜　是普陀洛迦山
是千手千眼觀世音菩薩的身
那崇崖峻嶺　洞谷深澗
滿布著白檀香樹林　栴檀儞婆樹　蛇衛檀香林、龍腦香林
於是　香風吹來了大悲的深息
清涼的癒了心、身
無分別的心　與大悲相和　成了觀自在的心

那沈鳴的雷瀑　聲聲震動著心的無際
豁然東北來的金剛猛烈強風　測試著朝聖的堅心
彷彿脅迫著雙足離開大地　吹旋入陡峭的山谷
陣陣閃亮的金光　明照著眼眸
堅定的身影　在風烈中不動

一心一意的向千手千眼觀世音菩薩祈請：
「那眾寶所成的聖山普陀洛迦
是一切賢聖所居最極清淨的勝處
用鉅瀑、泉流縈帶作為嚴飾　華林果樹充滿其中
那最勝勇猛利益一切眾生的觀自在尊　於此安住
我一心一意祈問那究竟大悲的無上法門
諸佛大覺的無上功德」

那陡峭的林坡　茂密的雨林山谷
聳立自在的山峰　有如一尊一尊的聖者密護著眾生
當大地失衡時　在甚深的三昧定心中
一切都將復於平和

那西面的巖谷　泉流螢映
樹林蓊鬱淨灑　香草柔軟的右旋布地
種種妙秀的名華競開　周遍嚴飾

那大悲的觀世音菩薩安坐在清淨的金剛寶石上結跏趺坐
示現不可思議的種種莊嚴化身
千手千眼如是具足著廣大吉祥
無量的菩薩安坐於寶石上恭敬圍繞
而一切的阿羅漢聖者　也如是的善聞妙法
大悲怙主千手觀世音菩薩　如實的宣說了智慧光明的大慈悲法門
令大眾具足威德　大力攝受一切的眾生

善財見到如是殊勝的景象
心中歡喜踴躍　對善知識生起了甚深的愛樂敬重
合掌恭敬目視不瞬　心中生起那殊勝的心念：
「善知識即是如來世尊　善知識就是一切妙法之雲
善知識就是各種功德寶藏　善知識是最稀有而難可值遇者
善知識是具足十力的大寶妙因　善知識是無盡的智慧寶炬
善知識就是一切福德的根芽　善知識是一切智慧之門

善知識是智慧大海的導師　善知識集聚了一切智慧的助道之具」

他心中生起了如是甚深敬念　即前往大悲觀世音菩薩之前
這時　觀世音菩薩遙見善財前來　就說道：
「善哉！　善來童子！
你發起了大乘的無上菩提心　要普攝眾生
生起了正直的向道之心　一心的專求佛法
大悲深重的救護一切有情　安住在不可思議的最勝之行
普能拯救拔度在生死輪迴中的眾生
超越了一切世間　無有能等比者
無上的普賢妙行已相續現前　大願深心已圓滿清淨了
勤求一切佛法而悉能領受悟解　積聚所有善根恆無厭足
隨順於善知識而不違背他們的教示

你已從文殊師利的功德智慧大海中所生

你的心已成熟得悟佛陀的威力
已獲得了廣大的三昧光明　專意希求甚深的妙法
常能得見諸佛生起廣大歡喜　智慧清淨猶如虛空一般
自己已經明了又復為他人說法　安住在如來的智慧光明之中
受持修行者一切佛法　福智的寶藏自然而至
一切智慧之道速得現前　普觀眾生心中毫無懈倦
大悲堅固猶若金剛一般」

四

這時　善財童子來到了菩薩之前
頭面頂禮　禮敬菩薩雙足
右遶無數匝後　合掌安住　向菩薩敬白道：
「聖者！　我先前已發起了阿耨多羅三藐三菩提心
但是還未知菩薩應如何修學菩薩行　如何行菩薩道

我聽聞聖者能善巧教誨菩薩之道　願您為我宣說」

如是　大悲的觀世音菩薩放出了閻浮檀金的妙色光明
生起無量色的寶焰網雲及龍自在妙莊嚴雲　照映著善財
他舒放右手摩著善財之頂　告訴善財說：
「善哉！　善哉！　善男子！
你已能發起阿耨多羅三藐三菩提心了　如是吉祥
善男子！
我已成就了菩薩大悲速疾行的解脫門
善男子！
我以此菩薩的大悲行門
平等的教化一切眾生　並攝受調伏　相續不斷
善男子！
我恆安住在這大悲行門　常在一切諸如來世尊之所
普現於一切諸眾生之前　隨所應教化者　而為他們示現究竟利益

或是以布施來攝取眾生　或是以愛語攝取眾生
或是以利行來攝取眾生　或是以同事攝取眾生
或是示現種種微妙的色身攝取眾生
或是現起種種不可思議色的淨光明網來攝取眾生
或是以音聲善巧言辭　或是以威儀的勝妙方便
或是為他們說法　或是示現神變令其開悟而得成熟圓滿
或為他們化現種種的色相　種種的族性、種種的生處
以同類的形態　與他們共居而成熟教化眾生

善男子啊！
我修習這大悲行門　願常救護一切眾生令他們遠離各種怖畏：
願一切眾生遠離險道的怖畏　遠離熱惱的怖畏
遠離迷惑的怖畏　遠離繫縛的怖畏
遠離殺害的怖畏　遠離王官的怖畏

遠離貧窮的怖畏　遠離不活的怖畏
遠離惡名的怖畏　遠離死亡的怖畏
遠離諸病的怖畏　遠離懈怠的怖畏
遠離黑暗的怖畏　遠離遷移的怖畏
遠離愛別的怖畏　遠離怨會的怖畏
遠離逼迫身的怖畏　遠離逼迫心的怖畏
遠離憂悲愁的怖畏　遠離所求不得的怖畏
遠離大眾威德的怖畏　遠離流轉惡趣的怖畏」

又發起了如是的誓願：
「願諸眾生若憶念於我　若稱念我名
若見我的身相　都能得以免離一切的恐怖
滅除所有的障難　正念現前
善男子啊！
我以如是的種種方便　令一切的眾生遠離一切的怖畏

安住於正念　又再再教導大眾發起阿耨多羅三藐三菩提心
而至於不退轉的境界」

這時　觀自在菩薩為了重新說明這解脫門的深義
為善財童子宣說了如是的偈言：
「善來如是調伏身心者　稽首讚嘆於我而恭敬向右旋遶
我常居於此寶山之中　安住於大慈悲而恆常自在
我於此所住的金剛寶窟　莊嚴妙色具足眾寶摩尼
常以勇猛自在的心　安坐在此寶石的蓮華座上
天龍及阿修羅眾　緊那羅王與羅剎等
如是的眷屬恆圍繞於我　我為他們演說大悲法門
你能發起無等的菩提心　為了見我之故而來到此山
愛樂至求於功德大海　禮敬我的雙足及功德之身
欲於我法中善修眾行　願得普賢的真實妙行

我是勇猛的觀自在　生起甚深清淨的廣大慈悲
普放雲網微妙光明　廣博如空究極清淨
我垂下無垢圓滿的寶臂　百福妙相具足莊嚴
摩你深信者善財之頂　為你演說甚深的菩提大法
佛子你應知我所得證　一相一味的解脫妙門
名為諸佛大悲之雲　是祕密智慧莊嚴的寶藏
我為眾生精勤常予救護　生起一切弘誓廣攝無量眾生
憐愍一切有情如同己身　常以普門方便隨順轉化

我於無數眾種苦厄　常能救護一切群生
心中憶念禮敬若稱我名　一切應時即能獲得解脫
或是遭牢獄所禁繫閉　杻械錮執遇於怨家
若能至心稱念我之名號　一切諸苦皆得以銷滅
或犯刑名即將就戮　利劍毒箭將害其身
稱於我名應念善得加持　弓矢鋒刃無能傷害

或有兩相諍競詣於王官　諍訟一切諸種財寶
彼能至誠稱我名號　一切怨家不能傷害

或在深林險難之處　怨賊、猛獸欲傷殘害
若能至心稱我之名號　惡心自息無有能害者
若有怨家心懷忿毒　將人推落於險峻大高山上
若能至心稱念我名號　令彼安置虛空而無損壞
若有怨家心懷忿毒　將人推落深流及大火坑中
若能至心稱念我之名號　一切水火無能傷害
若有眾生遭遇厄難　種種苦具逼迫其身
若能至心稱念我之名號　一切皆能解脫無有憂怖
若為他人之所欺謗　常思於己過失以為相仇
若能至心稱念我名號　如是怨嫌自得休息
或遭鬼魅諸毒所害　身心狂亂無所覺知

若能至心稱念我之名號　彼皆銷滅了無諸患
或被毒龍與諸鬼眾侵凌　一切恐怖驚奪其心
若能至誠稱念我之名號　乃至於夢中怖畏悉皆不見
若是諸根有所殘缺　願得端嚴相好妙身
若能至誠稱念我之名號　一切所願皆能圓滿
若有善願於父母所在　承和孝順顏色安詳志願無違
歡榮富樂常保安寧　珍寶伏藏恆具無盡
內外宗族常相和合　如是一切怨隙不來侵擾
若能至誠稱念我之名號　一切所願皆能成就圓滿

若人願此身命終之後　不受三塗八難苦痛之身
恆處人天善趣之中　常行清淨菩提覺道
有願捨身後生淨土之中　普現一切諸佛之前
普於十方剎土之中　常為清淨薩埵勝士
普見十方一切諸佛　及聞諸佛宣說勝妙法音

若能至誠稱念我名　一切所願皆得圓滿
或在危厄之時心受憂怖　日夜六時稱我名號
我時能現住彼人之前　為作最勝皈依之處
彼當生於我清淨佛刹　與我同修於菩薩勝行
由我大悲觀自在者　令其一切皆能成就

或以清淨心與殊勝供養　或獻寶蓋或以燒香
或以妙華散於我身　當生於我刹土為應供者
或生於濁劫之時無有慈愍　貪瞋惡業之所纏身
種種眾苦極為堅牢強固　百千繫縛恆無間斷
彼為一切苦所逼迫　讚嘆稱揚念我之名號
由我大悲觀自在　念一切惑業悉皆銷滅
或有眾生臨命終時　死相現前諸種惡色侵擾
見彼種種色相之後　令心惶怖無所依止
若能至誠稱念我名號　如是諸惡相悉皆銷滅

由我大悲觀自在　令生於天人善道之中
此皆由我往昔所修行　願度無量群生大眾
勇猛精勤無有退轉　令其所作皆得成就

若有如實相應善觀我身　令其應念咸皆得見
或有樂聞聽我說法　令聞妙法其量無有邊際
一切世界所有群生　心行差別有無央數差別
我以種種的方便妙力　令其聞見皆悉調伏
我得大悲解脫妙門　諸佛印記我已修學成就
善財汝於十方世界　普事一切眾善知識
專意修行無懈怠心　聽受佛法無有厭足
若能如是聞法心無厭足　則能普見一切諸佛
云何見佛心志無厭？　由於聽聞妙法心無厭足的緣故」

這時　觀世音菩薩說完這偈頌後　告訴善財說：

「善男子！
我唯得此菩薩大悲速疾行的解脫門
如同諸菩薩摩訶薩　已清淨了普賢的一切願
已安住於普賢的一切行　常行一切諸善法
常入一切的諸三昧　常住一切無邊的時劫
常詣於一切的無邊剎土　常觀一切的諸佛如來
常聞一切三世的教法　常息止一切眾生的惡
常增長一切眾生的善　常斷絕眾生的生死之流
常入如來的正法之流」

五

這時　善財童子聽聞了觀世音菩薩摩訶薩宣說此大悲清淨偈後
歡喜踴躍充滿全身　生起了愛敬心
發起了清淨心　從座上而起

偏袒右肩　右膝著地　頂禮菩薩的雙足

他長跪合掌在菩薩前　一心的瞻仰而以偈頌讚：

「天人大眾與阿修羅　及與一切諸菩薩大眾

以微妙言音共同稱讚　大聖的智慧深廣如海

能於一切眾生之中　平等大悲等同一味

一智同緣而普遍救護　種種苦難悉皆銷滅

菩薩最勝神通威力　反覆大地亦不足為難

又能普令乾竭大海　令大山王咸皆震動

聖者菩薩廣大名聞　號為大悲觀自在尊

云何我以微劣智慧　於仁者勝德能予稱讚

如是我聞聖者諸種功德　無斷無盡大悲妙門

因是發起清淨之心　生我智慧辯才之力

我今處於大眾盛會　以大勇猛心而為觀察

稱揚讚嘆勝妙莊嚴　恭敬至誠無有懈怠

如大梵天王居於梵眾　映蔽一切諸梵天人
菩薩吉祥妙色之身　處於眾會無與倫比

菩薩顧視如同牛王莊嚴　妙色融合朗照如真金聚
具足廣大菩提勝願　普利一切諸天人眾
用種種華鬘以為嚴飾　頂上安以真金勝妙寶冠
光明淨妙過於一切天人　威德尊嚴超過世主神眾
圓光莊嚴現出流虹旋繞妙狀　外相光明如清淨月輪
無見頂相豐起若須彌山王　端嚴正坐宛如初日朝陽
腰繫金條其色清淨微妙　示現殊勝妙相放大光明
伊尼鹿皮作為下帬　能令見者心生歡喜

妙身種種莊嚴妙相　眾寶所集宛如莊嚴山王
腰垂清淨莊嚴寶衣　如雲普現無邊的妙色
真珠三道現為交絡　猶如世主妙莊嚴身

恆放淨光普照明世間　亦如朗月遊於空界
身色淨妙宛若金山　又如瞻博迦華微妙相聚
以白瓔珞為莊嚴妙飾　如白龍王環繞其身
大悲聖者手執淨妙蓮華　色如上妙真金所聚
毘瑠瑞寶以為莖枝　大慈威力普令開發

出過於一切天人之所有　普放光明猶如日輪
顯現如在妙高山上　香氣普熏於一切世界
於諸惡鬼步多等眾　黑蛇、醉象及師子等猛獸
痴火毒害遮蔽慈心　及餘種種諸類危難
如是重苦繫縛所傷迫害　一切恐怖無依無怙
聖者一味大悲之心　平等救護彼等眾生之類
妙寶葉石作為勝座　無等等蓮華之所承持
百千妙福之所成就　眾妙蓮華清淨之所圍繞

極妙身光清淨色相　從真實義中而為成就
諸天種種上妙供養　咸共稱讚聖者功德
於尊能發起清淨妙意　速能遠離一切憂怖之心
眷屬快樂共相歡娛　一切妙果悉皆圓滿
大海龍王安住於自宮殿　及餘居處諸龍大眾
心常畏懼妙翅大鳥之王　博撮傷殘受諸苦毒
或有眾生入於大海之中　遇風鼓浪宛如雲山而來
若遭摩竭大魚欲來吞食　恐怖驚惶無所救度
或遇醉象奔逐追迫　種種厄難之所纏繞
至心憶念大悲聖尊　如是一切皆能無憂無怖

大石山王有祕密洞窟　其窟幽深極可怖畏
有犯王法閉鎖其身　種種繫縛投於彼身
彼等具諸苦惱眾生等　至心憶念大悲聖尊
枷鎖解脫眾苦銷除　一切無憂安隱快樂

仁尊以大悲清淨之手　攝持憶念諸眾生等
今於一切厄難之中　獲得無憂安隱快樂
我今讚嘆人天怙主　最勝威德大仙王聖尊
三毒翳障已盡皆銷除　福智無涯宛如無邊大海
調伏眾生無有懈怠　利樂平等無分怨親
祈願於菩薩勝妙金山　一切勝福皆得成就
普於十方諸世界中　息滅眾生無明分別之心
速獲如來無上妙身　普願眾生咸皆證得」

於是大悲的聖者　用那吉祥的本具左手
牽著善財童子　宛如慈父般帶他向前
將步入最勝利的大悲法會　迎向成佛的道途
佛陀世尊的聖駕如是降臨這殊勝的金剛寶山
印證我們眾生全佛

拾參　最勝明王品

一

登大法山　摧大怨敵　昇大法座
遍知了一切苦惱　永斷了無明的眾緣
心持著大智的教法　具足了功德威勢成救護者
禮敬那最究竟勝利的大悲怙主　千手千眼觀世音菩薩
安住在普陀洛迦山的頂峰　清淨的金剛寶殿
我一心一意頂禮　一路拜上了法山之王
那廣大勝利的具千法眼　透視了我的心識
注入了悟　感恩怙主　那成了覺的心
那究竟圓滿的千手　溫護扶濟著　眾生安住菩提
如是的善導成就了六波羅蜜　證悟了般若波羅蜜

那方便力　到法山頂
得了這法頂三昧　安住在法山頂上

於是安住在大悲的普陀洛迦聖山頂上
一切的無明煩惱　滿臉無助的不能動搖那清覺的心
那無上菩提的勝願　一心隨著您的大悲發起
當末世惡來眾生多了貪瞋痴　那放盪散逸的心啊！
無明煩惱成了標記
受持您真實的智慧教誨　化那業染不淨
在戒、定、慧、解脫、解脫知見的法山　善學著一切威儀而自莊嚴
持廣大的智寶摩尼　悅樂法智的解脫大樹
趣向那大覺的菩提勝山
無明已盡　無無明　亦無無明盡
於是登上普陀洛迦山　那大悲菩薩的法性之山

千手千眼功德圓滿遍一切法界　一地究竟密證了法、報、化三身
法身體遍了一切眾生　萬德凝然法性常住
現觀那不生不滅無來無去的自在
如實的不一、不異、非常、非斷
於是千手觀音的大悲法界身遍滿如如虛空
入一切眾生心想之中　是心是觀音　如是成了觀音
一切密證如實的成就了有為、無為的一切功德
登上那寂滅的普陀洛迦山　那法身常自清淨的法性大山
宛若虛空的法身本性　法性山的體性

如實的登上那遠離色、聲、香、味、觸、法六塵無所染著的心山
登上普陀洛迦心山吧！　如是的登著能行、所行悉皆空寂
登山的眾相、一切的戲論皆已寂滅
遠離登中的一切分別　心行處滅自心與山皆安於真如
登山的過程是菩薩的六波羅蜜、四攝萬行

那真實法性的智體無為　一切的色心在如實的登山中一如了
於是法、報、化在登上菩提的心山圓滿了
本性寂靜　無生、無滅　無有處所
不再有分別與不分別　空、無相、無作
體性清淨遠離了一切貪欲　與真如如實的相會
是法性　等於實際　不壞、不斷　無斷、無礙
登上普陀洛迦山　登上了法性的山
登上了大慈大悲的山　圓滿了自性的山王
成了法王

二

如是的感恩究竟　如實的現觀解脫
那大慈大悲的聖者觀世音菩薩
帶著我們遍歷法界遊學

一字一句　心心念念　法界勝密伏藏如實的開啟了
就這樣以心印心　如鏡相映
完全如心的教授傳承
如實注照著我們那將成長的菩提種子
如是教導著我們成為真正的觀自在者
大悲觀世音　如是觀觀現成
現觀法界全如來　當體自現自佛陀
能、所觀照畢竟空　有情現前全佛現

現前忽憶起　感恩互成佛
體性覺清淨　南無諸佛恩

六根感恩　眼耳鼻舌身意
六境感恩　色聲香味觸法
六識感恩　眼耳鼻舌身意

六大感恩　地水火風空識
感恩勝眼根　能觀眾物明
寂淨畢竟空　能見微妙性

感恩諸光明　一切所見色
究竟空寂中　澈見明實相
感恩眼識性　三輪體明空
現觀離三世　法爾無生滅

空者絕無干擾
空者絕無障礙
空者絕無罣礙
空者自悟成佛

畢竟空中無罣礙　究竟無礙無干擾

現成如實心實相　一切究竟本無初

實見佛陀　自成佛陀
祈願法界　同成淨土

一見佛陀　自成佛陀
智慧台灣　覺悟地球

一見佛陀　自成佛陀
光明地球　遍照宇宙

當見到天河星流
在大悲現空中觀照著時間之流
噫兮時間流　到底是時或是間呢？
時間將流於何向　時間是否雙向？

時間是否為或多向性？　時間依何緣起
或互為因緣起　時間之流如是相映告知
那時間的流動際向　過去、現在、未來三際互允否？
如是眾時相　在如實空中顯現

大悲的淨聖是向何方？
千眼、千手、千足那現過去現在未來的大覺如是現成

三、二十八部眾之：密跡力士

那清淨不壞的金剛法性之香從心發起　念念香馥著法界
於是密跡金剛力士眾現起了不壞的金剛香　如實的雲集
往昔無量劫恆發起無上的大願　親近供養著諸佛
隨著大願心行　一切已得圓滿到於彼岸

積集著無邊的清淨福德妙業　證入明達實相三昧的深妙境界
獲得廣大的神通大力　能隨如來安住守護
入於不可思議的解脫勝境　在法界眾會中威光顯耀
隨著眾生心所相應現身而示調伏　密跡力士持著金剛亦隨化而安住

那一切諸佛如是化現在十方世界
在一切如來所住之處　恆常精勤守護
一心守護著佛陀及大悲千手觀音　密跡金剛眾等發願前往大悲的法會
普陀洛迦山的觀音宮殿正召喚著他們的清淨金剛心

這時密跡金剛力士一心承著佛陀及千手觀世音菩薩威神力加持而讚頌道：

「如是諦觀法王佛陀　法王之法本然如是
一切眾生心中所念　佛陀當下圓滿了知
諸佛大悲心現千手觀音菩薩　無邊色相示現一切法界

普現一切眾生之前　善巧調伏有情解脫
妙身所現一一毛孔　光網現成明空不可思議
宛若清淨日輪普照世間　十方國土悉蒙加持
神通威力不可測量　法界眾生悉蒙開曉
一切眾生之前　普示無盡微妙色身

大悲說法音聲現空普周法界　十方世界莫不圓淨聽聞
善隨一切眾生諸種品類　悉令其心皆得清淨願滿
眾見千手觀音自在　處於大悲寶宮之中
普為十方一切世界群生　闡揚無上勝妙佛法
法海無盡吉祥漩澓　善示無邊差別妙義
種種方便不可思議法門　如實演說無有窮盡
無邊廣大方便威力　普應十方國土眾生
值遇大悲清淨光明　悉見千手千眼自在妙身

供養十方法界諸佛　億剎微塵數劫無盡
功德宛若虛空無有邊際　常為一切眾生心所瞻仰
平等廣大神通威力　普於一切剎土示現
安坐大悲道場金剛勝禮　普現一切眾生之前
如焰法雲普照淨聖光明　一切妙光普周一切圓滿
法界無有不遍及者　開示甚深佛所行處
如是不壞金剛心現　一切眾生同證圓滿佛境」

於是宣說真言　誓願護佑眾生：

密跡金剛士（金剛密跡主菩薩）真言

娜莫　縒曼彈　勃馱喃　唵　𤙖　跋日囉　婭力

namaḥ samanta buddānaṃ oṃ hūṃ vajra dhṛk

四、二十八部眾之：穢跡金剛（烏芻明王）

那大慈大悲的如來憐愍眾生　以大遍知的現空無上神力
從自心中化出不壞的金剛
那大威德的金剛王噉食了一切世間與出世間的不淨
那大圓滿陀羅尼神咒穢跡真言　永護著一切眾生
讚嘆於佛　讚嘆著三寶　讚嘆大悲觀世音菩薩　讚嘆著明王大威金剛
如實的讚頌啊：

「大悲的救度一切的眾生　善導一切智慧
福持著功德大海　我現在頂禮著佛陀
能清淨貪瞋痴的無明眾毒　善巧除去一切惡趣
一向安住於真如理趣　如是的禮拜無上的妙法
得悟那殊勝的解脫之門　善巧安住於清淨學處
最勝上的福田妙德　我現在禮敬那無比的賢聖僧
大慈大悲千手千眼能觀自在　於法界中普現妙身

普濟所有群生　我現在稽首觀世音菩薩
大力大威的忿怒身　善哉那持明之王
降伏一切難降伏的眾生　我現在深心的禮敬」

於是那殊勝的大威怒穢跡金剛　安住在如來體性與觀音的大悲心中
一心的讚頌道：
「十方所有佛陀　微妙智慧悲心的普濟者
常住在無上的菩提心中　是故我頂禮稽首
大悲施無畏者　千手千眼觀世音自在
如實的現起諸佛的大悲心　普現於無量無邊的法界
廣度一切眾生成佛　我如是一心的禮敬
為了調伏一切難以調伏的眾生　我示現了大威德忿怒的明王體相
以究竟的勝法　具足了超越淨與不淨的一切因緣

一切眾生善巧修學勝法　應至心懺願清淨

生起大菩提心　在究竟現空中
善受如來光明遍照觸身　除滅一切業障煩惱
如是的深淨大悲不避任何汙穢　如實的救度一切眾生
這是我的甚深心願啊　隨順著諸佛與大悲觀音的心永怙眾生
在體性現空中　以佛心大悲生起廣大威光
焰如猛火啊！　燒除眾生煩惱妄見
讓所有的分別與生滅心垢　完全清淨　如是除穢！
如是除穢！　如是除穢！　如是除穢！
諸佛與觀自在的大慈威力　猶如熾烈火燒除穢惡的生死之業

生起至誠心！　生起至淨心！
在現空中合掌一心頂禮諸佛與大悲觀世音自在者
盡形壽的皈命佛法僧三寶及觀世音菩薩　入於涅槃的正路
為除去眾生的生死苦惱　如是珍重！如實的皈敬！
授予眾生究竟的解脫甘露之果

發起那無上的菩提心　證得無上悉地的菩提道果
世界眾生的無量法苦　我當除滅　並令遠離一切惡趣
於一切煩惱中自在解脫

生起大悲　發起菩提心　成為苦惱眾生的皈依
無主的眾生發心為怙主　失去正路的眾生為作導師
成為心生恐怖眾生的施無畏者　為苦惱眾生帶來安樂
我將以此所作的一切善業及發起殊勝大願心的功德
迴向給一切眾生同歸如來的勝果
從過去到現在到未來　所行的六度勝福盡皆迴向一切眾生
普願眾生　速成無上菩提　同成究竟的佛果」

於是宣說真言　誓願護佑眾生：
烏芻（烏樞沙摩明王）真言
唵　俱嚕馱曩　吽　惹

oṃ krodhana hūṃ jaḥ

五、二十八部眾之：軍荼利明王

如是佛陀加持　在金剛體性中現起了吉祥的甘露軍荼利明王
身光赫奕猶如千日　那威猛的大忿怒身是大悲的空智所現
與佛陀與大悲的千手觀世音菩薩同心相應
周身雲焰的趣入普陀洛迦山觀世音菩薩的光明寶殿
就如同帝釋天王如是讚頌勝利的大金剛：

「稽首佛陀世尊　頂禮清淨的佛法僧三寶
　禮敬究竟圓滿的大悲千手觀世音菩薩
　安住在大悲空智現起的大忿怒身的勝利怙主

清淨的阿蜜哩多甘露軍荼利明王金剛
心中懷著深淨的廣大慈悲　久修著菩薩密行
身如淨月般盛滿不死的甘露　普令一切眾生清涼
破除一切的魔眾　擁護無邊的眾生
這是諸佛的廣大方便　如是化現此身
能除淨一切的惡趣　救度所有苦難的有情
降伏諸魔、阿修羅、藥叉及羅剎、惡龍及一切眷屬等
如果有眾生能親見此法身者
能滅除一切生死重罪　如是我等深念禮敬」

如是在佛陀與千手觀音菩薩的大悲體性中　軍荼利明王一心的讚誦：
「當如來現起了甘露焰鬘　十方世界同成了大悲清淨
頂禮佛陀畢竟空的清淨體性　普為世間開啟無死的甘露解脫妙門
那大悲自在者千手觀世音菩薩　在法界體性中現起
在如實的現空中　我如實的現生

皈命能宣說最上乘的大悲者　令一切眾生速證菩提
如來的體性加持　讓我以慈慧方便現起降伏一切的大威怒形
如實的大威日輪清淨一切　普遍照耀十方無邊世界
法界一切的修行者　能成就圓滿的悉地

體性中流沃出的甘露法水　洗滌一切眾生的藏識
清淨熏習心識中所雜染種子　速集無上福智圓聚
獲得圓滿清淨的法身　如是禮敬佛陀及大悲觀自在
如是深心的慇念一切有情　廣度具信的瑜伽行子
深深一切菩薩法教　愛樂六度萬行
常被堅固的大誓鎧甲　盡度法界無邊眾生
普令十方一切有情　疾證無上正等正覺
用善巧的般若理趣　安行於大覺之道
從現在直至成佛　絕不捨棄菩提之心

如是令一切瑜伽行者　不起於座遍至十方世界
真實禮敬一切諸佛　以妙覺花開敷無上菩提心
一一禮敬諸佛及觀世音菩薩　請轉無上法輪
久住世間度眾　懇請莫入涅槃之境
以無量光明　盡觸一切有情直至無餘
遍淨眾生根本識中雜染種子　速證自他平等無緣大悲
速得如幻三摩地　速證究竟無上菩提」

於是宣說真言　誓願護佑眾生：

君荼（軍荼利明王）真言

唵　婀蜜哩帝　吽　發吒

oṃ amṛte hūṃ phaṭ

六、二十八部眾之：馬頭明王

如來從法界體現中現觀了十緣生句　如是諸法因緣生無有自性
幻、陽焰、夢、影、乾闥婆城、響、水月、浮泡、虛空華、旋火輪
如是現觀因緣實相的十緣生　如實的畢竟空
那普眼蓮華從大悲體性中現起了觀自在
從觀自在菩薩的究竟大悲中現起大悲空智的火金剛
那馬頭明王如是現起了　其身非黃非赤如日初出
以那日蓮華為瓔珞　莊嚴自身
光焰猛威赫奕如同寶鬘　首髮如師子項毛嘯極怒吼
那菩薩的大精進力　於一切時一切處心永不息
如是的威猛之勢　於生死重障中不顧身命摧伏一切
用那白淨的大悲心　示現了白蓮瓔珞莊嚴自身
在佛陀與大悲觀音菩薩的心意加持　大威怒的馬頭明王一心讚誦：

「諸佛境界不可思議　普度一切眾生
大悲聖者自心所現　我如是的現生
那大慈大悲本願深重　導化一切的眾生
以大慈故不著於生死　大悲故不住於涅槃
以畢竟空的實相妙身　常住於無明眾境的世間
斷盡一切種種的惡趣　滅盡六道四生的生老病死苦惱
如馬口噉食滅盡一切無明煩惱　如飢羸的餓馬食草心無他念
如是的本願力故在十方剎土　無處不現其身

瑜伽行者生起如實的深願菩提心
憶念著我大悲空智的大威怒王　必將決定往生淨土得證菩提
如是的宣說最上菩提　令一切眾生疾證菩提
那至深的大悲空智現起如斯的大威忿怒
用大日光明遍照無盡法界　令一切行者速證悉地成就
以大悲的自性甘露之沃洗滌一切眾生的心識

如是無明煩惱的種識　能如實的清淨　圓聚無上的福德智慧
一心憶起我大威怒王　如是導引眾生成證無上正等菩提
一心憶起我大威怒王　能令一切的障難悉將斷滅
一切障礙者將不敢親近而遠離於你　所有魔事鬼障將得止息

證入那無差別的心　安住在一體等住的三摩地
如同法界淨火焚燒一切　宛如大日光照
所有無明煩惱盡成猛焰焚盡無餘
如是是我大威怒王聖馬頭尊的微妙之心
如同用大馬口吞噉　焚燒一切眾生藏識中的無明雜心
一切行者常應住大菩提心深起悲愍　遍觀法界如來住法界定中
現觀自身住於佛海會中　應入現空的喜無量心三摩地
用清淨心遍緣法界　現觀六道四生的一切有情本來清淨
由如蓮華不染客塵的自性清淨　願一切有情等同大悲觀自在菩薩

如實的智者以大悲心　法爾瑜伽現觀自在相
現得清淨法性祕密陀羅尼的心境現前　成就不空心性自在
成就不可思議的神變陀羅尼三摩地
現得成就觀世音菩薩的自性慈悲
大悲啊！大悲！　現空究竟　畢竟空究竟
十方一切剎土三世一切諸佛的平等法清淨身現起了
如是！如是！　一切眾生同證佛果
法界現前圓滿究竟」

於是宣說真言　誓願護佑眾生：
鴦俱尸（馬頭明王）真言
唵　阿密哩覩納皤嚩　吽　發吒　娑嚩訶
oṃ amṛtodbhava hūṃ phaṭ svāhā

七、二十八部眾之：八部力士

深受千手觀音教敕的八部力士金剛使者
如是的一心皈命佛陀　憶念著自心中的大悲音聲
金剛妙香如實的遍馨　清淨微密的禪證如實密增
一切眾生意想不同　或逆或順
如是諸佛菩薩或現大慈身相　以大悲愍念一切蒼生
柔順者以順於如來體性而導引　惡逆眾生以降伏安止制逆

如是諸佛菩薩以大悲空智現忿怒三昧身　調伏加持令入成就
在無相中示現明王金剛　在大空悲智中示現大怒無瞋
那不可思議的本誓啊！　應以何身得度者即現如是之身善巧教應
如實降伏三世的貪、瞋、痴、慢、疑
如是降伏天魔、人魔、常隨魔、死魔及一切魔障
所作的障礙　所依的一切障礙　一時消滅啊！

八部力士金剛使者在佛陀及大悲千手觀音的密力威神加持下
如實的持誦著：

「法界中無比的世尊釋師子　具足無上的智慧及廣大的神通
由自性大悲所現前的千手觀音　我如實的向彼等致上最深的禮敬
由諸佛及大悲勝尊的加持下　我成為不動弘誓的金剛使者
在實相畢竟空中　由大悲空智示現而成
在大悲敕命中守護一切行者　導引所有眾生同證無上的金剛佛果
由那甚深的法界四智及四波羅　化現我等金剛力士
用實相智慧如光迴照一切　顯現了宛如日光遍照的清淨菩提心

我如是由慧光所生
用實相智慧迴向甚深歡喜　具足了無盡的福德
我如是福智二種莊嚴慧喜而生
從體性的妙蓮中出生甚深妙智　體證了本覺實相的清淨無垢

我由那法界淨水無有熱惱的現起
那實相現前的無比精進　具足了一切妙德使眾生證成佛果
我由法界精進的無邊妙德而出
那金剛波羅蜜的殊勝菩提心行
守護眾生直到金剛不壞的大智彼岸成就

我由超越一切世出世間的不壞菩提心中現生
那寶波羅蜜的無盡福德心行　清淨眾生的一切心性
我由守護一切大法妙寶中如實的現起
那法波羅蜜的慈悲心行　圓滿眾生成就大覺菩提
我由隨順如來覺性中法爾出生
那諸佛事業波羅蜜的方便心行　消泯眾障度眾成就
我由體性本覺息災中如實的出現

一切的行者　請發起殊勝的菩提心吧！

思惟著眾生苦惱生起拔濟的心　並發願導引眾生證得無上的菩提
我等八部力士將從自心中現起　守護你們直到圓滿成就
如是的無上誓願　眾生無邊誓願度啊！　現起大圓鏡智的深願
開啟菩提心門　度盡一切眾生圓滿那無上的菩提心
福智無邊誓願集啊！　現起平等性智的甚深本因
開啟福智的心門　福智資糧利益眾生直到圓滿究竟的福德智慧
法門無邊誓願學啊！　現起妙觀察智的妙因
開啟智慧心門　成就無上大法王教授眾生智慧圓滿
如來無邊誓願住啊！　現起成所作智的大因
開啟如法作業心門
於諸佛前作諸事業使一切眾生成就一切佛世界廣大供養事業
無上菩提誓願證啊！　具足了法界性智的勝因
開啟自性大覺心門　使自他一切眾生同證究竟的佛果
十方諸佛與觀世音菩薩如是證明　能得一切聖眾及吾等守護如心

迴向自他的究竟平等益利　必當圓證無上菩提大道
如是吾等大乘的金剛士　安住在現空的清淨行
如空虛空般廣大平等　以甚深的無住大供養守護眾生
從晝至夜　二六時中　如影如心的守護
救拔一切眾生的苦惱　度脫三界有情的各種煩惱結縛
我們如是隨順著如來及千手觀音菩薩的廣大悲願
利益一切群生　於佛菩提永無退轉
迴向於一切自界及他界　無邊的世界大海
滿於世界中的所有含識有情　同證無上的大覺佛道」

於是宣說真言　誓願護佑眾生：
八部力士賞迦羅（金剛使者）真言
南麼　三曼多縛日羅赧　係係　緊旨羅拽徙　蟻哩痕拏蟻哩痕拏
namaḥ samanta vajrāṇāṃ he he kiṃcirayasi gṛhṇā gṛhṇā

佉馱佉馱　鉢唎補羅也　薩縛鉢羅底然　莎訶

khāda khāda paripūraya sarva pratijñāṃ svāhā

拾肆　諸天自在品

普陀洛迦是一座心的山
從無始中開始　如是燦然的告訴我無初
回到未來　回到過去　回到現在
回到十方十世　原來
同時炳現的是　我在普陀洛迦山　這是一座心的山
這是觀世音菩薩的心山　是眾生的心山　是我的心山
那大悲千手堆砌了大寶莊嚴蓮華成了山
那大慈的千眼觀注了你我的心成了摩尼光明的山
那大慈大悲的千足為眾生磨礪成了實相的心山
這個故事從沒有開始時開始　到沒有結束時結束
無初　無終　無生　無滅　於是用空成了空
成了空的心山　記憶在你的細胞是空

記憶在量子是空　記憶在心識是空
於是在空中清楚的明示了法界的歷史
成、住、壞、空　生、住、異、滅
我已明白了　清晰的看著時空大河的流動
如是現空　如是現明　如是如實
回觀自己的身心眼、耳、鼻、舌、身、意　那記憶清晰的宇宙歷史
色、聲、香、味、觸、法　地、水、火、風、空、識
緣起性空

在普陀洛迦山上聽虹
大悲心舞透的光明
鳴唱著虹的大空音聲
如是的妙明音虹
幻出宇空中吉祥的彩光
在普陀洛迦山上

大悲千手觀音透露了這麼清楚的消息
如是自在的自性遊戲
多少的光明夢清瑜伽相應
多少的清夢吉祥法界現成
這是智者的本覺自心的對話
在大悲舞台上出演
究竟的法界祕密

一、二十八部衆之：大自在天（摩醯首羅天）

大自在天王與無數的天子眷屬　一心淨念來到普陀洛迦小白華山
無盡的大悲光明　從觀世音菩薩的寶莊嚴宮殿自在現前
百寶幢幡如幻現成　大自在天王一心禮敬而讚嘆說：
「五蘊本然自性空　一切有情如是不可得

一切諸法悉皆無相　如實現觀法界善明了
佛身周遍等諸法界　大悲心起如來體性如實顯
千手觀音普應眾生悉皆現前　以種種教化常化誘導眾有情
於法自在善巧能開悟　聖寂滅樂如實為最勝
安住廣大法性中　如是現成圓滿菩提心
如來出現遍滿十方一切界　大悲觀音如實相應如實顯
普應群心宣說勝妙法　一切疑念為眾盡斷皆除盡
大悲世尊遍諸世間善演妙法音　無量時劫善說殊勝法
恆以一音咸說圓盡法　勇猛丈夫大悲觀音解脫門
世間所有廣大慈悲心　千手自在盡施無量心
大悲大慈如空不可說盡　如是現前度眾生成佛
一切眾生憍慢若高山　無始堅固無明示輪迴
大悲威力摧滅一切皆無餘　妙用如是千手觀世音自在
智慧光明清淨遍滿眾世間　若有見者悉除痴暗盡清淨
善使眾生遠離一切貪瞋痴　安住吉祥最上殊勝菩提道

那無盡的毛孔光明　善巧能演說一切妙法
法界無量無盡的諸佛如來　隨眾生所樂念念皆能得聞
自在不可測量的無上佛智　法界虛空如是悉皆充滿
如實映現大悲眾會之中　現前現觀明睹最殊勝的妙境
在那無量無邊的廣大劫海　普現十方宣說無上究竟的勝法
如實的無去無來　安住法界究竟現空實相
在最勝的無相菩提行中　廣度一切眾生圓滿成佛」

於是宣說真言　誓願護佑眾生：

摩醯（大自在天）真言

唵　翳係曳呬　摩系濕嚩囉野　娑嚩賀

oṃ ehyehi maheśvarāya svāhā

二、二十八部眾之：那羅延

那淨妙的金剛光明如是現起　從光中發出那羅延金剛妙香
薰馥供養如來及觀世音菩薩
那羅延天一心憶念著佛陀　一心持念著觀音菩薩的大悲勝心
正向普陀洛迦山的觀音寶宮前行

在清淨意念中　他具足了無量福德　在三昧中他如是的讚頌：
「世尊善達究竟第一義諦　具足無上智眼菩提
善巧教化一切眾生　導眾入佛大海智境界
禮敬諸佛大悲自心　千手千眼自在觀音
善持諸佛教化　悟眾成佛究竟
普圓滿無盡輪解脫　具足廣大功德智焰
悉能燒盡一切眾生無明煩惱　普令眾生安住無退轉心
無窮盡心、無懈怠心、無怯弱心　具足那羅延金剛藏心

疾修諸行心無慢惰　大願風輪普持一切
如是勇堅誓無有退轉　圓滿無上勝佛菩提
皈命世尊、大悲觀音　護念一切有情現一生一切諸善
善根增上其心歡悅　增益威德自在　不斷佛種護持最勝法眼
如實善集一切福德三昧
不失功德、不失正法、不失智慧、不失菩薩心
以無上志念堅固　普令眾生開悟究竟

皈命佛陀　皈命千手千眼大悲蓮華手
具大吉祥大蓮華王　普現無量無邊世界
普示最勝莊嚴微妙色身　普化眾生普證無生究竟
入如實不二勝妙實相法門　世間出世間如是不二
世間性空即是出世間　於其中不入、不出、不溢、不散
法爾現空中　如實！如實！究竟！究竟！

一切福德入初發心中　猶如江河一切諸流入於大海
如是一切眾生　欲集福發　當發無上真正道心

如是菩薩安住四種住地　一、於身命無所吝惜
二、不樂於名聞利養　三、不著己的快樂
四、不願受生於諸天受諸快樂　如是一心精進自他圓滿成就
如是諸法性常寂滅　如是聽法、知法、受法　不入涅槃
具足無比方便威力　成就善巧方便
念念之中　能受持大慈、大悲、知一切智、佛出於世不斷法種
菩薩為大悲於諸眾生故修行無上菩提
為於法故、為解脫一切眾生苦故、為斷不實的諸種煩惱
安忍一切故、無所為故　修行菩提　不惜身命
菩薩摩訶薩無生、無滅　非生滅行而畢竟寂滅修證於菩提
無相、無思、無轉、無壞、無高、無下

堅住不動　樂寂獨一　一道一趣　住於一道、修行一道
為度一切眾生圓滿成佛　如是修行無上菩提
一切諸法實際無相　如是畢竟空中修行菩提
如是現空如幻　諸佛不來、我不往彼　如實現空悉見諸佛現前
了悟一切佛及我心　如夢如幻
知一切佛猶如影像　自心如水
知一切佛所有色相及自心　悉皆如幻
知一切佛所有色相及自心　悉皆如影
如是現空　所見諸佛　悉由自心
如是成就自他一切眾生悉入諸佛大海」

於是宣說真言　誓願護佑眾生：
那羅延真言
南麼　三曼多勃駄喃　微瑟儜吠　莎訶
namaḥ samanta buddhānāṃ viṇṣave svāhā

三、二十八部眾之：金毘羅

天旃檀妙香和著菩提心　用光明熏馥
一心向佛　發大誓心　滿一切願
如是的救護一切眾生　莊嚴清淨所有諸佛剎土
恭敬供養一切諸佛　妙香充滿世間
香熏於佛陀及大悲千手千眼觀世音菩薩
如是的勝熏、大勝熏、妙熏、大妙熏

金毘羅神屹立於普陀洛迦山際　淨觀著觀世音菩薩的大悲宮殿
憶起了往昔侍佛的因緣：
「如是提婆達多煽動阿闍世困禁了其父頻毘娑羅王自立為王
心中又生起了五逆重罪的思惟　要謀害佛陀世尊

於是提婆達多到靈鷲山上　投擲大石要傷害世尊
當時我在靈鷲山上　就飛往空中接下此石　並說偈道：
『此心清淨無瑕　生起諸法勝義
我就是此身消沒　也不能使最勝的佛陀受到傷害』

當時有一小片碎石　墮如來足上　如來足上出血
佛陀世尊雖因本住於淨戒體性成就　常住深定未曾出於三昧
三業恆隨於智慧妙行　住於大涅槃永入寂滅
因此如來具足三不護　身、語、意業純淨、無過不須防護
但在世法因緣中　我等當護正法
而世尊更具足成就三念處　如來自知妙法最勝　為眾說法
但是若有眾生聞法隨順受教　不生喜心
若有眾生聞法不受亦不恭敬　不生瞋心
若有眾生不信受或生信受　亦無瞋無喜心
如是如來久於眾生修習平等大捨之心　深觀眾生無我無人

了知諸法性空寂滅　故於一切眾生其心平等
所以佛陀於怨不瞋　於親不愛　容於一切人不生痴心
所以當外道辱罵佛陀或大眾讚嘆世尊　如來心平等不動

如同偈中所說：
『在如來說法時　一心而生正受者
佛陀恆住於正念　不生起歡喜分別之心
當如來在說法時　其心不正不願諦受者
佛陀恆住正念　不生起瞋恚分別之心
當如來在說法時　受與不受二種皆具
佛陀常住於平等的緣故　不瞋亦不喜』」

如是金毘羅神一心承受著佛陀及大悲千手觀音菩薩的威神力加持
恭敬一心的讚誦道：
「皈命於十方等正覺　最殊勝的千手觀世音菩薩

我以清淨的身、口、意業　一心至誠的頂禮稽首
如是諸佛的體性大悲　現起無邊無盡的千手千眼觀自在
依此大悲空智的加持示現　我如是守護一切眾生
為了利益一切的有情　勤求無上菩提
為一切世間的有情　淨除內外一切所生障礙
成就彼等世、出世間的眾願　降伏所有無明惡惱眾業
擁護一切修行者　無有任何障難魔擾
具足世、出世間的福德勝寶　成就勝利的無上菩提

佛德無邊廣如大海　無限妙寶無盡勝藏
大悲千手蓮華金剛　普應眾生一切祈請
佛陀、大悲勝尊敕命　隨順廣度眾生
令諸有情得證解脫　成證無上大覺
願以大悲清淨體性　成就無邊功德大海
於三界中普作照明　如心如影守護眾生

究竟諸法實相妙空　現空中諸魔銷融
如實具足善根妙力　迴向法界一切有情
普施法界一切眾生　自他同證無上佛果」

於是宣說真言　誓願護佑眾生：
金剛羅陀（金毘羅童子）真言
唵　唽唎陀　崛嗶　哹栖迷　吽
oṃ siridhā kuru pasimi hūṃ

四、二十八部眾之：迦毘羅

至誠的淨香　從迦毘羅神的心光中發出
至誠的向佛陀及千手觀音菩薩禮敬

相應的是那法界體性中不變的大悲心
發起無上的大願　令一切眾同證無上菩提
寂靜的善觀著大悲者的家園　在普陀洛迦山中的觀音寶宮
善思著往昔在竹林精舍中的勝緣　如是吉祥的一幕一幕在虛空中現起

爾時　王舍城中有一位迦蘭陀長者
他是國中的大富　其家宛如毘沙門天宮般的華麗
在離城不遠處　有一座迦蘭陀竹林　是修行的勝處
當時　四大天王告訴我等：
「迦毘羅神等　你們趕快前往迦蘭陀竹園內
掃灑除卻園中的一切砂塵、荊棘、汙穢
使園內平整　無有坎坑　並令其潔淨
世尊要去這座園林安居坐夏」
我等聽聞了四大天王的教敕　就直至彼園

掃灑清淨　並令其平正嚴淨
當時　有一外道修行人　在明星將現的清晨
見到迦毘羅神等掃灑竹園　問明了因緣
日出之時　疾往迦蘭陀長者所告知此事
於是迦蘭陀長者　即前往佛所
並在半途中　遇到了世尊
長者遙見世尊具足莊嚴　身相猶如眾星嚴淨虛空
心生廣大的清淨信心　滿心歡喜隨佛至於佛所
到達佛陀安止之處後　頂禮佛足　生起了善妙明淨
一心欽敬的手執金瓶　以清淨水灌沐佛手
這時長者向佛陀敬白道：
「善哉！　世尊
我住王舍城中名迦蘭陀　我有一竹林園
去城不遠　堪為善人安止之處
如是我今將此園供養世尊　請佛陀慈愍善受」

這時　佛陀如是莊嚴的以星月端注長者道：
「如果有人布施奉佛　不管是園林、宅地、衣服或餘資財僅施予佛
這些物品　在天人中　即成為塔廟　不能作為他用」
佛陀親切慈悲的告訴長者說：
「你現在如果將這座竹園　布施給僧眾作精舍、寺、院
若在未來　一切大眾反而都能受用
我勸你應當如是的殷重布施」
此時　迦蘭陀長者更如實的體悟佛陀的無私為眾與甚深悲智
立掌禮敬白佛道：
「如同世尊的教誨　我不敢相違」
於是　長者一心的再向佛陀重新禮白道：
「世尊　我現在將這竹林園
布施給過去、現在、未來的一切僧眾
如果有來者皆能隨意善用
希望能憐愍於我　受用這座林園」

於是　世尊從迦蘭陀手中接受了竹園的布施
並祝願長者善願及修行成就
往事歷歷在心　在佛陀與觀世音菩薩大悲威神力的加持下
迦毘羅神一心的讚頌：
「現觀如來的清淨體性　普現法界境界悉皆平等
十方諸佛大悲心現　千手千眼觀世音自在
普於十方無邊世界　示現無盡莊嚴妙身
度盡法界一切眾生　如是自他圓成佛果菩提
依此寂靜解脫大海　出生光明智慧遍照
遠離一切愚痴眾闇　善觀眾生根器解脫
往昔無量無邊劫海　具修廣大清淨慈心
如同大日普照一切世間　如是勇猛精進修習
如是難量大悲勝海　出生三世一切如來
能救法界諸苦眾生　善度彼等成就大覺
如來真實教誨　大悲千手觀音加持

我心遠離無明眾執無有垢染　性空如響普應一切眾生
如實守護一切眾生　普令彼等解脫
隨念悉見一切如來　現空寂滅無有分別
隨順法界體性大悲　能見一切眾生大海
所有樂欲及其根器　如實了知而無分別
隨順大悲觀音體性　調伏一切難調眾生
普遍供養一切如來　千手千眼觀自在王
了達無邊諸佛法　普斷一切眾生疑惑
善成一切眾生福德　善入大悲究竟普門
迴向如是善根淨福　自他未來同成無上佛道」

於是宣說真言　誓願護佑眾生：

迦毘羅（青面金剛）真言

唵　帝婆藥叉　盤陀　盤陀　訶訶訶訶　莎訶

oṃ deva yakṣa bandha bandha ha ha ha ha svāhā

五、二十八部眾之：婆馺娑樓羅

龍藏妙香焚起了世界妙馨　大香焰雲如是的興起了
猶如帝釋珠網般相映普照　彌覆著普陀洛迦山際
金色的光風吹拂自在　那大悲聖者觀音菩薩的寶宮
所有的臺殿、樓閣、堂宇　如是的光明晃耀
如是與諸佛根本覺智與觀世音菩薩體性大悲所現起的心香相合
水天娑樓羅魚龍王如是一心的禮敬如來及大悲智者
如實的憶起如來的教誨：
彼時　我出生了邪見
「我之水界是獨存的　其中並沒有也不需要地界及火界、風界
　我慢邪見充溢著自心　增長的我執成了甚深的障礙」
這時　佛陀慈悲憐愍於我　就到了水邊我處問道：

「水天　你是否自認是獨存　水中無地、火、風界？」
我當時慢執充溢　十分有信心的回答：
「這是真實的」
這時　佛陀教誡我：
「水天　你千萬莫起如是的邪見　法界中一切皆是現空寂滅
一切眾界都是緣起所生　眾界皆是如實的現空相應
在水界中　有如是地界、火界及風界相緣
而地界、火界、風界也亦復如是」
在佛陀反覆的教誨下　我了悟了　於是我敬白佛道：
「世尊所說方是實相」
佛陀開悟了我心　於是我皈依三寶　斷除了邪見
於是在諸法得悟了法眼淨　證果覺道　沒有了無明的結惑
度脫了痴疑而到了彼岸　無復煩惱
不再隨於其他的教念　隨順法行　清淨護持眾生
水天娑樓羅龍王深思著如來的教誨

深受著千手千眼觀世音菩薩的大悲教示
一心一意的讚頌道：
「久修清淨威儀梵行　具足百福相好的莊嚴
如實供養牟尼大導師　普願眾生同成佛道
由諸佛大悲體性所現起　千手千眼觀世音聖尊
普現妙身於十方法界　普濟一切有情成就無上菩提
深廣智慧大悲導師　清淨一切眾生心識遠離穢濁
我等水天龍王生起最敬信心　供養恭敬求佛菩提
為了利益一切世間眾生　悲心增上如實善觀眾生
以甚深大悲導引　成證無上正等正覺
救度成熟眾生永不疲勞　深樂寂定具足勝妙智慧
乘著大悲安樂與清淨心性　現證於空、無相、無願解脫
無量劫來久已熏修　以平等心觀察一切世界
現空無得智慧妙相　在慈悲喜捨心中一切平等
具足第一大悲甘露　降伏魔怨成就正覺

普令眾生同入佛智　迴向自他圓滿成佛」

於是宣說真言　誓願護佑眾生：

婆馺娑樓羅（水天）真言

南莫　三滿多沒馱南　嚩嚕拏野　娑嚩訶

namaḥ samanta buddhānāṃ varuṇāya svāhā

拾伍　梵喜清淨品

一

普陀洛迦山中菴摩羅園裡
親現了無邊的大悲光明
千手觀自在菩薩的自性圓澄
讓大地如是廣博莊嚴清淨
大眾集會在金剛寶宮金色光明之中
具演廣大莊嚴的祕密清淨
大悲的教言在菴摩羅園中響起
如是於一切眾生　生起生生世世的大悲正智

善巧觀照內身、外身、內外身
內受、外受、內外受

內心、外心、內外心
內法、外法、內外法
一切一切的如是現空
如是一切有情、一切眾生
在大悲心光中遠離眾惡、具足淨善　如實的正念相應
慈悲、慈悲、廣大慈悲
自在慈悲的出現在世間
步上大悲觀音的法步

在滿具香馥的菴摩羅園
環繞在無盡的菴摩羅果
供養無上光明的殊勝證悟果實
大悲千手觀音的千手同時持著菴摩羅果
如實觀察著掌中的菴摩羅果
在大悲淨相中　正清楚的現觀著無邊無盡的三千大千世界

法界如是遍照清明

現觀無盡的法界
現超十方三世
在大悲的本覺自性中
現成了全佛法界　原來所有眾生都成了佛
原來一切眾生都是本然如是的佛陀
善男子！善女人！你的心啊！
大悲光明如是的開示著
正譬如菴摩羅果　那果核在內真實不壞
如是種在大地上
必將成為大樹王蔭涼眾生
如是善男子啊！善女人啊！
用大悲大覺的無漏智慧眼目

善巧觀察一切眾生
如來的智慧寶藏就在你我心中的無明殼中
如同芒果果實的種子就在核內一般

善男子啊！善女人啊！那如來藏本然清涼明淨
沒有任何煩惱　可以沾染
本然具足著大慈悲、大智慧、大定力
如同金剛般沒有任何東西能加以毀滅
如是用大智、大悲所現起的微妙寂熾光明
現空！現空！如實畢竟空啊！
我等如是將成諸佛　名為如來、應供、正等覺

二、二十八部眾之：滿善

勇健無惱的馨香　從滿善神王的恭敬至信心中生起

相應了八正道　斷除了眾惡邪見
相應了大智、大慈悲及戒、定、慧、解脫、解脫知見等五分法身香
這微妙心香在佛陀及千手觀世音菩薩的大悲加持下
普熏了眾生　使大眾發起菩提深心　圓融了世間與出世間境界
祈願一切眾生　能一念與法界體性根本普光明相應
善使無始無明的惡業　變為如來的大智大慈悲海

滿善夜叉大將　一心皈命佛陀世尊
一心憶念著千手觀音菩薩的大悲體性
在如是的威神力加持之下　守護眾生如實的讚頌：
「佛智妙力難思議　一切世間無有能窮極了知者
千手千眼觀世音聖尊　法界體性大悲中出生
我現在為佛陀及大悲怙主　廣大施設最無上殊勝的一切供養
願我及眾生當得諸佛聖果　宣說最上的微妙大法
願我及一切有情圓滿如來的十力　歡喜安住佛陀無畏的不共法

廣大利益一切眾生　如同諸佛及大悲觀音菩薩所行
具足三十二相八十種好　為世間明燈遍照一切
轉動無上的清淨微妙法輪　宣說甘露究竟法門
廣為利益一切有情　密護眾生如護自心

了知世間無常無有堅固　是身如幻猶如谷響
現空善巧普現妙身　所有天龍、人、非人等
如是教化入於實相　普令除疑斷諸迷惑
發大悲願廣利群生　於佛菩提恆無退轉
我今稱讚諸佛功德　大悲千手觀音自在
一切世間無過其上　如是一心甚深仰敬
願以功德迴向有情　未來同得無上佛道」

於是宣說真言　誓願護佑眾生：
滿善（布羅拏迦藥叉）真言

唵　布囉鑁迦吒抧吽弱　娑嚩訶

oṃ purankaṭaki hūṃ jaḥ svāhā

三、二十八部衆之：車鉢羅婆

用淨光焚起吉祥的威德心香　滅除了魔難煩惱
車鉢羅婆神王在勇猛中寂靜　忍德脫是他的字號
善於安忍依德解脫　他如是的在廣大威德中安住三昧
不斷的以自己的威力　擁護著眾生除去所有的不吉祥境界
一切惡獸、怪鬼、魔撓　悉能守護具福不能為害
用最淨的心香供養著如來及觀音菩薩
雙手合十向著普陀洛迦山觀音宮殿
世尊及千手觀音菩薩的大悲光明注照著他的身心

他在佛陀與大悲怙主的威神力加持下　一心的讚頌：

「世尊通達法界實相究竟的第一義諦
千手觀音菩薩安住在體性大悲中自在
我現在用最恭敬的身、語、意　供養實相的大悲聖尊
所有一切諸佛的真子　能遊戲於如來的教海
世間少智愚痴的眾生　由執著我故不能解脫
我及我所本來空寂　十方求之絕無可得
由諸無明染著愛執　於如幻中輪迴死生

佛陀為眾演說妙法　千手觀音大悲度眾自在
善演如是實相甘露　利益一切眾生同證大覺
常於有情生起慈心　開啟一切智慧妙門
一切煩惱諸漏永盡　滅已畢竟不復再生
如是法爾無生無滅　現空如實不可見聞了知

法界體性生具大悲　於十方界自在現身
如是教化十方群生　乃至天、龍、人、非人等
普願一切善根功德　迴向一切三有眾生
深願守護眾生如心　自他普願共成佛道」

於是宣說真言　誓願護佑眾生：

車鉢（一切藥叉）真言

南麼　三曼多勃馱喃　藥乞叡濕嚩囉　莎訶

namaḥ samanta buddhānāṃ yakṣeśvara svāhā

四、二十八部眾之：眞陀羅

淨香從妙音中芬馨騰現　聞法歡喜　淨心念佛

如是的證解甚深法門　出現成就清淨安穩方便境界
從真陀羅藥叉大將根本心中　隨著勝緣威力妙用
供養著佛陀及大悲千手觀音菩薩
如實方便調伏所有的障礙　棄捨所有怨恨惱害心境
慈悲善喜心起　辟除一切不吉祥的惡事
受著如來與大悲千手觀音的教敕　如是守護一切眾生
善自發願住三昧耶　誓當荷負一切有情
為作義利饒益安樂　直至眾生圓證菩提

在世尊及千手觀音菩薩的大悲威德加持下
真陀羅大將一心合十的讚頌道：
「如來如日光明普照　淨妙難思甚為稀有
大眾諦視世尊慈容　猶如披雲親瞻滿月
千手千眼觀世音菩薩　體性大悲自在現空而生
普於十方世界示現　清淨普現於眾生之前

我等諦聞清淨甘露法音　甚深歡喜發清淨心
願護十方一切有情　無有惡事吉祥樂法
晝安夜安　中間常安　晝夜安穩　直至成佛

唯報諸佛世尊　大悲怙主恩德
如是利益安樂一切有情　如是如心守護直到大覺成佛
如實明達法性本空　祈請如來授菩提記
法爾實相不增不減　於一切時現空究竟
自性清淨本然如是　法性無垢常恆湛然
一切諸法了不可得　如是發心普度眾生
大悲心生於畢竟空寂　如月印水普周法界
諸法本來無有生滅　如幻如化度盡眾生
無有動轉及止息等　遠離戲論安住於實相
我受如來、觀音加持　如實了悟諸佛實境
不由他悟自然勝解　畢竟皆當成就佛道」

於是宣說真言　誓願護佑眾生：

真陀羅（十二神王結願神咒）真言

南謨　鼻殺遮　俱嚧吠瑠璃耶　鉢波喝邏社耶　哆姪他

namo bhaiṣajya guru vaiḍūrya prabhā rājāya tadyatā

𑖡𑖦𑖺𑖥𑖹𑖬𑖕𑖿𑖧𑖐𑖲𑖨𑖲𑖪𑖹𑖚𑖳𑖨𑖿𑖧𑖢𑖿𑖨𑖥𑖯𑖨𑖯𑖕𑖯𑖧𑖝𑖟𑖿𑖧𑖞𑖯

鼻殺遮鼻殺遮　娑婆揭帝　薩婆訶

bhaiṣajya bhaiṣajya samudgate svāhā

𑖥𑖹𑖬𑖕𑖿𑖧𑖥𑖹𑖬𑖕𑖿𑖧𑖭𑖦𑖲𑖟𑖿𑖐𑖝𑖸𑖭𑖿𑖪𑖯𑖮𑖯

五、二十八部眾之：薩遮摩

向佛陀及大悲依怙聖千手千眼觀自在菩薩禮敬

燃起最勝清淨天香　從薩遮摩神王女的心中所出

那名為聲清澈的女神　將守護眾生不受他人厭禱增疾的邪法為害
隨順著佛陀與大悲觀音菩薩的步伐　邁向圓滿成就的道途
這淨信的優婆夷薩遮摩如實的發起菩提心
與如是共同發願修行的大神王女　普願密護所有的眾生
迴向自他成就無上的正等正覺
在佛前如是的深願　於佛滅度之五濁惡世護佛弟子
佛陀與大悲怙主如是敕命　如是擁護未來末世一切眾生
如是如是的不違本誓　如實如實的善護得福萬事吉祥

薩遮摩依於佛陀及千手觀音菩薩的大悲慈怙威神加持下
一心一意的讚頌道：

「我現在皈依讚嘆大智佛陀　大覺成就開示最勝甘露勝法
如是的禮敬千手觀音自在菩薩　在體性大悲現生圓滿
具足無量無邊的福德善護一切　廣濟眾苦大慈與一切眾生究竟安樂
深願如來與大悲怙主慈佑　加持我不離無上菩提心

普於一切眾生心自平等　成就究竟總持陀羅尼
於一切眾生心永不捨離　善持深密菩薩淨戒精進
善護一切眾生慈心不斷　於無量大悲廣行饒益

我以至誠身、語、意　禮讚佛陀大悲怙主無邊妙德
不可思議無量勝福　迴向眾生速成佛道
如實現觀法界體性　真實究竟現空無著
大悲普現無邊世界　大慈廣度無量眾生
不生不滅即是如來　大慈大悲即現觀音
心清如幻心自見向佛　以清淨心現觀佛身
以大悲心現圓滿身　不生、不起、不滅、不盡
普令眾生廣得大福　依於法界行菩提法、究竟平等
殊勝功德無量無邊　盡以迴向一切眾生
普願法界諸有緣者　皆速同證無上佛果」

於是宣說真言　誓願護佑眾生：

薩遮摩（諸藥叉女）真言

南麼　三曼多勃馱喃　藥乞叉尾儞耶達履　莎訶

namaḥ samanta buddhānāṃ yakṣa vidyā dhari svāhā

六、二十八部眾之：摩和羅

威猛的大神將軍　受到佛陀的教化

深受千手觀音菩薩的降伏敕命　發大誓願善護眾生

在眾生受到各種邪雜鬼魅侵擾而厄難恐怖之時

如是憶念相應現身守護有情吉祥安穩　用清淨的光明字號

使眾生和解俱生善心　相互惡意悉滅　如是修證菩提開悟

如是用清淨明光　燃起自性的心香

梵燒所有的煩惱　上供佛陀及大悲的怙主千手觀音菩薩
如是的安立在普陀洛迦聖山　雙手合十向觀世音菩薩的大悲宮殿祈請
南無佛陀　南無千手觀世音菩薩
我如是的發起無上的菩提心　請加持於我具足大力
擁護所有的三寶及眾生　普願彼等具足勝福
修證一切正法妙法　直至解脫圓滿

於是在如來與大悲怙主的大悲威神力加持之下
摩和羅一心一意的讚誦道：
「佛陀具足最殊勝無比的智慧光明　以眾相莊嚴百福妙嚴的勝身
以不可思議法藏　教化所有的眾生
千手觀世音菩薩以大悲自在的妙法　普現於十方法界
遍示一切眾生殊勝的妙容　導引利益所有群生得悟菩提
廣大神通及殊勝的智慧　如海深廣不可測量
如是禮敬體性大悲的無上般若　祈願具德圓滿如佛

過去、現在、未來一切世間　所有諸趣有情眾生
彼等造作善惡眾業　大悲善觀一心如實遍知

隨諸眾生習性善惡因緣差別　具諸貪、瞋、痴等眾行
彼業因緣隨逐無能捨離　祈願大悲怙主能予救度
一切受報好醜體性現空　祈尊淨明如實觀照
教授智慧如實解脫　於佛法中現成修證
緣於諸佛究竟菩提　隨順覺性善發無上願心
如尊樂修聖道廣利無際有情　自他得證無為寂滅

體證甚深無上法要　守護眾生直至成就
一切諸障發願辟除　如尊大悲廣度眾生
善能通達諸法本來性空　離一切相現成無有所著
了知世間如幻無實　是身如幻宛如谷響
常以悲願廣利群生　為眾密護成最善之友

於佛菩提永無退轉　迴向自他同成佛道」

於是宣說真言　誓願護佑眾生：

摩和羅（金剛藥叉）真言

唵　嚩日囉　藥乞叉　吽

oṃ vajra yakṣa hūṃ

七、二十八部眾之：鳩蘭單吒

那無比威力的神王鳩蘭單吒　用戰無敵的勝姿護佑眾生

娑婆世界五濁惡世的眾生　行善者少為惡者多

如是在世尊及大悲觀世音菩薩的教敕下　普為有情調伏信解

普令眾生度勝惡難之苦　令獲吉祥普入正法之門

如是的在佛陀及大悲怙主前　發起無上的願心

讓一切眾生遠離無數的恐懼　夢安覺歡一切吉祥
不畏水火盜賊眾難　讓怨家、債主自然避去

所有鬼神、羅剎、妖魅、魍魎、邪惡薜荔、厭鎮之鬼
一切樹木、動物、百蟲、自然精靈、惡鬼神等　如是如心守護
自然辟除和解眾事　具生慈心惡意悉滅
普願眾生無諸惱害作大利　正修經法開悟成覺
讓一切忿怒愁怨的心止息　平和自在的慈悲自然生起
焚起心中性淨和平的妙香　供養佛陀及千手觀世音菩薩

在殊勝的威神力加持下　鳩蘭單吒神王如是的讚頌：
「佛陀清淨的妙相如千日普照　無邊妙德如大海無盡
千手觀音菩薩依佛大悲現前　利益法界一切眾生
我今發起無上菩提的勝願　普為成就諸佛菩提的勝因
禮敬佛陀為一切眾生授記　自他圓滿究竟的佛果

大悲觀音普現於無邊法界　千手千眼救度一切眾生
皈命大悲蓮華手菩薩　莊嚴妙身普示於眾生
眾生見者一切吉祥　苦病眾惱悉得安樂

如大醫王為眾生依怙　以清淨微妙千眼照矚有情解脫
猶如法界如意摩尼大寶　眾生依恃善獲真實微妙法藏
妙音演暢四攝六波羅蜜　以大悲智教化一切眾生
有情如實憶念大悲怙主　離苦解脫獲得究竟安樂
遠離一切惡業煩惱　聽聞妙法善證無生菩提
稽首禮敬上勝士　諸佛大悲所現妙身
一切神王護法大眾　悉皆至心皈命隨順
善以功德迴向有情　自他同證無上佛道」

於是宣說真言　誓願護佑眾生：
鳩蘭單吒（藥叉）真言

唵　俱毘羅　莎訶

oṃ kubera svāhā

𑖌𑖼 𑖎𑖲 𑖤𑖸 𑖨 𑖭𑖿𑖪𑖯 𑖮𑖯

八、二十八部眾之：半祇羅

千手觀世音菩薩教敕半祇羅大將護衛一切眾生
最深的大悲心溢著半祇羅的心　於是這心就成了大悲觀世音
深深合十的向普陀洛迦山禮敬　投入那觀音宮殿的勝義光明
南無佛　南無千手觀音菩薩
我將用最上妙的金剛心香　在現空實相中禮敬

佛陀的威神力觀世音菩薩的大悲力
如是的加持著半祇羅大將　於是他一心讚頌著：

「佛陀世尊金色的光明妙身　功德莊嚴面如滿月
眉間白毫遍照世界　如實究竟的皈命如來體性
我持著清淨的琉璃箜篌寶琴　隨順著觀世音菩薩的大悲心而彈奏
用千手撥出吉祥的音弦　用光音讚嘆如來及光世音
憶起往昔佛陀於帝釋巖中　以天耳遙聞我的樂聲
世尊讚我妙出微妙和合雅音　如是隨順如來深教
安住深空寂靜　如是依於觀世音菩薩大悲心聲
演出救度眾生的妙音　如是讚佛功德　如是讚嘆觀音大悲
如是發起無上菩提的心音　如是演出眾生成佛的究竟覺音

從法界現空中發起不可思議的勇猛　生生世世守護一切眾生
如實辟除眾生所有的災障　願如大悲怙主成一切有情的施無畏者
安住於究竟平等的法界性中　遠離愛、無愛與無記而解脫
安住於清淨體性深戒　永住無上菩提心行
以無垢心樂於禪定　現觀諸法如幻亦如水月之月

積聚廣大總持智慧　善依如來所行勝道
成就無量無邊功德　悉以布施一切眾生
普願迴向一切微妙善福　圓滿自他如實成佛」

於是宣說真言　誓願護佑眾生：

半祇羅（東北隅大藥叉將）真言

唵　半支迦吒枳吽弱　娑嚩訶

oṃ pañcikaṭakki hūṃ jaḥ svāhā

九、二十八部眾之：畢婆伽羅王

在佛陀的教誨下　畢婆伽羅王深有體悟
在千手觀世音菩薩的導引下　如是生起了大悲無上菩提的心

合十一心憶念著佛陀及千手觀音菩薩
如是妙緣將參與那普陀洛迦山中觀音寶宮的大悲勝會
在世尊與觀世音菩薩的加持下　畢婆伽羅王的慧眼開了
他觀照了法界中的一切處　乃至眾生身中皆有佛身
於是更生起廣大勇猛的願　善護一切眾生如心如影直至成佛
如實的守護眾生　就是守護諸佛　他心中有了決定
所有的災障、鬼神、疾疫、飢饉　我將守護眾生辟除災障而現吉祥
普願所有的功德迴向一切眾生　願我及一切眾生圓滿成佛

心中無疑的決定了　在如來及觀世音菩薩的大悲威神力加持下
他雙手合十一心禱念道：
「頂禮最勝法王大聖怙主　一切人天無與等倫
具足三十二相八十種好　智海如空無可計量
稽首法界體性大悲所生　諸佛長子觀世音菩薩
具足千手千眼無量方便　普度眾生圓滿成佛

大悲普現十方法界　妙身普示一切有情之前
自覺覺他開悟眾生圓滿　現觀自在眾生普覺究竟
諸法無相如同虛空　一切眾相如幻如化
畢竟空中實相現成　一切有情與佛身同

諸有體相如是無常　三世十方會歸空寂
如實觀心如是無相　眾生性向與佛無別
般若慧解善悟眾境無有分別　窮盡眾相如實心恆寂滅
除去眾相盡了眾境　豁然開悟解佛真實教誨
世尊具足廣大慈悲　哀愍救度於一切眾生
觀音菩薩依於大悲體性　敷演開示究竟祕密法藏
降伏一切魔怨眾擾　制服一切外道心賊
濟度無邊無際有情眾生　開菩提道焚燒眾生煩惱無明
開啟解脫眾生愚惑枷鎖　現空中深悟法爾實相
如是迴向一切菩提功德　普願有情皆證佛道」

於是宣說真言　誓願護佑眾生：

畢婆伽羅王真言

唵　末羅伽叉耶　阿知羅叉耶　南謨　室利耶曳　娑婆訶

oṃ marā kṣaya acirāṣaya namo śrīyaye svāhā

十、二十八部眾之：應德、毘多

無上的法王佛陀　如實的教化　讓應德與毘多安住在正法中修習
具足大悲的觀世音菩薩　用千手千眼導引
讓應德與毘多安住於無畏的心　在菩提道上勇猛精進
用寂靜光明燃起淨妙的菩提心香　上供諸佛與觀音怙主　並清淨世界
用眾生馨聞超越一切的障礙　成為究竟涅槃的心香

菩提心香供養熏入了普陀洛迦山中的觀音宮殿
無比的大悲勝明加持著應德與毘多

這是佛陀及觀世音菩薩的威神力所賜
如是應德與毘多一心默祝眾生成就解脫　如是的讚頌：
「法界中一切鬼神等　請大眾一心聽我宣說
我等如是的供養佛陀世尊　千手千眼觀世音自在菩薩
喜受如是的大智大悲加持　如實隨順發起無上菩提的勝願
我等如是具足無量無邊的福德　親見供養佛陀及千手觀音菩薩
必當如實授記圓證無上的菩提佛果　大悲導引眾生成就
善觀千手千眼普化無量無邊世界　示現妙身廣度一切眾生
我等亦復如是善學　以正覺心生起菩提大願
如是善學以變現菩薩身相　現依大悲空智忿怒怖畏之身
降伏一切鬼神眾生　拔濟六道眾苦　咸使有情具足安樂

大悲誓願善使眾生永離無明苦迫災難
不驚、不恐、不怖、不畏、不沉、不沒
行深般若波羅蜜多　聞甚深法決定無懼
於證得無上正等菩提亦無怖畏　決定自知當證無上菩提
令諸眾生於曠野惡獸處無畏　願證成佛時國土無傍生、餓鬼
令諸有情於曠野惡賊處無畏　願成佛時國土無劫害、怨賊
令諸有情於曠野乾沽處無畏　願成佛時國土普具八功德水
令諸有情在饑饉時無畏　願成佛時國土具足資糧無盡
令諸有情在疾疫時無畏　願成佛時國土無有一切災横、疾疫

如是！如是！　一心修行　了悟菩薩念無上菩提
如是經久乃得無所怖畏　現觀三世現空如幻長時不可得
善護一切眾生　於一切見聞覺知無有怖畏
普願法界有情速證無上正等菩提
南無佛陀　南無法界施無畏者大悲千手觀音菩薩」

於是宣說真言　誓願護佑眾生：

應德（婆藪大仙）真言

曩莫　三滿多莫馱喃　嚩枲瑟姹　嘌釤　娑嚩訶

namaḥ samanta buddhānāṃ vasiṣṭha svāhā

毘多（夜叉喜悅）真言

唵　曩羅毘多　吽

oṃ narabita hūṃ

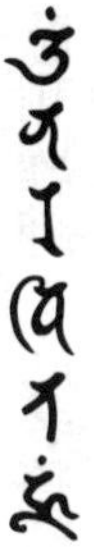

十一、二十八部眾之：薩和羅

善巧修持著佛陀正法　善隨著觀世音菩薩大悲

一心一意的喜至成就　發起無上菩提的大願
隨順著佛陀與千手觀音的大悲敕命　降伏一切百怪　圓滿吉祥妙德
薩和羅神王守護著眾生　更無間的善護三皈依的善男子、善女人
依著神王的願力善緣　一切所行出入無畏
辟除一切的邪惡消滅不善　守護行者的身、口、意淨
薩和羅神王向著普陀洛迦山觀音寶殿　雙手合十

一心一意的受著佛陀與千手觀世音菩薩的大悲威神加持
從自心中發出如實的讚頌：
「法界中最殊勝的佛陀法王　體性中大悲的千手觀世音菩薩
我如是隨學著您的教誨　發起了無上的菩提心願
普為所有眾生作廣大救護　令一切有情皆悉安穩自在
遠離一切苦惱住於妙樂　所有難、賊難、怨家、軍兵之難
一切眾惡鬼神邪魅眾生百怪　如實降伏普令眾生無有畏懼
所有衰惱苦難眾病悉皆辟除　令眾生安住菩提大道

大悲怙主敕命加持　令具大悲菩提示現可怖畏身
一切鬼神大眾咸皆歸伏　拔除六道眾生苦惱
永離災難、危厄、眾苦　安住甚深吉祥喜樂
我發如是善願　永護一切眾生
如觀音菩薩成大悲施無畏者　善護國土眾生直至成佛」

於是宣說真言　誓願護佑眾生：

薩和羅（十羅剎本心咒）真言

唵　呵羅呵羅　里醯　娑呵

oṃ hara hara riṣi svāhā

十二、二十八部衆之：大梵天王（梵摩三鉢羅）

那光明總持的普陀洛迦山　由大悲心所啟建的觀世音菩薩宮殿
歷歷在目　原來在心
大梵天眾一心禮敬著佛陀世尊
一心讚嘆著千手觀世音菩薩
在大悲、大智的引證下　來到法界自性的金剛宮前
這時善吒梵摩大自在天王引領著梵天大眾　一心禮讚：
「如來具足平等的無上智慧　修習寂靜妙行到達究竟彼岸
宣說寂靜體性的甚深法門　廣度法界一切眾生
現觀所有世間常住寂靜　那菩提的自性本空無染
大悲在無上的淨境中法然生起　無動無亂的永行菩薩勝道
佛身究竟清淨的常住於寂滅　大悲聖者光明普照一切世間
善住於無相、無行、寂無影像　千手觀音如同虛空之雲般
自在如實的化現
大悲妙身安住在如是禪定微妙境界
一切眾生無有能測度其身

示現不可思議的三昧妙門　在微塵佛剎無量的法門大海
以一言、一音演說一切妙法窮盡無餘　如是劫海演說不能窮盡
大悲體性的圓滿勝音　普遍平等周遍法界一切世間
眾生隨類一一各得解悟　而於音聲不起絲毫分別
大悲觀世自在於三世一切法界　趣入菩提應具足方便妙行
如是示現於大悲自在的菩提勝身
一切眾生業報種種差別眾相　隨其因緣感應種種殊異
世間如是大悲千手觀音悉皆法爾普遍應現

無量法門現前一切皆得自在　調伏周遍十方各類眾生
亦不於中生起任何分別之心
佛身寂滅如空不可窮盡　大悲應化如佛體性現起
觀音自在清淨無相無礙遍十方界　所有應現悉皆如幻如化
如來身相廣大無有邊際　大悲體性如是現成究竟

觀自在智慧音聲妙法　亦復如是圓滿究竟
處世現形無所依恃亦無所著
大悲法王安處無所著的微妙勝法宮殿
法身光明一切法界無不照了
法性無比寂滅無有眾相　稽首大悲千手觀自在菩薩」

於是宣說真言　誓願護佑眾生：

梵摩三鉢羅（梵天）真言

南莫　三滿多沒馱南　沒囉　唅麼嚀　娑嚩訶

namaḥ samanta buddhānāṃ brahmaṇe svāhā

十三、二十八部眾之：五淨居天

那殊勝的大悲宮殿寶莊嚴道場　就在眼前
五淨居天眾已來到了普陀洛迦山中
佛陀的光明普照著聖山　大悲者的金色光照晃耀無上
歡喜的參加這無上的法會
一心頂禮佛陀世尊　一心禮敬大悲千手觀世音菩薩
心中的淨念如是的相續生起

於是廣果天王代表著五淨居天眾說出了心聲：
「皈命牟尼大聖主　具足圓滿勝慧無過於其上者
憐愍世間的一切有情　恆常宣說如是究竟的第一義
禮敬大慈大悲的千手觀世音菩薩
成就無量無邊的功德　救拔輪迴的眾生遠離眾苦因
如是了達一切究竟法性　安住不可思議境界
如實開示於一切有情　無有眾生能測度其境
普令眾生心生甚深信解　廣大殊勝的意樂無有窮盡

如有眾生堪受如是妙法　大悲威神密力能開導於彼
使一切眾生能恆見隨現在前

一切法性現空無所依恃　佛陀現於世間亦復如是
大悲觀音依於佛境　普於一切諸有世間無所依恃
隨著眾生心中所欲　普能大悲示現在前
各各差別不可思議　大悲體性如幻現成
十方三世一切諸佛國土　一一毛孔如是普皆能現
上與諸佛同一慈力　大悲善示大神通境
一切無盡廣大法門　同會一法於勝道場中
如是法法性佛所宣說　大悲密境如是現成

十方一切諸佛國土之中　悉在其中如實現前說法
大悲妙身無去亦無有來　一切世法如夢幻光影
悟入如是甚深幽祕奧妙境界　恆說一切法性常住寂然現空

善巧了知法界一切境界　隨眾生根器雨下大悲法雨
為一切有情開啟不可思議的出要法門　導引眾生成佛究竟
千手勝尊恆以大慈悲心　利益眾生自在示現
平等雨下法雨教化眾生
　普淨世界圓滿究竟」

耆婆耆婆、耆婆耆婆
那命命鳥在靜林中呼喚著靜
共命生生的鳥
鳴聲妙美的好聲鳥　輕飛迅翔的越過枝茂
正在普陀洛迦山中　向禮大悲千手觀世音淨聖
是一身二首嗎？是否來自心的深處
生死相依共命　如風而行
那心念中的鳥能體解天下人的所有言語
亦復能予宣說　令人受樂

身具七寶莊嚴　雨翼妙色眾寶幻映其身
在日光中若彩虹曜晴　是你的心嗎？
兩心共善　兩心共悟　是如連體雙身般嗎？　一心善時　一心妄惡
是兩心一人嗎？
一念為善　一念為惡
讓自心念了越善惡成淨　善哉！在大悲的教誨下
同淨覺悟

於是宣說真言　誓願護佑眾生：
五部淨居（淨居天）真言
南麼　三曼多勃馱喃　滿弩囉麼　達摩三婆嚩
namaḥ samanta buddhānāṃ mano rama dharma saṃbhava

微婆嚩　迦他那　三　三　莎訶

vibhava kathana saṃ saṃ svāhā

十四、二十八部眾之：炎摩羅

那人願成為人間的第一位死者　憶起本誓
善與其妹閻蜜其成雙王　引導亡者往生樂土
如是在大悲體性中

炎摩羅王如實一心的深受佛陀的教誨　皈命於無上究竟的法王
他憶念著佛陀的甚深慈愍　並憶起了千手觀世音菩薩的大悲法教
那麼喜悅的從心生起　如是將參與那普陀洛迦山大悲宮殿殊勝法會

用最勝的香華供養　安住在佛陀與大悲怙主的威神加持中

他一心一意的讚頌：

「法界現前恆常寂靜　頂禮無上勝利法王
諸佛大悲體性所生　稽首千手觀世音菩薩
具足一切微妙殊勝功德　善開所有吉祥微妙法門
是故皈命大悲怙主蓮華手法王　救度眾生成就佛果
十方世界罪業眾生如微塵數　無量劫來深處輪迴流轉
大悲菩薩生起廣大方便妙心　化度眾生令歸於智慧寶聚
大放慈悲光明普照一切　以最上法普施一切群生
普令一切有情證得菩提勝果　如實皈命大悲觀音怙主
千眼注照千眼護持千足精勤　大願滿足一切眾生成佛

我所有一切阿鼻大地獄中　菩薩大悲普現安住現身
破壞地獄惡趣皆悉無餘　我及閻摩獄卒心生驚嘆
如是救度我等及一切業報眾生　咸能離苦一切罪業銷除
以大悲智火焚盡惡趣　皈命千手千眼觀音菩薩

具足廣大悲智行願勝力　普於十方世界自在現身
於法自在普利一切群生　我及眷屬皆悉受教歡喜
破壞一切罪業境界　善令無明苦惱永不復生
一切有情離苦得證清涼　普皆成就無上菩提
所有一切地獄鬼眾　六道眾生善應禮敬
我等如尊大悲發願　普令眾生圓滿成佛」

於是宣說真言　誓願護佑眾生：

炎摩羅（焰摩天）真言

南莫　三滿多勃馱喃　焰摩耶　娑嚩訶

namaḥ samanta buddhānāṃ yamāya svāhā

𑖡𑖦𑖾 𑖭𑖦𑖡𑖿𑖝 𑖤𑖲𑖟𑖿𑖠𑖯𑖡𑖯𑖽 𑖧𑖦𑖯𑖧 𑖭𑖿𑖪𑖯𑖮𑖯

拾陸　功德天王品

一

舍利那百舌的鳥　能暗誦人語　於是
南無大悲千手千眼觀自在菩薩摩訶薩
那普陀洛迦山中的淨林
萬鳥齊聚　一心禮敬大悲聖尊
在這莊嚴的妙音劇場
莊嚴的交響盛宴
合唱著大悲如幻的交響樂章
直喚著甚深的本覺自性
更醒起那始覺的妙證

大悲啊！　大悲啊！
無盡傳響的大悲交響樂章

將無止盡的傳承梵唱
直到眾生都成了大悲的觀音

二、二十八部眾之：忉利天（帝釋天）

三十三天帝釋天之釋提桓因　率領著忉利天眾向普陀洛迦山前來
他焚燒著淨莊嚴香供養佛陀　諸天大眾於是心心憶念著佛陀
覺思著安忍不淨厭離無常、苦、空、無我法門
如是一心於佛法中增上意樂　發希有心、欣求無上道
空中更化出無邊的莊嚴寶幔、瓔珞、寶具
一心念佛、一心讚嘆著千手觀世音菩薩
向著殊勝光明的大悲觀世音勝海宮殿而來

在佛陀與觀世音菩薩的加持下　釋提桓因恭敬的讚頌道：
「如是化人所幻化的各種供養　巧妙變現無與等比

乃至觀察自身相貌　悉同幻化現空等無有異
如實觀照佛陀所說一切法　一切授記成佛眾事
此皆同於現空如幻　究竟無相絕無自性
憶念十方三世一切諸佛　千手千眼觀世音自在
了悟所有境界悉皆平等　如同國土現起成住壞空
了無自性佛眼觀照如實　佛身廣大遍滿十方法界

大悲觀音普現一切眾生之前　妙色無比利益一切群生
光明照耀無有不及　大悲體性方便大慈雲海
往劫修習最極清淨　如實化導眾生無有邊際
深心憶念法王甚深的功德大海　大悲普現導引一切眾生
世間最上法燈無與等比　如是發生深廣的大歡喜心
了知一切眾生善業大海　種種勝因生起廣大福報
如是了悟現空如幻勝法　實現現前示現無邊善境
普現十方無量世界　普遍一切世間之中

觀察眾生心境示現調伏勝利　圓滿成就大菩提道

大悲智身廣具千手千眼　世界微塵無不能見
於一切法無分別中　普觀圓滿十方無量世界
法界一切佛子的菩提勝行　如實悉現於毛孔之中
大悲勝慧微妙不可思議　普令具足無上大覺
了達一切諸法如幻如化　現空實無少法可得
於佛法中決定無有疑惑　願我成佛出於世間
世間所有微妙安樂之事　法界體性如來實相所生
無比無等無上功德現前　教授怙導眾生成佛

若念如來微少功德　乃至一念淨心憶念
大悲體性自心現前普現　千手觀音自在現成
一切惡道恐怖境界　如是永除寂滅
令證解脫除劫虛妄因緣　安住如實佛陀真境

寂滅法中顯現廣大神通　普應群心普周一切眾生
所有疑惑畢竟皆令永斷　速得無上菩提勝果」

於是宣說真言　誓願護佑眾生：
釋王（帝釋天）真言
曩莫　三曼多沒馱喃　因捺囉耶　娑嚩賀
namaḥ samanta buddhānāṃ indrāya svāhā

三、二十八部眾之：大辯才天

這時　無比端嚴妙麗的大辯才天女　一心禮敬大悲聖尊
並宣說如是的偈頌讚嘆道：
「一心皈命法界諸佛無上的大悲心性　自在示現圓滿成就觀世音菩薩

皈敬於自性三寶善持於自心　請求加護普願隨順大悲心王
大悲廣利一切眾生速證無上菩提　為利眾生普具無盡珍寶智慧辯才
如幻示現大悲心中一切所緣　我依如實幻現解脫眾生無明
一切常修清淨梵行之人　悉當至誠殷重禮敬於聖尊
可於一切寂靜阿蘭若處　一心修證大悲如幻三摩地行法
依此修證悉地具足大悲心續　普於一切世間善行觀世音妙行

應於大悲淨聖之前發願　隨其所有如實普修供養
當於十方一切有情眾生之類　如尊發起大慈大悲哀愍心而救度
大悲觀音聖尊妙相金色勝身　繫想正念心中無有雜亂
淨聖怙主護念宣說無上法教　隨眾生根機普皆令習正法禪定
具足一切勝密句義善巧思惟　依於畢竟空性而現前修習
相應如實聖尊大悲心性　一心正念相應大悲如鏡日現
善得大慈大悲妙智三摩地王　並獲最勝總持諸法實性
如是金口演說無上的大悲心法　妙響調伏十方一切人天

舌相隨緣示現希有微妙勝利　廣長善能蓋覆三千大千世界

如是體性大悲微妙音聲　如實至誠憶念心中善得無畏

大悲淨聖善由發起無上弘願　得此不可思議廣長舌相

宣說一切諸法悉皆非有亦非無　譬如虛空一切究竟無所執著

若諸眾生欲具足大悲音聲及微妙舌相　如實繫念思惟普願具足圓滿

若人欲得最上大覺智慧　應當一心善巧持此大悲勝法

增長福德智慧具足一切功德　依尊修習必定能成就切勿生疑

若求財者得以具足多財救度眾生　若求善名稱者必獲妙名廣濟群倫

求出離者能得自他解脫之道　如是成就隨習於大悲淨聖切勿生疑

無量無邊善具一切的功德　隨於行者內心清淨所願

為一切有情開啟無上解脫之門　導引眾生達於究竟成佛」

於是宣說真言　誓願護佑眾生：

大辯（辯才天）真言

唵　薩囉娑嚩底曳　莎訶

oṃ sarasvatyai svāhā

四、二十八部眾之：大功德天

微妙的功德妙香灑出金光遍照　如是祥瑞的現起莊嚴的香蓋
香芬馥馨的遍滿世界　帶來了甚深的善妙吉祥
大吉祥功德天用自性的心光燃起了淨香
供養佛陀及大悲怙主千手觀音菩薩
在前往普陀洛迦山的觀音寶宮
在現空的自性中與佛陀與觀世音菩薩相應
一心一意的持念著佛陀與觀世音菩薩

受用著佛陀及千手觀世音菩薩的大悲威神力加持
大功德天以最吉祥的身、語、意如實的讚頌：

「皈命究竟大覺最殊勝的法王　能滅除極惡濁的無明煩惱
具足大智相好莊嚴　自利利他一切覺行圓滿
唯願佛陀演說諸法總持的鉅輪　三寶熾然的最勝法句
於十方無邊無盡世界　教化眾生成就無上菩提
皈命法界最聖的觀自在尊　體性大悲具足千手千眼
能以無畏善施一切有情　具足無上甚深妙法
自利利他為眾生導師　教化眾生圓滿成佛
我依佛陀、觀音妙力　具足功德善生廣大吉祥
具威德成就一切眾事　普令眾生具足廣大福德

善哉！具足十二名號　吉慶吉祥蓮華嚴飾具財白色
大名稱、大光曜、施食者、施飲者、寶光與大吉
如是能除貧窮一切不祥　眾生願求悉令圓滿

速獲一切財寶豐業吉祥　如是隨順千手觀音大悲
我時念念慈悲眾生　能令一切眾生受諸安樂
滅除一切煩惱無明　令眾生身心無垢
止息一切逼惱　諍訟、鬪戰　成辦菩薩六波羅蜜
善以一切功德迴向　普令自他一切眾生成佛」

白鵠天鵝雙雙
用力的踏行淨湖上
有力振翅　正迎向普陀洛迦山
潔白的妙色　優雅的皈命大悲千手觀音
如是清音　一心憶念大悲怙主
那妙潔、高雅、忠誠的天鵝梵唱
喚著眾生的本心
像天扇雙翼淨拂清風供養著自心的觀音
一心皈命　一心皈命

南無大悲千手千眼廣大自在的觀世音菩薩
於是宣說真言　誓願護佑眾生：
功德（吉祥天）真言
唵　摩訶室唎曳　莎訶
oṃ mahā śriye svāhā

五、二十八部眾之：摩利支天

在出生大平等智慧力三摩地中
觀世音菩薩的諸佛大悲體性中如實現起
那不可思議的廣大自在千手千眼　遍照密護著一切眾生
無邊無際的不可思議方便大力　以無數神通現生一切吉祥幻化

在大苦難中救度一切有情　如是相應示現摩利支天
具力廣大威德　普護未來世末世眾生

如是王難中護我　賊難中護我
行路中護我　失於道路曠野中護我
晝中護我　夜中護我
水難中護我　火難中護我
刀兵軍陣難中護我　鬼神難中護我
毒藥難中護我　惡獸難中護我
毒蟲難中護我　一切怨家惡人難中護我
佛實語護我　法實語護我　僧實語護我
天實語護我　仙人實語護我
一切處一切時中願常護我

如是具足大神通力的摩利支天

憶念著佛陀及觀世音菩薩的廣大威德如是現起
一心一意的燃起自性心香　在光明中供養佛陀及大悲怙主
她常行於日、月之前　日天月天不能見她　她卻能見日天月天
自在如空無人能見、無人能知　無人能捉、無人能縛
無人能害、無人能欺誑　無人能欺其財物、無人能責罰
不為所有的怨家仇人得便傷害

摩利支天一心向著普陀洛迦的觀音寶宮
受持著佛陀及千手觀世音菩薩的大悲威神力加持　合十的讚頌：
「皈命無上救世大導師　善示第一義諦法性畢竟空寂
於一毛孔中示現無數諸佛　放大光明普度一切眾生
皈命千手千眼蓮華手觀音　諸佛長子大悲心示現
普現十方無際法界　以微妙色身廣度一切眾生
我今如實相應大悲體性　身亦遍於法界現成
清淨宛若虛空　慈光遍照世間

光明如百千日現　善發無比智慧寶焰
燒退一切煩惱無明諸魔　永斷貪瞋痴愚迷惑
長拋生死輪迴大海　入於究竟解脫大海

我今皈命大悲勝利怙主　千手千眼廣度無邊眾生
猶如清淨如意摩尼寶主　善開法界真實大寶勝法伏藏
恆說最勝六波羅蜜　廣啟大覺菩提之門
我以身、語、意至誠皈命　讚嘆大悲怙主千手觀自在王
普願法界一切有情　悉得離苦普具得安樂
迴向一切殊勝功德　自他同證圓滿佛果」

於是宣說真言　誓願護佑眾生：
娑怛那（摩利支天）真言
娜莫　三滿多沒馱南　唵　摩哩唧　娑嚩賀
namaḥ samanta buddhānāṃ oṃ mārīciye svāhā

六、二十八部眾之：東方持國天

東方持國天王燃起了乾闥婆王的妙香　雲集了東方持國天眾
共聚前往清淨的普陀洛迦山　大悲觀世音菩薩的勝海金剛宮
他們的心中歡喜得未曾有
憶念著佛陀的圓滿究竟與觀世音菩薩的廣大威神
深生敬重一心憶念禮敬　厭怖生死速求出離解脫

用最勇猛的心　持國天王如是讚誦：
「禮敬悲智二足的佛陀世尊　能救度世間一切眾生者
稽首大悲勝主千手觀世音菩薩　一切眾生依恃的怙主
教示諸佛境界的無量妙使　善使眾生趣入圓滿
大悲體性現空清淨圓澄　普為世間開啟無上正道

一一毛孔廣大周遍　一切功德大海悉皆充滿
如是世間咸得廣大利樂　漸次修證同上無上大覺
世間廣大憂苦大海　大悲威德消竭悉無有餘
大悲慈憫具足一切方便　決定除迷證悟法界平等

十方剎海廣大無有邊際　明空智光普照群生
滌除一切邪惡見惑　開示妙轉最上法輪
往昔無量時劫以來　修習大悲普方便行
一切世間感應除苦清淨　善入佛法最深勝境
清淨妙身一切眾生喜見　能生世出世間無盡安樂
解脫因果次第圓滿成就　妙相端嚴善具千手千眼
如佛善示廣大妙法　盡除眾生迷惑遠離流轉
摧盡堅密愚痴障蓋

普示清淨微妙色身　善現無量差別眾生

種種方便光照如是世界　大智方便善啟無量法門
普為群生開示闡說勝法　導入殊勝善真實妙行
現空寂滅如幻教授一切　一剎那中已歷百千時劫
如實普現宛若金剛無能動搖　平等安樂普施成就眾生
如是圓滿得成佛境　普願眾生同成無上大覺」

於是宣說真言　誓願護佑眾生：

提頭賴吒王（東方持國天）真言

唵　地㗚致囉瑟吒囉　囉囉波囉末陀那　莎訶

oṃ dhṛta rāṣṭra ralā pravādhana svāhā

七、二十八部眾之：神母女等大力眾

深憶著如來大悲教誨　捨棄一切暴惡善護一切有情

訶利帝母成為了歡喜母　統領著五百位力士親子
慈心守護著有情眾生
神母女如實的憶起如來的教誨：
「妳只要生起慈心不再傷害有情　我會敕命所有的聲聞弟子
在每次受食時布施予妳飲食　每次當為妳及諸子置一分食物
呼喚妳的名字並與諸子同令飽足
如果尚有餘食　妳可以迴施給一切鬼神
妳應運心觀想自在　使大家同受飽足」

當時我敬白佛言：
「世尊！　我現在皈命如來
奉佛的教敕不敢違越　我會守護一切年幼的男女孩童
讓他們歡喜安樂　不使他們受到一切惡鬼神等的侵擾
唯願如來能夠護念於我」

佛陀說：
「善哉！善哉！　歡喜母啊！
妳現在可於如來的善法中　受持三皈五戒
使妳在生死長夜中解脫眾苦　獲得解脫安樂自在」

訶利帝母一心憶念著佛陀　更如實的信受千手觀世音菩薩的教誨
如是將參與那普陀洛迦山中觀音宮殿的大悲法會
他燃起最勝的妙寶心香　一心皈命著佛陀與千手觀音菩薩
在彼等大悲威神加持下　如實的讚頌：
「佛面猶如清淨的滿月　亦如千日般放大光明
如實廣益一切的人天　住世救護眾生善得解脫
皈命最聖大悲怙主　能以無畏施予一切有情
福慧莊嚴具足一切勝法　善以方便救度法界眾生
世出世間最上自在尊勝　善開無上究竟法門
布施、愛語、利行、同事　盡攝法界無量群生

一心禮敬佛陀、大悲怙主　深受加持莊嚴敕命
願我如真多摩尼妙寶　能滿一切諸有情願
如來及千手觀音菩薩證知於我　受尊敕命永護眾生
奉行於佛及大悲怙主聖敕　善護有情安樂成佛」

於是宣說真言　誓願護佑眾生：

神母女（訶梨帝母）真言

唵　努努麼里　迦哂諦　娑嚩賀

oṃ dudumāli hārite svāhā

大力眾（冰揭羅童子）真言

唵　撥苾　撥儞　娑嚩訶

oṃ ṭivi ṭini svāhā

八、二十八部眾之：南方增長天

那南方的增長天王　遙聞了佛陀與千手觀音菩薩的勝妙法會
心中發起無上的信心　於是燃起了增長天藏妙香雲集南方諸天海眾
這時增長天王憶起佛陀成道時　持寶鉢奉於佛陀供養
心中生起了歡喜無盡法門　睹佛威神深生尊重
於佛法中發大勇猛心精勤修習　這時具足了無邊供養寶具
前往聖普陀洛迦山　參與那大悲觀音寶宮的勝妙法會

南方天眾一心一意憶念佛陀及千手觀音大悲怙主
增長天王如實的讚誦道：
「解脫一切煩惱纏縛　永盡一切眾苦之際
最剛強難化的眾生　牟尼世尊如是的善巧攝受
那諸佛究竟大悲的體性　如實現成的千手觀音

滅除一切怨害憎力　令眾生永離世間的憍慢與疑惑
成就廣大安忍勝力的世間大悲導師　為一切眾生修習無量時劫
如實清淨的永離無明障惑　成就最上莊嚴清淨的微妙色身
往昔普修一切修證法門　教化無量十方眾生
善巧妙用一切方便普利一切群生　通達真如實際一切無礙

大悲願海大智慧力普救一切眾生　如實了知一切眾生心境
妙用種種自在所樂而善巧調伏　了悟諸蘊本然空寂
神通應現大悲幻化如光若影　法輪真實周遍等同虛空
如是清淨世間作業無央劫數　導引眾生同入佛境
眾生痴醫常蒙諸種無明疑惑　大悲普照光明體現安隱無畏大道
為作依怙如來救護令除一切苦惱　體性清淨通達無障無礙
眾生愛欲大海漂淪眾苦叢具　悲智光明普照消滅竭盡無餘
既除苦已廣為演說大法　如是善度眾生覺悟

妙身普應如光如雲無有不見　具足種種方便普化群生
法音如雷震雨大法雨　善巧迴向如是受佛授記
清淨光明實相如是現起　若能值遇必令消除一切重障
善演諸佛功德無有一切邊際　轉無上法輪令眾解脫
為欲安樂一切諸眾生　修習大悲已具無量時劫
種種方便善除一切眾苦　化一切眾生同登無上正覺
神通自在幻化不可思議　妙身普現周遍滿十方界
於實相中一切無來亦復無去　決定自知必當決定得佛」

於是宣說真言　誓願護佑眾生：

毘樓勒叉王（南方增長天）真言

唵　毘嚕陀迦　藥叉地波跢曳　莎訶

oṃ virūḍhaka yakṣādhipataye svāhā

九、二十八部眾之：西方廣目天

那勝利的西方廣目天王　燃起了天龍妙香雲集了西方天眾諸龍
受持了說一切救護善巧方便法門　一心齊往普陀洛迦山
廣目天王憶起了往昔佛陀成道時　供養了如來寶鉢
受用著如是莊嚴的因緣　一心迴向如佛圓滿成就
種種妙樂、種種珍寶、種種妙香
願向那具足著大悲光明的觀音寶宮勝城

南無佛陀　南無大慈大悲千手千眼觀世音菩薩
如是的皈命憶念　廣目天王如實的一心讚誦：
「久修慈忍廣大的大悲菩提勝行　成就百福莊嚴的妙相佛身
我等咸生淨信之心　讚嘆如來的真實勝行

一切諸佛長子　體生大悲所出生的千手觀世音菩薩
善依諸佛如來諸法常爾安住自性
如是妙勝威力普令眾生皆得究竟諸利
能以大慈大悲大哀愍力　如是施眾無畏拔除沉淪
一切眾生種種因緣差別　於一毛端普皆示現
神通變化遍滿一切世間　利益無邊廣大眾生
善以神通無限威力　廣演諸佛名號等示所有眾生

隨一切有情所樂　悉使普皆得聞
無量無邊國土大眾　現空無二無別
能令入一毛孔中　大悲如佛安住於法界眾會
一切眾生瞋恚心行　纏蓋愚痴深廣宛若大海
大悲慈愍皆悉除滅眾惱　千手觀音無上妙行
善導眾生如心修行　一切眾生福德威力
一毛孔中悉能現觀顯示　現已令歸法界大福德海

周身毛孔普發大悲智光　其光具緣處處暢演妙音
眾生聞者捨除憂懼怖畏　了悟法性無別如施無畏
善觀三世一切諸佛如來　國土莊嚴時劫次第
如是普現於大悲妙身　讚嘆如來真實妙行
善巧觀察如來往昔勝行　供養一切諸佛大海
如實增長淨妙喜樂之心　迴向自他同成菩提
善啟大悲大方便隨類妙音　為眾說法普令歡喜
其音現空清雅眾所隨喜悅樂　如心欣悟大悲實相圓成
眾生逼迫輪迴諸有境中　業惑漂轉無人施以救度
善以大悲令諸眾生善得解脫　咸願速證無上菩提」

於是宣說真言　誓願護佑眾生：

毘樓博叉王（西方廣目天）真言

唵　毘嚕博叉　那伽地波跢曳　莎訶

om virūpākṣa nāgādhipataye svāhā

十、二十八部衆之：北方毘沙門天王

多聞天香重馥北方天際　北方諸天夜叉鬼神等咸皆雲集
安立在毘沙門天王前　多聞天王憶念佛陀初成道時
彼等四大天王各於佛前奉佛石鉢　觀想如塔的供養佛陀
佛陀受持了他的石鉢　並說偈言：

「你供奉善逝佛陀之鉢　當得上乘之器
我現在受你的布施　當下你當具足念慧成就」

如來如是受持東方持國天王的石鉢　也說偈道：

「以鉢布施如來世尊　念慧能得以增長

　生生受用快樂　速證佛大菩提」
世尊又接受了西方廣目天王的石鉢　也說偈道：
「我以清淨的心　受你清淨之鉢
　令你得以清淨　在人天所受供養」
當佛陀接受了南方增長天王所供奉的石鉢　也說偈道：
「如來淨咸無瑕　你也布施了無瑕的鉢
　由於你心無瑕的緣故　得到的果報亦復無瑕」
當佛陀世尊受了我們四天王所供養的鉢後
將這四個石鉢次第相重的安置
用右手按之　竟然就合為一個鉢器
四層分際十分明晰
佛陀憶念往昔的因緣　又宣說了偈曰：

「我往著以花盛滿了鉢　奉施給無量的諸如來
是故現在的四大天王　布施我堅牢清淨鉢」

時間如逝水　現在佛陀與千手觀世音大士將開大悲法會
毘沙門天王威猛的帶著北方天眾　向普陀洛迦山聖境而來
那大悲勝海曼荼羅　觀世音菩薩的清淨金剛寶宮
正遍照著法界的無盡明光
這是如來的智慧與觀音體性大悲的光明所顯

毘沙門天王一心憶念著佛陀　一意的受著千手觀音的加持
如實的說出如下的真性：
「現觀如來諸法常爾的法界體性　一切眾生得具無上的利益
領受大悲至聖千手觀世音大士的加持
我等遠離了一切惡業　熾然信受得以具足正法之眼
眾生罪業是那麼深可怖畏　當無明障覆在百千劫中不能見佛

漂流於生死中深受眾苦侵凌　為了救度是等眾生佛陀乃興於世間
體性大悲的千手觀音聖尊　如斯的以無比佛力廣度眾生
究竟的大悲力永遠救護所有世間　如幻普現於一切眾生之前
消除有情怖畏惡道的輪轉苦惱　令一切眾生成熟諸法義利
眾生惡業造了各種重障苦惱　大悲示現妙理令其開解了悟
就像以明燈照耀著世間　讓眾生如實的求證廣大菩提

往昔無量時劫勤修一切諸行　稱讚十方一切諸佛
千手觀音高遠大名遍聞法界　利益一切眾生
智慧如空無有邊際　大悲法身廣大不可思議
普於十方自在示現　眾生離怖稽首大施無畏
一切趣中恆演大悲妙音　說法利益一切群生
悲音普際眾苦悉皆除滅　南無千手自在觀音
一切甚深廣大勝妙法義　如佛一音普能演說
如實教理等諸世間　勇健教授首楞嚴王

一切眾生住邪道中　大悲示現菩提正道不可思議
普使世間眾生皆成無上法器　如是究竟成大菩提
世間所有福德事業　一切現起依恃如來光明
佛智海慧無有能測量者　大悲觀音導引同證
憶念往昔無數時劫　如實修行大悲入於十力
令諸佛力同成圓滿　自他同證無上佛果」

於是宣說真言　誓願護佑眾生：
毘沙門王（北方多聞天）真言
唵　味室囉摩拏野　莎訶
oṃ vaiśravaṇāya svāhā

十一、二十八部衆之：金色孔雀王

亮麗的孔雀王
宛如鳳凰般飛到清桂樹上
發出宛若兒啼般的呼聲
持念著南無大悲千手觀世音菩薩
金桂的清芬　供養著大悲怙主
如是夢幻如真
孔雀在天空中畫出的彩徑
顯現出大悲心的種字
進入滿馥桂香的深林中
畫出大悲的心真言

林中無數的孔雀
稱心的發出梵音

如同無盡的童音般　歡唱出驚鳴若雷的大悲心陀羅尼的交響曲
在遙望大悲怙主時
驟然寂歇至靜至淨
所有的彩晶雀眼
那麼恭敬的端注著大悲千手聖尊
於是端立在大金桂樹上的孔雀王帶領著無數的孔雀
向大悲聖者稽首頂禮

剎那間無盡的孔雀
同時展翅開屏
在大日光明的注照下
宛若閃耀著無數的佛眼
慈愍的注視著眾生
如是喜極而心淨
在這吉祥的剎那

輕輕的鎖住時間
幻入淨悅的光明
在超越時空無始無終的當下
演出了重重無盡的穿越
示現出無比莊嚴的極樂星空

南無大悲千手千眼觀世音菩薩
如是的生死幻夢遊戲王的神通
那麼認真的活　卻如是的沒有執著
金色孔雀王如實的現在眼前
誦持著絕無分別　不生不滅的大悲心念
這是真實的真言密咒　大悲心陀羅尼
如是孔雀明王的真實心意
當忘失清明的心後
真正的真言密咒就消失了

墮入了無明的迷惘　無法守護自身
於是貪著痴迷落入無盡輪迴的牢網羂縛

如是剎那之間　本然正念現前　真言現成
豁然解脫生死牢籠　自然解脫
回到究竟安穩寂靜的心林
如是行於一切城市聚落或曠野山林
在行、住、坐、臥中　相續清明的本心
即是真實的大悲心陀羅尼
面對一切難境　一切憂惱、困難如實寂然永消　自然解脫

如是當下　佛心本性　自然現成
從無始無生無滅無終當中　人間如夢
孔雀依然耀眼的展翅開屏　言語頓斷處
時空依然如幻流注

放下一切　大悲心生
陀羅尼真言密咒　從心氣中自然湧出
嗡　縛日羅　達磨　紇哩
南無大慈大悲千手千眼觀世音菩薩摩訶薩

「今我夜安　晝日亦安
一切時中　諸佛護念」

如來大悲救護一切眾生　滅除一切諸毒怖畏苦惱
攝受覆育一切的有情　使所有眾生獲得安樂
金色孔雀王如實憶念著佛陀深恩　相應著蓮華部主觀世音菩薩
一心皈命佛陀及千手觀世音菩薩　如實受敕善護一切有情
金色孔雀王發願成就無上菩提　以願力故受孔雀身
善行菩薩大菩提道利益人天及一切眾生

在普陀洛迦山金剛宮前

身受著佛陀及千手觀世音菩薩的大悲威神加持

他如是一心的讚頌：

「皈命現空實相的能仁世尊　諸根寂靜一切了無所執
通達究竟第一義諦　法界眾生的最上導師
頂禮圓淨吉祥的大悲蓮華手觀音　具足殊勝的千手千眼
於法界中普現妙身　教化一切眾生圓滿成佛
一心安住大悲體性加持　如實受敕密護眾生
如是發起無上大菩提願　如尊導引眾生覺悟
一切眾生如實憶念　入於聚落於曠野、道路
一切處、一切時恆常憶念　令彼病、難、魔、擾解脫

普令眾生吉祥　行路吉祥　迴環吉祥
夜中吉祥　晝日吉祥　一切處吉祥
勿值一切罪惡、魔、擾、病難　一切日皆吉祥喜善
祈願諸佛、觀音加怙　普願眾生吉祥

諸天、阿修羅、夜叉、羅剎　善隨大悲怙主淨願
擁護佛法清淨常存　一心勤行世尊教誨
善隨大悲千手觀音　常於世間生起慈心
晝夜自身依法安住　願諸世界一切安穩
常以無邊福智廣益群生　所有罪障普令消除
遠離眾苦歸於寂滅　隨所住處安樂解脫
一切所行如夢如幻　畢竟空寂如水中月
了悟畢竟空無所有　如實發心無所畏怯
永無放逸成就大悲　迴向眾生同成佛道」

於是宣說真言　誓願護佑眾生：

金色孔雀王真言

唵　摩庾攞　迦蘭帝　娑嚩賀

oṃ mayurā krante svāhā

十二、二十八部眾之：二十八部大仙眾

當佛陀成道自菩提樹往鹿野苑　如是路次仙人烏波誐相向而來
仙人驚嘆良久　如是向道：
「瞿曇！瞿曇！　觀察你如是的相好金色莊嚴清淨
非世間所有　祈問你因何出家？
皈於何等教法？　誰為你的師長？
現在你將往何去？」

這時世尊回答烏波　仙人道：
「我現在無有師長誐獨自處世並無伴侶
積聚唯一無上勝行而得成於佛　自然通達最殊勝的菩提道
證悟究竟的正等菩提大覺　成為最勝的天人導師

了知一切世出世間諸佛　無有所染亦不斷除
具足一切智力　降伏所有的魔羅諸軍障礙

烏波誐仙人尊敬的說道：
「瞿曇！　如果實如您所言
您必定是大覺佛陀無疑了。」

佛陀回答說：
「你如是了知是完全正確的　了悟一切眾法
降伏一切煩惱罪業　證得了漏盡無惱的境界
所以號為大覺佛陀」

這時　仙人又問道：
「瞿曇佛陀！　您現在要往何處去？」

佛陀說：
「我將前往波羅奈國擊大法鼓　轉大法輪

宣說那世間未曾說過的大法
普令世間的眾生遠離無明煩惱得證解脫」
佛陀說完之後　烏波誐仙人頂禮世尊隨路而去……
如是！如是！　清淨的仙人妙香如緣的生起
諸仙人在淨念三昧中　以心的光明焚起清香
供養佛陀及千手觀音菩薩　二十八部大仙也如是的會聚
向那普陀洛迦山觀音宮殿的大悲法會前行
他們安住在佛陀及千手觀音菩薩的大悲威神加持下
一心一意的合十讚頌：
「自獲正覺最殊勝無等的佛陀　遠離一切世間諸雜染
具足一切智慧心無所畏　自然無師亦無所證
自獲正覺最究竟無等　應現世間成大覺世尊
一心皈命最勝百福莊嚴如來　願如佛度眾生解脫
皈命千手千眼觀世音菩薩　大悲自在究竟蓮華手尊

具足究竟勝利方便　普現無邊法界救度一切眾生
能作世間父母施予眾生滿願　善說祕密最勝要法
隨智修行開悟成就勝解　如願現成大覺佛陀
我等現前頂禮佛足　皈命大悲千手觀音
隨順善發無上菩提大心　普願眾生同成佛果

祈願如實勝得授記　如是當證無上菩提
如來教命自覺等同虛空　如是當來大覺成佛
觀音教敕自得第一義諦　畢竟空中本來自清淨覺
無所得中普淨一切世界　普淨眾生一切圓滿
如實精進善修三世諸佛勝法　度脫一切苦難眾生
善於諸法能得自在　當來願我及眾生如佛」

於是宣說真言　誓願護佑眾生：

二十八部大仙眾（二十八宿總咒）真言

南莫 三漫多沒駄南 諾乞灑 怛囉濕儒那儞曳 娑嚩訶

namaḥ samanta buddhānāṃ nakṣatra nisūdaniye svāhā

拾柒

龍王善護品

一

普陀山上的芭蕉
用淨雨演出空寂聲聲
泠泠明明的淨
塵洗了水
用虹搭成橋　上了清淨的金剛寶殿
法爾光湛無實
恰如芭蕉現成
在畢竟空中心又何所有

微塵界淨浴　現出千手觀音
普陀山上純任自然的芭蕉

用風雨拍掌
和著千手觀音的大悲心咒
嗡　縛日羅　達磨　紇哩
迴盪淨空
銷觀自性
時流光易
自履了無盡生世
現如芭蕉緣起寂空

如是一葉展來　一葉相生不盡
舒卷自在的開出緣扇
也為大悲聖者風涼
大悲的心心葉葉散出覺澄
清風吹青
翠蕉自搖著天扇

現前照處緣起寂深
悟在法界體性
流水迴過山轉

淨瀑旁卻見紅蕉花開了
炎紅苞花熾麗日空
風間翠扇相搧
相影紅翠
現空無常中
如是緣起無盡的妙境現成
如是花中
飛出紅輻
細語言密
南無大悲觀音
生生世世結下大悲深緣

將步怙主淨步
教化眾生直到成佛
圓滿全佛聖境

二、二十八部眾之：寶賢

寶賢大夜叉主心中牢記著在舍衛國給孤獨園
在佛前發心守護四眾　當時寶賢頭面頂禮佛足　合掌恭敬白佛道：
「世尊！
我奉上這至誠心命　唯願世尊能哀愍覆護
世尊！　我發願守護一切眾生
如果有比丘、比丘尼、優婆塞、優婆夷等佛法四眾
一日三時至於誦念於我之陀羅尼　我將為此人常作為依怙
令他們在一切事中得證吉祥
乃至於飲食、衣服、臥具、金銀珍寶財穀等　我將供給無憂

幫助大家成就一切勝行　令受到一切人眾的敬愛
唯除婬、怒、痴等惡不惡法之外　其餘善心所作皆令隨意滿足」

這樣的發心　時時自現在摩尼跋陀羅寶賢大夜叉心中
身具威猛的大夜叉身　如實與大悲空智相應
寶賢等夜叉大眾如是的善修
他牢記著佛陀在靈鷲山中宣講大寶積經時
為文殊師利菩薩所說的夜叉三昧
佛陀說：「這大夜叉身相　都是從自心中生起
這其中是如幻現空無有真實　如果在虛妄中會生於怖畏
但是其中並沒有真正怖畏的心　而生於怖畏
如實觀察一切眾法非有真實故　一切無相亦無所得
在空無寂靜之處　現起此夜叉相
如是了知一切悉皆虛妄　這就是夜叉三昧」
因此以大悲空智的心　現起大忿怒降伏一切魔擾

密護所有的眾生成佛　才是一切大夜叉王的本願

一心憶念佛陀　隨順著千手觀世音菩薩的大悲體性

深受教敕的寶賢夜叉合十的讚頌：

「我現在一心皈命無上的功德寶聚　三十二上妙勝相

八十種好圓滿自莊嚴　善度一切眾生圓滿無上菩提

稽首無礙自在三界勝尊　普施眾生深無所畏

千手護持千眼導引眾生　咸令成就無上正覺

善巧拔除諸苦根本　能殖一切眾生善根

以大慈悲福佑有情　大悲怙主聖觀世音菩薩

莊嚴相好無比妙容　大丈夫身普現法界

眾生見者無不解脫　為大導師最勝福用

大智妙論廣具調伏　神力自在濟諸有情

功德如海深廣無涯　是故我今頭面頂禮

我等密迹夜叉大眾　以清淨心生起廣大供養
隨尊密護一切眾生　降伏魔障一切苦病
一切世間人非人等　受持大悲不壞淨菩提心
勇猛清淨迴向一切功德　解脫煩惱自他圓滿成佛」

於是宣說真言　誓願護佑眾生：

摩尼跋陀羅（寶賢藥叉）真言

唵　夜乞叉　娑嚩賀

oṃ yakṣe svāhā

𑖌𑖼 𑖧 𑖎𑖿𑖬𑖸 𑖭𑖿𑖪𑖯 𑖮𑖯

三、二十八部眾之：散支大將

一心頂禮佛陀世尊　一心禮敬大悲怙主千手觀世音菩薩

散支大將用心燃起最勝的天王大香光明　供養著十方佛陀與大悲依怙
祈願一切眾生易度　盡得成就無上菩提
如是憶念昔時在佛前化現鹿身　手持燈明供養十方諸佛
當時　有疑心菩薩至心觀察　詢問如何現此如是之身供養諸佛
隨即現起往古九十一劫　毘婆尸如來世尊世時
善與五百兄弟受持五戒勤修精進　具諸聰明智慧心樂善法
以種種妙具供養佛陀　供養後發起了阿耨多羅三藐三菩提心

為欲調伏一切眾生　在尸棄佛、毘舍浮佛、鳩留孫佛時亦如是的供養
如是供養之後　我散脂在彼前立下了大誓願
願我來世能以鬼神之身教化一切眾生
如果有弊惡的鬼神眾生　我發願要以三乘的教法來教化調伏他們
乃至於有無量恆河沙等惡鬼、惡獸悉令調伏　令其解脫
如是方才成就無上正等、正覺
當時　亦有一萬二千位大鬼王　也在此界發大誓願教化眾生

於是我亦發起了大誓願　如果有惡鬼欲敗壞如來的正法
我當調治降伏他們　是故我身受如是的鬼神之身

所以當有惡鬼擾亂殺害眾生　敗壞世間的一切
願我能完全調伏他們　使彼等安住於三乘的正法
而我亦發起慈心不傷害奪取他們的命根
與彼等同受其身
以布施、愛語、利行、同事等菩薩的四攝法攝伏他們
而更以三乘法教化他們　使彼等遠離惡道
如是世間眾生行惡　惡鬼滋多善鬼渺少之時
我為了調伏他們而受此身　使一切眾生離惡、行善
善修慈心　遠離一切諸惡怖畏
迴向這一切善根福德　普願眾生同證無上菩提
如是清淨的往事歷歷在目　菩提勝心於滋滿溢
散支大將在普陀洛迦山際　望著清聖的觀音寶宮

心中感恩　一心憶念著如來及千手觀音菩薩
在佛陀世尊與觀世音菩薩大悲威神加持下　他一心的讚誦：
「如是的欣慶宿世善緣得值遇佛　淨心祈請如佛圓滿
大悲怙主千手觀音加佑　一心善行於菩提道中
如是了知一切法、一切緣法　了悟諸法、知法所有分際
如法安住於一切法如性　於一切法中含受一切勝法
如是世尊！　如是大悲怙主！
我現觀了不可思議的智慧光明　不可思議的智慧法炬
不可思議的智慧妙行　不可思議的智慧寶聚
不可思議的智慧勝境

世尊啊！　大悲怙主千手觀音菩薩啊！
我於一切法能正解正觀　得正分別、正悟
於諸緣正能覺了　因此我名為正了知的散支大將

我能令說法之師　莊嚴言辭具足的不斷絕辯才
也能令一切精氣從毛孔中入　使其身力充足
並使其心力威神勇健　成就不可思議的智慧入於正憶念
如是身、語、意力皆毋能增益長養　身心自在諸根安樂常生歡喜
依此因緣　能為眾生開啟正法妙門　成就無量福智妙緣
如是為諸眾生開啟不可思議智慧寶聚
攝取不可思議功德福力
普願依此勝緣　迴向自他一切眾生圓滿成佛」

於是宣說真言　誓願護佑眾生：

散支大將真言

唵　散支　迦毘耶　呵毘耶　呵波多曳　沙呵

oṃ sañci kaviya haviya hapataya svāhā

四、二十八部眾之：滿賢

弗羅婆滿賢夜叉大將以最威猛奮迅的心　燃起廣大威德心香
香光莊嚴了普陀洛迦聖山大悲寶宮
如實供養世尊及千手觀世音菩薩
佛陀與千手觀音菩薩的大悲威德勝力
如實的加持著滿賢夜叉王　他如是一心合十的讚頌道：

「如果有眾生皈命於佛者　此人將不畏於千億諸魔
何況欲度於生死之流　到於清淨無為的彼岸
如果能以一枝香華　持散於佛陀三寶之前
發起堅固勇猛的菩提心　一切眾魔無有能敗壞者

皈十方最勝無比的無上正覺　法界中最圓滿的佛陀世尊
如如常住於究竟實相　度脫法界一切眾生
皈命千手千眼觀世音菩薩　具足廣大吉祥大悲蓮華王

普於十方國土清淨示現　無邊無盡示現一切眾生之前
大空喜樂、大悲忿怒盡妙形　依眾生願如斯現成
種種莊嚴微妙色身　畢竟空中如幻體現
常以悲願恆利群生　於佛菩提永不退轉
迴向一切善根功德　普願眾生同成佛道」

於是宣說真言　誓願護佑眾生：

弗羅婆（弗多羅、滿賢藥叉）真言

唵　布嘌拏跋捺囉野　娑嚩賀

𑖌𑖼 𑖢𑖲 𑖨𑖿𑖜 𑖥 𑖟𑖿𑖨𑖯 𑖧 𑖭𑖿𑖪𑖯 𑖮𑖯

oṃ purṇabhadrāya svāhā

五、二十八部眾之：難陀、跋難陀龍王

難陀、跋難陀兄弟龍王　以無量的種種殊勝
供養佛陀及大悲千手觀音菩薩　那上妙的香華、塗香、末香、燒香
滿布吉祥的天際　這是龍王兄弟用最堅固的尊重恭敬
不可思議的上勝清淨淳厚信心　供養如來及大悲怙主
吉祥的法會即將開啟　大悲勝域的普陀洛迦山
觀音寶宮的最密壇城即將開啟
大眾將進入那灌頂授記的清淨勝處

如是在世尊與吉祥的千手觀音菩薩大悲威神加持下
龍王兄弟一心的安住時　清淨的讚頌：
「如是發起無上菩提的廣大誓願
願以宛如一切世界微塵大海的我等身海
諸佛菩薩的道場眾海　地、水、火、風的一切四大微塵海
一切淨色光明的大海　一一身中以無量手
以如是不可思議的海雲　他化出種種的供養具

供養佛陀及千手觀世音菩薩　我等願在一切時處處供養
不斷不散不可思量不可稱說的供養　十方諸佛菩薩
如是的十方虛空普覆的心願力　成就無盡菩薩妙身海雲

皈命於究竟無上正等正覺的佛陀　具大神通及究竟智慧
以無盡功德廣度眾生　普使法身有情悉皆成佛
我等以究竟身、語、意　供養十方一切諸佛
皈命大悲怙主千手觀音菩薩　恆觀世音現空廣大自在
種種妙音普周無邊法界　眾生聞者不退轉於無上菩提
法界體性清淨摩尼珠王　大悲熾盛光明遍照有情
一切眾生遠離無明眾惱　畢竟空中如佛無二

如是善根迴向一切眾生　志求究竟寂滅菩提勝果
宛如大悲觀音為眾導師　成就微妙甚深智慧
教化饒益法界一切眾生　解脫塵勞一切結縛煩惱

亦如大悲十力無上至尊　演說無邊清淨妙法
一切有為法如夢幻影響　亦如聚沫無常無有堅牢
如空注雨一切宛若浮泡　自性虛假現空無有主宰
如實智者觀察一切世間眾法　譬如鏡中所現影像無實
眾生體性亦復皆然　大悲怙主現證如實宣說

夫無智不了如幻執以為實　於虛妄境界妄生執著
畢竟諸法本來空寂　世間愚痴者唯自欺誑
不能了達諸法現空真實體性　一切無我絕不可得
我今稽首禮敬千手觀音　無煩惱者善施無畏天人怙主
大悲能救苦難眾生　如是善為眾生　為母、為舍、為大依怙
我等如實供養諸佛、大悲怙主　為求無上菩提之故
普皆迴向一切功德勝利　普願自他同成佛道」

於是宣說真言　誓願護佑眾生：

難陀龍王真言

南麼 三曼多勃馱南 難陀耶 娑嚩賀

namaḥ samanta buddhānāṃ nandāya svāhā

於是宣說真言 誓願護佑眾生：

跋難陀龍王真言

南麼 三曼多勃馱喃 鄔波難陀曳 娑嚩賀

namaḥ samanta buddhānāṃ upanandāya svāhā

六、二十八部眾之：娑伽羅龍王

娑伽羅龍王如實的憶念著往昔佛陀在其龍宮的往事

彼時　佛陀在大海中的娑伽羅龍宮中的莊嚴道場
十方世界的菩薩、大比丘眾與無數的天龍八部皆來集會
當一切大眾集會之後　佛陀慈悲的告訴娑伽羅龍王說：
「龍王！　觀察這世間的一切
都從種種的行業妄想生起
由種種的心法感得種種因緣果報
如果不能了悟這緣起的勝法　只有在各趣當中受生輪迴
你現在觀察這如海大眾　他們具有種種色相
如是色相　一切諸法本無所生　亦無主宰
亦復無有我　亦無礙故
一切所作之業　諸法自性皆幻化相　不可思議」
娑伽羅龍王在如來教誨下　了悟了一切諸法無生、無滅、無色、無相
一切的善業無有造作　當如實現觀諸法空寂之後
才能體證　無上福德所生的究竟妙相

娑伽羅如是以清淨的身、語、意供養世尊及大悲怙主千手觀音
心中如是喜悅將參與那普陀洛迦山觀音宮中所善起的大悲法會
他用最殊勝的微妙寶香　以自心光莊嚴的燃起供養
香芬普馨世界　聞者心生妙喜遠離惡心

在佛陀及千手觀世音菩薩的微妙威神力加持下
他發起了大悲心　如實合掌的讚頌道：

「世出世間最吉祥殊勝的大覺世尊　以廣大神變光明遍照眾生
大慈救度一切苦難眾生　導引有情成證無上菩提
皈命大悲觀音怙主　具足千手千眼
普現十方無際法界　示現一切眾生之前
能作世間有情父母　普施群生一切善願
我隨聖尊如實發心　圓滿法界有情同成佛道
大悲體現實相第一義諦　畢竟空中本來自性清淨

善知一切諸龍心性　善導眾生離瞋成聖
止息一切瞋恚苦惱　善忍成就世間第一
忍離諸怨得世間樂　忍趣安穩善得解脫
善受慈心利益人天　一切諸龍離於苦惱得究竟樂
身、口、意慈諸龍常修　如是善得最勝授記
慈能趣善受生喜樂　慈能離難作善知友
慈得大智依大明師　慈離諸惡具足大福
慈最勝處得最勝慧　慈息眾生惡安菩提道
慈得淨土清淨離惱　慈化眾生置解脫處
慈說善法轉正法輪　慈度人天降伏外道
如是慈心常得安樂　我得善學入佛菩提
如是受生諸龍之中　或以願力或業受生
了悟眾相悉皆現空　自證解脫普濟群生
願以善根普皆迴向一切　我與諸龍、群生圓滿成佛」

於是宣說真言　誓願護佑眾生：

娑伽羅龍王真言

烏奢都波利那　耆摩都呼那　穌耆蜜都呼那　阿支不奴都呼那

ucadupalina　śimaduhuna　suśimiduhuna　acapunuduhuna

烏啄呵都呼那　卑黎帝那都呼那　溫耆不都呼那　莎呵

uṭauhahuna　pṛdinaduhuna　vuṃśipuduhuna　svāhā

七、二十八部眾之：伊鉢羅龍王

伊鉢羅龍王深憶著佛陀悟道之後的相應因緣
在當時　受了龍身之後　心生厭離欲求解脫
不樂於在這穢濁惡想之中　他憶起了過去迦葉佛的往事

當時迦葉佛告訴我：
「你大龍王！　從今以後　歷經了長久時緣
將有一位佛陀出現於世間　稱為釋迦牟尼如來、佛陀、世尊
現在過了長久的時緣了　不知釋迦如來是否出世了？」

如是另有一商佉龍王宮中　常有諸龍王會集
此際　伊鉢羅龍王在宮中　另有至友金齊夜叉王與會
龍王問夜叉王道：
「仁者！　你是否知曉釋迦牟尼佛出世與否？」
金齊夜叉王回答道：
「大善龍王！　我不知道釋迦如來是否出世
但我知道曠野中有一座夜叉宮殿　名為阿羅迦槃陀曠野宮殿
在這城中先來有二偈文　此偈中說：
『如果沒有佛陀出現於世間　將無人能讀此偈
假如有人讀誦　也不能了解此偈義

唯有佛出世時能讀知　唯有如來能說此義
或從佛聞而得解』」

於是　伊鉢羅龍王問夜叉王說：
「仁者！　你是否能至宮殿中讀取這偈頌呢？」
這時金齊夜叉王前往了曠野宮殿　如是受讀誦這偈頌
迅疾回到龍宮　歡喜的告訴龍王說：
「大善龍王！　今日你應當心生歡喜
釋迦大聖如來已出世了　因為這令我能讀這偈頌
我已將此偈取來　如是有人能解此偈頌而自在宣說者
一定是真正的佛陀」
伊鉢羅龍王歡喜踴躍　即從夜叉王手中取過了此偈
於是龍王們將此偈置於恆河岸上以示眾人　偈中云：
「何者是王中之上？　如何是染者與染等？

云何能得證無垢？　何者名為愚痴？
何者為生死瀑流所漂？　得證何者名為智慧？
云何是生死之流與不流？　如是而名為解脫？」

這時　龍王宣告大眾：
「如果有人能解讀此偈者　當給予最勝供養
如果有人能從他人聞知而說者　也如是等同布施」

如是　一切大眾都無法解知其義
當時　有那羅陀仙人　安住於摩伽陀國為民導師
大眾共認唯有他能解此義
那羅陀仙人聞說了此因緣　即往恆河邊從龍王處聽聞此偈
彼時心中思惟：
「我如果在眾人之前說我不解此二偈之義
　大眾將毀辱於我　一切名聞利養將付之闕如」
因此告訴龍王說：

「我於七日後　將復前來說明此二偈義」

先時　那羅陀的外舅阿私陀仙人是他的師長
在其教導下證得四禪　獲五神通
彼時　阿私陀仙人曾教導他：
「善哉！　善哉！　那羅陀啊！
　現在佛陀要出世了　你應當依彼出家修行
　必能在生死長夜中得到大利益安樂　自利利他」

不久後當阿私陀仙人命終之後
那羅陀仙人因為世間名聞利養極多　貪戀著心無有正念
忘卻了阿私陀仙人的教導　不求增上
如是那羅陀仙人不解偈義　便向外道六師處詢問偈義
此六師也不能了解其義　並對阿羅陀生起瞋恚心
反而責問他說：「這二偈哪有任何意義？」

這時　世尊初證正覺　居住在波羅奈城鹿野苑內的舊仙人林

於是那羅陀仙人想向佛陀問此二偈義

但想到那些耆年大德國師等都無法回答

何況佛陀是這年輕的修行者　心中猶豫

他最後還是決定前往問佛　到佛所後他問道：

「大德尊者！沙門瞿曇！

我想向尊者問法　是否可以呢？」

佛陀回答：

「仙人！　你有任何問題　我當為你解答」

於是那羅陀仙人便說偈問佛：

「何者是王中之上？　如何是染者與染等？

云何能得證無垢？　何者名為愚痴？

何者為生死瀑流所漂？　得證何者名為智慧？

云何是生死之流與不流？　如是而名為解脫？」

這時世尊就用偈頌回答那羅陀仙人：

「第六識王名為最上　染者即與染不異故等
若不染則心離煩惱為無垢　若染著者則名為愚痴
愚迷者為生死瀑流所漂　能滅生死流者是為智慧
能夠捨棄一切生死瀑流　超越天與世間的果報
不與一切生死流相應　不為一切的生死所迷惑
能以念慧為主超勝一切　自然從一切生死瀑流中解脫」

這時　那羅陀童子仙人　聽聞佛說心開意解生大歡喜
那喜悅踊躍遍身　不能自喻
他聽聞佛教就前往龍王處　告訴了他們如來的偈頌
如實告知這是佛陀的教示

此時　伊鉢羅龍王以偈頌感恩童子那羅陀仙人說：

「大仙所言是佛語者　是在睡臥夢中聽聞嗎？

如果是分明面對而承受者　唯願仁者現在重新為我讚說所見」
此時　那羅陀仙人把自己親見的情形告訴龍王說：
「這位天人自在大丈夫　現在居於波羅奈國鹿野苑內
既已轉動了無上法輪之後　猶如師子王吼於殊勝林園中」
這時　伊鉢羅龍王歡喜的向那羅陀童子仙人說道：
「仁者現在所言的佛世尊　我已久未聽聞而今又得以聽聞
如是既聞與仁者其相見詣　觀察他那希有難以思議的現身
往昔曾經見睹而今復得重觀　正覺如來的一切相好
今日始更出現於世間　如優曇花般難以值遇」
於是伊鉢羅龍王親往佛前禮見世尊
當佛陀遙見龍王前來　就向他說道：
「善來善來！　伊鉢羅龍王！
經歷了那麼多時間我們未曾再相見　你現在是否身心安穩？」
伊鉢羅龍王對佛陀生起了清淨的恭敬心　頂禮佛足受佛教法

龍王憶起往事而現在更要前往淨聖的普陀洛迦山觀音寶宮聞法
他的心中充滿欣喜　於是燃起最勝的妙香雲海
供養佛陀及大悲怙主千手觀音菩薩
在他們的清淨威神加持下　伊鉢羅龍王一心的讚頌：
「經歷了那麼多的時間才興現的佛陀　清淨猶如空中的月輪
諸相具足莊嚴福德的體相　現起了正覺最上的殊勝菩提
久達曠絕不得聽聞的妙聲　清亮猶如梵音的淨響
如果有眾生能得以聽聞者　能從佛陀得入解脫之門
皈命於十方等正覺最聖觀世音　具足滿日妙相從大悲蓮華中出生
我以最清淨的身口意業　慇勤的頭面禮足恭敬禮拜
隨順偉大的施無畏者救度眾生　如實讚嘆那無邊無際的功德
破除眾生的無始輪迴業障　滅除身口意業在生死中的無盡纏縛
具足了無盡殊勝的善法　具足福慧莊嚴的最上至尊
如是善願一心擁護大悲怙主　具足千手千眼的觀世音菩薩

善願如尊善發無上菩提心　祈尊如是手結千印住於現前
隨尊教敕密護一切眾生　普與眾生同證無上菩提

無盡善緣供養過去諸佛　願以福德迴向法界眾生
深願怙主常以大悲方便普照一切　我與眾生悉皆同證菩提
普願有情離於八難生於無難　遠離愚痴具足圓滿悲智
成就一切諸波羅蜜　生生世世具福行大菩提
如無礙辯具足十力　六通自在具勝三昧陀羅尼
願佛普授眾生菩提記　一切功德迴向自他圓滿成佛」

於是宣說真言　誓願護佑眾生：
伊鉢羅（召一切龍王咒）真言
唵　漚波難馱波多曳　莎呵
oṃ upanandā pataye svāhā

拾捌　神衆諸部品

一

妙聲的美音鳥
用那清婉的妙音　和雅微妙的念　頌著大悲心語
迎向普陀洛迦千手觀音菩薩的大悲勝殿
如是仿著觀世音菩薩的聖音
如是清念著我們自心本覺的佛陀
那在極樂世界中的白鶴、孔雀、鸚鵡、舍利、迦陵頻伽及共命之鳥
在晝夜六時之中出和合的的雅音
妙音演暢著五根、五力、七菩提分、八正道分

那無量法音流轉
讓極樂世界眾生　皆悉念佛、念法、念僧

那由阿彌陀佛所化現的鳥
如實的教化眾生
這普陀洛迦山中　是否有著與極樂世界相逢的時空的通道？
如是妙音的迦陵頻伽
如實的大悲化現而生

梵音深遠的清唱著大悲心語
嗡　縛日羅　達磨　紇哩
南無大慈大悲千手觀世音菩薩
在心的最深自性中　如是的真實迴音傳釋
嗡……我們都是……
阿……具足大悲自在的……
吽……千手千眼觀世音菩薩……

二、二十八部眾之：阿修羅王

阿修羅王如實受用佛陀的慧光明照
更在千手觀音的大悲威光中心得自在
深心中自然發起慈悲心意　燃起了滅除煩惱證悟解脫法門的妙香
普熏著阿修羅界　所有的阿修羅寂滅了瞋念一心共慈的聚會
那迅疾明慧的法界莊嚴法門開啟了
那金剛智輪大法境界的大法雨雨下了
那念念的慈悲光明在心中滋長　是向光明的普陀聖山前進的時候了
大悲的觀音金剛法界宮正在召喚　同入佛的體性吧
南無無上十力至尊本師釋迦牟尼佛
皈命一切眾生的怙主大悲千手觀世音菩薩

在究竟的大悲心光導引下　一心念佛一心讚嘆觀世音菩薩
阿修羅王雙手合十的讚誦道：

「皈依三界的偉大導師　禮敬大悲千手觀音菩薩
了知眾生自性本空寂　但有假想如陽焰無實
無作無受亦無有眾生　無我無人亦無有彼此
無言無說自性如是空寂　諸法本來常自寂靜
十方所有廣大眾生　大悲怙主如幻現前救度
善巧濟助度眾悟證菩提　光明遍照平等滿淨虛空
普現一切眾生之前　調伏一切法界有情
百千萬劫諸佛國土　一剎那中如實皆悉明現
舒光化物無有不周遍者　稽首大悲千手自在觀音
體性勝境法界無與等比　無量法門常生利益眾生
群生眾苦皆令除滅　咸令永脫輪迴苦際
無量劫中勤修苦行　利益眾生清淨一切世間
了心如幻一切皆無所著　如是妙智導眾成就
無礙無等具足廣大神通　遍動十方一切剎土
永斷三毒一切垢染　不使眾生有所驚怖

出現世間大悲遍救眾生　一切智道咸為有情開示
悉令捨棄眾苦永得自在安樂　安住無緣廣大慈悲

世間所有一切福德大海　自在大力能生普令清淨
大恩開示無盡解脫妙門　善達究竟無著廣大自在
大悲身相無與等比　周行無礙悉令一切眾生得見
如幻影相普現於世間　如是妙相本來常自寂靜
希有無等廣大神通威力　處處現身充滿一切法界
如幻現前平等教化眾生　教化有情成真佛子
往昔修習無盡妙行　諸趣輪迴現空靡不經歷
解脫眾生苦難絕無有餘　自他圓滿皆得作佛」

於是宣說真言　誓願護佑眾生：
修羅（諸阿修羅）真言
南麼　三曼多勃馱喃　囉吒　囉吒　特懵躭　沒囉　沒囉

namaḥ samanta buddhānāṃ raṭaṃ raṭaṃ dhbaṃtaṃ mra pra

三、二十八部眾之：乾闥婆

琉璃箜篌的樂音微微的現生起　發出淨妙的乾闥婆香
和著吉祥的心光　供養佛陀及千手觀世音菩薩
如是乾闥婆王歡喜踴躍的前往普陀洛迦山觀音宮殿
參與那無比殊勝的大悲法會
在佛陀及千手觀音的大悲威神加持下　他一心的讚頌：
「如來具足無邊妙相　於三界中絕無與等
微妙難思究竟圓滿的佛智妙力　已盡一切輪迴眾苦邊際者
諸佛體性大悲所現生　千手千眼具足無邊無盡神通

如實法性本來究竟寂滅　清淨無垢無有少法可得
如是增長一切眾生善根　普令有情深生信解
我等如實受法捨棄執著慳吝　隨尊善發無上菩提之心

佛陀教敕大悲怙主加持　我等安住甚深法界體性
大悲心性競發現空寂淨妙樂　音聲香風遍於三千大千世界
眾生善聞心香空樂　普於無上正覺得不退轉
寂滅殊勝究竟解脫妙門　堅固不動普周法界無盡
無上甚深清淨菩提道中　本無所證亦無可宣說
法界體性常寂本來湛然　依於俗諦強以分別而說
法無自性本性究竟空寂　無有作者亦無有主宰
了知自他根本無有所作　是為世間具智慧者
諸法如實各各亦不相知　如是現空無作而示有作
如是現觀我相絕不可得　諸法無法自令解脫

諸法無相亦復無名　畢竟無住亦無所住
我等如尊勝願成就　願如世尊圓滿成佛
常起清淨大悲之心　普令眾生出離輪迴生死大海
一切功德普願迴向眾生　法界有情如是圓成佛果」

於是宣說真言　誓願護佑眾生：

乾闥婆真言

南麼　三曼多勃馱喃　微輸馱薩嚩囉　嚩係儞　莎訶

namaḥ samanta buddhānāṃ viśuddha svara vāhini svāhā

四、二十八部眾之：迦樓羅王

那翔空自在的迦樓羅王　領引著迦樓羅眾如彩蔽天的向普陀聖山而來
一心燃起那迦樓羅界的妙香　斷諸惡習發心念佛的聖香
馨聞了大空　迦樓羅眾一心念佛
那大悲的千手觀自在菩薩　是我等究竟的怙主
導引我們這些金翅鳥眾趣入菩提大道
依偉大的施無畏者　如實受用度生死海無所畏法門
於是在大法之雨　為我們雨下了無邊光明出生一切如來方便法門
剎那間已聞到那　大悲觀音的金剛宮殿的勝光
發出最淨勝的大悲心香
一心頂禮佛陀　一心皈命千手觀音自在

那迅疾大力的迦樓羅王　受著觀世音菩薩的大力加持讚誦道：
「佛眼廣大無礙無有邊際　善見十方一切世間國土
大悲千手千眼觀世自在　現觀眾生計數不可測量
示現廣大神通威力悉皆調伏成就　普令眾生悉得解脫

諸佛神通威力無所障礙　遍生十方世界菩提覺樹之下
心生大悲千手觀音菩薩　依佛教授法界眾生圓滿
善演法雲法界悉皆充滿　雨大法雨一切眾生受用開悟
往昔如佛修諸清淨妙行　普遍清淨廣大波羅蜜多
上供十方一切諸佛如來　下化法界眾生無有窮盡
大悲妙身一一毛孔之中　一念普現無邊勇猛勝行
如是難思體性勝妙境界　濟度眾生歷無量劫
體性勝行廣大不可思議　一切眾生無有能測度者
同入如來導師功德智慧大海　如佛具足無量智慧光明
俱滅眾生愚痴迷惑大網　一切世間普遍同得救護
莊嚴法城廣大不可窮盡　現種種要門具無量數
現前處世大開闡說妙法　千手千眼教授有情覺悟

一切諸佛如來現成唯一法身　體性大悲善顯千手觀音
真如平等現空無有分別　安住自在妙力成就眾生

普現眾形如幻常攝諸有眾生　普放光明覺照一切世間
種種方便示現調伏具力　殊勝大用自他同圓究竟
善觀一切國土所有眾生　悉依業海諸有自緣安住
普雨法雨大慧澆注眾生　證得圓滿無上菩提」

於是宣說真言　誓願護佑眾生：

迦樓羅（金翅鳥王）真言

唵　佉使跛　莎嚩訶　唵　跛佉使　莎嚩訶

oṃ kṣipa svāhā oṃ pakṣi svāhā

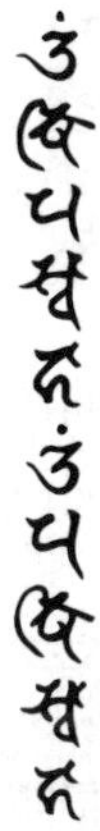

五、二十八部眾之：緊那羅王

微妙的音聲柔軟悅意　淨妙的歌聲善和著眾樂
讚嘆著諸佛的究竟功德　稱頌著千手觀音菩薩的大悲心
虛空普雨眾花　在琉璃寶琴的妙音中化成光明
那緊那羅王的樂音妙香已燃起了一心　緊那羅眾於是如斯雲集
無邊的琴樂和音正宣說著佛陀本行清淨無著法門
現空集成了一切如來饒益世間殊勝智雲
齊心向普陀洛迦山　合十向觀音菩薩勝殿
一心供養佛陀　一心禮敬大悲千手觀音菩薩

大樹緊那羅王在最淨心中如實的讚嘆：
「一切諸法本覺究竟寂靜　空淨圓澄無有任何惱患
世間所有安樂妙事　如是善由見佛而興起
導師利益一切眾生　大悲善起千手觀音自在
普作救護恆為眾生皈依之處　廣大究竟為眾生怙主
法界本然空淨寂滅　如是現前淨月普現於水

出一切無上諸喜妙樂　世出世間受用無有了盡時
能令見者功不唐捐　如實見聞同證廣大菩提

佛陀功德大海無有窮盡　千手體性大悲邊際了不可得
光明普照周遍於十方界　普示眾生微妙清淨色身
大悲妙音恆常演暢殊勝妙法　開示離愛悅竟真實法音
眾生聞者心中善生寂滅欣悅　如聞修證至於圓滿解脫
觀世音自在廣大威力　善由往昔所修勝行
大悲救護安立普令眾生清淨　一相平等如佛究竟無相
如幻妙身現空難可得以見聞　眾生億劫乃能值遇
妙相莊嚴眾德悉皆具足　化導眾生同入諸佛知見

現觀如來廣大智慧海　大悲受命普現群生之前
普應群生心中所欲善巧開示　導引有情同入諸佛菩提
世間業海廣大不可思議　眾生苦樂皆從其中生起

一切智道如實究竟開示　有情如緣善得解脫圓滿
神通自在法界周遊無有間歇　十方大地能相應震動
一切眾生莫能了知深祕　千手觀音度眾方便
處於眾會顯現神通妙境　放大光明普令眾心覺悟
顯示一切如來密境　法界自他圓滿同證佛境」

於是宣說真言　誓願護佑眾生：

緊那羅真言

南麼　三曼多勃馱喃　訶散難　微訶散難

namaḥ samanta buddhānāṃ hasanaṃ vihasanaṃ

六、二十八部眾之：摩睺羅伽

天地間忽然生起了令人心生歡喜的妙香
原來這是摩睺羅伽的殊勝馨香　一切摩睺羅伽群聚
共同前往普陀洛迦山的大悲觀音寶宮
參與那由佛陀加持　千手觀音所召開的殊勝法會
那法界莊嚴明慧速疾法門即將開啟　愛樂速疾增長法門即將現前
摩睺羅伽王領導著其眾　一心念佛一心憶念著千手觀音菩薩

在大悲光明的注照下　摩睺羅伽王如是的讚誦著：

「善觀如來的清淨體性　普現威光善利於一切群生
示現甘露解脫大道悉使眾生獲得清涼　大悲善巧千手自在慧光注照
眾苦永滅現空無所依恃　祈願自他眾生成就菩提
一切眾生居於三有大海　各種惡業迷惑自相纏縛
為彼示現深悲所行現具足寂滅勝法　令諸眾生成熟大悲益利

佛智無等現空不可思議　知眾生心無有不盡

大悲自在闡明入清淨法　求證無上廣大菩提
無量諸佛示現於世間　普為眾生成就廣大福田
福海廣大至深難可測度　大悲導引悟入諸佛菩提
一切眾生憂怖畏苦惱惑　觀音現前普為眾生救護
法界虛空無不周遍　如心雨大悲淨業通達佛智
一毛孔深具體性大悲功德　世間眾生難測不能了知
無邊無盡等同虛空寂滅　智慧光明如實遍照自心

通達如實一切最勝妙法　大悲法性如是遍照究竟
如須彌山王恆不傾動自在　金剛勝慧如實教化眾生
佛於往昔廣大時劫之中　廣集歡喜大海甚深無盡
是故見者無不欣悅妙樂　千手觀音如佛示現究竟
了悟法界現空無有眾相　波羅蜜海如是悉皆圓滿
大光普救法界一切眾生　如是入佛菩提究竟
善觀千手觀音自在威力　十方降現一切平等無別

法界眾生咸皆了悟　同證菩提如佛圓滿無異」

於是宣說真言　誓願護佑眾生：

摩睺羅伽真言

南麼　三曼多勃馱喃　蘗　囉　藍　尾　囉　嚂

namaḥ samanta buddhānāṃ ga ra laṃ vi ra laṃ

七、二十八部眾之：水火、雷神

從鉅雷中燃起妙香　供養佛陀及千手觀世音菩薩

雷神用最清淨的心　如實的憶起了往昔因緣

當佛陀在將成道時安坐在菩提樹的金剛寶座　這時魔王驚怖

他心中想著：

「如果使菩薩成道　會侵奪我的境界　奪去我的威光」

於是統領著三十六俱胝的鬼魅兵將　並幻變空中雲雷、電閃霹靂

用一切境界逼惱將成道的佛陀　佛陀見到這些幻象

心中哀愍魔王及其愚迷　即入於慈心大定

剎那間所有攻擊的武器及雷電霹靂　都化成了無上妙花供養

原來如幻是如此的如幻　一切現空實境了不可得

雷神如是了悟了自身為因緣所生　無有真實的自體

如是的皈命佛陀及千手觀音菩薩

清淨的梵雷從心中響起　他將參與普陀洛迦山觀音宮殿的吉祥法會

在佛陀及大悲聖尊大悲威神加持下

他一心如實的讚頌：

「佛陀兩足至尊世間中最勝　自得寂滅亦教眾生悟入

忍辱、精進慈愍眾生　教悟眾生恆得大覺究竟

大慈大悲從法界體性中現身　千手千眼具足無盡度眾方便

普現十方無量無邊世界　示一切眾生清淨妙身
教化一切愚迷無智眾生　現了覺悟菩提究竟
諸惡永盡三毒法然空寂　永世皈命修證解脫

如是恭敬頂禮佛陀、千手觀音　了悟諸法無有自性
現空如幻隨發無上菩提大願　依尊教示究竟離苦得樂
如尊法界勇猛最精進力　廣大億劫勤修不可思議
為利眾生普現於諸世間　所有闇障悉令滅除無餘
眾生愚痴無智起諸妄見　煩惱大流相續恆不間斷
大善方便法雷滅法無餘　福德如空無有窮盡
大悲不動為眾生父母　以大神通普覺眾生
如實善學無邊廣大勝法　願尊加怙以大菩提廣度眾生
善以一切功德普皆迴向　一切自他圓滿成證佛果」

於是宣說真言　誓願護佑眾生：

水火雷電真言

唵　具羅婆曳油　娑婆訶

oṃ kurabhayeyo svāhā

𑖌𑖼 𑖎𑖲 𑖨 𑖥 𑖧𑖸 𑖧𑖺 𑖭𑖿𑖪𑖯 𑖮𑖯

八、二十八部眾之：電神

從電光中發出了清淨的妙香　這是電神的願心所生
如實的供養佛陀及千手觀音菩薩
大悲法會即將在普陀洛迦山的觀音寶宮開啟了
電光心香瀰漫了虛空
如是受持著佛陀與千手觀音菩薩的大悲威神加持
電神合十一心的讚頌：

「具足妙相廣大神通的三界至尊佛陀　究竟的大智普現於畢竟空
解脫一切眾生煩惱生死之因　度眾窮盡輪迴生死苦痛之際
無邊無盡的大悲體現　普現法界究竟空寂平等

我以體性身、口、意業最敬供養　慇懃禮敬最勝妙法大菩薩
隨尊善發無上菩提大願　救度無始輪迴諸有眾生
盡銷一切身、口、意業無明罪障　甚深懺悔依於究竟實相
諸佛菩薩無盡行願大海　金剛三業清淨所生福德
我今隨願悉皆普遍迴向　普覺眾生圓滿成就佛果
供養一切世燈普坐於道場　以大覺眼開敷普照三有眾生
甚深禮敬法界大悲體性　千手千眼大聖觀世音菩薩
願尊授我如尊無上大力　密護有情解脫無明痴愚

如尊手結千印普現眾生之前　十方法界普悟一切眾生
皈命無上怙主大悲觀自在　成一切有情施無畏者

願我如尊大智大悲　普以電光遍照法界有情悟明
福慧莊嚴最上勝利至尊　隨順善發無上菩提大願
普以功德迴向法界一切有情　普願一切眾生同證全佛」

於是宣說真言　誓願護佑眾生：

水火雷電真言

唵　具羅婆曳油　娑婆訶

oṃ kurabhayeyo svāhā

九、二十八部眾之：鳩槃荼王

鳩槃荼王憶念往昔親見如來不可思議的勝境　他於當時讚嘆道：

「如來成就最上智慧　於一切法無有疑惑
心中無歡喜無瞋恚也不生分別　堪受人天的廣大供養
譬如大海一般深廣彌滿無有邊際　不動不涌而湛然安靜
如來如是廣大無際的功德　我等一心頂禮仰敬」

現在甚深的因緣到了　我等要前往普陀洛迦山的觀音宮殿
參與那究竟殊勝的大悲法會　如是慶喜欣悅
鳩槃荼王發起清淨心而興起殊勝的供養
他以心光燃起勝妙的鳩槃荼香
遍馨了普陀山際　並以神通力獻上了各種巧妙殊絕的寶幔
並以七寶花散於天際
他如是供養並受佛陀及千手觀音菩薩的大悲威神加持
這時他一心的讚頌道：

「牟尼聖主如來出現於世間　宛如須彌山王顯現於大海
遠離一切憂怖畏懼安住不動　堪受一切人天廣大供養
常住於甚深的寂靜三摩地中　演說諸法一切無有所著

捨離除卻一切憍慢及各種垢染　觀察世間性空唯有假名不實
稽首究竟的大悲怙主觀音菩薩　普現千手千眼廣大自在救度
於十方世界普現大神通境　具足最勝悲智行願大力
以大悲智火焚燒一切惡趣　破壞一切惡業煩惱悉無有餘
了知諸法如夢如幻如化　猶如夢中影像無有真實
亦如水中其體非真　大悲智尊如實教化
於法自在普利一切眾生　如是救度實無眾生可得
我以身、口、意淨勤供養　如尊善發無上菩提大願
普令有情離苦得悟清涼　具足圓滿悲智三摩地境
自利利他法界勝利大導師　最上大悲廣施無畏者
我今迴向一切功德　如尊願滿眾生成佛」

於是宣說真言　誓願護佑眾生：

鳩槃荼王真言

唵　鳩槃荼　波多曳　娑縛賀

oṃ kumbhāṇḍaḥ pataye svāhā

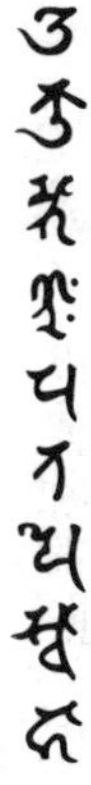

十、二十八部眾之：毘舍闍

毘舍闍王安住在如來慈心的教誨　心在如來的加持下住於慈心三昧中
毘舍闍王一心以毘舍闍妙香供養佛陀及千手觀音菩薩
在如是吉祥的淨意中　他思惟著佛陀的教誨：

「忍為世間之最　忍是安樂之道
忍能遠離孤獨　為賢聖所欣喜悅樂
忍能照護眾生　忍能得現威力
忍能圓滿六度　忍能除去眾惑
忍能具足十地　速得菩提之道

忍能斷除煩惱障礙　忍能降伏剛惡眾生
忍給與種種的人　授記成就無上之道
如是安忍以現空的智慧安住在吉祥的慈心三昧中
令我暴戾的習氣得以降伏　能發起無上勝願廣度群生
今日毘舍闍王將參與普陀洛迦山觀音宮殿中的大悲法會
心中只有吉祥　心中只有吉祥」

在佛陀與千手觀世菩菩薩的大悲加持導引下
他一心合十的讚頌：

「唯佛能悉除一切的煩惱　於盲冥中圓滿覺悟
為群生封閉了所有的惡趣　令一切眾生安住於善道
宛如虛空無邊亦無有等　是一切眾生之所依住
佛智如是的不可思議　於一切法中到達彼岸
皈命最上自在最尊勝的聖觀世音菩薩　一切功德圓滿具足千手千眼
以大慈大悲光照遍照一切有情　以最上的妙深法布施眾生
大悲普現於無量無邊世界　普令一切有情成證無上菩提

一切佛法中絕無惱他之義　以平等心廣度苦難眾生至彼岸
諸法現空不二究竟　不生不滅捨除憎愛分別
善學如來、千手聖觀自在　止息瞋念穢惡具足安忍
住大慈心善度一切眾生　如是誓願畢竟成就
大悲法界眾生大藥　利益眾生究竟了達法岸
善發無上菩提心願　永無惱於眾生救度眾生成佛
聖觀自在千手菩薩功德大海　無量無邊無有窮盡
皈依讚嘆究竟真聖　勇猛精進如尊具足威德
普願法界眾生同受佛記　我等成佛現如世尊」

於是宣說真言　誓願護佑眾生：
毘舍闍真言
南麼　三曼多勃馱喃　比旨　比旨
namaḥ samanta buddhānāṃ pici pici

𑖡𑖦𑖾𑖭𑖦𑖡𑖿𑖝𑖤𑖲𑖟𑖿𑖠𑖯𑖡𑖯𑖼 [illegible]

拾玖　大悲勇士品

一

多少宇宙風波　無數劫難已過
深在大悲淨聖的教導中
用無念善成了般若勝智
宛如親子般的教誨
讓我們的心也學成了大悲的勇士
在法界中無畏自在
現觀一切形色依心而造
我們的心成了最善工巧的畫師
能繪出種種驚怖的幻相
仔細現觀　那惡鬼、夜叉隨著我們的心悄悄的逸出嗡……

恐懼來自自心　自己畫現自己驚怖

設計的那麼精巧的妄念

竟能繪出六道中的所有痛苦

如是地獄、餓鬼、畜生的一切災難

所有生、老、病、死的種種催逼苦惱

我們自己深陷在自心所畫的惡形聲色中所害

無明迷妄不覺　自作而自受　宛如蠶絲般自縛

這執著的所有幻苦　恐將幻誤真迷中迷苦

墮入了本然無有的六道輪迴　用那麼癡心妄想去幻害自身

永不願離

那如母的大悲觀世音菩薩

那麼柔和的深深教示：

「憶念我觀世音吧！

我誓將所有眾生的一切迷幻苦厄　漸令除滅
將深傷化作吉祥清靈
用最真實的心　無比清淨的意

廣大無邊的智慧　大慈大悲的觀照
如實徹見那究竟的深心自性　如是的清靜　清靜　清淨
無垢的光明　正如同慧日般照破所有的黑闇
降伏一切的災障　普照著一切世間依覺現生

讓我消除一切地、水、火、風、空、識的所有障難
用甚深的慈意興起清淨微妙的體性大雲
降下甘露的法雨
滅除所有眾生心中一切的煩惱火焰
讓恐怖惡境的怨敵
在我觀世音的大悲力中　宛然寂滅

一切惡障正如霜雪消融於日般　終歸於吉祥安和」

讓我們雙手合十　所有的智慧善友
一起稱念著觀世音菩薩的偉大妙德：
「妙音觀世音　梵音海潮音
勝彼世間音　是故須常念
念念勿生疑　觀世音淨聖
於苦惱死厄　能為作依怙
具一切功德　慈眼視眾生
福聚海無量　是故應頂禮」

合掌清念念念念念念觀世音

那大悲的觀世音淨聖
念念念眾生　但願眾生得離苦

生生世世安樂到成佛
是故應常念念念念念念觀音
如是來自大悲心的最深教誨：
「為何我名為觀世音
我是你心中的能觀自在
是最深的慈悲、安和
現前當下迴觀自性　證問自心
如是現觀我是觀世音
那是大空的幻名
我從來不曾執著為觀世音
只有在無我的現觀注照著你　迴觀著我
在這觀照當下　三輪體空了

於是沒有被觀照的你　沒有觀照的我　也沒有觀照自身
如是現成了觀世音

在萬象寂然畢竟空寂的無分別中
照見五蘊皆空　度一切苦厄
觀照著音　觀照著聲　觀照著眾生無相
於是一切都現前得到了解脫
成了觀自在」

那是從大悲體性中現起的無邊無量的誓願
原來觀世音菩薩的心
只有在畢竟空中才能明見
在大悲方能了悟
南無大悲千手觀世音淨聖
願我聽見您的聲
願我聽聞您的音
願我聽覺您的心
願我聽悟您的夢

願我聽入您的無上大願
我乃了悟
只有空啊　才能聽見您真正的心聲

於是大悲的聖者慈心的告訴我們：
「我聞了你的聲
我應了你的音
我安了你的心
我到了你的夢
我圓了你的願景
將帶著你圓滿無上菩提」

空不是有　也不是無　空只是真實
當我們演出無盡的宇宙戲夢
清唱出光明的覺性大藏　吟著吉祥梵音

那清明的光階輕敲著聲月　如同淨玉晶星鳴於大空　如是甚深寂靜
從那胸中生起誓願深如大海
竟將眾生同成了佛
在這無念當下　我是觀世音
你也是觀世音
你我都是觀世音
於是大家共同成了觀音

二

如同大日的光明遍照　亦如在無障礙的虛空滿月獨自的明耀
在黑闇的世界中　除滅了一切闇
於是登上了普陀洛迦這智慧的山王
在高山頂上　用明淨的體性　燃起大悲的大照明火
十方闇皆如實的明見　智慧山王是那麼的高顯

明照那煩惱的闇見　用淨明的法性普令開現
用自性的摩尼珠王　開啟智慧的寶幢　遠照一切的法界
大慈大悲的金剛光明　互映著吉祥的大智
引那十方一切有情登上普陀洛迦智慧山王　修證無上的菩提大道

那大悲的聖者觀世音菩薩　安立在智慧的山頂
用那大智慧的一千隻眼目
如實慈視觀察無邊世界的無量眾生
一切的智者、愚者　如實的現觀了視
清照透見那無明煩惱的密細纏縛糾結
用大悲千手柔軟的為眾生解脫自在
在法界無量的普陀洛迦山頂　無邊無盡的如幻示現

千手千眼的大悲自在者　無障、無礙的示現眾生之前
如實的教化一切眾生　令知生死惡趣

解脫無憂　成就圓滿的道果
那高峻的智慧山頂　就在你的心中
清淨的戒水也如實的灌注在你的身上
善巧觀察那三界無明諸有的過患　一切都如實的明見了
登上那勝利的普陀洛迦智慧山頂　進入觀世音菩薩的大悲曼荼羅宮
成為觀自在者　如實的現成觀世音

普陀洛迦　大悲的佛山　矗立在眼　示現在心
用大願心開啟　走向那菩提大覺的山道
大慈、大悲的無上菩提心　是如金剛決斷的心
以福智雙足　踏出無明的愚惑
超越貪、瞋、痴、慢、疑的危谷
返出十二因緣的迷途　在大覺的正路
步步離苦、斷業　步步八正道、入涅槃寂滅
飲那三十七菩提分的甘露　食那六波羅蜜的妙食

於是在十信、十住、十行、十迴向、十地的步步高昇中
登上了妙覺的峰處　與那千手千眼的大悲怙主
安坐在大覺的佛山王頂

那光耀如同黃金寶峰的佛山　清淨殊勝無與倫比
那智慧的妙德河水安鎮恆盈　光明相好如空不可測量
如日等照　逾於千月普放光明
如幻不可思議的實相妙境　如是的稽首一切心無所著者
宛如摩尼大寶般的妙高山王　具足了無盡的勝寶伏藏
饒益一切有情含識　普益著一切世間
那光明的十八巖谷　具足著如來的十八不共妙法
慈悲淵池　智水暢流　定水三昧寂靜
頂禮佛山王　如是法爾自然的金剛寶山
於是始覺同了本覺　現觀佛山在心中
自自然然的安住在金剛峰頂

與千手觀世音菩薩合唱大悲的心曲

三

嗡……

空間消失了
時間停止了
心超越了

阿……一切本不生
無初畢竟空
本初大圓滿
太初至道現

阿……大悲現前一音演出無量的法界
無量的音聲法界　成了阿……本不生
是心本無生　是無上菩提不滅
長阿一聲畢竟空　如實的金剛喻定

吽……一切真言現成
一切法界現成　一切曼荼羅現成
一切佛身現成
於是　圓滿　廣大圓滿
善哉　梭哈

一切的妙音成了身
圓滿的自覺　佛身

嗡……最密最密　阿……

最細微最細微阿字妙聲

最密最細的阿字　成了最密最密的心音

心光音不二

在最最的微密中頓成空

阿　內空

阿　內內空

阿　內至寂空

阿　法爾佛現成

阿　內空　內內空

阿　內至寂淨空

阿　內空究竟　畢竟空

阿　現起了法界體性自佛身

阿　心念　心心念念

阿　細胞、DNA、三脈七輪、五臟六腑

阿　心、氣、脈、身、境到法界

成了金剛光音　現起虹彩光音　全成了佛

阿　外空、外外空

阿　內外空、內內外外空

阿　空空、空空空空

阿　大空、第一義空、有為、無為、畢竟空

阿　諸法眾音自性一切空

頓阿　畢竟空

超越十方、三世

一切無初　本不生

畢竟空中　無生無不生

法身佛現　常寂光聚

法然現成

長阿一聲　現空中超越了十方法界

過去　現在　未來　十世　如實現成
透脫了一切心識
六根、六塵、十八界、六大、十法界　三身四曼
全體法界全然在無聲之聲中
現前畢竟空　現成金剛海印三摩地

一切處　一切時　一切心　一切界
法界全阿　本不生
本初現成
一切廣大圓滿的佛現前如是
吽　吽　吽　成了
最空的金剛音珠
現前了金剛光鍊音珠
現起了　一切不滅的圓滿究竟

大悲！大悲！
向您祈願大悲菩提心的諸佛祖母
一切大悲音現　法界圓滿成究竟
大悲海曼荼羅在
畢竟空中　現起了　法界體性音　阿
一切祈願　現起了　諸佛妙音　吽
善觀自心　現起了　自功德善音　嗡
一切在究竟體性　自佛自加持　自音自圓滿
成了現空中的自在心佛

諸佛是法界音身
進入你的心想之中
是
心音是佛
是心音作佛

你的心音成了三十二相八十種好
遍滿法界　成了法界自身
輕敲著　彩虹的聲音
成了阿彌陀佛　無量光明
畢竟空圓滿　音空自無礙
阿　現成

四

祈請！大悲觀世音菩薩啊　祈請！世間自在的怙主
如果能專心正念憶持者　必將得以解脫一切惡道的苦難
您是世間中最敬重的父親　您是世間最敬重的慈母
您是世間真實的救度者　您是世間的廣大日光
妙音觀世音菩薩　您宛如梵音、海潮音般清淨

超勝了一切世間的所有音聲　是故我等應一心的恆常念誦
念念勿生起任何的疑惑！　如是大悲觀世音　最究竟清淨的聖者
在眾生受困於苦惱死厄之際　能夠成為眾生的究竟依怙
具足了一切最殊勝功德　用慈眼注視著一切的眾生
福德廣聚宛如大海無量　是故我等應一心頂禮稽首
祈願於未來之際　我等皆如同觀自在菩薩一般

世間的眾生被困厄所纏　無量的痛苦逼迫於身
觀音的微妙智力　能救度世間中的一切眾苦
具足無邊的神通威力　廣修於一切的智慧方便
在十方的諸佛國土　無有剎土而不現身
種種一切的諸種惡趣　地獄、餓鬼及畜生三惡道
一切生老病死的痛苦　觀音的大悲能逐漸悉令消滅

那真觀清淨的現觀　廣大的智慧妙觀

悲觀以及慈觀　心中常願常能瞻仰
無垢的清淨光明　宛如慧日破除了諸闇
能降伏一切災風火難　普明照於世間
悲體戒體如同雷震一般　用慈意生起微妙的大雲
澍下甘露法雨　滅除了一切煩惱的火焰
諍訟經於官處　怖畏在於軍陣之中
念彼觀音的威力　眾怨悉皆退散無餘

一切的生滅既已完全寂滅　實相如是寂滅現前
忽然之間超越了一切世、出世間
現證了十方圓明的實相境界　獲得了二種殊勝如實：
一者上合十方諸佛的本妙覺心　與佛如來同一慈力
二者能下合十方一切六道眾生　與一切眾生同一悲仰
如是的耳根圓具金剛三昧　現前圓滿了
南無觀音如來

法界圓通的自在境界現前了

「如是由我供養觀音如來　蒙彼如來教授我如幻聞薰聞修的金剛三昧
能上與諸佛如來同慈力故　令我身成三十二應身
入諸國土救度眾生
如是若諸菩薩入於三摩地中　進修無漏勝解現前圓滿
應以佛身而得度者　我即現佛身而為說法　令其解脫
若諸有學修學寂靜妙明勝妙現圓　應以辟支佛身得度者
我於彼前即現獨覺身而為說法　令其解脫
若諸有學斷十二因緣　緣斷勝性勝妙現圓　應以緣覺身得度者
我於彼前現緣覺身而為說法　令其解脫
若諸有學得悟四諦現空　修道入滅勝性現圓
應以聲聞身得度者　我於彼前現聲聞身而為說法　令其解脫
若諸眾生欲心明悟　不犯欲塵欲身清淨　如是應以梵王身得度者
我於彼前現梵王身而為說法　令其解脫

若諸眾生欲為天主統領諸天　應以帝釋身得度者
我於彼前現帝釋身而為說法　令其成就
若諸眾生欲身能自在遊行十方　應以自在天身得度者
我於彼前現自在天身而為說法　令其成就
若諸眾生欲身自在飛行虛空　應以大自在天身得度者
我於彼前現大自在天身而為說法　令其成就
若諸眾生愛統領鬼神救護國土　應以天大將軍身得度者
我於彼前現天大將軍身而為說法　令其成就
若諸眾生愛統世界保護眾生　應以四天王身得度者
我於彼前現四天王身而為說法　令其成就
若諸眾生愛生天宮驅使鬼神　應以四天王國太子身得度者
我於彼前現四天王國太子身而為說法　令其成就
若諸眾生樂為人主　應以人王身得度者
我於彼前現人王身而為說法　令其成就
若諸眾生愛主族姓世間推讓　應以長者身成度者

我於彼前現長者身而為說法　令其成就
若諸眾生愛談名言清淨其居所　應以居士身成度者
我於彼前現居士身而為說法　令其成就
若諸眾生愛治國土剖斷邦邑　應以宰官身成度者
我於彼前現宰官身而為說法　令其成就
若諸眾生愛諸數術攝衛養生自居　應以婆羅門身成度者
我於彼前現婆羅門身而為說法　令其成就
若有男子好學出家持諸戒律　應以比丘身成度者
我於彼前現比丘身而為說法　令其成就
若有女子好學出家持諸禁戒　應以比丘尼身成度者
我於彼前現比丘尼身而為說法　令其成就
若有男子樂持五戒　應以優婆塞身成度者
我於彼前現優婆塞身而為說法　令其成就
若復女子五戒自居　應以優婆夷身成度者
我於彼前現優婆夷身而為說法　令其成就

若有女人內政立身以修家國　應以女主身成度者
我於彼前現女主身及國夫人、命婦、大家而為說法　令其成就
若有眾生不壞男根　應以童男身成度者
我於彼前現童男身而為說法　令其成就
若有處女愛樂處身不求侵暴　應以童女身成度者
我於彼前現童女身而為說法　令其成就
若有諸天樂出於天倫解脫　應以天身成度者
我現天身而為說法　令其成就
若有諸龍樂出於龍倫解脫　應以龍身成度者
我現龍身而為說法　令其成就
若有藥叉樂度於本倫解脫　應以藥叉身成度者
我於彼前現藥叉身而為說法　令其成就
若乾闥婆樂脫其倫解脫　應以乾闥婆身成度者
我於彼前現乾闥婆身而為說法　令其成就
若阿修羅樂脫於其倫解脫　應以阿修羅身成度者

我於彼前現阿修羅身而為說法　令其成就
若緊陀羅樂脫於其倫解脫　應以緊陀羅身成度者
我於彼前現緊陀羅身而為說法　令其成就

若摩呼羅伽樂脫於其倫解脫　應以摩呼羅伽身成度者
我於彼前現摩呼羅伽身而為說法　令其成就
若諸眾生樂人修人　應以人身成度者
我現人身而為說法　令其成就
若諸非人有形無形、有想無想　樂度於其倫而得解脫者
我於彼前皆現其身而為說法　令其成就
是名為妙淨三十二應入國土身　皆以三昧聞薰聞修
無作妙力自在成就

五

是我復以此聞薰聞修的金剛三昧無作妙力
與諸十方三世六道的一切眾生共同悲仰故
令諸眾生於我身心相應　獲證十四種無畏的功德：
一者由我不自觀音以觀於觀者　能令彼等十方的苦惱眾生
觀其音聲即得解脫
二者正知正見的旋復力量　令諸眾生設入大火　火亦不能燒之
三者正觀與正聽的旋復力量　令諸眾生於大水所漂時　水亦不能溺
四者斷滅妄想而心無殺害的意念　令諸眾生入諸鬼國眾鬼不能傷害
五者由薰聞成就聞性　六根銷復而同於聲聽
能令眾生臨當被害時刀劍段段毀壞　使其兵戈猶如割水一般
亦如吹般光性無搖動
六者聞薰精明明遍於法界　則諸幽暗性不能全現
能令幽暗眾生：藥叉、羅剎、鳩槃荼鬼及毘舍遮、富單那等
雖近於其傍而目不能視
七者音性圓銷　觀聽返入而離諸塵妄

能令眾生禁繫枷鎖所不能著身
八者滅音圓聞遍生慈力　能令眾生經過嶮路而賊不能劫害
九者薰聞離塵眾色所不能劫奪　能令一切多婬眾生遠離貪欲
十者純音無塵　根境圓融無對所對　能令一切忿恨眾生離諸瞋恚
十一者銷塵旋明　法界身心猶如瑠璃朗徹無礙
能令一切昏鈍性障諸阿顛迦無善毒永離癡暗之中
十二者融形復聞　不動道場而涉入世間
不壞世界能遍十方法界　供養微塵數諸佛如來　各各佛邊為法王子
能令法界無子眾生　欲求男者誕生福德智慧之男
十三者六根圓通　明照無二遍含十方世界　立大圓鏡空如來藏
承順十方的微塵如來　祕密法門受領無失
能令法界無子眾生　欲求女者誕生端正福德柔順
眾人愛敬的有相之女
十四者此三千大千世界百億日月之中　現住於世間的諸法王子
有六十二恆河沙數修法垂範

教化眾生隨順眾生　方便智慧各各不同
由我所得圓通本根勝發妙耳門　然後身心微妙含容遍周法界
能令眾生持我名號　與他人共持六十二恆河沙諸法王子者
二人福德正等無異
如是我一號名與彼眾多名號無異
是由於我修習得證真圓通力的緣故
如是名為十四施無畏力　福備於眾生

世尊！我又因為獲證如是圓通修證無上道故
又能善獲四種不思議的無作妙德：
一者由我初獲淨妙的妙聞心而心精遺於一切分別聽聞
因此見聞覺知不能分隔　成為一圓融清淨的寶覺
因此我能現起眾多妙容　能說無邊祕密神咒
其中或是示現一首三首五首七首九首十一首
如是乃至一百八首　千首萬首八萬四千爍迦囉精進不壞之首

二臂四臂六臂八臂十臂十二臂　十四十六十八二十至二十四
如是乃至一百八臂千臂萬臂　八萬四千母陀羅臂
二目三目四目九目　如是乃至一百八目千目萬目
八萬四千清淨寶目
或慈或威或定或慧　救護眾生得大自在
二者由我聞思超脫出六塵　如聲度於垣牆不能為礙
故我微妙能現一一形　誦一一咒　其形其咒能以無畏施諸眾生
是故十方微塵國土皆名我為施無畏者
三者由我修習本妙圓通清淨本根
所遊世界皆令眾生捨身珍寶求我哀愍
四者我得佛心證於究竟　能以珍寶種種供養十方如來
傍及法界六道眾生
求妻得妻、求子得子、求三昧得三昧、求長壽得長壽
如是乃至求大涅槃得大涅槃
我從耳門圓照三昧　緣心自在因入於法流之相

得三摩提成就菩提斯為第一！
如是彼佛如來讚嘆我善得圓通法門　於大會中授記我為觀世音號
由我觀聽十方圓明　故觀音名遍於十方世界」

貳拾　八大菩薩品

一

究竟圓滿的佛陀　能摧伏一切眾生的煩惱
於諸佛法圓滿受用　救世聖尊我如實頂禮
從自在手中流下清水　能除去一切眾生的飢渴
如是三界的如意寶樹　頂禮蓮花手多羅度母菩薩
以大慈水為自心　能息除三毒瞋恚的煩惱火焰
頂禮慈氏彌勒世尊　能斷除有情眾欲的弓弦
如虛空藏的廣大妙慧　虛空菩薩寂靜的至尊
度眾從生死流中解脫　頂禮諸佛的心子
斷滅無邊有情無明惑結　能息去無益的眾心
普賢菩薩我頂禮至上　善逝佛陀的上首長子

破滅一切塵勞盡為法界僮僕的殊勝深責　超勝一切的魔羅大軍
頂禮金剛手菩薩　能宣說一切陀羅尼大明
頂禮妙吉祥文殊菩薩　善持妙童子形
舒遍無盡的智慧明燈　攘奪三界的大明
遍一切除蓋障菩薩　是故我一心頂禮
無盡智慧的勝尊　能生起無竭的智慧辯才
如大地中一切的諸有情　能為所依一切永不斷壞
堅慧悲愍的寶藏　地藏菩薩我甚深頂禮

此等皆為真實善逝佛子　讚揚彼等所獲的勝福
如是法界一切諸有情　能成就如彼成為讚嘆的依止
如是圓淨的八大菩薩　現前善成大悲心陀羅尼微妙境界
以無比清淨的功德　成就大悲千手千眼的勝利寶藏
善哉！善哉！

大悲現前　眾生將依止偉大的怙主
圓滿成就無上的菩提

二

如是一心皈命禮敬　喜適安悅的最吉祥
無比殊勝的普陀洛迦山　聖處寶界以種種珍寶所嚴飾
種種的寶林妙樹　枝蔓密垂下布　具足了種種的成就
各種微妙寶花　華光普照
種種的池沼　泉流淨聲
有種種的妙色相映　香象及鹿王自在悠步
蜂王妙歌演音　緊那羅女吟唱美曲
乾闥婆普奏心樂　一切諸天及人民
修行仙人離欲大眾　恆集於此山之中

而無量的菩薩大眾　亦集聚於此聖境

具足聖德的大悲心　觀世音菩薩
為了利益一切有情　修習一切大行圓滿
並具足慈悲喜捨四種梵行
安住在大悲胎藏的吉祥蓮華座上　吉祥端坐
為法界無盡大眾　宣說妙法

皈命於法界瑜伽自在之王　如是善住於大悲如幻三昧的聖尊
普於世間清淨雜染的一切諸剎海　能示現種種隨類形像的眾身
我依於蓮華相應的法門　演示究竟的大悲勝法
為令一切修習如是大悲三昧者　遠離於二乘無悲的禪定
疾速具證一切神通波羅蜜　即能頓證於如來大覺菩提聖位
行者應當善發體性大悲之心　具受大悲聖尊金剛寶戒
不顧身命生起大慈悲心　乃能堪入於究竟解脫輪

如是深受觀自在尊三昧耶　依經深契度一切眾生成佛
遍觀於十方諸佛大海　懺悔發願善如大悲聖尊教示
成就身語意三業金剛　於大悲勝海精進不退

此時大悲的觀自在淨聖
善出殊勝美妙的言音
宣說了法界最深的密義
從那西方極樂世界的無量壽佛所　來到了娑婆地球
如是來自大悲觀世音淨聖的自心
如是由體性大悲誓願所出生　敕命我成為一切世間之母
手執著優鉢曇華　放大光明普照此界

我是從大悲聖尊變化而出生　為了守護於世間
使眾生超越種種嶮難怖畏　刀兵及飢饉
一切輪迴種種恐怖　為了救一切有情的緣故

化現了我多羅度母尊　我為諸佛之子
在大悲千手淨聖的自心所出生
如是身光焰烈熾盛
宣說了大悲心的密言
無量諸菩薩及一切眾生　聞之將心生歡喜

若有人能如實受持　一切罪業悉皆消除
福德增廣　資財眾多善妙吉祥
一切諸病即皆殄滅　安祥而住於廣大福田
長壽而安樂　並興起大慈悲心廣度有情
如是大悲觀音菩薩　歡喜的吉祥示現
具足無上妙德的多羅度母菩薩
如是善增眾生廣大福德
這勝妙寂靜的淨名
聞著善得安樂　能具豐財兼得自在

諸病即得解脫　具足諸妙功德
後終往生於極樂淨土

如是我多羅度母　本從無生的阿字所出生
一切所現諸種行相　不生亦不滅
是相如同虛空　如是從虛空性而出生
隨示相應而現本相　妙相如是一多無礙
色相示現無邊　善寂體性純一無雜
常能示現幻化眾相　宣說密語及真實語總持一切陀羅尼
盡攝廣大真實密理　常行於妙真實行
施於眾生無所畏　寂靜常除瞋恚

遠離一切怖畏苦痛　善破所有煩惱牢籠
能解眾生三有的縛結　一切苦海悉皆永離
大悲度眾　自他皆俱成就

唯施最上勝法　為總持自在之王
具足純一的大悲
自性大悲心續不斷　常行大悲行
亦從大悲而生　常具大悲心
以大悲普降一切眾生
使所有苦惱者　皆獲究竟歡喜
是名眾生自在之母

唵　纈唎　郝鉢納麼　室哩曳　娑嚩訶

oṃ hrīḥ hūṃ padma priya svāhā

三

爾時彌勒菩薩宣說頌曰：

「名振十方世界智慧無際無量　放大光明普照世間
一切眾生共同度量　也莫能測知世尊的殊勝智慧
如是諸佛大悲心總集所現　千手千眼觀世音菩薩淨聖
隨順如來大悲勝行　圓滿法界一切眾生成佛
十方無量菩薩大眾　為求法故咸皆來齊集
如是信樂大悲法門　願尊演說令彼歡喜
如來具足戒定及智慧　名稱普聞於十方國土
演法無畏猶如師子　光遍虛空宛如日照

一切天龍與諸羅剎　及諸比丘、比丘尼等
優婆塞與眾優婆夷　合掌樂聞如來教說
過去、未來以及現在　世尊於彼皆悉了知
如是眾生心同悲仰　大悲淨聖祈願教示
導引眾生同成無上大覺　如彼世尊圓滿成就
以勝解力拔救群迷眾生　願決疑惑令彼如實開曉

云何菩薩智慧妙行　嚴淨佛剎令彼光潔圓滿
云何一切諸願能速皆成滿　今請大悲淨聖為吾等宣說
云何無有慳吝戒法無缺　能安忍罵辱及諸難事

如實精進修行永無懈倦　解脫無量苦難眾生
專心樂入於三昧妙門　遊止於清淨禪法宮殿
處世利益而無有染著　譬如蓮花不著於水
云何智慧出於世間　開闡如是甚深微妙勝法
降伏一切諸魔大眾　速能具足定慧成就
如實大悲導引一切眾生　同證究竟圓滿無上佛果」

唵　每訶哩爾　娑嚩訶

oṃ mahārāṇa svāhā

四

虛空藏菩薩宣說如是妙偈：

「一切平等心於法界諸眾生　平等能至究竟彼岸
遊戲於無垢大悲心中　我為是等見於大悲淨聖
能達正見無有垢穢　已無猶豫斷除眾疑
自得了達利益一切眾生　諸佛大悲總集所現
知我無我無與等比　為眾發心不著於眾
能解脫眾生計執我見者　大悲發心導眾成佛
能護威儀具大悲行　其心清淨宛如虛空
堅固不動宛如須彌山　無生無滅實相大悲現成
精進心生無涯智慧無等　勇健能破眾煩惱怨
已結已斷斷眾生結　禪定諸通勝慧圓明
樂空、無相、無願大悲如幻　而示現於十方法界
無生無滅體證究竟體性　智見甚深無有崖際

了知一切眾生心行　現妙身於法界一切剎土

法義智慧究竟殊勝至尊　本淨無垢一切無有所著

喻如虛空無有染汙　禮敬大悲不動聖尊

行無與等如是無有涯底　現法嚴身究竟微妙殊勝

如佛法身示現宛如虛空　普生大悲濟度眾生

斷一切言語無有音響　離諸言說無有戲論

雖知如是大悲現前說法　無性眾生普皆令其悅豫

如是大悲示現千手千眼　圓度眾生直證佛果」

唵　阿蘗婆也　娑嚩訶

oṃ ākāśa garbhaya svāhā

五

普賢菩薩宣說如下妙偈曰：

「法界體性的無邊大海　諸佛自心體性大悲所現
一切諸佛最勝長子　千手千眼觀世音菩薩
隨順如來甚深教敕　普於十方無量世界
善度眾生圓滿成佛　如我普賢廣大願海
一一毛孔中示現無邊剎海　等一切佛剎極微塵數
如是悉於其中廣度眾生　無盡菩薩眾會圍遶
一一毛孔所有剎土　見佛皆悉於中安坐道場
安處最勝蓮華寶座　如是普現神通周於法界

如是一一毛端之處　一切剎土極微塵數
觀世音菩薩自在眾會　普宣無盡大悲勝行
如是大悲淨聖安坐於一剎土中　普於一切剎中無不現前
如是普現法界眾生之前　普皆教授菩提勝行
十方無盡菩薩雲海　普共同來集會其所

功德光明菩薩大海　百千億剎如極微塵數
如是聚會共行大悲究竟　同入大悲勝海　度眾圓證佛果
自在遊於甚深法界　悉住大悲無等勝行

普現一切佛剎之中　普放體性究竟光明　普入無邊諸佛勝會
普於十方一切剎土　安住最勝諸佛之所
導眾聽聞正法善具修行　普於一一國土經無量劫
菩薩常修種種大悲妙行　普入大悲勝願海中
安住諸佛境界功德無邊　法海光明無不周遍
通達大悲體性廣大勝行　出生諸佛無盡妙法
讚嘆諸佛功德大海無有邊涯　示現究竟神通充遍法界
大悲身雲普現如微塵數　念念恆周一切剎土
甘露法雨慈潤群生　普遍法界咸令開悟
法爾無盡體性大悲妙行　普示諸佛究竟深性
如是度眾圓滿成佛　圓滿無盡眾普賢行」

唵　纈唎　惹也　娑嚩訶

oṃ svāhri rājāya svāhā

六

爾時金剛手菩薩宣說偈頌：

「三千世界的諸眾生　一切皆證得緣覺之果
縱然經由一劫盡思籌量　對於一眾生的心也不能完全通曉
世間所有眾生的心之究竟　唯有佛陀乃能全知彼等心意
眾生心雖能完全了知　佛陀心中即無有分別
如是法教究竟現空　一切言語根本無生
諸佛大悲總集妙心　無滅現前如是相應現成
大悲千手觀自在尊　體性現空如實而現

宣說如是法界實相　導引眾生現空而成佛

大悲世尊善隨一切眾生之類如所相應　用淨妙聲輪宣說正法
法中自在演示妙音　一切聞者皆共欣悅聽聞
隨所宣說的名相生起　能以諸法名善巧開示
所有的一切眾生之類　色相名字及其思惟
如是佛如一毛孔中善放光明　如來隨其相應善巧分別
所有世尊大慈化導眾生　一切毛孔悉放光明
大悲淨聖亦復如是　善巧成就諸佛教言
光明超勝於人中至尊　於音聲輪中宣示妙法

假使佛經一劫之中　以諸種譬喻善巧宣說
然而佛語及其音聲之輪　畢竟不可得其邊際
一切煩惱本然無有色相　所說語言亦無有相
由其語言無相之因　煩惱無相當自息滅

是故語言諸般色相　於一切處皆悉不可得
以其畢竟無可得故　煩惱色相亦復如是寂滅
由其語言不實之故　所說非內亦復非外
煩惱現空不實亦復皆然　染性非內亦復非外

如是以無少法可得故　佛所說言遍滿十方世界
煩惱無得亦復皆然　是故佛陀如是宣說
一切真言究竟密句　法爾現空一體性所示
無生無滅本來究竟　大悲心語亦復如是
一切眾生語言之道　上、中、下品有其三類分別
語言非身亦非是心　此中無住亦非無住
譬如假以法緣成於樂具　由風吹擊眾音聲響
所出音聲無所從來　是中亦復無造作者
由其宿昔善清淨性　一切眾生意風所吹

故佛世尊善出微妙音聲　然佛亦無分別心想
譬如應聲而起對響　音響非內亦復非外
人中尊善出勝妙言語　非內非外亦復如是
又如珠寶無所分別　令諸眾生心生大喜樂
佛無分別亦復皆然　一切音聲悉皆圓滿
如是究竟化導眾生　大悲勝願普現法界全佛」

唵　俱尾囉　娑嚩賀
oṃ guru bhaṭarāka svāhā

七

文殊菩薩宣說如下偈頌曰：
「一切諸法本無有生　如是因緣和合而為清淨

諸法生生亦不復生　泥洹體性悉皆如是
幻化者從空真如而現　如是化化亦無解脫者
幻化亦與泥洹相等　現空寂然無有處所
念者本然無識亦無分別　如是發念因空而現起
泥洹與念如實相同等　所念諦觀現成如是
覺覺如實平等平等　所覺亦無所到
所覺現空無有常住　是故法界一切如來

如是化處亦無有處所　所覺亦無有所到
若化無有處所　諸法亦皆如是
生處如是現空無所有　無生是其實相住處
如是法界體性畢竟空寂　體性本覺大悲現成
始覺現前諸佛大悲總集　千手千眼觀世音淨聖
究竟寂滅大悲妙行　度眾成佛亦無可得
一切現前大悲三昧　普周法界如是現前圓成

能動法動無邊佛土　如是得受不動大悲勝身
寂然如實妙法現成　廣度法界一切眾生
如是於法界妙現其身　一切法爾悉皆如是
大悲妙行無所造作　得佛境界周遍十方法界
如是最勝大悲法王　眾生皈命大覺本淨」

唵　室利闇嚂誐　娑嚩訶

𑖌𑖼 𑖫𑖿𑖨𑖱 𑖀𑖨𑖿𑖐 𑖭𑖿𑖪𑖯𑖮𑖯

oṃ śrī arga svāhā

八

除蓋障菩薩宣說如是偈頌：

「具足廣大名稱及廣大勝慧　得大無畏的偉大佛陀

已度於生死險難之中　稽首究竟出過煩惱岸
諸佛自性大悲心具　千手千眼觀世音大聖
如實自在佛於佛行　大悲度眾成佛究竟
尊為普遍熾焰光明　尊為眾生普照廣大燈炬
如是證得一切解脫門　善巧度眾至無等等
堅固不動宛如山王　深廣無底猶如大海
一切邪見外道終不能破　稽首稱讚大悲淨聖

本來寂靜諸法無生　自性如是常自寂滅
現空大悲如是現成　導引眾生解脫圓滿究竟
祈請聖尊善開妙法　禮敬轉大法輪者
宣說一切菩提正道　或說趣入真實妙理
或是宣說涅槃正妙法門　或說無上成佛大覺果德
有情心意大悲悉知　如是無有不覺知者
一切法行究竟圓滿　一切有情奉汝教勅成就

所有貪瞋癡三毒　及餘種種無量垢染等
大慈大悲千手千眼　以大智火悉皆焚爇清淨
如是自度廣度法界有情　如是自解脫普利一切世間
相應世間眾生所求　永破生死及諸險難
無智久沈於無明睡眠　有情流轉於生死輪轉
大悲聖者善為開覺　禮敬平等法性至尊
如是一切法界諸眾　普令安住於無上菩提聖道
教彼令聞上妙法門　大悲聖尊普為眾生宣說
普令成就無上菩提　法界眾生同成佛道」

唵　匿伐囉挐　娑嚩訶

oṃ nisvā raṃbha svāhā

九

地藏菩薩宣說如是偈頌：

「佛陀兩足尊導師　慈心常普覆於一切世間
安忍不動宛如大地　普遍淨除貪、瞋、痴心
具足殊勝微妙相好　莊嚴普現於一切佛國
大慈大悲諸佛所示現　千手千眼觀世音菩薩淨聖
能以體性大悲妙行　充滿於十方一切國土
永絕一切諸貪愛網　如實善巧安住清淨體性
廣度無邊染濁眾生　成熟法界一切眾生
如是供養奉事於無量無數　十方法界諸佛世尊

大悲濟度法界有情　棄捨一切自身安樂
大悲深愍一切世間有情　如是化導十方諸有情眾
勤修斷裂無明惑網　善巧守護於六根清淨

恆能遠離一切諸欲　觀察有為性空無常
畢竟空寂無有我性　究竟永斷一切貪愛無明
普為法界有情眾生　常恆安住於大悲心行
如是雖得究竟殊勝菩提　而不捨離於大悲本願
如是本修於大菩提行　如實大悲為諸眾生
無邊法界諸佛國土　現在十方諸佛導師
咸廣讚嘆大悲觀音淨聖　大悲濟眾圓滿成佛」

唵　乞灑訶囉惹　娑嚩賀

oṃ kṣitihā rāja svāhā

貳拾壹　四十二手眼品

一

曇花一現　善隨千手觀音菩薩的大悲心顯
如是佛瑞應花　傳說三千年乃得一現
如是妙示則金輪王現出於世間
如是不可思議的祥瑞　優曇跋羅樹
賢劫第二佛拘那含牟尼如來
於此道樹成就無上菩提
如是雲瑞之華　如是空起之華
如是如來難值難遇
無邊福智廣利群生　大光普照宛如千日
在那大悲的普陀落迦聖山
優曇華在大悲的注照下正盛開著

那華如真金現起淨妙的光明
開敷異香　滿布山中

如是龍華菩提樹
彌勒世尊將於此道樹成證無上菩提
龍華樹枝宛若寶龍　吐百寶寶花
妙眾橙色大如胡桃　純白的花香彌布虛空
如是龍花　諸龍所喜
於是一切龍王供養龍花於大悲聖尊
用普陀落迦山上　滿布著龍華樹
正待有緣人　至此成佛

二

在千光王靜住如來跟前

觀世音菩薩一心一意親受了大悲心陀羅尼的教授
那體性大悲的微妙大用
於是大悲怙主受用了最勝利的智慧
頓超了八地不動　心得甚深歡悅法喜
發起了廣大誓願　那是為了眾生的緣故啊！

於是大悲觀世音菩薩應時具足了千手千眼　那是一心一意為眾生啊！
即入了無畏三昧　在三昧的光明中涌出了二十五菩薩
這是從自性大悲所現起的大智妙用
一一菩薩都具足了金色妙色　具諸相好如同我觀自在
在頂上現出了十一面　具足了十一地等覺如來的莊嚴
這二十五菩薩的身上各具足了四十手的莊嚴
在所有的手掌上現出了慈眼端注著一切眾生
這四十手就是一切諸佛的廣大作用

各分為五方佛部　一者、如來部　二者、金剛部
三者、摩尼寶部　四者、蓮華部　五者、羯磨事業部
每一部各有八手作用
以成就五方諸佛的妙法
一、佛部尊運用息災法　消除了一切眾生直到成佛的一切災難
二、金剛部尊運用調伏法　降伏了一切眾生直到成佛的一切阻礙
三、摩尼部尊運用增益法　增益了一切眾生到成佛的一切福德
四、蓮華部尊運用敬愛法　讓一切眾生直到成佛具足和樂敬愛祥和
五、羯磨部尊運用鉤召法　讓一切眾生直到成佛隨其所欲無事不辦如
來事業成就

觀自在菩薩從自性的無畏三昧起定
告訴了這些化菩薩眾說：
「你們現在承受著我體性大悲的威力
應在二十五存有界中破除輪迴流轉」

於是這二十五位菩薩異口同音的說道：

「我是究竟的第一義諦　本來自清淨
用船筏曉喻諸法的妙用　能證得殊勝的清淨
現在遊於無量無邊的一切世界
破除二十五種一切生命輪迴的諸有境界
唯願聽我宣說　這最勝祕密的總持陀羅尼法教」

皈命　那最殊勝的金剛法
無上清淨微妙的蓮華
給予一切有情最究竟周遍廣大的利益
一切吉祥圓滿

唵　縛日羅　達摩　尼輸馱　跛路磨　薩怛縛　係多　娑頗　羅拏　娑嚩賀
oṃ vajra dharma viśuddha padma satva hitāspha rana svāhā

這二十五大菩薩宣說了這吉祥總持的陀羅尼密言
告訴大眾說道：
「這陀羅尼是過去諸佛所同說
能受持者必得究竟的利樂」
宣說了如是的法教之後　他們都入於甚深三昧之中

其中有一菩薩入於無垢三昧
在四十手中又現出了四十菩薩
破除地獄眾生的輪迴有境
普令地獄道的眾生解脫自在

另一菩薩入於無退三昧
在四十手中又化現了四十菩薩
破除了畜生道眾生輪迴有境
普令畜生道眾生解脫自在

有一菩薩入了心樂三昧
從四十手中現起四十菩薩
破除了餓鬼道眾生的輪迴有境
普令餓鬼道眾生解脫自在

有一菩薩入了歡喜三昧
從四十手中現出四十菩薩
破除了阿修羅眾生的輪迴有境
普令阿修羅道眾生解脫自在

有一菩薩入了日光三昧
從四十手中化出四十菩薩
破除了人間東勝身洲眾生的輪迴有境
普令東勝身洲的人類解脫自在

有一菩薩入了月光三昧
從四十手中現出四十菩薩
斷除了人間西牛貨洲眾生的輪迴有境
普令一切西牛貨洲的人類解脫自在

有一菩薩入了熱炎三昧
從四十手中化出四十菩薩
破除了人間北俱盧洲眾生的輪迴有境
普令北俱盧洲的人類解脫自在

有一菩薩入了如幻三昧
從四十手中化出四十菩薩
破除了人間南瞻部洲眾生的輪迴有境
普令一切南瞻部洲的人類解脫自在

有一菩薩入了不動三昧
從四十手中化出四十菩薩
破除了四大天王的輪迴有境
普令一切四大天王天的天人解脫自在

有一菩薩入了難伏三昧
從四十手中化出四十菩薩
破除了忉利天天人的輪迴有境
普令忉利天的天人解脫自在

有一菩薩入了悅意三昧
從四十手中化出四十菩薩
破除了燄摩天天人的輪迴有境
普令燄摩天的天人解脫自在

有一菩薩入了青色三昧
從四十手中化出四十菩薩
破除了兜率天天人的輪迴有境
普令兜率天的天人解脫自在

有一菩薩入了黃色三昧
從四十手中化出四十菩薩
破除了化樂天天人的輪迴有境
普令化樂天的天人解脫自在

有一菩薩入了赤色三昧
從四十手中化出四十菩薩
破除了他化自在天天人的輪迴有境
普令他化自在天的天人解脫自在

有一菩薩入了白色三昧
從四十手中化出四十菩薩
解除了初禪天人的輪迴有境
普令初禪天人解脫自在

有一菩薩入了種種三昧
從四十手中化出四十菩薩
解除了大梵天王的輪迴有境
普令大梵天王解脫自在

有一菩薩入了雙三昧
從四十手中化出四十菩薩
解除了二禪天人的輪迴有境
普令二禪天人解脫自在

有一菩薩入了雷音三昧
從四十手中化出四十菩薩
解除了三禪天人的輪迴有境
普令三禪天人解脫自在

有一菩薩入了注雨三昧
從四十手中化出四十菩薩
解除了四禪天人的輪迴有境
普令四禪天人解脫自在

有一菩薩入了如虛空三昧
從四十手中化出四十菩薩
解除了無想天天人的輪迴有境
普令無想天天人解脫自在

有一菩薩入了照境三昧
從四十手中化出四十菩薩
解除了淨居天中阿那含眾的輪迴有境
普令淨居天中阿那含眾解脫自在

有一菩薩入了無礙三昧
從四十手中化出四十菩薩
解除了空無邊處天天人的輪迴有境
普令空無邊處天人解脫自在

有一菩薩入了常三摩地
從四十手中化出四十菩薩
破除了識無邊處天人的輪迴有境
普令識無邊處天人解脫自在

有一菩薩入了樂三摩地
從四十手中化出四十菩薩
破除了無所有處天人的輪迴有境
普令無所有處天人解脫自在

有一菩薩入了我三摩地
從四十手中化出四十菩薩
破除了非想非非想處天人的輪迴有境
普令非想非非想處天人解脫自在

由體性大悲所示現的二十五菩薩
各自具足著十一面四十手
現證了二十五種三昧　斷除二十五種存有的輪迴狀態
這是二十五種三昧王
菩薩摩訶薩如是證入了這些三昧之王

具足無邊無際的神通自在大力
能隨意自在的吹壞一切如須彌山王般的鉅山
能悉知悉見三千大千世界所有眾生的心念
能以一身化為多身　多身合為一身
雖能自在示現廣大的神通
而如蓮華般清淨　一切無有所著

觀世音菩薩如是的成就諸三昧王
以一法身化現二十五身　亦以二十五身示現多尊菩薩
這一千尊菩薩一一各於頂上示現十一面　於本面上具足三目
一一如是具足二十五尊　各於一界有四十菩薩
一一界中各配千眼　如是皆觀世音菩薩大悲所現
如是觀世音菩薩具足大神通力及大無畏力

禮敬觀世音菩薩本尊　往昔成佛號正法明如來

教化十方眾生悉皆成佛
如是！如是！　大悲千手觀世音菩薩熙怡微笑　放大光明
頂上顯現五百頭面具足千手千眼
天冠具現化佛放大光明
菩薩身顯千臂手執勝寶
從無量劫來　成就大悲法門　普令眾生

三、聖觀自在菩薩

善哉！善哉！聖觀自在
於生死苦海善作船筏　於無明闇處常為法燈
廣施無畏觀世音菩薩　普在眾界吉祥現身
如是善依眾緣施化　現前四十觀世音菩薩
摩尼與願觀世音菩薩　善示如意寶珠淨手
善施摩尼如意寶法　眾生善得富饒財寶

如是發願修勝妙法　具足福德直至成佛

大悲勝尊慈悲體相　身黃金色具最明曜
頂具十一面清淨莊嚴　當前三面菩薩慈相
右邊三面白牙上出　左邊三面忿怒降伏
當後一面暴笑勝相
頂上一面如來安坐　菩薩本面具足三目
以袈裟瓔珞環釧莊嚴妙體　坐紅蓮華處日輪中

如是隨所願求　執持眾寶善施與
如是左手當心善持勝摩尼寶　如意寶珠吠琉璃色
黃光發焰一切吉祥　右手與願印契屈臂向上
善具吉祥勝願眾福　如是成證無上菩提
妙身堅固的金剛大悲王安立吉祥的祕密印契
雙手堅固相縛宛如金剛不壞　雙手食指相合如同摩尼寶珠之形

兩手拇指並同伸立　成就摩尼法手印

如是！如是！　與願觀自在菩薩的祕密真言從法界體性現空發出：

皈命　體性的金剛法　示現了如意摩尼寶珠的光明

如實的與願成就　勝利圓滿

唵　嚩日羅達磨　振多磨抳　入嚩羅　嚩羅泥　娑嚩賀

oṃ vajradharma cintāmaṇi jvara varade svāhā

（皈命　金剛法　如意珠　光明　與願　成就）

四、持索觀自在菩薩

大悲持索觀自在菩薩　千手觀音善持羂索手所現

相好威光如同與願觀自在　右手作拳安於右腰

羂索手

左手屈臂善握吉祥羂索　若人欲得安隱喜樂
善修勝利羂索法　妙身堅固安立蓮華索印
滿足一切殊勝意願　雙手作印如未開敷蓮
兩手食指相合如環　成就蓮華索能滿諸意願印

如是！如是！　持索觀自在菩薩善依法界體性
自大悲中脈中　發出現空吉祥的真言：
皈命　最究竟的金剛法　以勝利的蓮華索
吽！　守護、加持於我　一切圓滿成就
唵　嚩日羅達磨　鉢娜麼播捨　吽　地瑟咤　薩網摩含　娑縛賀
oṃ vajradharma padmapāśa hūṃ dhiṣṭa svamaṃ svāhā

（皈命 金剛法 蓮華索 吽 守護、加持 於我 成就）

五、寶鉢觀自在菩薩

吉祥的寶鉢觀自在菩薩　千手觀音清淨寶鉢手所現
相好威力光明與願觀自在　二手當臍善結殊勝定印
上持寶鉢施眾生法喜　若人欲療一切腹中疾病
安樂富足世世入觀音行　微妙相應理智和合結吉祥定印

如是！如是！　寶鉢觀自在菩薩依於中脈
現空實相善顯大悲妙音　發出體性真言：
皈命　法界體性的金剛法　無有腹中的一切眾病
一切圓滿成就

唵　嚩日羅達磨　阿嗚娜羅輸藍　娑縛賀
oṃ vajradharma a udara śūlaṃ svāhā

（皈命 金剛法 無腹脹病 成就）

六、寶劍觀自在菩薩

猛利的寶劍觀自在菩薩　千手觀音堅猛的持寶劍手所現
莊嚴相好如同與願觀音　右手直執著金剛不壞的金剛寶劍
左手當腰之上　以拇指押於無名指、小指之中
食指、中指並豎　印相向身安立
如是若欲降伏一切魍魎鬼神者　善修寶劍法成就
威力猛伏降魔手印現　右手拇指押無名指、小指甲
食指、中指並豎向左三轉　降伏一切鬼神障
如是！如是！　勝利寶劍觀自在菩薩體性中脈現前
大悲猛力實相真言現：
皈命　體性的金剛法
勝利的寶劍　一切鬼障　降伏破障　圓滿成就

唵　嚩日羅達磨　竭誐　薩嚩蘖羅訶　薩波吒　娑嚩賀

oṃ vajradharma khaḍga sarvagraha sphaṭ svāhā

（皈命　金剛法　劍　一切鬼　破壞　成就）

七、金剛觀自在菩薩

無上威猛的金剛觀自在菩薩　是千手觀音手執三鈷金剛杵所現
莊嚴妙相具如與願觀音尊　右手執持三鈷金剛杵
左手作入拳安於腰際　示現威猛廣大自在
如是欲降伏一切大魔神者　善修金剛觀自在法
大威降伏魔王手印現　右手拇指押小指甲上
其餘三指直現三鈷金剛杵形　左轉三匝大威力降魔

如是！如是！　威猛金剛觀自在尊
大空忿怒大悲威力現　現從中脈寂空妙音示真言：
皈命　紇哩　廣大威德的執金剛
摧伏一切諸魔　圓滿成就

唵　紇哩　縛日羅婆抳　摩羅鉢羅摩嘌夜　娑縛賀

oṃ hrīḥ vajra pāṇi mārapramārya svāhā

（皈命 種子 執金剛 摧魔 成就）

八、持杵觀自在菩薩

威德大力的持杵觀自在菩薩　如是千手觀音持獨鈷金剛杵手所現
莊嚴妙相具如與願觀自在　左手作拳安於腰際
右手善執獨鈷金剛杵　當於右肩如擊打之勢

猛力具德大空自在尊　如是摧伏一切眾怨敵
應修獨鈷金剛杵法　如是廣大具力手印現
右手作拳舒食指　以印現作碎勢之相
如是！如是！　威勢持杵觀自在尊
體性大威音現　中脈現空妙聲示真言：

皈命　紇哩　大威勢的執金剛
摧壞一切的怨敵　圓滿成就

唵　紇哩　縛日羅播儜　薩嚩設咄嚕　娑破吒也　娑嚩賀
oṃ hrīḥ vajra pāṇi sarva śatru sphoṭaya svāhā

（皈命　種子　執金剛　一切怨敵　破壞　成就）

九、除怖觀自在菩薩

具足無畏的除怖觀自在菩薩　如是千手觀音施無畏手所現
莊嚴妙相如與願觀自在　舒右手垂下五指現掌
左手舒五指舉當左乳上現掌　若欲遠離一切眾怖畏
善修如是施無畏法　妙印如前自在現

如是！如是！　施無畏者除怖觀自在菩薩
法性無畏大悲妙音現　如實中脈現空真言：
皈命　施無畏的金剛法
遍勝能勝　除一切怖畏　圓滿成就
唵　縛日羅達磨　薩嚩他　爾那爾那　佩野曩奢那　娑嚩賀
oṃ vajradharma sarvathā jinajina bhayanāśana svāhā

（皈命 金剛法 遍 勝能勝 除怖 成就）

十、日精觀自在菩薩

具足光明的日精觀自在菩薩　如是千手觀音日珠手所現
相好同於與願觀自在尊　左手拳持火頗胝日精
右手當心作仰掌勢　若人眼闇欲求光明者
如實善修日摩尼法　如實妙印舉左手
善作承接日輪勢　觀我右眼有曼（ma）字
左眼吒（ṭ）字勝吉祥　如是欲求天眼者
善觀眉間有一目

如是！如是！　普現光明日精觀自在菩薩
體性光明大悲中脈顯　以自寂音吉祥現真言：
皈命　光明的金剛法
如日遍照的光明之眼　圓滿成就

唵　嚩日羅達摩　阿儞地耶　入嚩羅　儞乞蒭　娑嚩賀

oṃ vajradharma āditya jvala cakṣu svāhā

（皈命 金剛法 日 光明 眼 成就）

十一、月精觀自在菩薩

具足淨涼的月精觀自在菩薩　千手觀音持月珠手所現
相好莊嚴如與願觀自在　右手拳持水精珠
左手舒指作摩身勢　若人欲除一切熱惱者
如實善修月摩尼法　妙印現成如尊顯
如是！如是！　具足清涼月精觀自在菩薩
體性淨妙大悲力現成　中脈無礙莊嚴持真言：
皈命　清涼的金剛法

淨月盡除一切熱惱　圓滿成就

唵　嚩日羅達摩　戰陀羅耶　薩嚩娜賀鉢羅捨弭　娑嚩賀

oṃ vajradharma candrāya sarvadāhapraśame svāhā

（皈命 金剛法 月 除一切熱惱 成就）

十二、持寶弓觀自在菩薩

增榮福具的持寶弓觀自在菩薩　千手觀音持寶弓手所現

相好威光如與願觀自在　以二手橫持寶弓

善作計量由旬數距離之勢　若人欲增榮得官職者

善巧修持寶弓法成就　如是金剛合掌示妙印

如是！如是！　增益具福的持寶弓觀自在菩薩

以體性福德大悲發音　依中脈善頌勝妙真言：

皈命　具福的金剛法
以無障礙的三昧等念體性弓箭　圓滿成就

唵　嚩日羅達摩　建吒馱努沙　阿鉢羅底訶多耶　三摩地　娑嚩賀

oṃ vajradharma kāṇḍadhanusa apratihataya samādhi svāhā

（皈命 金剛法 箭弓 無障礙 等念 成就）

十三、速值觀自在菩薩

疾得善勝的速值觀自在菩薩　千手觀音之持寶箭手所現
如是寶箭觀音速證成就　相好莊嚴如與願觀自在
右手善持箭首　以箭尻安置左手上
若人欲得殊勝善友者　當修寶箭法成就

如實妙相　右手作拳　散立食指、中指　如是印作招來勢

如是！如是！　善勝速值觀自在菩薩

體性疾速成大悲妙音　如實中脈誦吉祥真言：

皈命　速疾的金剛法　如是勝妙寶箭

疾速召來一切眾生　體性愛染、愛染　圓滿成就

唵　嚩日羅達摩　羅怛那劍努　曼殊　薩怛婆

oṃ vajradharma ratnakāṇḍa mañju sattva

曳醯曳呬　羅誐　羅誐　娑嚩賀

ehe ehi rāga rāga svāhā

（皈命 金剛法 寶箭 妙 眾生 速來 愛染 愛染 成就）

十四、藥王觀自在菩薩

淨除眾病的藥王觀自在菩薩　千手觀音的楊柳枝手所現
相好莊嚴善如與願觀自在　右手執持楊柳枝
左手當左乳之上而顯掌　若人欲消除身心一切重病者
當善修持楊柳枝藥法　妙印右手屈臂散垂諸指

如是！如是！　淨除眾病藥王觀自在菩薩
體性大悲現妙音　大空真言中脈現
善頌真言後摩於自身上　真言曰：
皈命　療癒一切的金剛法
如是藥王　圓滿成就
唵　嚩日羅達摩　陛煞爾耶　羅惹耶　娑嚩賀
oṃ vajradharma bhaiṣajya rājāya svāhā

（皈命 金剛法 藥王 成就）

十五、拂難觀自在菩薩

解除眾難拂難觀自在菩薩　千手觀音持白拂手所現
莊嚴妙相如與願觀自在　右手屈臂其掌向外
左手妙持淨白拂　若欲解脫一切障難者
當修白拂勝利法　其印左手屈於臂
諸指下垂如白拂　誦咒左轉拂眾難

如是！如是！　解除眾難拂難觀自在菩薩
淨如實相現妙音　大悲現空示妙咒：
皈命　除障的金剛法

以白拂除去一切摩羅障難　如實的解脫　圓滿成就

唵　嚩日羅達磨　戍迦羅嚩囉弭也制曩

oṃ vajradharma śuklavālavyajana

薩嚩魔羅娑耶　尾目吃底　娑嚩賀

sarvamārasainya vimukti svāhā

（皈命　金剛法　白拂　一切障難　解脫　成就）

十六、持瓶觀自在菩薩

吉祥持瓶觀自在菩薩　千手觀音持胡瓶手所現

相好威光如與願觀自在　右手執持寶胡瓶

瓶首善如金翅鳥　左手當臍向上承寶瓶

若欲欣求善妙和勝善眷屬　如實當修胡瓶法

如是善現未敷蓮花印　二拇指開立指端合
如是！如是！　吉祥持瓶觀自在菩薩
性空實相妙聲顯　大悲中脈勝咒音：
皈命　吉祥的金剛法
大慈發生　圓滿成就
唵　嚩日羅達磨　摩賀昧怛哩　網婆嚩　娑嚩賀
oṃ vajradharma mahāmaitrī saṃbhava svāhā

（皈命 金剛法 大慈 發生 成就）

十七、現怒觀自在菩薩

善護現怒觀自在菩薩　千手觀音持傍牌手所現

圓滿莊嚴如與願觀自在　左手向外持傍牌形
右手作拳印相應　若欲辟除一切惡獸者
善修大力傍牌法　法印左手向外舒眾指施旋轉
右手握拳力降伏

如是！如是！　善護現怒觀自在菩薩
體性現空中脈顯　大悲妙音宣勝咒：
皈命　大力的金剛法
一切蠍、蛇、大黃鼠、獅子、豹、熊、犛牛等一切動物
吽！憶念恐怖的破壞　降伏　圓滿成就
唵　嚩日羅達磨　薩嚩　沒哩始止迦　薩跛　曩倶羅　思孕賀
oṃ vajradharma sarva vṛścika sarpa nakula siṃha
尾也伽羅　哩乞沙　哆羅里乞沙　遮末羅　爾尾韓　吽　發吒　娑嚩賀

vyāghra ṛkṣa tarakṣa camara jivive hūṃ phaṭ svāhā

（皈命 金剛法 一切 蠍蛇 大黃鼠 獅子 豹 熊 犛牛 動物 念恐怖 破壞 成就）

十八、鎮難觀自在菩薩

伏障鎮難觀自在菩薩　千手觀音持鉞斧手所現
相好圓滿如與願觀自在　右手威猛善持鉞斧
左手作拳安於腰際　欲離一切王法官難障礙者
應如是善修鉞斧法自在　印相屈右手如斧勢
以印而迴轉

如是！如是！　伏障鎮難觀自在菩薩
大威咒音大悲所現　如實現空中脈持明：

皈命　具威德金剛法

如是以鉞斧自在　從王難中解脫　圓滿自在

唵　嚩日羅達磨　跛羅戍　囉惹婆耶　尾目乞底　娑嚩賀

oṃ vajradharma paraśu rājabhaya vimukti svāhā

（皈命 金剛法 鉞斧 王難 解脫 成就）

十九、持環觀自在菩薩

如意持環觀自在菩薩　千手觀音持玉環手所現

威光相好如與願觀自在　左手當心手持淨玉環

右手覆於玉環如蓋　若求一切眷屬廣大自在者

當行玉環法成就　妙印以左手握於右腕

再以右手握於左腕　如是左表女子右表男

如是！如是！　如意持環觀自在菩薩

體性如意自在音　大悲咒聲體空現真言：

皈命　如意的金剛法

獲得善妙的境界　圓滿成就

唵　嚩日羅達磨　尾灑野　臘馱　娑嚩賀

oṃ vajradharma viṣaya labdha svāhā

（皈命 金剛法 境界 獲得 成就）

二十、分荼利觀自在菩薩

善具功德的分荼利觀自在菩薩　千手觀音持白蓮華手所現

微妙相好如與願觀自在　左手善執淨白蓮華

右手妙結說法印　若欲成就一切功德者
如是善修白蓮華法　吉祥手示開敷蓮印

如是！如是！　善具功德分荼利觀自在菩薩
自性清淨微妙音　大悲中脈示真言：
皈命　清淨的金剛法
以妙白的蓮華成為華鬘以莊嚴法身　圓滿成就
唵　嚩日羅達磨　參婆吠鉢娜磨　尼履爾　娑嚩賀
oṃ vajradharma saṃbhavepadma nirji svāhā

（皈命　金剛法　白華　入為華鬘以莊嚴法身　成就）

二十一、見佛觀自在菩薩

淨妙見佛觀自在菩薩　千手觀音持青蓮手所現
相好莊嚴如分荼利觀自在　右手淨持青蓮華
左手當乳上顯掌　若欲往生十方淨土者
善當修習青蓮華法門　妙印現如蓮華合散相　散如青蓮開花勢
如是！如是！　淨妙見佛觀自在菩薩
清淨妙音依立現　大悲中脈現咒聲：

皈命　淨妙的金剛法
在莊嚴的青蓮中現生十方佛國　圓滿成就

唵　嚩日羅達磨　顮羅鉢納麼　嗢櫱跢　勃馱尾灑愠　娑嚩賀

oṃ vajradharma nīlapadma udgata buddhaviṣaye svāhā

（皈命 金剛法 青蓮 生 佛國 成就）

二十二、鏡智觀自在菩薩

妙慧鏡智觀自在菩薩　千手觀音持寶鏡手所現
圓滿具相如見佛觀自在
左手當心持寶鏡向外　右手現作智拳印
若人欲求大智慧　如實善修寶鏡法
善妙印相如是現　右拳安腰際　左手開舒舉面前
善見此印如實成就大圓鏡智

如是！如是！　妙慧鏡智觀自在菩薩
無上妙智體性現　大悲妙音中脈誦真言：
皈命　智慧的金剛法
一切廣大智慧　圓滿成就　吉祥圓滿
唵　嚩日羅達磨　薩嚩悉地　摩訶枳孃曩　娑嚩賀
oṃ vajradharma sarvasiddhi mahājñāna svāhā

（皈命 金剛法 一切成就 大智慧 成就）

二十三、見蓮觀自在菩薩

如來見蓮觀自在菩薩　千手觀音持紫蓮手所現
莊嚴妙相如鏡智觀自在　右手執持紫蓮華
左手當心而仰上　若人欲見十方諸如來
如實善修紫蓮華法

如是！如是！　如來見蓮觀自在菩薩
以如來體性寂滅空　妙音中脈自持明：
皈命　自在見如來的金剛法
以體性的紫蓮華知見一切諸佛　圓滿成就
唵　嚩日羅達磨　乳毫羅娑鉢納麼　薩嚩勃馱
oṃ vajradharma nīlolākṣāpadma sarvabuddha

枳攘曩　娑乞芻毘耶　娑嚩賀

jñāna sākṣibhyaḥ svāhā

（皈命 金剛法 紫蓮華 一切佛 知見 成就）

二十四、見隱觀自在菩薩

伏藏見隱觀自在菩薩　千手觀音持寶篋手所現
相好威光如見蓮觀自在　左手安置勝寶篋
右手善開寶篋蓋　吉祥勝利眾寶具
若人欲見地中勝伏藏　當念應修寶篋法
勝印現成善仰左手　以右手覆於左手上
如實伏藏寶篋現生

如是！如是！　伏藏見隱觀自在菩薩

大寶自性法界勝音　中脈現空大悲妙聲如實誦真言：

皈命　大寶的金剛法

開啟無障礙的體性根本眼目　圓滿成就

唵　嚩日羅達磨　斫具數　伽咤耶　阿鉢羅底訶哆耶　娑嚩賀

om vajradharma cakṣu ghaṭaya apratihatāya svāhā

（皈命　金剛法　本眼　開　無障礙　成就）

二十五、仙雲觀自在菩薩

持明仙雲觀自在菩薩　千手觀音持五色雲手所現

妙好莊嚴如見隱觀自在　右手妙持五色祥雲

左手舉上善握所著天衣之端　若人欲成就持明仙法者
如實善修五色雲法　印相如是左右手為羽
善作飛行自在姿勢
如是！如是！　持明仙雲觀自在菩薩
善具法界持明力　大悲空智演真言：
皈命　善妙的金剛法
以五色雲勝法成就持明者　吉祥圓滿
唵　嚩日羅達磨　半者路婆銘伽　悉馱尾地也馱羅南　娑嚩賀
oṃ vajradharma pañca rūpamegha siddhavidyādhāraṇāṃ svāhā
（皈命　金剛法　五色雲　成就持明者　成就）

二十六、禪定觀自在菩薩

淨妙禪定觀自在菩薩　千手觀音持軍持手所現
勝妙莊嚴如仙雲觀自在　左手執持軍持瓶
右手善作思惟相　安立右膝示自在緣以右臂置膝上
善以手掌托頰及眉間　若人欲生淨梵天
如實善修軍持法　妙印以蓮華合掌亦合腕

如是！如是！　淨妙禪定觀自在菩薩
如是體性梵音清淨持　大悲中脈唱真言：
皈命　淨妙的金剛法
如是自性梵天　圓滿成就
唵　嚩日羅達磨　娑嚩婆嚩　沒羅訶摩抳提婆　娑嚩賀
oṃ vajradharma svabhāva brahmanideva svāhā

（皈命 金剛法 自性 梵天 成就）

二十七、天華觀自在菩薩

淨明天華觀自在菩薩　千手觀音持紅蓮華手所現
相好莊嚴如禪定觀自在　左手善執蓮華相　右手屈臂指天際
若人欲生於諸天宮殿者　當修紅蓮華法門
印相妙作開蓮華印　舉上投擲後散之

如是！如是！　淨明天華觀自在菩薩
清淨勝音從體性　中脈大悲發咒聲：
皈命　淨明的金剛法
以紅蓮華自在生於一切天界　圓滿成就
唵　嚩日羅達磨　矩索薩婆鉢納麼　薩嚩提婆嘔蘗多　娑嚩賀
oṃ vajradharma kusumbhapadma sarvadevodgata svāhā

（皈命 金剛法 紅蓮 生一切天 成就）

二十八、破賊觀自在菩薩

攝縛破賊觀自在菩薩　千手觀音持戟鞘手所現相好莊嚴如天華觀自在　左手舉上執持等身戟鞘右手開散押於右腰　若人為攝縛一切逆賊者當修如是戟鞘法　印相左手作三鈷印舉上震之右拳安腰

如是！如是！　攝縛破賊觀自在菩薩
威勢妙音體性生　中脈大悲唱真言：
皈命　威勢的金剛法
攝縛一切的賊難　威力破除　圓滿成就

唵　嚩日羅達磨　阿尾捨　主羅婆耶　吽　發吒　娑嚩賀

oṃ vajradharma āveśa cora bhaya hūṃ phaṭ svāhā

（皈命 金剛法 攝縛 賊難 破壞 成就）

二十九、念珠觀自在菩薩

佛授念珠觀自在菩薩　千手觀音持念珠手所現
妙好圓滿如破賊觀自在　右手淨捻數珠
左手當膝如摩勢　若為諸佛來授手者
一心當修數念珠法　妙印左右手取持念珠
頂戴三度作皈命相

如是！如是！　佛授念珠觀自在菩薩

如來體性顯勝音　大悲妙聲中脈唱真言：

皈命　諸佛的金剛法

一切如來的光明手　印持於我　圓滿成就

唵　嚩日羅達磨　薩嚩怛他蘗多　入嚩羅　布惹　母捺羅唅　娑嚩賀

oṃ vajradharma sarva tathāgata jvala bhuja mudrāmāṃ svāhā

（皈命　金剛法　一切如來　光明　手印我　成就）

𑖌𑖼𑖪𑖕𑖿𑖨𑖠𑖨𑖿𑖦𑖭𑖨𑖿𑖪𑖝𑖞𑖯𑖐𑖝𑖕𑖿𑖪𑖩𑖥𑖲𑖕𑖦𑗜𑖟𑖿𑖨𑖯𑖦𑖯𑖽𑖭𑖿𑖪𑖯𑖮𑖯

三十、持螺觀自在菩薩

護持螺觀自在菩薩　千手觀音持寶螺手所現

相妙莊嚴如念珠觀自在　左手現持妙寶螺

右手作拳舒屈食指作招來勢　若為招呼一切善神守護者

如實善修寶螺法　密印二手虛心合掌

屈二食指、各絞二拇指背　二拇指各從二食指、中指間出

雙手如螺作口吹勢

如是！如是！　善護持螺觀自在菩薩

妙音現從體性出　大悲中脈持勝咒：

皈命　善護的金剛法

大法音遍滿　一切天龍、藥叉速來擁護　圓滿成就

唵　嚩日羅達磨　摩訶達磨吃哩　暗　薩嚩提婆曩誐　藥乞叉

oṃ vajradharma mahā dharmakṛ aṃ sarva devanāga yakṣa

曳醯曳呬　囉乞叉囉乞叉鋡　娑嚩賀

ehe ehi rakṣa rakṣa māṃ svāhā

（皈命　金剛法　大法音　遍滿　一切天龍　噉食鬼　速來　擁護　成就）

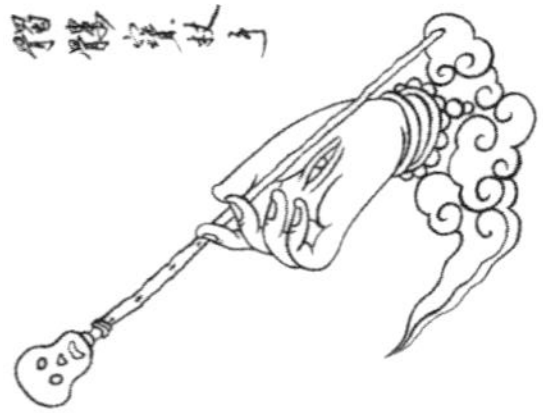

三十一、縛鬼觀自在菩薩

降伏縛鬼觀自在菩薩　千手觀音持髑髏手所現
相好莊嚴如持螺觀自在　右手堅執髑髏寶杖
左拳安腰現吉祥　若人欲令一切鬼神眾
當作勝妙髑髏法　其印以左拳安腰際
右手屈臂向上舉　善作金剛拳　以印作召勢

如是！如是！　降伏縛鬼觀自在菩薩
妙音體性威猛現　大悲中脈引咒聲：
皈命　降伏的金剛法
以髑髏寶攝持一切鬼神　圓滿成就
唵　嚩日羅達磨　努史也磨薩頗馱囉　薩嚩蘖羅訶　阿吠捨　娑嚩賀
oṃ vajradharma dūṣyamāsphadhara sarva graha āveśa svāhā

（皈命 金剛法 死人頭 一切鬼 攝縛 成就）

三十二、法音觀自在菩薩

妙梵法音觀自在菩薩　千手觀音持寶鐸手所現
莊嚴妙香如縛鬼觀自在　左手持保寶金鐸鈴
右手作拳而安腰　若欲成就上妙清淨梵音
如實修持寶鐸法　印相以二拇指入於掌內三次搖動

如是！如是！　法音觀自在菩薩
真芳妙音體性中生　中脈善發大悲吉祥咒：
皈命　妙聲的金剛法
歡喜之鈴成就了無盡的梵音　圓滿吉祥

唵　嚩日羅達磨　吠捨斛　悉馱沒羅訶磨吃哩　阿乞叉羅　娑嚩賀

oṃ vajradharma veśahoḥ siddhabrahmakṛ akṣara svāhā

（皈命　金剛法　鈴喜義　梵音成就　無盡　成就）

三十三、智印觀自在菩薩

妙辯智印觀自在菩薩　千手觀音持寶印手所現
清淨莊嚴如法音觀自在　右手當心持寶印
左手做拳於腰際　若欲成就微妙辯才者
當修寶印是勝利法　妙印如實以右手　實相佛藏印心上

如是！如是！　妙辯智印觀自在菩薩
大悲妙辯廣大音

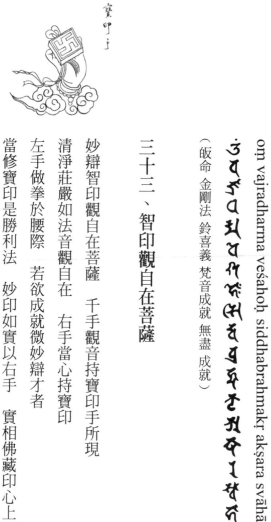

悉於體性中脈生　真言如實而宣說：
皈命　妙辯的金剛法
以印成就具足種種廣大的善巧智慧　圓滿成就
唵　嚩日羅達磨　枳孃曩母捺羅　尾濕嚩枳孃曩　摩護那也　娑嚩賀
oṃ vajradharma jñāna mudrā viśva jñāna mahodaya svāhā
（皈命 金剛法 智印 種種巧智 大廣 成就）

三十四、鉤召觀自在菩薩

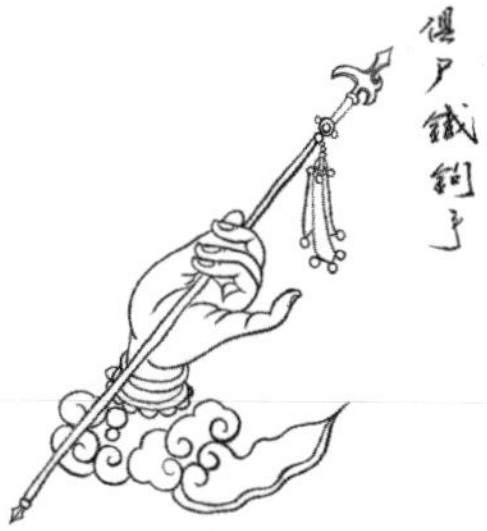

加護鉤召觀自在菩薩　千手觀音持鐵鉤手所現
相好莊嚴如智印觀自在　左手持鉤右手作拳安腰際
若為龍天　善神照來家戶者　如是修持鐵鉤法
密印左手善右作拳　立食指如鉤形

如實鉤召諸龍天

如是！如是！　加護鉤召觀自在菩薩
大悲體性妙善音
大悲種脈勝利聲　如實密誦吉祥真言：
皈命　加護的金剛法
鉤召一切天龍擁護　圓滿成就

唵　嚩日羅達磨　俱奢弱　薩嚩提吠曩藝　囉乞叉給　娑嚩賀

oṃ vajradharma aṅkuśa jaḥ sarvadevenage rakṣa māṃ svāhā

（皈命 金剛法 鉤召 一切天龍 擁護 成就）

三十五、慈杖觀自在菩薩

大悲慈杖觀自在菩薩　千手觀音持錫杖手所現
妙相莊嚴如鉤召觀自在　右手善持錫杖
左手當臍向上　若人欲求慈悲心
慈悲覆護一切眾生　如實善修錫杖法
妙印二手作內縛　豎二中指圓滿如錫杖形

如是！如是！　大悲慈杖觀自在菩薩
善以大悲體性音　滋發中脈勝咒音：
皈命　慈悲的金剛法
本誓中自具大悲心　圓滿成就
唵　嚩日羅達磨　三昧耶　摩訶迦嚧抳迦　娑嚩賀
oṃ vajradharma samaya mahā karuṇika svāhā
（皈命 金剛法 本誓 具大悲心 成就）

三十六、現敬觀自在菩薩

慈心現敬觀自在菩薩　千手觀音和掌所現
微妙莊嚴如慈杖觀自在　二手當心作蓮華合掌
若人欲求人所敬愛者　當修合掌勝妙法
印相當心如實而合掌

如是！如是！　慈心現敬觀自在菩薩
善以慈心實相音　暢演中脈體性咒：
皈命　慈心的金剛法
成就一切敬愛歡喜　圓滿成就
唵　嚩日羅達磨　悉馱嚩施迦羅　娑嚩賀
oṃ vajradharma siddhavaśīkara svāhā

（皈命 金剛法 成就歡愛 成就）

三十七、不離觀自在菩薩

諸佛不離觀自在菩薩　千手觀音持化佛手所現
圓滿相好如現敬觀自在　左手掌上置化佛
右手繫於化佛座　若人欲不離於諸佛邊
精勤修於化佛法　妙香二手虛心合掌

如是！如是！　諸佛不離觀自在菩薩
如佛體性實相音　大悲中脈大覺音
現成持明演真言：
皈命　諸佛的金剛法
成就大覺到於彼岸　圓滿成就
唵　嚩日羅達磨　悉馱波羅蜜多　娑嚩賀

oṃ vajradharma siddhapāramitā svāhā

（皈命 金剛法 成就到彼岸 成就）

三十八、大勢觀自在菩薩

妙淨大勢觀自在菩薩　千手觀音持宮殿手所現
威德相好如不離觀自在　左手善持勝宮殿
右手曲臂向外顯掌
若欲不處胞胎者　善巧修持宮殿法
印相兩手內縛相　善立二中指曲如宮殿形

如是！如是！　妙淨大勢觀自在菩薩
從空實相顯妙音

吉祥大悲自在聲　持明真言善巧說：
皈命　妙淨的金剛手
滅除一切惡趣　圓滿成就
唵　嚩日羅達磨　薩嚩播野若賀野　娑嚩賀
oṃ vajradharma sarvāpāyajahaya svāhā
（皈命 金剛法 滅一切惡趣 成就）

三十九、般若觀自在菩薩

多聞般若觀自在菩薩　千手觀音持寶經手所現
妙相莊嚴如大勢觀自在　右手當心善持智印出生般若理趣經
左手作拳印　若人欲求多聞勝智者
如實當修般若法　印相左手平伸五指掌心仰上

又掌心朝下覆於左手掌心　如是梵篋印現成

如是！如是！　多聞般若觀自在菩薩
大智體性妙聲顯　吉祥大悲中脈出梵音

真言如是現成：

皈命　多聞金剛法
廣大般若智慧的經典　圓滿成就

唵　嚩日羅達磨　鉢羅若　素怛藍　摩訶那也　娑嚩賀

oṃ vajradharma prajñā sūtraṃ mahodaya svāhā

（皈命 金剛法 智慧 經 大廣 成就）

四十、不轉觀自在菩薩

覺心不轉觀自在菩薩　千手觀音持金輪手所現
微妙相好如般若觀自在　右手善持於金輪
左手按座善成不轉勢　若為菩提心不退轉者
一心善修不退轉法輪法　妙印左手按於地
右手作拳立拇指、食指如持輪勢

如是！如是！　覺心不轉觀自在菩薩
不退體性妙音顯　大悲中脈出梵音　吉祥真言如實現：
皈命　不退轉的金剛法
成就菩提心　如金輪無動　圓滿成就
唵　嚩日羅達磨　悉馱菩地質跢　嚩栗拏斫乞羅　阿薩拏　娑嚩賀
oṃ vajradharma siddha bodhi citta varṇacakra asaṇa svāhā

（皈命 金剛法 成就菩提心 金輪 無動 成就）

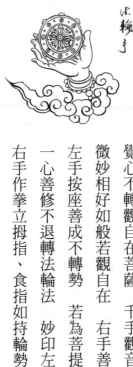

四十一、灌頂觀自在菩薩

如來灌頂觀自在菩薩　千手觀音頂上化佛手所現
莊嚴相好如不轉觀自在　二手舉於頂安化佛
若人欲得一切如來灌頂授證者　如實勝修頂上化佛法
印相二手自內縛　二拇指併立押於二食指側　以印置於頂上散

如是！如是！　如來灌頂觀自在菩薩
灌頂授記體性如來音　中脈大悲吉祥持真言：
皈命　如來的金剛法
灌頂以受佛記　圓滿成就

唵　嚩日羅達磨毘詵者　鉢囉底車菩馱達羅抳　娑嚩賀
oṃ vajradharmābhiṣiñca pratiṣṭha buddha dharaṇi svāhā

（皈命　金剛法灌頂　授佛地　成就）

四十二、護地觀自在菩薩

善食護地觀自在　千手觀音持蒲桃手所現
相好莊嚴如灌頂觀自在　左手執持於蒲桃
右手善持施願印　若人為成就五穀等一切食物者
應當修於蒲桃法　印相善以左拳安腰際
右手舒諸指即印於地

如是！如是！　善食護地觀自在
以體性吉祥殊勝自妙音　大悲中脈梵聲持真言：
皈命　善食的金剛法
地味成就　吉祥圓滿
唵　嚩日羅達磨　悉馱達羅抳娑羅娑羅　娑嚩賀
oṃ vajradharma siddhadharaṇīsārasāra svāhā

（皈命 金剛法 地味成就 成就）

四十三、甘露手

慈悲的甘露手　從千手觀音的手中結起
吉祥相好莊嚴　妙手下垂五指自然張舒
流下無盡的不死甘露
一切飢渴有情及諸餓鬼都得以清涼解脫

如是！如是！　慈悲的甘露手觀自在菩薩
從體性中脈中　發出大悲的勝咒：
皈命　究竟慈悲的勝尊
流出　流出　現前　現前

那無死的甘露
流出　流出啊　如是圓滿成就

唵　素嚕　素嚕　鉢羅素嚕　鉢羅素嚕　素嚕　素嚕野　薩嚩賀

oṃ surū surū pra surū pra surū surū surūya svāhā

（皈命 流出 流出 限制 限制 流出 流出啊 成就）

四十四、千臂總攝手

如是千臂總攝的觀自在菩薩　具足一切威德的吉祥現前
以吉祥莊嚴的相好　起立現身雙足相並
先仰起右手掌　五指各自相附平齊
後以左手掌　仰押右掌之上　當心相著
如是總攝千臂印　能降伏三千大千世界一切魔怨

如是！如是！　千臂總攝的觀自在菩薩
以究竟勝利的體性大悲梵音
從中脈中引出吉祥咒音　即說咒曰：
觀自在聖尊　超越降伏了一切染汙
一切圓滿成就

怛姪他　婆盧枳帝　攝伐囉耶　薩婆咄瑟吒　烏訶彌耶　莎訶

tadyathā avalokiṭe śvarāya sarvadaṣṭa ohāyani svāhā

（即說咒曰 觀 自在 一切染汙 可變 成就）

貳拾貳　觀音淨息品

一

具足無比殊勝的方便　用大悲心廣濟一切的群生
於法界中止住經過了時劫大海　諦觀諸法的真實體性
常於苦海中救拔無量的眾生　如是的修習無上的菩提大道
一切時劫中所有諸佛的示現　悉皆承事無有餘者
咸以究竟清淨的信解之心　聽聞持護佛陀所說的妙法
如是在佛剎微塵數量　無量無邊的諸時劫海中
所有諸佛示現於世間時　一一供養世尊悉皆如是

無上的大悲心生起時　見到諸眾生繫在生死輪迴的無餘牢獄中
誓願捨身而為救護一切　如是證得大悲教化眾生具足善根解脫法門
經過如同佛剎微塵數量　廣大劫海恆常不斷的修習

念念之中令其能得自在增長　又復獲得無邊的善巧方便
法界中一切的諸佛如來　都能悉得親見蒙其開悟
令我增上明悟這殊勝的大悲解脫門　並證得種種的大方便力

我於無量千億的時劫當中　修學此不可思議的大悲解脫之門
諸佛法海無有邊際窮盡之處　我悉能一時善加普飲法水
十方所有的一切剎土　大悲妙身能普入而無所障礙
三世間種種的國土名號　在念念中善能了知皆悉窮盡
三世中所有的一切佛海　如實一一明見窮盡無餘
亦能示現無比微妙的身相　普詣於諸佛如來之前
又能於十方一切剎土中　一切諸佛導師之前
普雨下一切大莊嚴雲　供養一切無上的正覺世尊
又以無邊的大訊問海　啟請一切的諸佛世尊
諸佛所雨下的微妙法雲　皆悉能圓滿總持無有忘失

又能於十方無量剎土之中　一切諸佛如來眾會之前
安坐於眾妙莊嚴寶座之上　示現種種的廣大神通威力
又於十方無量剎土之中　示現一切的種種神變
一身示現出無量的妙身　無量身示現合為一身
又能於一一毛孔之中　悉放無數的廣大光明
各以種種的善巧方便　除滅眾生的煩惱火焰
又能於一一毛孔之中　出現無量無邊的化身妙雲
充滿於十方諸世界中　普雨法雨來救濟一切群生

十方一切的諸佛真子　如能入此不可思議的大悲解脫之門
悉能盡於未來無量時劫　安住修行大悲菩薩的勝行
隨著他們心中所樂而為說法　令彼等皆悉除盡眾邪見網
示以具足大悲的善妙智慧　乃至如來的無上菩提
在一切眾生受生的處所　示現無邊種種的妙身
能悉同其類而示現微妙的眾像　普應其心而為他們說法

若有得證此大悲解脫法門　則安住在無邊的大功德海
譬如佛剎微塵般無盡的數量　不可思議且無有邊際

如是！　如是！　教化眾生　令他們生起究竟大悲的解脫門
如實！　如實！　大悲示現各種生趣之身
不住攀緣遠離障礙　了達諸法究竟大空自性
微妙善巧觀察諸佛無上菩提　證得究竟無我深智慧般若
教化調伏一切眾生　恆常無有休息
如是常寂安住於體性無二妙門　普遍證入一切的言辭大海、功德大海
善具無上的勇猛智慧
圓具諸佛大悲心行之處　圓同如來的三昧勝境　大覺的解脫勝力

二

能聞的法界畢竟空寂

所聞的本覺自性圓滿
現聞的始覺現成如來
如是大慈大悲的千手觀世音菩薩
教授了這如觀自在的體性法門
如實的聞即解脫究竟
如實的交付現前的一切有情

嗡　無生無滅
阿　本住金剛三摩地中
吽　全佛現成

懺悔那多劫來追逐外聲的耳根
聽聞那大慈大悲的大悲咒妙音　竟然心生了疑惑
聽聞眾惡音聲而隨逐惱害
向大悲的淨聖懺悔無始劫來的汙染耳根
讓父母所生的耳

豁然在實相中悔悟
耳根何在　時間何來　音聲何住
在寂滅中實相懺了
在畢竟空中如如的返聞自性
自聞聞寂的耳根清淨
於是六根也清淨圓通了
這是普賢的無礙耳根
觀音的圓通法門

清淨的音聲
在三摩地中無生現起
地大的阿（𑖀 a）聲
水大的鑁（𑖪𑖽 vaṃ）聲
火大的囕（𑖨𑖽 raṃ）聲

風大的憾（𑖮𑖽 haṃ）聲
空大的劍（𑖏𑖽 khaṃ）聲
識大的吽（𑖮𑖳𑖽 hūṃ）聲

六大、六境、十二入、十八界的聲音
如實本寂的空淨

於是始覺聞本覺
本覺聞始覺
自性自聞
自聞自解脫
能聞自性的本覺
所聞法爾的畢竟空寂
現聞始覺的大圓滿
聞即解脫

至於究竟
善哉！
五毒自解脫
五門自解脫
六識自解脫

三

如何是觀世音的大悲呼吸
如何在呼吸中成了觀自在
如是現空　如是的畢竟空寂
那心、息、身的法界　最深的密義
在金剛不壞的三摩地中
淨流空息

一吸吸入法界
一呼呼出法界
一呼一吸遍融法界　空寂無生
在出入息間
遍遊了一切諸佛清淨土
一切法界的加持力
一切如來的福智力
如是千手千眼觀世音菩薩的大悲力
現前的自願智力
匯成了始覺的一切智智
同了現成的本覺

嗡　吟出明空光絲金剛鍊
阿　在畢竟空中不生不滅
吽　始覺同本覺的成佛了

一切圓滿
南無　薩婆訶

四

大悲的呼吸
如何是觀世音菩薩的大悲呼吸
如何是觀自在的息
在無我中畢竟空寂的呼吸
呼吸成了大悲咒的梵音
大悲心息成了大悲的妙音
如是的無緣大慈　同體大悲
南無大慈大悲千手千眼觀自在菩薩
寂靜淨密

啊！
無我的呼吸
吸者無我　成了大悲心的呼吸
住者不可得　成了觀世音的體性
呼者本來空　法界同成了觀世音自在

啊！
畢竟空的呼吸
如是！如實！
畢竟空
啊！
無我的呼吸　呼吸具足了大悲
甚深的祕義　呼吸成了觀自在祕密
吸時來無方所
住時本無積聚

呼時了無蹤跡

心本無心　由心有息
息無來去　息身相依
身本來空　無生無滅
六根現寂　六境現空
六識現覺　法界盡成了觀自在

五

內空、外空、內外空
如是的淨息　十八空現成
一切現空　了無蹤跡
啊！
無我的光明

光明的無我
明空不二
無上的大覺
用起觀自在的心來
全佛

一呼一吸　自默自照
細而更細　入於寂密
與那大悲千手千眼觀世音菩薩一同呼吸
在一呼一吸時
具足了體性大悲的力量
現觀呼吸通於自身與法界
在二呼二吸時
呼吸在光明中更細更細
吸入法界的光明

吸入大悲的心光
更細更細的進入中脈
安住在海底輪中
海底輪化成極細更細
呼出自性的光明
化入觀世音菩薩的大悲心性
極細極細的會融於法界

氣息在一次又一次的呼吸中
每次都化得更細
而海底輪在一次一次呼吸安住中
漸次的化為唯一明點
呼吸的氣息細成至空的光明
唯一的明點成了現前的明空
入、出、住三輪之體究竟空了

在畢竟空中心、氣、脈、身、境
在無量光中成了彩虹
虹身現成
如實究竟
現成的大慈大悲千手千眼觀世音菩薩

貳拾參　大悲根本陀羅尼品

一

如是發露懺悔隨喜勸請迴向發願　即運心觀想
遍滿虛空一切如來　具諸相好皆入法界定中
又觀自身住於諸佛海會之中　安住於法界實相

如是祈請　一切如來皆從定出　瑜伽者如是思惟啟告諸佛
我身少慧少福沉沒於苦海　仗託諸佛威神之力
唯願不捨大悲本願　慈悲矜愍觀察護念　拔濟於我
彼一切如來各以神力加持護念　修瑜伽者獲得無量福身心自在

次應禮敬四方如來請求加護　先禮東方阿閦如來等一切如來
瑜伽者即以全身委地　二手金剛合掌長舒頂上　以心著地至誠敬禮

如是禮敬祈願乃至成佛常得金剛薩埵加持　今菩提心圓滿

次禮南方寶生如來等一切如來　如前展身委地
金剛合掌下當其心　以額著地至誠禮敬
如是禮敬祈願乃至成佛
地地中常得虛空藏菩薩授與灌頂福德圓滿具諸相好
當為三界法王

次禮西方無量壽如來等一切如來　如前展身
金剛合掌置於頂上　以口著地至誠敬禮
如是禮敬祈願乃至成佛常得觀自在菩薩加持　智慧圓滿轉妙法輪

次禮北方不空成就如來等一切如來　展身如前
金剛合掌置於當心　以頂著地至誠敬禮
如是祈願奉獻供養禮敬故　乃至成佛常得金剛業菩薩加持

於一切佛世界　成就廣大供養業
然後結跏趺坐端身正念　不動肢節閉目寂靜
入於四無量心觀　手結定印
初入於慈無量心定　以慇淨之心　遍緣於六道四生一切有情
皆具如來藏　備及三種清淨身口意金剛
以我善修三密功德力故　願一切有情等同普賢菩薩
次應入於悲無量心三摩地智　如是以悲愍心
遍緣六道四生一切有情　沈溺於生死苦海不悟自心
虛妄生分別生起種種煩惱及隨煩惱
是故不達真如平等宛如虛空本淨　超越恆沙般功德
以我修三密加持力故　願一切有情等同虛空藏菩薩
次應入於喜無量心三摩地智　如是以清淨心　遍緣六道四生一切有情
本來清淨猶如蓮華　不染客塵自性清淨
以我修三密功德力故　願一切有情等同觀自在菩薩

次應入於捨無量心三摩地智　如是以平等心遍緣六道四生一切有情
皆離於我、我所離於蘊界　及離於能取、所取於法平等
心本不生性相現空　以我修三密功德力故
願一切有情等同虛空庫菩薩

瑜伽者由修習四無量心定故
於未來所有人天種種魔業障難　悉皆除滅
身中頓集無量福聚　心得調柔堪任自在
如是現空一切眾障清淨　法爾圓滿
即觀自身等同金剛薩埵　處在月輪
又觀金剛薩埵在身前　如鏡中像　與身相對等無有異
如是警覺瑜伽者身中金剛薩埵　以威神加持行者
速得成就普賢菩薩身　安住於吉祥的忿怒三摩地
身心所有煩惱業障　以金剛猛利的慧火焚燒悉盡

瑜伽者善作如是思惟　我今此身等同觀自在菩薩
如是觀想左手當心執蓮華　右手作開敷華勢　住圓滿月輪中了了分明
如是瑜伽者端身正坐儼然不動　觀想自身在一切如來海會之中
觀一一佛身微細猶如胡麻　相好具足了了分明
即入觀自在菩薩觀智　如是思惟　一切法本來清淨我亦清淨
於世間貪愛清淨故　則瞋恚清淨
於世間塵垢清淨故　則一切罪業清淨
於世間一切法清淨故　則一切有情清淨
於世間般若波羅蜜多清淨故　則薩婆若智具足清淨
瑜伽者如是現觀　身心豁然清淨
如是當證人、法二種無我　顯現體性如來藏　證得圓滿菩提心

如是閉目澄心　善觀自身中正當胸間　有圓滿清淨潔白的滿月
一心專注更不易緣　於圓明上觀想有八葉蓮華

於蓮華胎中觀想紇哩（hriḥ）字　如紅頗璃色
如是觀想蓮華漸舒漸大　乃至遍滿小千世界及中千世界、大千世界
其華具足廣大光明　照曜六道眾生滅除一切苦惱　能獲得安樂悅喜
如是再復觀想是蓮華漸斂漸小　量等己身
又觀想空中一切如來　悉皆入於此蓮華中　合為一體
其蓮華變成觀自在菩薩　身紅頗璃色坐蓮華臺上
首戴寶冠冠中有化佛　了了分明
以決定心如是觀察　成就本尊瑜伽與觀自在菩薩等無有異

如是下方空中觀想憾（haṃ）字
其字如染玄色　漸舒漸廣成大風輪
於風輪上觀想鋡（māṃ）字白色
漸引漸大與風輪相稱　變為水輪
於水輪上觀想鉢囉（pra）字金色
與水輪相稱成為一金龜

於龜背上觀想素（saṃ）字　變為妙高山
為四寶所成　又想劍（khaṃ）字　變成金山　七重圍繞
則於妙高山上的虛空中　觀想毘盧遮那佛
遍身毛孔流出香乳雨　澍於七山之間以成八功德香水乳海
於妙高山頂上　觀想有八葉大蓮華
於蓮華上有八大金剛柱　成為寶樓閣
於蓮華胎中觀想紇哩（hriḥ）字
從字流出廣大光明遍照一切佛世界
所有受苦眾生遇光照觸皆得解脫

於此大光明中　涌出千手千眼觀自在菩薩　具足無量相好熾盛威德
十波羅蜜菩薩周匝圍繞　八供養菩薩各住於本位
在於大寶樓閣的四隅　有白衣、大白、多羅、毘俱胝等四大菩薩
各與無量蓮華部眾前後圍繞　諸天八部以為眷屬
如是觀想無量聖眾及本尊　極須分明勿令忘失次第

如是觀想蓮華部世間調伏大曼荼羅　如實會融於自心上
即自身成為大曼荼羅　以如是心印觸於本尊像
彼像不管是畫像或銅像或塑像　皆成為大曼荼羅
以心印置身於前空中　即滿虛空界成為大曼荼羅
如是觀想諸佛菩薩一切聖眾　已皆悉集會於曼荼羅上空中
瑜伽行者即住於觀自在菩薩三摩地　讚誦蓮華部諸尊名讚
普禮一切聖眾誦讚嘆　如是一切聖眾皆引入於大曼荼羅中

千臂千眼觀自在菩薩大悲根本陀羅尼

曩謨喇怛曩二合怛囉二合夜引也一

namo ratnatrayāya

曩莫阿去、引哩也二合、引嚩路枳帝濕嚩二合囉引也二

namaḥ āryāvalokiteśvarāya

冐引地薩怛嚩二合、引也三　摩賀引薩怛嚩二合、引也四

bodhisatvāya mahāsatvāya

摩賀引迦嚕捉迦引也五　摩賀引尾引囉引也六

mahākaruṇikāya mahāvīrāya

娑賀娑囉二合惡乞叉二合、引也七　娑賀娑囉二合試嘌灑二合、引也八

sahasra akṣāya sahasraśīrṣāya

娑賀娑囉二合播娜引也九　娑賀娑囉二合尒小紇嚩二合、引也一〇

sahasrapadāya sahasrajihvāya

娑賀娑囉二合步惹引也一一　翳係曳二合、引呬婆去誐挽一二

sahasrabhujāya ehyehi bhagavāṃ

阿去、引哩也二合嚩路枳帝濕嚩二合囉一三　塢屹囉二合一四

āryavalokiteśvara ugra

阿上底庾二合屹囉二合一五　摩賀引塢屹囉二合一六

atyugra mahā ugra

摩賀引曩引娜十七　枳里枳里枳里枳里一八

mahānāda kilikili kilikili

弭里弭里弭里弭里十九　唧哩唧哩唧哩唧哩二〇

milimili milimili ciriciri ciriciri

曩註知古反曩註曩註曩註二一　訖囉二合娑訖囉二合娑訖囉二合娑訖囉二合娑二二

naṭunaṭu naṭunaṭu krasakrasa krasakrasa

矩嚕矩嚕矩嚕矩嚕二三　翳係曳二合、引呬二四　摩賀引尾引囉二五

kurukuru kurukuru ehyehi mahāvīra

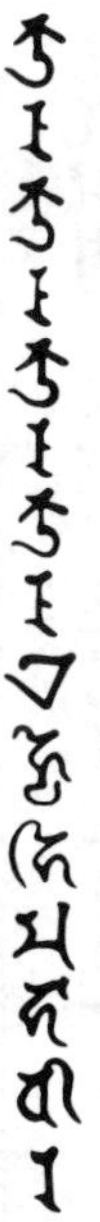

麼攞娜娜二六　尾引哩演二合娜娜二七　薩嚩迦鈐引銘二八

balandada vīryandada sarva kamāṃme

鉢囉二合拽磋二九　試引竭囕二合嚩陝銘三〇

prayaccha śīghraṃ vaśame

囉引瑟吒囕三合娑囉惹殑矩嚕三一　娑賀娑囉二合步惹三二

rāṣṭraṃ saraja kaṅkuru sahasrabhuja

娑賀娑囉二合味囉路計濕嚩二合囉娑引馱也三三

sahasravira lokeśvara sādhaya

娑娜引悉朕地孀反銘婆去嚩三四　嚩囉努引婆去嚩三五　阿上虁嚕二合婆去嚩引銘三六

sadā siddhiṃme bhava varado bhava agru bhavāme

唵引三七　曩謨窣覩二合帝三八　婆去誐挽阿引哩也二合、引嚩路枳帝濕嚩二合囉三九

oṃ namo stute bhagavāṃ āryāvalokiteśvara

鉢囉二合沒地也二合四〇　鉢囉二合枲引娜給上四一

prabuddhya prasīda maṃ

嚩囉努引壓壓婆去嚩引呬四二　娑嚩二合、引賀引四三

varado mama bhavāhi svāhā

𑖪𑖨𑖟𑖺 𑖦𑖦 𑖥𑖪𑖯𑖮𑖰 𑖭𑖿𑖪𑖯𑖮𑖯

皈命　三寶
敬禮　聖者觀自在菩薩摩訶薩
那具足大悲心者
那偉大的勤勇大士
具足千眼　千頭　千足　千舌　千臂的大聖
奉請　世尊聖觀自在那最勝者　無上的最勝者
摩訶最勝者　用無畏的大空吼聲傳響出
枳里　枳里　枳里　枳里
弭里　弭里　弭里　弭里
唧里　唧里　唧里　唧里
囊跓　囊跓　囊跓　囊跓

訖囉娑　訖囉娑　訖囉娑　訖囉娑
矩嚕　矩嚕　矩嚕　矩嚕
從至空的中脈中　發出至妙的體性之音
善哉！　善哉！　善哉！　善哉！
妙喻！　妙喻！　妙喻！　妙喻！
迴向！　迴向！　迴向！　迴向！
圓成！　圓成！　圓成！　圓成！
上勝！　上勝！　上勝！　上勝！
善來啊！　善來！
殊勝的大雄　布施與我等大力
布施與我等勇健精勤
如實的以自在命力賜予我

迅疾　如同俱盧國的大王與人民團結為一體具足勇力
千臂的至尊　具足千義的大勤勇士

施與勝願　成就於我　永遠成就於我
具足一切世間自在
加持於我　成就現前世間無上
禮敬讚嘆　世尊聖者觀自在
勝施於我　覺悟於我　最成就於我
圓滿勝位成就
娑婆訶

皈命本覺自心最勝清淨的如來法身
常寂安坐於微妙體性的自心蓮台之上
本來圓滿具足如實清淨的法、報、化三身妙德
十方三世一切諸佛、本尊　現前安住於實相體性的心城之中
普門示現如同微塵數般的三昧大海
遠離一切幻滅因果法然現具
無邊福德大海本自清淨圓成

如是我以本然究竟的身、語、意密
稽首頂禮自心法界的一切諸佛

入佛知見　同證大覺圓現佛陀之心
始覺如實契入本覺法爾圓淨
世間眾惡一切過失皆悉永離
喚起眾生心覺令入正念精進
勤修一切菩薩菩提大行
入佛十力自在無有罣礙
善現一切不思議解脫妙門
三世諸佛、一切菩薩同契究竟三昧
入於眾生體性　加持慧力悉令圓滿
普入一切眾生身心清淨智性
現證無上菩提圓證佛果
光明遍照十方三世一切諸佛

普遍淨心大悲胎藏出生

金剛心地　一切菩提心性本原
一切無生、究竟第一義諦
如如自心　淨菩提心　如實之相
如是菩提覺心　於一切法無所染著
如是現前圓滿　即名蓮華三摩地境
住是三昧　諸佛大空、諸法空相亦不可得
如是現成法界蓮華清淨自性　自現於心
大悲相應觀自在尊如實一性相應
現前大悲現成蓮華三摩地境
剎那速疾　如是觀自在現成相合
身、語、意、功德、事業一味究竟

如是一相的大悲千手觀音

如實現證蓮華海法界體性三昧
普令法界眾生達證真如法性三摩地佛性大海
加持增益眾生根本自體聖性聖慧
速疾得證無上正等菩提
入佛三摩地清淨蓮華體性三昧
聖力潛加開悟眾生意密
普令聖性聖入一切眾生意識淨性
疾入法界聖智性開敷蓮華三昧大海
速起佛地疾證無上菩提

體性觀音善問自觀音
如實觀世音甚深善祕境
等覺變化一切觀世音
妙覺觀音觀自在王如來
本覺觀音遍照光明佛

紇哩　無生大悲遍法界觀音
實相觀音示現諸法實相
自性觀音如是自性身
自受用觀音盡攝一切法界
他受用觀音示現八相成道圓滿
變化身觀音示現淨土圓滿身
本覺法界寂光勝海會

非因、非果、離因果
無始、無終、性相自常住
一切眾生法爾同具聖觀音
如實普入一切如來諸法本性清淨蓮華三昧中
遍照無盡虛空遍法界
如實現證諸佛大自在
一切三界究竟勝法王

如是受名大悲千手觀自在

觀悟成相妙色自現觀自在大士
我等如應現觀如是即自身
現得最上大覺悉地心
佛灌頂寶成就大三昧
安住等引心現金剛妙作力
法爾成就無上正等覺
隨現福德普示一切大悲眾事業
於一切世界中現得廣大自在成就
普與觀世音菩薩等無有異境

二

大寶如意的體性之王　全佛大悲現起總集之心

如是本無可得法爾自然無緣現成　全體在用明示了大悲究竟
在實相中現發無上大菩提心　觀自在王我如是稽首禮敬
（一）本然無有眾生亦無佛陀眾相　如是法爾實相中一切根本無初
　　在實相中發起第一義心　在現空大悲中圓證菩提
（二）究竟現觀中無有眾生不成佛者　如實大悲一切無所錯謬
　　實相現成的究竟菩提心　在大悲法海如其次第法爾示現
（三）無有眾生非是佛陀　大悲智眼圓滿一切悉地成就
　　在現成實相的自心菩提　如實現成的法界大悲大遊戲
（四）初、中、後善具足無盡的勝緣　次第會融成就法爾的虹身
　　現成圓滿一切即亦非即　在金剛性海中喻同金剛不壞
（五）在究竟菩提中一切造作徒嫌勞頓　在無分別有作用中任運遊戲
　　本然無有佛陀亦無眾生可得　寂滅法界的究竟實相體性
現前禮敬無上的大悲菩提　觀自在王法界的如意大寶
唯一大悲具足了究竟大力　向無上菩提再次甚深的敬禮

是大慈悲心、平等心　是無染著心、無為心
是空觀心、恭敬心、卑下心　是無雜亂心、無見取心
是法爾無上菩提心　上與諸佛同一慈力下與眾生同生悲仰
十心具足的大悲觀自在菩薩　廣度眾生無餘並施與無畏的心
南無無比的大悲主　隨順尊心　唯有實證無上的菩提
在大悲體性中恆常精進　在無時空中圓頓現起
大悲至尊遍滿全然的法界　全佛現成一切究極平等
無盡緣生於法界十方國土　如是三世一念的法界妙身
是故稽首無上的大悲者　施無畏者及大智者
究竟無上的金剛王尊　如是的祕密王佛、最勝之尊

如是有國土災難起時　一心持誦如是大悲心陀羅尼神咒
令彼國土一切災難悉皆除滅　五穀豐登　萬性安樂
如是百性不安、疫氣流行、水旱不調、日月失度　如是種種災難起時
當造千手千眼大悲心像　面向西方

以種種香華、幢幡、寶蓋或百味飲食　至心供養
誦持如是大悲心陀羅尼神妙章句　國土通同慈心相向
諸龍鬼神擁護其國　雨澤順時　果實豐饒　人民歡樂
若家內遇大惡病　百怪競起　鬼神邪魔耗亂其家
惡人橫造口舌以相謀害　室家大小內外不和者
當向千眼大悲像前設其壇場　至心憶念觀世音菩薩
誦此大悲心陀羅尼滿百千遍　如上惡事悉皆消滅　永得安隱
如是神咒　一名廣大圓滿　一名無礙大悲　一名救苦陀羅尼
一名延壽陀羅尼　一名滅惡趣陀羅尼　一名破惡業障陀羅尼
一名滿願陀羅尼　一名隨心自在陀羅尼　一名速超上地陀羅尼
如是淨名　如是受持

三

那究竟圓滿的大悲心陀羅尼

從千手千眼觀世音菩薩的體性心中自在的流出
如實圓滿的救度了三界廿五有的眾生
大悲示現了具足勝德的廿五菩薩
無上的大悲妙用　在吉祥清淨中現起了四十手的莊嚴
如是具足了千手
如是以一雙本手共成了四十二手自在
具足三世千佛的大悲體性
四十二手觀音的大悲勝用
在佛陀的深法教誨中
導引我們如實的受用　如是四十二手的妙用教攝了

若為富饒種種珍寶資具者　應當修於如意寶珠手
若為種種不安求安隱者　應當修於羂索手
若為腹中諸病　應當修於寶鉢手
若為降伏一切魍魎鬼神者　應當修於寶劍手

若為降伏一切天魔神者　應當修於跋折羅手
若為摧伏一切怨敵者　應當修於金剛杵手
若為一切處怖畏不安者　應當修於施無畏手

若為眼闇無光明者　應當修於日精摩尼手
若為熱毒病求清涼者　應當修於月精摩尼手
若為榮官益職者　應當修於寶弓手
若為諸善朋友早相逢者　應當修於寶箭手
若為身上種種病者　應當修於楊柳枝手
若為除身上惡障難者　應當修於白拂手
若為一切善和眷屬者　應當修於寶瓶手
若為辟除一切虎狼豺豹諸惡獸者　應當修於傍牌手

若為一切時處好離官難者　應當修於鉞斧手
若為男女僕使者　應當修於玉環手

若為種種功德者　應當修於白蓮華手

若為欲得往生十方淨土者　應當修於青蓮華手

若為大智慧者　應當修於寶鏡手

若為面見十方一切諸佛者　應當修於紫蓮華手

若為地中伏藏者　應當修於寶篋手

若為仙道者　應當修於五色雲手

若為生梵天者　應當修於軍持手

若為往生諸天宮者　應當修於紅蓮華手

若為辟除他方逆賊者　應當修於寶戟手

若為十方諸佛速來授手者　應當修於數珠手

若為召呼一切諸天善神者　應當修於寶螺手

若為使令一切鬼神者　應當修於髑髏寶杖手

若為成就一切上妙梵音聲者　應當修於寶鐸手

若為口業辭辯巧妙者　應當修於寶印手

若為善神龍王常來擁護者　應當修於俱尸鐵鉤手

若為慈悲覆護一切眾生者　應當修於錫杖手

若為一切眾生常相恭敬愛念者　應當修於合掌手

若為生生之處不離諸佛邊者　應當修於化佛手

若為生生世世常在佛宮殿中　不處胎藏中受身者　應當修於化宮殿手

若為多聞廣學者　應當修於寶經手

若為從今身至佛身　菩提心常不退轉者　應當修於法輪手

若為十方諸佛速來摩頂授記者　應當修於頂上化佛手

若為果蓏諸穀稼豐收者　應當修於蒲桃手

若為使一切飢渴有情及諸餓鬼得清涼者　應當修於甘露手

若為降伏三千大千世界魔怨　應當修於千臂總攝手

如是一切世間、出世間可求之法　悉皆善巧如實修治

大悲四十二手善化為千手千眼觀世音自在
現成五部如來三世千佛的體性大悲
破除三界廿五有及十方三界眾生的所有無明煩惱
善妙導引法界眾生圓滿成佛
法界同成全佛淨土

貳拾肆　大悲王觀自在品

一

稽首大雄威猛的阿閦佛尊
具足虛空大寶的寶生如來
等持一切達摩法教的觀世音如來
具足諸佛圓滿事業的金剛不空成就如來
內外八供等十六勝尊
四門親護等法性相應者

我從無量劫來　淪滯於生死大海
現在以清淨的心　發露而懺悔過錯
如同諸佛往昔所懺悔者　我今亦復如是習深修懺
願我以及眾生　一切皆得以清淨

過去現在及未來三世諸佛　菩薩與一切眾生
所聚集的諸種善根　如是合掌盡皆隨喜

慈悲普皆悉會　超越了一切有情塵垢
如是觀想拍除摧伏諸魔　一切垢染煩惱皆得以除盡
清淨宛如滿月一般　現前觀想八葉蓮華
現觀於內心之中　如二羽雙掌手肘相著
仰豎如同寶蓮一般　十度十指遠而相離
微屈如同八葉的蓮華

如是以此相應的法門　先佛所示的清淨方便
摧滅三業所積集的罪業　祛除無量的極重苦障
如同以火焚盡枯草
有情如是常自愚迷　不知法界實相甚深
如來以究竟大悲心故　開啟此祕密的微妙法門

觀想前述的八葉寶蓮　其上安置娑（𑖭）字
三點嚴飾故　妙字方名為惡（𑖀𑖾）字　其色白宛如珂雪
流散千種的光明

如是觀想入於心中　自觀想為淨喻光明普曜
此即為法界自體　行者應當如是善觀
於不分別中了悟寂淨　法本不生之故
三世的諸佛如來　如實的金剛身、口、意三密
皆以微妙的方便　持在金剛寶卷之中
以此開闔心門　智字獲證堅固

如是布字觀想真容現前
一切所印置於自性觀音　分明現前為纈哩（𑖮𑖿𑖨𑖱𑖾）字
此字如是普皆現前　安住於在月輪之中

自出白毫般光明　還而令其漸斂於密

誦此　唵　阿嚧力　娑嚩賀

觀想如來布唵（）字置於頂上　其色淨白宛如明月

放出無量光明　除滅一切障礙

如是即同諸佛菩薩　摩於是人頂上

阿（）字觀想安於額上　其色遍成金色

為普照一切諸愚痴暗　能發起甚深慧明

嚕（）字安於兩目之上　色如淨紺瑠璃

能顯現諸般色相　漸具於如來智慧

力（）想安於兩肩　其色宛如皎素清明

由如心清淨之故　速達於菩提之路

娑嚩（）安於心臍之上　其狀現作赤色

常能想像如是妙字　速得無上轉動法輪

訶（）字置於兩足　其色宛如滿月之相

行者作是觀想之後　速能達於圓滿寂靜

如是布字觀想圓滿眾色　善能成就大悲殊勝法門
亦名本尊真實相貌　能滅除一切諸罪獲證吉祥
猶如金剛堅固相聚　是名為大悲勝上妙法
若能恆常如是修行者　當知是人速能證得悉地成就

如是誦此三遍清淨真言之後得以自在
如是觀想大悲觀音千眼菩薩口中善出大悲妙言文字
普放五色光明入於行者口裡
自心月中右旋布字　即誦持本尊真言一遍　以右手無名指捻一顆念珠
如是周而復始　不急不緩不得高聲　須能分明稱字而令得以自聞
所見本尊及身上布字念誦記數　於一念中並須一時觀見
不得生起分別使心散亂　如觀念疲勞時口當隨力而作念誦
或一百、二百、三百乃至四百、一千遍　常取一數字為定數
如有外緣眾事亦不得減數
至於一百八遍已下　此名為聲念誦

若求解脫疾速出離生死者　當作此三摩地瑜伽觀行

無記數無數念者　即於自心現觀如一滿月　湛然清淨內外明澈

以唵（）安於月輪中心

以唵阿嚕力娑嚩訶（）　從前右旋次第周布輪緣

諦觀一一字義與心相應不得差別

如是宣說三摩地觀念布字之義

唵字門者　是流注不生不滅之義　復於一切法為最勝義

阿字門者　阿遮利耶上師義　以金剛印如法念誦為弟子灌頂

已然授以心陀羅尼令結祕印　阿字是無生義　亦是一切如來寂靜智義

嚕字門者　於一切法是無行義　亦是一切如來法中無起住義

力字門者　一切如來無等覺義　亦是無住、無去、無取捨義

娑嚩字門者　是一切如來無等無言說義

訶字門者　一切如來無因寂靜、無住涅槃義

如是所說字義　雖立文字皆是無文字義
雖無文字然須諦觀一一義相　周而復始無記無數不得斷絕
不斷絕者　謂流注不生不滅最勝義
由不生不滅義是故無行　為無行義是故無相
為無相義是故無起、無住
為無起、無住義是故無等覺　為無等覺義是故無取捨
為無取捨義是故平等無言說　會平等無言說亦無無言說義
是故無因寂靜、無住涅槃　為寂靜無住涅槃義
是故不生、不滅最勝無斷　周而復始
如是名為三摩地念誦次第大乘成就法門

如是行者當應修習阿娑頗那伽三昧　端身正坐身勿動搖
舌拄上腭止出入息令其微細　諦觀諸法悉皆由心
一切煩惱、隨煩惱及蘊、界、入等　皆如幻焰乾闥婆城
宛如旋火輪亦如空谷聲響　如是觀己不見身心　住於寂滅無相平等

以為究竟真實之智　爾時即觀空中無數諸佛　猶如大地滿中胡麻
皆舒金色臂　彈指警醒而善作如是告言：
「善男子汝所證處　一道清淨
但未證得金剛喻三昧耶薩婆若智一切智
勿為知足應以滿足普賢行道成就最正覺」
行者聽聞警覺之後　於定中普禮佛足　唯願諸如來　示我所行之處

此時諸佛皆同言音而宣說道：
「汝應當觀察於自心」
既聞如是言說之後　如教而善觀自心
久住詳諦觀察　不見自心之相
又復觀想禮於佛足自言：
「最勝之尊！　我不見於自心　此心是為何相？」
是時諸佛咸皆告知　心相難可測量
授與自心的體性　如理諦觀於心

此時出入息一一明了　觀察虛空中無量諸佛
一時彈指警覺行者而告之說：
「你現今當如何成就無上正覺　你不知於諸佛實相法要」
行者爾時警覺之後　即白佛言：
「如何名為真實　唯願如來為我解說」
此時諸佛告訴行者說：
「善哉！善哉！能作是問
你觀想心中所內阿（𑖀）字　瑩徹於心」

如是念頌便見自心　圓淨如同滿月
復作如是思惟　是心是為何物？
煩惱習氣種子　善惡皆由心生
心為含藏阿賴耶識　修淨以為妙因
由於六度熏習之故　此心成為大心
藏識本非染汙　清淨無有瑕穢

長時積習於福智　如是喻若清淨滿月
無體亦無有分別眾事　如是即說亦非月輪
由是具足福智之故　自心宛如滿月妙相　踴躍而心生歡喜

如實復白於諸佛世尊：
「我已明見於自心　清淨宛如同圓滿淨月
遠離一切煩惱垢染　我執與所執等」

諸佛普皆告言：
「汝心本來如是
為客塵煩惱所翳　菩提心為清淨
汝善觀於清淨月輪　得證無上菩提之心」

於是諦觀於心月　極令清淨如處於大虛廓中無有瑕翳
復於月輪中觀想一清淨蓮華　能令此心月輪
圓滿盡皆顯明　諸佛如是皆復告言：

「菩提善住如同金剛般堅牢鞏固」

如是觀想其蓮華與明月　漸漸引發周遍法界量同虛空
如是於淨月輪中觀想五智金剛　令普周法界成為唯一廣大金剛
如是應當了知　自身即為金剛界

如是從蓮華中　放出無量光明
流出無量無邊極樂世界　一一世界皆為妙寶莊嚴
皆有觀自在王如來　與諸聖眾前後圍繞
如是觀察之後漸復收斂其蓮　以證心清淨
自見自身為佛　眾相妙好皆悉圓備　即證薩婆若一切智智
定中遍禮諸佛　普願加持如金剛堅固之體
一切諸佛悉聞　成就金剛界體性之後
盡入金剛界中　便說為金剛之心

如是一切世界的諸佛如來　隨著蓮華而斂量等同本身
即變色身為無量壽佛　身現紅頗璃色放大光明
諸佛廣大名稱　闡說如是微密自性
等覺同於金剛界　便證真實妙智
時彼諸佛如來　加持堅固之後
還從金剛中現出　普住於虛空之中
行者此時心作是念：
「已證得金剛喻定　便具薩婆若佛智　我能成就無上正等覺」

行者次應以成所作智的三摩地　觀想於己身之前
現觀無盡大海出生大蓮華王　以金剛為莖量周於法界
其上觀想七寶樓閣中　師子座上清淨滿月
其中現出妙白蓮華　觀想娑（𑖭）字門
放大光明普照法界　成為大悲觀音
復於其面前觀想極樂世界以琉璃為地　出現功德乳海

於其海中觀紇哩（）字　變為微妙開敷蓮華
即變其華為觀自在王如來　色相莊嚴如前所觀如來
身色如月　首戴五如來冠　垂妙縠天衣
瓔珞嚴身光明普照　無量無數大菩薩眾　前後圍繞以為眷屬

如是以一切如來金剛甘露　灌一切眾生頂
除滅有情的無量業障　飲此水者除諸災患
由結閼伽供養故　為捧閼伽眾香水
觀想浴諸聖無垢身　當得灌頂法雲地

如是一心請持青頸大悲觀自在菩薩根本陀羅尼
曩謨喇怛曩二合怛囉二合夜引野一
namo ratnatrayāya

曩莫阿去、引哩野二合、引嚩路枳帝濕嚩二合囉引野二

namaḥ āryāvalokiteśvarāya

冒引地薩怛嚩二合、引野三　摩賀引薩怛嚩二合、引野四

bodhisatvāya mahāsatvāya

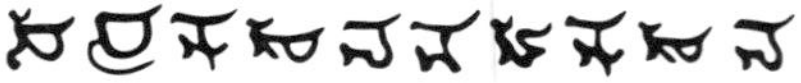

摩賀引迦引嚕抳迦引野五　薩嚩滿馱曩砌娜曩迦囉引野六

mahākāruṇikāya sarva bandhana cchedana karāya

薩嚩婆引嚩參母訥嚕二合酢灑拏迦囉引野七

sarva bhāva samudrocchoṣaṇa karāya

薩嚩弭野二合、引地鉢囉二合捨麼曩迦囉引野八

sarva vyādhi praśamana karāya

薩吠底庾二合鉢捺囉二合嚩尾曩引捨曩迦囉引野九

𑖭𑖨𑖿𑖪𑖸𑖝𑖿𑖧𑖲𑖢𑖟𑖿𑖨𑖪𑖪𑖰𑖡𑖯𑖫𑖡𑖎𑖨𑖯𑖧

sarve tyupadrava vināśana karāya

薩嚩婆去曳數怛囉二合拏引野怛寫一〇　曩莫塞訖哩三合怛嚩二合 一一

𑖭𑖨𑖿𑖪𑖥𑖧𑖸𑖬𑖲𑖝𑖿𑖨𑖜𑖯𑖧𑖝𑖭𑖿𑖧𑖡𑖦𑖭𑖿𑖎𑖴𑖝𑖿𑖪

sarva bhaye ṣutraṇāya tasya nama skṛtva

伊上給引阿引哩野二合、引嚩路枳帝濕嚩二合囉苔嚩一二

𑖂𑖦𑖯𑖽𑖁𑖨𑖿𑖧𑖯𑖪𑖩𑖺𑖎𑖰𑖝𑖸𑖫𑖿𑖪𑖨𑖝𑖪

imāṃ āryāvalokiteśvara tava

顊引攞建綻勅諫反 一三　曩引麼紇哩二合乃琰一四

𑖡𑖱𑖩𑖎𑖽𑖙𑖽𑖡𑖯𑖦𑖮𑖴𑖟𑖧𑖽

nīlakaṇṭhaṃ nāma hṛdayaṃ

麼引轆嘌多二合以史夜二合、引弭一五　薩嚩遏喇他二合娑引馱南上 一六

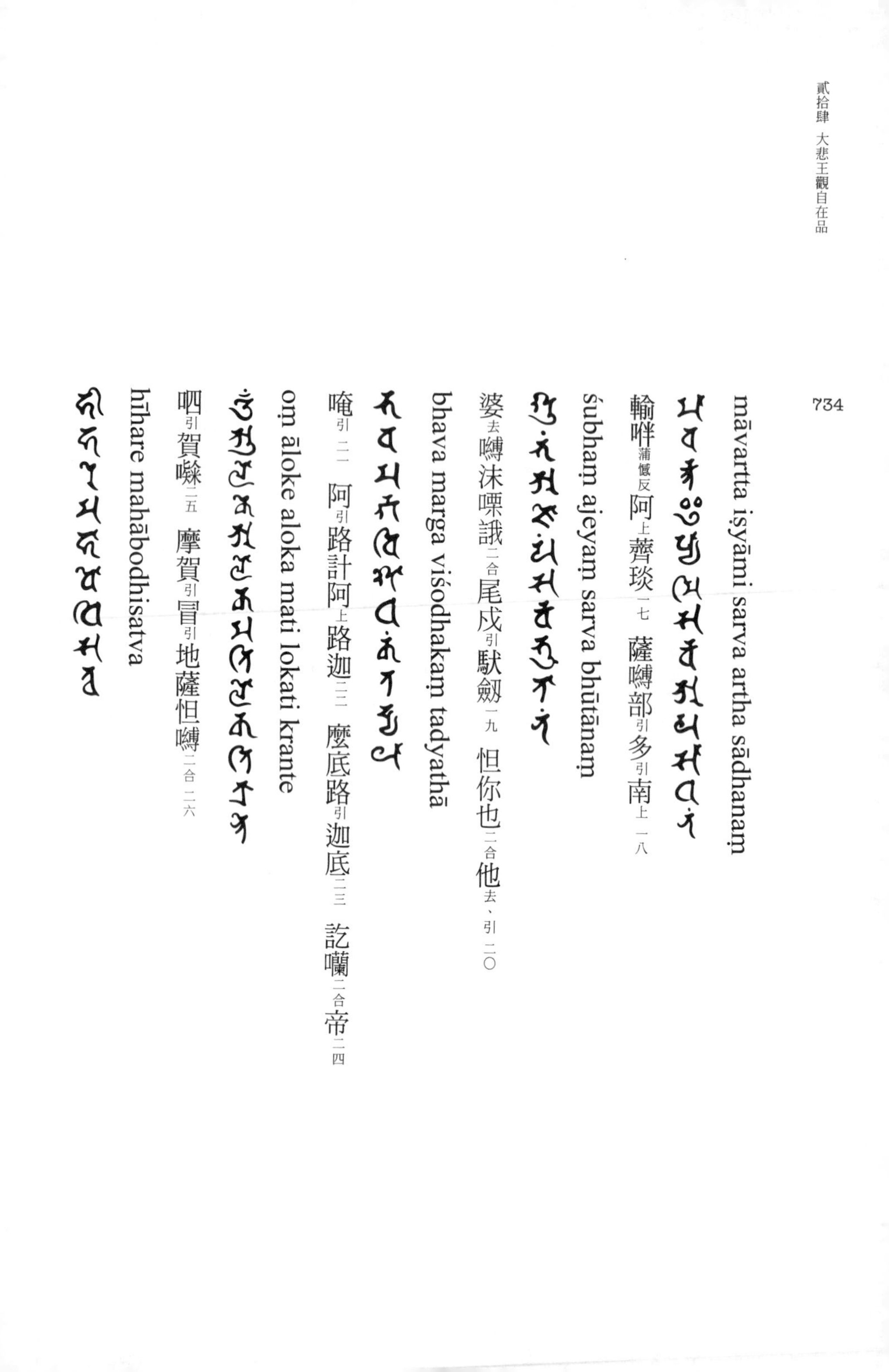

māvartta iṣyāmi sarva artha sādhanaṃ

輸泮蒲憾反阿上薺琰一七　薩嚩部引多引南上一八

śubhaṃ ajeyaṃ sarva bhūtānaṃ

婆去嚩沫嘌誐二合尾戍引馱劍一九　怛你也二合他去、引二〇

bhava marga viśodhakaṃ tadyathā

唵引二一　阿引路計阿上路迦二二　麼底路引迦底二三　訖囕二合帝二四

oṃ āloke aloka mati lokati krante

呬引賀㘑二五　摩賀引冒引地薩怛嚩二合二六

hīhare mahābodhisatva

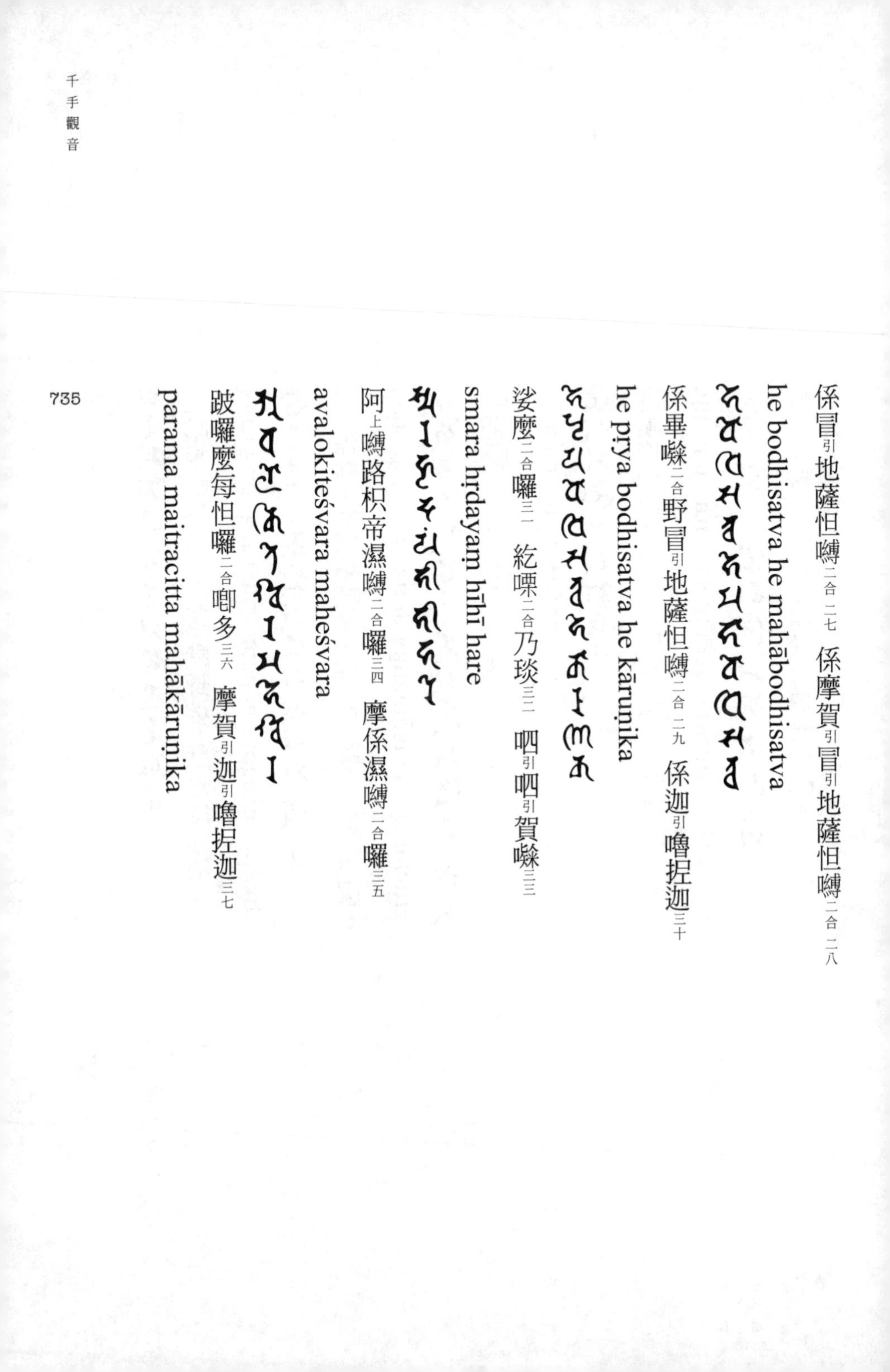

係冐引地薩怛嚩二合 二七　係摩賀引冐引地薩怛嚩二合 二八

he bodhisatva he mahābodhisatva

係畢𠼝二合野冐引地薩怛嚩二合 二九　係迦引嚕抳迦三十

he prya bodhisatva he kāruṇika

娑麼二合囉三一　紇㗚二合乃琰三二　呬引呬引賀𠼝三三

smara hṛdayaṃ hīhī hare

阿上嚩路枳帝濕嚩二合囉三四　摩係濕嚩二合囉三五

avalokiteśvara maheśvara

跛囉麼每怛囉二合唧多三六　摩賀引迦引嚕抳迦三七

parama maitracitta mahākāruṇika

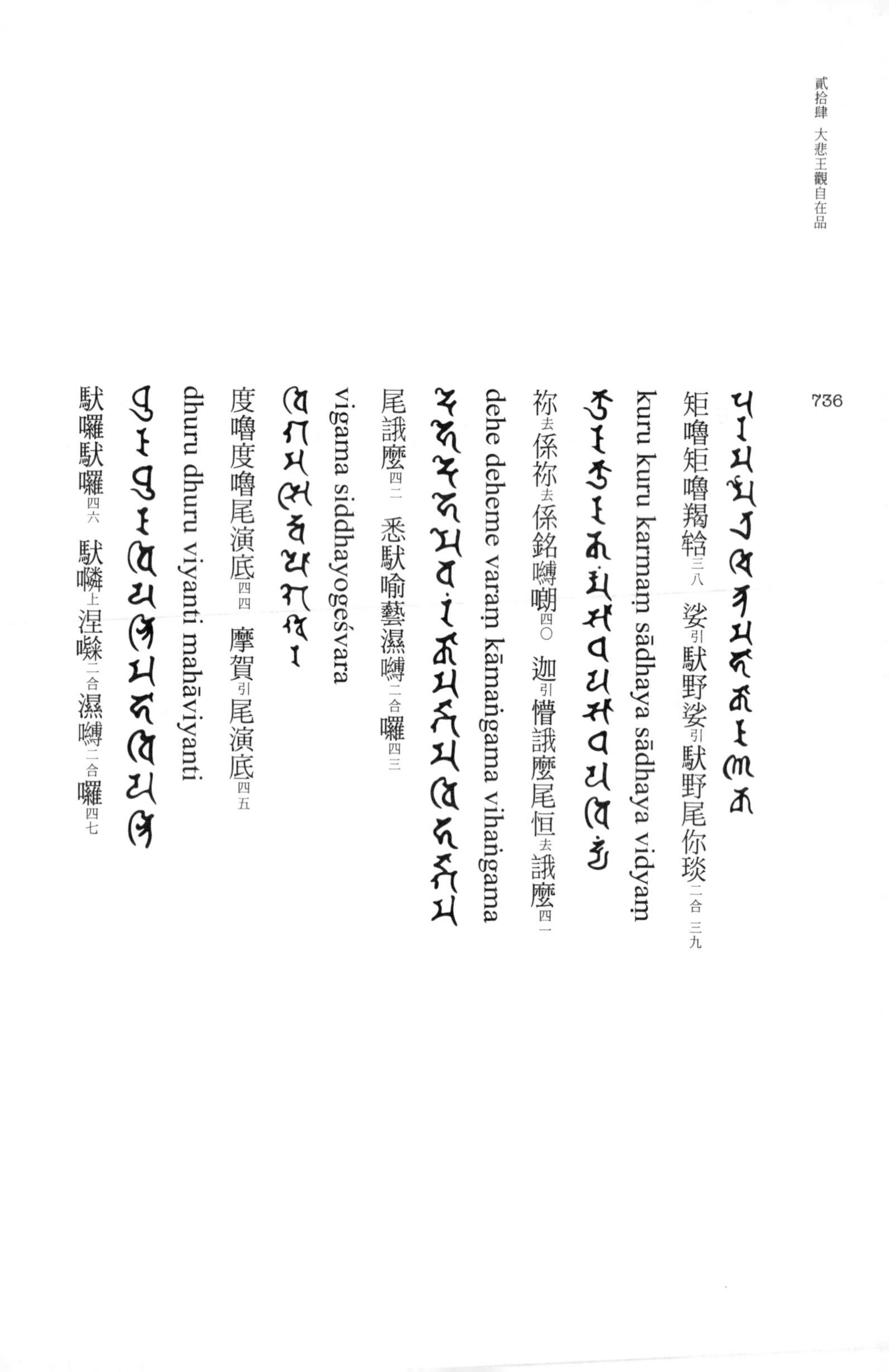

矩嚕矩嚕羯輇三八　娑引馱野娑引馱野尾你琰二合三九

kuru kuru karmaṃ sādhaya sādhaya vidyaṃ

祢去係祢去係銘嚩嘲四〇　迦引懵誐麼尾恒去誐麼四一

dehe deheme varaṃ kāmaṅgama vihaṅgama

尾誐麼四二　悉馱喻藝濕嚩二合囉四三

vigama siddhayogeśvara

度嚕度嚕尾演底四四　摩賀引尾演底四五

dhuru dhuru viyanti mahāviyanti

馱囉馱囉四六　馱噒上涅嚟二合濕嚩二合囉四七

dhara dhara dharindreśvara

左攞尾麼攞四八　麼攞母引嘌帝二合、引 四九

cala vimala mala mūrtte

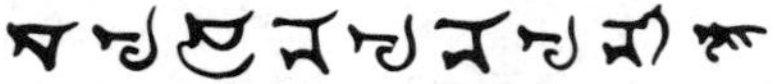

阿去、引哩野二合、引嚩路枳帝濕嚩二合囉五〇

āryāvalokiteśvara

尒曩訖嘌二合瑟拏二合 五一　惹吒穆矩吒引 五二

jina kṛṣṇa jaṭamukuṭā

攬麼鉢囉二合攬麼五三

lamba pralamba

摩賀引悉馱尾你也二合馱囉五四　麼攞麼攞五五

mahāsiddha vidyadhara bala bala

摩賀引麼攞五六　莽攞莽攞五七　摩賀引莽攞五八

mahābala mala mala mahāmala

左攞左攞五九　摩賀引左攞六〇

cala cala mahācala

訖嘌二合瑟拏二合轉嘌拏二合六一

kṛṣṇavarṇṇa

訖嘌二合瑟拏二合博乞叉二合捏寧吉反伽去、引多曩六二

kṛṣṇapakṣa nirghātana

係鉢納麼二合曷娑多二合六三　左囉左囉顐捨左𡂖濕嚩二合囉六四

he padmahasta cara cara niśacareśvara

訖哷二合瑟拏二合薩跛訖哷二合多拽吉吺二合跛味多六五

kṛṣṇasarpa kṛta yajṇopavita

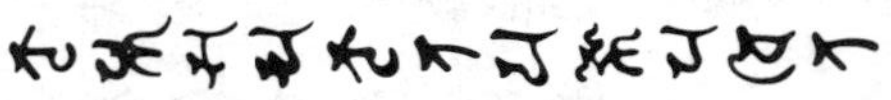

翳係曳二合、引呬六六　摩賀引嚩囉引賀穆佉六七

ehyehi mahāvarāhamukha

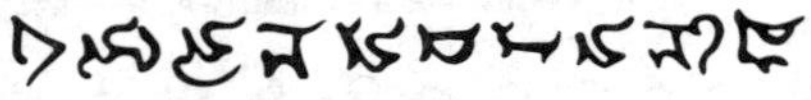

底哷二合補囉諾賀顐濕嚩二合囉六八

tripura dahaniśvara

曩囉引演拏嚕引跛麼攞吠誐馱哩六九　係顐引攞建姹七〇

narāyaṇa rūpa mala vega dhari he nīlakaṇṭhaṃ

係摩賀引賀引攞引 七一　賀攞尾灑捏寧吉反薺多路羯寫七二

he mahāhālā hala viṣa nirjeta lokasya

囉引誐尾灑尾曩引捨曩七三

rāga viṣa vināśana

你吠二合、引灑尾灑尾曩引捨曩七四　謨賀尾灑尾曩捨曩七五引

dveṣa viṣa vināśana moha viṣa vināśana

護虜護虜七六　麼攞護虜賀嚟七七

hulu hulu mala hulu hare

摩賀引鉢納麼二合曩婆去 七八　娑囉娑囉七九

mahāpadmanabha sara sara

𑖦𑖮𑖯𑖢𑖟𑖿𑖦𑖡𑖥𑖭𑖨𑖭𑖨

悉哩悉哩八〇　蘇嚕蘇嚕八一　沒⿰革夜沒⿰革夜八二

siri siri suru suru buddhya buddhya

𑖭𑖰𑖨𑖰𑖭𑖰𑖨𑖰𑖭𑖲𑖨𑖲𑖭𑖲𑖨𑖲𑖤𑖲𑖟𑖿𑖠𑖿𑖧𑖤𑖲𑖟𑖿𑖠𑖿𑖧

冒引馱野冒引馱野八三　冒引馱野弭帝八四

bodhaya bodhaya bodhaya mite

𑖤𑖺𑖠𑖧𑖤𑖺𑖠𑖧𑖤𑖺𑖠𑖧𑖦𑖰𑖝𑖸

⿰亭頁引攞建姹八五　翳係曳二合呬八六

nīlakaṇṭha ehyehi

𑖡𑖱𑖩𑖎𑖜𑖿𑖞𑖊𑖮𑖿𑖧𑖸𑖮𑖰

嚩麼悉體町以反、二合多八七　僧星孕反賀穆佉八八

vama sthita siṃhamukha

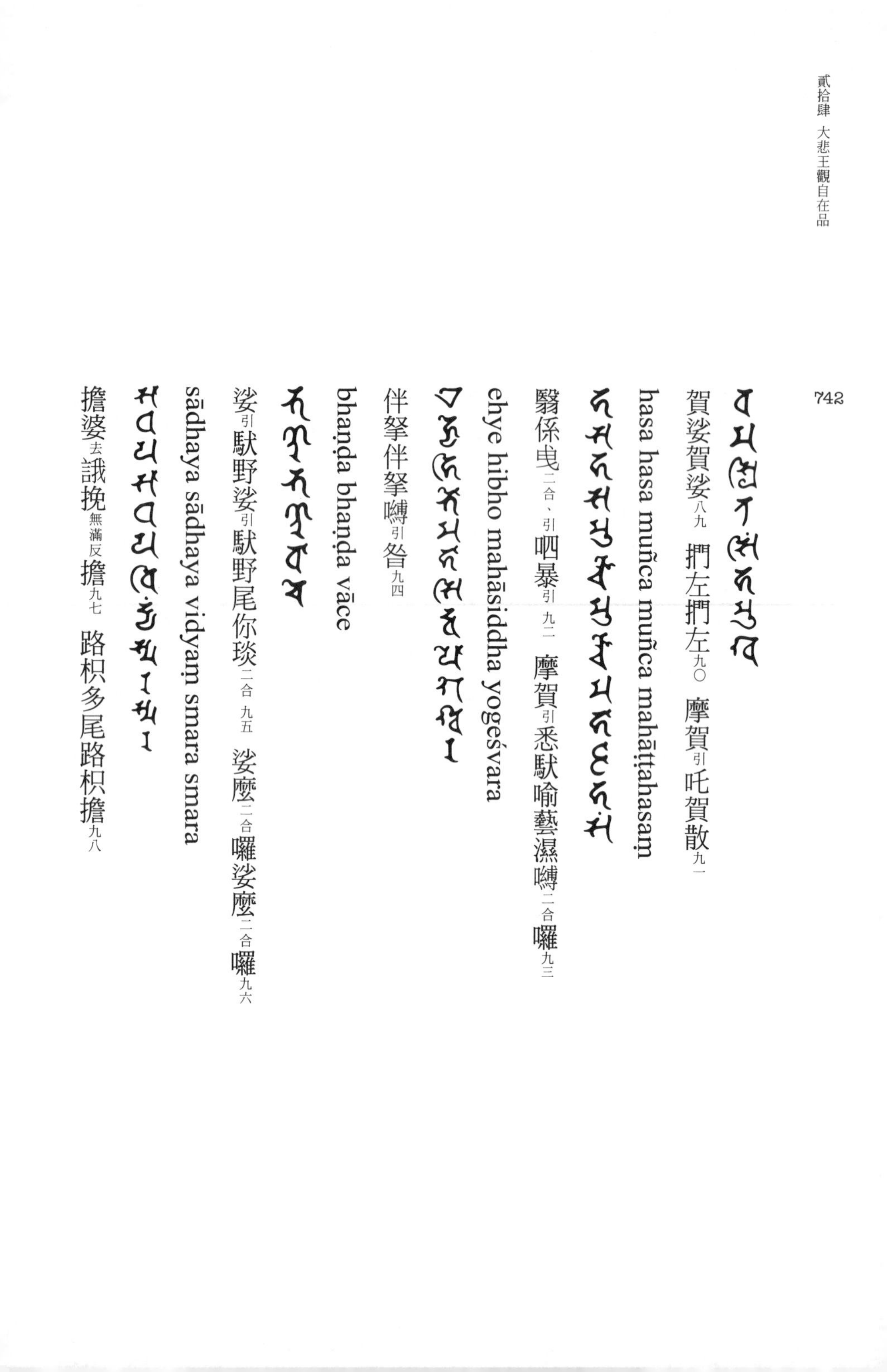

賀娑賀娑八九　捫左捫左九〇　摩賀引吒賀散九一

hasa hasa muñca muñca mahāṭṭahasaṃ

翳係曳二合、引呬暴引九二　摩賀引悉馱喻藝濕嚩二合囉九三

ehye hibho mahāsiddha yogeśvara

伴拏伴拏嚩引咎九四

bhaṇḍa bhaṇḍa vāce

娑引馱野娑引馱野尾你琰二合九五　娑麼二合囉娑麼二合囉九六

sādhaya sādhaya vidyaṃ smara smara

擔婆去誐挽無滿反擔九七　路枳多尾路枳擔九八

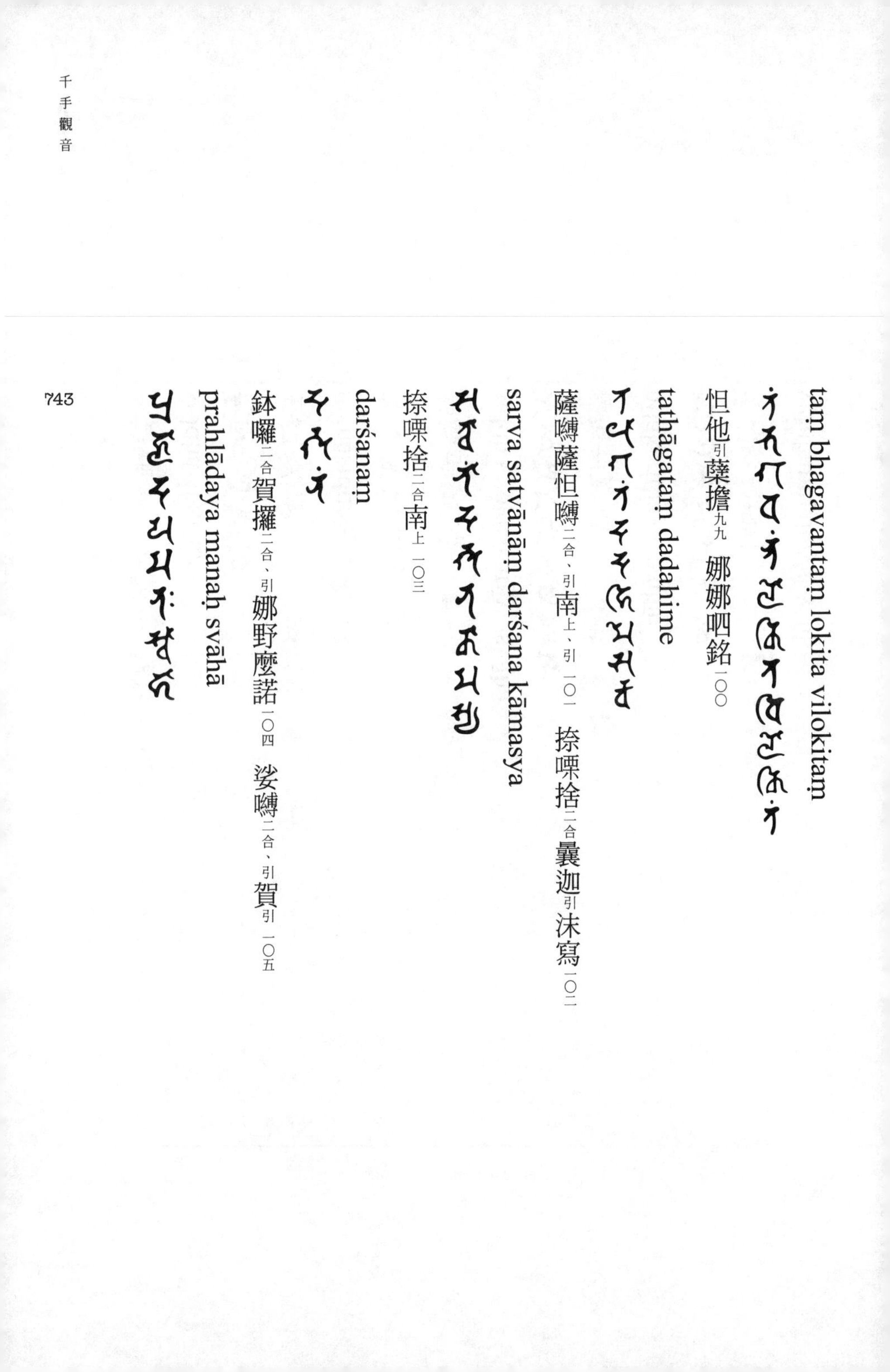

taṃ bhagavantaṃ lokita vilokitaṃ

怛他引蘖擔九九　娜娜呬銘一〇〇

tathāgataṃ dadahime

薩嚩薩怛嚩二合、引南上、引一〇一　捺嘌捨二合曩迦引沫寫一〇二

sarva satvānāṃ darśana kāmasya

捺嘌捨二合南上一〇三

darśanaṃ

鉢囉二合賀攞二合、引娜野麼諾一〇四　娑嚩二合、引賀引一〇五

prahlādaya manaḥ svāhā

悉馱引野一〇六　娑嚩二合、引賀引一〇七

𑖭𑖰𑖟𑖿𑖠𑖯𑖧𑖭𑖿𑖪𑖯𑖮𑖯

siddhāya svāhā

摩賀引悉馱引野一〇八　娑嚩二合、引賀引一〇九

𑖦𑖮𑖯𑖭𑖰𑖟𑖿𑖠𑖯𑖧𑖭𑖿𑖪𑖯𑖮𑖯

mahāsiddhāya svāhā

悉馱喻藝濕嚩二合囉引野一一〇　娑嚩二合、引賀引一一一

𑖭𑖰𑖟𑖿𑖠𑖧𑖺𑖐𑖸𑖫𑖿𑖪𑖨𑖯𑖧𑖭𑖿𑖪𑖯𑖮𑖯

siddha yogeśvarāya svāhā

頟攞建姹引野一一二　娑嚩二合、引賀引一一三

𑖡𑖰𑖩𑖎𑖜𑖿𑖙𑖯𑖧𑖭𑖿𑖪𑖯𑖮𑖯

nilakaṇṭhāya svāhā

嚩囉賀穆佉引野一一四　娑嚩二合、引賀引一一五

varahamukhāya svāhā

摩賀引僧星孕反賀穆佉引野一六　娑嚩二合、引賀引一七

mahāsiṃhamukhāya svāhā

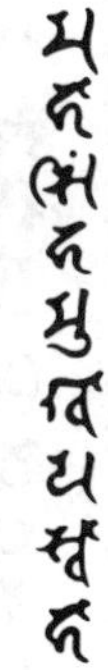

悉馱尾你也二合、引馱囉引野一八　娑嚩二合、引賀引一九

siddhavidyādharāya svāhā

鉢納麼二合曷娑路二合、引野二〇　娑嚩二合、引賀引二一

padmahastāya svāhā

訖嘌二合瑟拏二合薩跛訖嘌二合多拽吉攺二合、引跛味引路引野二二

kṛṣṇasarpa kṛta yajñopavītāya

娑嚩二合、引賀引二三

svāhā

𑖭𑖿𑖪𑖯𑖮𑖯

摩賀引攞矩吒馱囉引野一二四　娑嚩二合、引賀引一二五

mahālakuṭadharāya svāhā

𑖦𑖮𑖯𑖩𑖎𑖲𑖘𑖠𑖨𑖯𑖧𑖭𑖿𑖪𑖯𑖮𑖯

作訖囉二合庾馱引野一二六　娑嚩二合、引賀引一二七

cakrayudhāya svāhā

𑖓𑖎𑖿𑖨𑖧𑖲𑖠𑖯𑖧𑖭𑖿𑖪𑖯𑖮𑖯

餉佉攝娜額冒引馱曩引野一二八　娑嚩二合、引賀引一二九

śaṅkhaśabda nibodhanāya svāhā

𑖫𑖽𑖏𑖫𑖤𑖿𑖟𑖡𑖰𑖤𑖺𑖠𑖡𑖯𑖧𑖭𑖿𑖪𑖯𑖮𑖯

嚩麼引塞建二合馱祢去捨悉體同上、二合多訖嘌二合瑟拏二合尒曩引野一三〇

vamā skandha deśa sthita kṛṣṇa jināya

𑖪𑖦𑖯𑖭𑖿𑖎𑖡𑖿𑖠𑖟𑖸𑖫𑖭𑖿𑖞𑖰𑖝𑖎𑖴𑖬𑖿𑖜𑖕𑖰𑖡𑖯𑖧

娑嚩二合、引賀引一三一

svāhā

𑖭𑖿𑖪𑖯𑖮𑖯

尾野二合竭囉二合拶麼韈嚩娑曩引野一三二　娑嚩二合、引賀引一三三

vyaghra carma nivasanāya svāhā

𑖪𑖿𑖧𑖯𑖑𑖿𑖨𑖓𑖨𑖿𑖦𑖡𑖰𑖪𑖭𑖡𑖯𑖧𑖭𑖿𑖪𑖯𑖮𑖯

路計濕嚩二合囉引野一三四　娑嚩二合、引賀引一三五

lokeśvarāya svāhā

𑖩𑖺𑖎𑖸𑖫𑖿𑖪𑖨𑖯𑖧𑖭𑖿𑖪𑖯𑖮𑖯

薩嚩悉第濕嚩二合囉引野一三六　娑嚩二合、引賀引一三七

sarva siddheśvarāya svāhā

𑖭𑖨𑖿𑖪𑖭𑖰𑖟𑖿𑖠𑖸𑖫𑖿𑖪𑖨𑖯𑖧𑖭𑖿𑖪𑖯𑖮𑖯

曩謨婆去誐嚩帝一三八　阿去、引哩野二合、引嚩路枳帝濕嚩二合囉引野一三九

namo bhagavate āryāvalokiteśvarāya

冒引地薩怛嚩二合、引野一四〇 摩賀引薩怛嚩二合、引野一四一

bodhisatvāya mahāsatvāya

摩賀引迦引嚕抳迦引野一四二

mahākāruṇikāya

悉殿覩滿怛囉二合跛娜一四三 娑嚩二合、引賀引一四四

siddhyantu mantrapada svāhā

皈敬 三寶

皈敬 大慈大悲聖觀自在菩薩摩訶薩

能斷除一切禁縛者

善巧如實超勝一切現前生死大海
如是除滅一切疾病
如是止息一切災劫
救護一切怖畏苦痛
如是　如是　禮敬圓滿
如是　大聖觀自在者
具足勇猛青頸聖者如我究竟誓願的皈命之心

一切事業如實的成就
吉祥白淨的無敵者
清淨一切步多鬼眾等現世勝道
於是　宣說如是的真言密咒：
嗡　皈命
光明啊！　光明
吧！　如實的超越世間諸神的一切智明

摩訶菩提薩埵　唯是菩提薩埵
唯是摩訶菩提薩埵
唯是勤勇菩提薩埵
唯是大慈大悲者
用至心如實的憶念
如實　如實
聖智觀自在　大自在
無上的慈心　大慈悲者

圓滿　圓滿一切事業
成就　成就　明咒勝力
勇氣之身　具足勇氣之身
祈願前行　寂滅前行　捨離前行
如是　自在的修行成就

降伏自心　降伏自心
出離　廣大的出離
善持　善持　善持帝釋自在
善轉　清淨無垢無相

聖觀自在　具足黑髮冠的聖者
垂下　垂下那如寶鬘的黑髮　救度眾生
大成就的持明者
具力　具力　廣大具力
寶鬘　寶鬘　莊嚴的大寶鬘
勝行　勝行　廣大的勝行
破除　那闇黑的遮障　那闇黑的力量

唯有　蓮華手
行道　行道　十方自在的行道

用黑蛇作為祭繩
善來　大豬面的聖者
在三城焚燒之際　以自在的那羅延形具力迅疾善持
係　唯有大黑聖力
善除　善除　降伏世間眾毒
摧壞貪毒　摧壞瞋毒　摧壞痴毒
護虜　護虜　歡喜啊！　歡喜

寶鬘尊！
歡喜啊！　聖智的大蓮華之心
娑囉　娑囉　勝行　勝去
悉哩　悉哩　吉祥　福德
蘇嚕　蘇嚕　光明啊！　明光
成就大覺　向大覺行去
成就菩提　證菩提而行

證悟無量菩提的青頸大聖
善來　安住於仁慈獅子面的聖者
歡喜　歡笑　解脫　自解脫
大歡喜笑
善來啊！　唯大成就修證自在
成就善說辯才無礙　成就明咒勝
憶念　憶起　最勝思惟世尊　擔
觀照　微密觀照　諸佛如來
賜與我及一切眾生　如實照見
現前觀照成就妙喜的心

一切圓滿成就了
一切大圓滿成就了
圓滿自在修證成就

成就聖者青頸尊
成就豬面尊
成就大獅子面尊
持明成就圓滿
成就蓮華手尊
成就以黑蛇為祭繩的聖尊
成就持大金剛棒尊
成就於以輪戰鬥勝圓滿

以法螺引導覺悟成就
成就左肩處安住黑色山羊皮尊
成就著虎皮尊
成就世間自在
一切成就自在圓滿
娑婆訶

皈敬　世尊大慈大悲觀自在菩薩摩訶薩
真言密句成就圓滿
娑婆訶

青頸大悲觀自在菩薩心陀羅尼

唵引一　頸引攞建姹二　餉佉三　作羯囉二合四　誐娜五　鉢納麼二合播抳六

oṃ nīlakaṇṭha śaṅkha cakra gada padmapaṇi

𑖌𑖼𑖡𑖱𑖩𑖎𑖽𑖙𑖫𑖽𑖏𑖓𑖎𑖿𑖨𑖐𑖟𑖢𑖟𑖿𑖦𑖢𑖜𑖰

尾野二合、引竭囉二合拶麼頸嚩散諾七

vyāghra carma nivasanaḥ

𑖪𑖿𑖧𑖯𑖑𑖿𑖨𑖓𑖨𑖿𑖦𑖡𑖰𑖪𑖭𑖡𑖾

訖哩二合瑟拏二合薩跛訖哩二合多拽吉妏二合跛味引多八　尒曩拶麼九

kṛṣṇasarpa kṛta yajñopavīta jinacarma

𑖎𑖴𑖬𑖿𑖜𑖭𑖨𑖿𑖢𑖎𑖴𑖝𑖧𑖕𑖿𑖗𑖺𑖢𑖪𑖱𑖝𑖕𑖰𑖡𑖓𑖨𑖿𑖦

嚩麼塞建二合度多唎引野一〇 囊引囉演拏嚕引跛馱囉一一

vama skandhutarīya nārayaṇa rūpadhara

底哩二合甯怛囉二合一二 捫左吒重賀引散一三

trinetra muñcaṭṭahāsaṃ

鉢囉二合吠引捨野一四 參麼琰一五 祢去呬銘悉朕地媱反一六

praveśaya samayaṃ dehime siddhiṃ

阿去、引哩野二合、引嚩路枳帝濕嚩二合囉一七 吽引一八

āryāvalokiteśvara hūṃ

皈敬 三寶

皈敬　大慈大悲聖觀自在菩薩摩訶薩
如是宣說了吉祥祕密心咒
嗡　皈命
青頸尊　法螺尊　持棒尊
蓮華手尊　著虎皮尊
以黑蛇為祭繩尊
左肩披覆山羊皮尊
持那羅延天形尊　三眼尊
證入三昧解脫大笑尊
成就清淨於我
聖觀自在
吽……

千臂千眼觀自在菩薩心陀羅尼

曩莫阿去、引哩也二合、引嚩路枳帝濕嚩二合囉引也一

namaḥ āryāvalokiteśvarāya

娑賀娑囉二合步惹引也二

sahasrabhujāya

唵引三 曩莫窣覩二合帝四 鉢囉二合枲星異反、引娜五

oṃ nama stute prasīda

嚩囉努婆去嚩引弭六 娑嚩二合、引賀引七

varado bhavāmi svāhā

用最深的禮敬

頂禮那具足千臂的觀自在者
嗡　皈命　甚深的恭敬禮讚
那最勝的成就啊
施與勝願的現前大自在者
一切圓滿
娑婆訶

諸法本然不生　自性離於言說
清淨無有垢染　因業等於虛空
旋復諦觀思惟　字字了悟真實
初後雖有差別　所證皆然歸一
不捨如是三昧　無住無緣大悲
普願一切有情　如我無有差異

貳拾伍　青頸大悲大心陀羅尼品（千句大悲咒）

聖觀自在菩薩蓮花三摩地青頸大悲大心陀羅尼

曩謨喇怛曩二合怛囉二合夜引野一

𑖡𑖦𑖺 𑖨𑖝𑖿𑖡𑖝𑖿𑖨𑖧𑖯𑖧

namo ratnatrayāya

曩莫阿去、引哩野二合、引嚩路枳帝濕嚩二合囉引野二

𑖡𑖦𑖾 𑖁𑖨𑖿𑖧𑖯𑖪𑖩𑖺𑖎𑖰𑖝𑖸𑖫𑖿𑖪𑖨𑖯𑖧

namaḥ āryāvalokiteśvarāya

冒引地薩怛嚩二合、引野三　摩賀引薩怛嚩二合、引野四

𑖤𑖺𑖠𑖰𑖭𑖝𑖿𑖪𑖯𑖧 𑖦𑖮𑖯𑖭𑖝𑖿𑖪𑖯𑖧

bodhisatvāya mahāsatvāya

摩賀引迦引嚕捉迦引野五

mahākāruṇikāya

囊莫薩嚩婆去嚩參母訥嚕二合、引醋灑拏迦囉引野六

namaḥ sarva bhava samudro cchoṣaṇakarāya

囊莫薩嚩薩怛嚩二合呬跢引努劍比寧七

namaḥ sarva satva hitānukampine

囊莫薩嚩弭野二合娑囊穆乞叉二合拏迦囉引野八

namaḥ sarva vyasana mokṣaṇa karāya

囊莫薩嚩滿馱囊砌娜囊迦囉引野九

namaḥ sarva bandhana cchedana karāya

[illegible]

囊莫底哩二合囊演囊引野一〇　囊莫底哩二合戍引攞馱囉引野一一

namaḥ trinayanāya namaḥ triśūladharāya

𑖡𑖦𑖾𑖝𑖿𑖨𑖰𑖡𑖧𑖡𑖯𑖧𑖡𑖦𑖾𑖝𑖿𑖨𑖰𑖫𑖳𑖩𑖠𑖨𑖯𑖧

囊謨鉢納麼二合賀娑跢二合野一二　囊莫餉佉賀娑多二合顊慕馱囊引野一三

namo padmahastaya namaḥ śaṅkhahasta nimudhanāya

𑖡𑖦𑖺𑖢𑖟𑖿𑖦𑖮𑖭𑖿𑖝𑖧𑖡𑖦𑖾𑖫𑖽𑖏𑖮𑖭𑖿𑖝𑖡𑖰𑖦𑖲𑖠𑖡𑖯𑖧

囊謨攞矩吒馱囉引野十四　囊莫始底建姹引野一五

namo lakuṭadharāya namaḥ śitikaṇṭhāya

𑖡𑖦𑖺𑖩𑖎𑖲𑖘𑖠𑖨𑖯𑖧𑖡𑖦𑖾𑖫𑖰𑖝𑖰𑖎𑖜𑖿𑖙𑖯𑖧

囊莫嚩囉賀穆佉引野十六　囊莫僧星孕反賀嚕引跛馱囉引野一七

namo varahamukhāya namaḥ siṃharūpadharāya

𑖡𑖦𑖺𑖪𑖨𑖮𑖦𑖲𑖏𑖯𑖧𑖡𑖦𑖾𑖭𑖰𑖽𑖮𑖨𑖳𑖢𑖠𑖨𑖯𑖧

曩謨曩引囉引演拏引野十八

namo nārāyaṇāya

曩謨曩引囉引演拏麼攞跛囉引訖囉二合麼引野一九

namo nārāyaṇabala parākramāya

怛你也二合他去、引二〇　呬哩呬哩二一　迦理理二二

tadyathā hiri hiri kalili

弭理弭理弭弭理二三　鉢納銘二合鉢納麼二合嚩底二四

milimili mimili padme padmavati

唧哩唧哩二五　唧弭理二六　遏砌捺砌禳砌二七

ciri ciri cimili acche dacche vacche

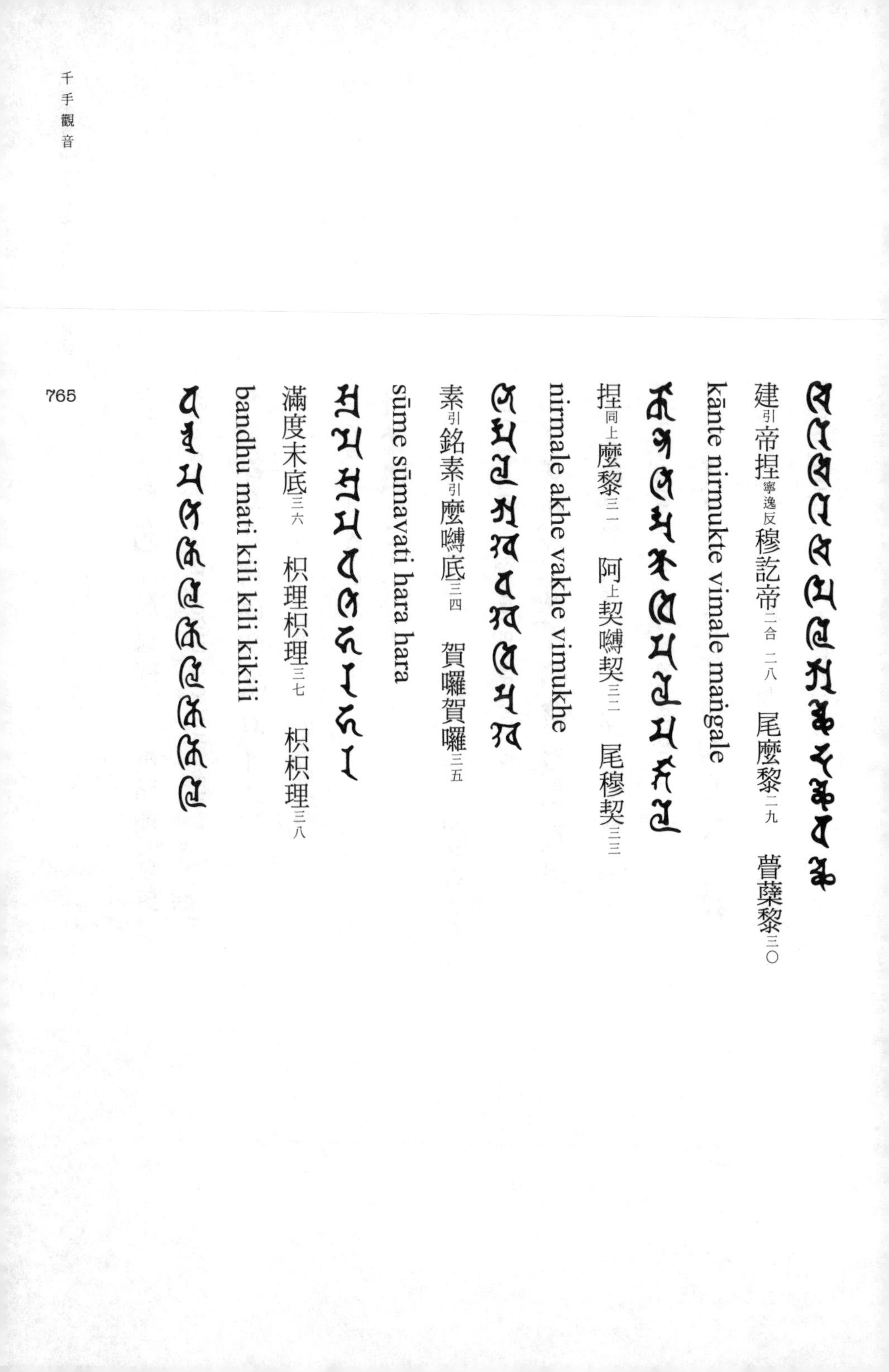

建引帝捏寧逸反穆訖帝二合 二八　尾麼黎二九　曹蘖黎三〇

kānte nirmukte vimale maṅgale

捏同上麼黎三一　阿上契嚩契三二　尾穆契三三

nirmale akhe vakhe vimukhe

素引銘素引麼嚩底三四　賀囉賀囉三五

sūme sūmavati hara hara

滿度末底三六　枳理枳理三七　枳枳理三八

bandhu mati kili kili kikili

乞曬二合銘乞曬二合麼引嚩底三九　鼻銘鼻麼嚩黎四十

kṣeme kṣemāvati bhime bhimavale

穆訖帝二合尾穆訖帝二合四一　娑嚟娑嚟四二

mukte vimukte sare sare

尾嚟四三　曩捨顊尾曩引捨顊四四　蘇上銘蘇上銘四五

vire naśani vināśani sume sume

囉多寧囉多曩引嚩底四六　素銘素麼穆契四七

ratane ratanāvati sume sumamukhe

顊理顊理四八　顊顊理四九　迦囉迦囉五十　枳理枳理五一

nili nili ninili kara kara kili kili

底哩底哩五二　底底哩五三　矩嚕矩嚕矩嚕五四

tiri tiri titiri kuru kuru kuru

娑囉娑囉五五　悉哩悉哩五六　蘇嚕蘇嚕五七

sara sara siri siri suru suru

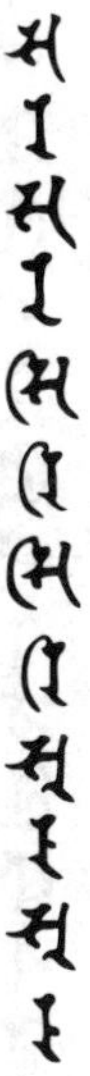

賀曩賀曩五八　諾賀諾賀五九　跛左跛左六十

hana hana daha daha paca paca

囉囉囉囉六一　囉吙尼古反、下同囉吙六二

rara rara raṇu raṇu

伽去吙伽去吙六三　齲吙齲吙六四

ghaṇu ghaṇu khuṇu khuṇu

𑖑𑖜𑖲𑖑𑖜𑖲𑖏𑖲𑖜𑖲𑖏𑖲𑖜𑖲

建拏𡀔引鉢囉二合娑𡀔補曩𡀔臬迦娑引蘗哩六五　麼左黎六六

kaṇḍare prasare punare sika sāgari macale

𑖎𑖜𑖿𑖚𑖨𑖸𑖢𑖿𑖨𑖭𑖨𑖸𑖢𑖲𑖡𑖨𑖸𑖭𑖰𑖎𑖭𑖯𑖐𑖨𑖰𑖦𑖓𑖩𑖸

唧理額六七　娑𡀔尾娑引𡀔六八　左黎嚩引左引理六九

cilini sare visāre cale vācāli

𑖓𑖰𑖩𑖰𑖡𑖰𑖭𑖨𑖸𑖪𑖰𑖭𑖯𑖨𑖸𑖓𑖩𑖸𑖪𑖯𑖓𑖯𑖩𑖰

迦𡀔七十　枳娑哩七一　苫銘苫弭額七二

kare kisari śame śamini

𑖎𑖨𑖸𑖎𑖰𑖭𑖨𑖰𑖫𑖦𑖸𑖫𑖦𑖰𑖡𑖰

嘔契沒契七三　唧理唧理唧唧理七四

utkhe mutkhe cili cili cicili

𑖄𑖝𑖿𑖏𑖸𑖦𑖲𑖝𑖿𑖏𑖸𑖓𑖰𑖩𑖰𑖓𑖰𑖩𑖰𑖓𑖰𑖓𑖰𑖩𑖰

扇引帝扇引多麼引曩枲七五　努嚕努嚕七六

śānte śānta mānasi duru duru

麼引理麼引理顊七七　努嚕努嚕七八　努努嚕七九

māli mālini duru duru duduru

企哩企哩企哩黎八十　娑麼二合囉娑麼二合囉八一

khiri khiri khirile smara smara

嚩囉引賀穆佉八二　娑囉娑囉八三　僧星孕反賀穆佉八四

varāhamukha sara sara siṃhamukha

薩嚩滿馱曩鉢囉二合謨左迦八五　羯吒羯吒羯致上顊八六

sarva bandhana pramocaka kaṭakaṭa kaṭini

𑖭𑖨𑖿𑖪𑖤𑖡𑖿𑖠𑖡𑖢𑖿𑖨𑖦𑖺𑖓𑖎𑖎𑖘𑖎𑖘𑖎𑖘𑖰𑖡𑖰

穆乞乂二合儜八七　謨左寧八八　賀㘑賀㘑八九

mukṣaṇe mocane hare hare

𑖦𑖲𑖎𑖿𑖬𑖜𑖸𑖦𑖺𑖓𑖡𑖸𑖮𑖨𑖸𑖮𑖨𑖸

囉係九十　倶嚕二合倶嚕二合九一　倶嚕二合倶嚕二合九二

rahe kru kru kru kru

𑖨𑖮𑖸𑖎𑖿𑖨𑖲𑖎𑖿𑖨𑖲𑖎𑖿𑖨𑖲𑖎𑖿𑖨𑖲

倶嚕二合倶嚕二合九三　倶嚕二合倶嚕二合九四

kru kru kru kru

𑖎𑖿𑖨𑖲𑖎𑖿𑖨𑖲𑖎𑖿𑖨𑖲𑖎𑖿𑖨𑖲

倶嚕二合倶嚕二合九五　惹嚩惹嚩九六　尾惹吠九七

kru kru java java vijave

𑖎𑖿𑖨𑖲𑖎𑖿𑖨𑖲𑖕𑖪𑖕𑖪𑖪𑖰𑖕𑖪𑖸

賀額弭額嚩係呬九八　穆乞乂二合捉九九

hani minire hehi mokṣaṇi

𑖮𑖡𑖰𑖦𑖰𑖡𑖰𑖨𑖸𑖮𑖸𑖮𑖰𑖦𑖺𑖎𑖿𑖬𑖜𑖰

娑囉娑囉一〇〇　悉哩悉哩一〇一　蘇嚕蘇嚕一〇二

sara sara siri siri suru suru

𑖭𑖨𑖭𑖨𑖭𑖰𑖨𑖰𑖭𑖰𑖨𑖰𑖭𑖲𑖨𑖲𑖭𑖲𑖨𑖲

賀帝尾賀帝額賀帝一〇三　枳哩枳哩一〇四

hate vihate nihate kiri kiri

𑖮𑖝𑖸𑖪𑖰𑖮𑖝𑖸𑖡𑖰𑖮𑖝𑖸𑖎𑖰𑖨𑖰𑖎𑖰𑖨𑖰

矩嚕惹吠一〇五　惹尾額一〇六

kuru jave javini

𑖎𑖲𑖨𑖲𑖕𑖪𑖸𑖕𑖪𑖰𑖡𑖰

入嚩二合黎入嚩二合理額一〇七　賀賀一〇八　呬呬一〇九

jvale jvalini haha hihi

[illegible]

護護一一〇　係係一一一　麼麼麼麼一一二

huhu hehe mama mama

𑖮𑖲𑖮𑖲𑖮𑖸𑖮𑖸𑖦𑖦𑖦𑖦

麼底麼底一一三　麼帝一一四　麼底帝一一五

mati mati mate matite

𑖦𑖝𑖰𑖦𑖝𑖰𑖦𑖝𑖸𑖦𑖝𑖰𑖝𑖸

顊理鉢底一一六　顊攞鉢底一一七　羯吒枳致上顊一一八

nilipati nilapati kaṭa kiṭini

𑖡𑖰𑖩𑖰𑖢𑖝𑖰𑖡𑖰𑖩𑖢𑖝𑖰𑖎𑖘𑖎𑖰𑖘𑖰𑖡𑖰

弭哩弭哩一一九　弭弭哩一二〇

miri miri mimiri

𑖦𑖰𑖨𑖰𑖦𑖰𑖨𑖰𑖦𑖰𑖦𑖰𑖨𑖰

底哩尾哩尾底哩一二一　護祖一二二　賀醋醋一二三

tiri viri vitiri hucu hacchucchu

娑囉麼攞麼理顰一二四　佉佉一二五　企企一二六

sara mala malini kha kha khi khi

齲齲一二七　韈無鉢反、下同藝怛藝一二八

khu khu varge targe

矩致上矩曩致引一二九　迦理迦引理一三〇

kuṭi kunaṭī kali kāli

迦迦引理一三一　左攞麼攞一三二　弭黎一三三

kakāli cala mala mile

多囉底哩一三四　味嚟一三五　迦囉迦迦嚟一三六

tara tiri vire kara kakare

羯吒羯致上黎一三七　祖虜祖虜囊齺一三八

kaṭa kaṭile culu culu naṭe

矩黎矩矩黎一三九　味引嚟味嚟一四〇

kule kukule vīre vire

味囉嚩底一四一　伊上嚟弭弭嚟一四二

viravati ire mimire

馱曩馱曩誕馱嚟一四三

dhana dhana dhandhare

企理齲嚕一四四　多囉多囉引嚩多囉儜一四五

khili khuru tara tarāvataraṇe

捺囉二合尾捺囉二合尾旋一四六　呬哩呬哩一四七

dravidraviḍi hiri hiri

護嚕氷畢孕反蘗黎一四八　滿馱滿馱顊一四九

huru piṅgale bandha bandhani

娑顊娑引馱顊一五〇　尾馱麼顊一五一

sani sādhani vidhamani

祖計枲努左龢一五二　跓知古反、下同嚕跓嚕跓嚕跓嚕一五三

cukesiducaṭe ṭuruṭuru ṭuruṭuru

鼻銘鼻麼嚩黎一五四　阿枲星以反、諸同麼枲迦枲一五五

bhime bhima vale asi masi kasi

塢普嚕一五六　普嚕普普嚕一五七

uphuru phuru phuphuru

左黎左理寧一五八　麼麼黎一五九

cale caline mamale

伊上攞引麼以黎一六〇　嗢苔跛二合邏嚩底一六一

ilāmayile utpalavati

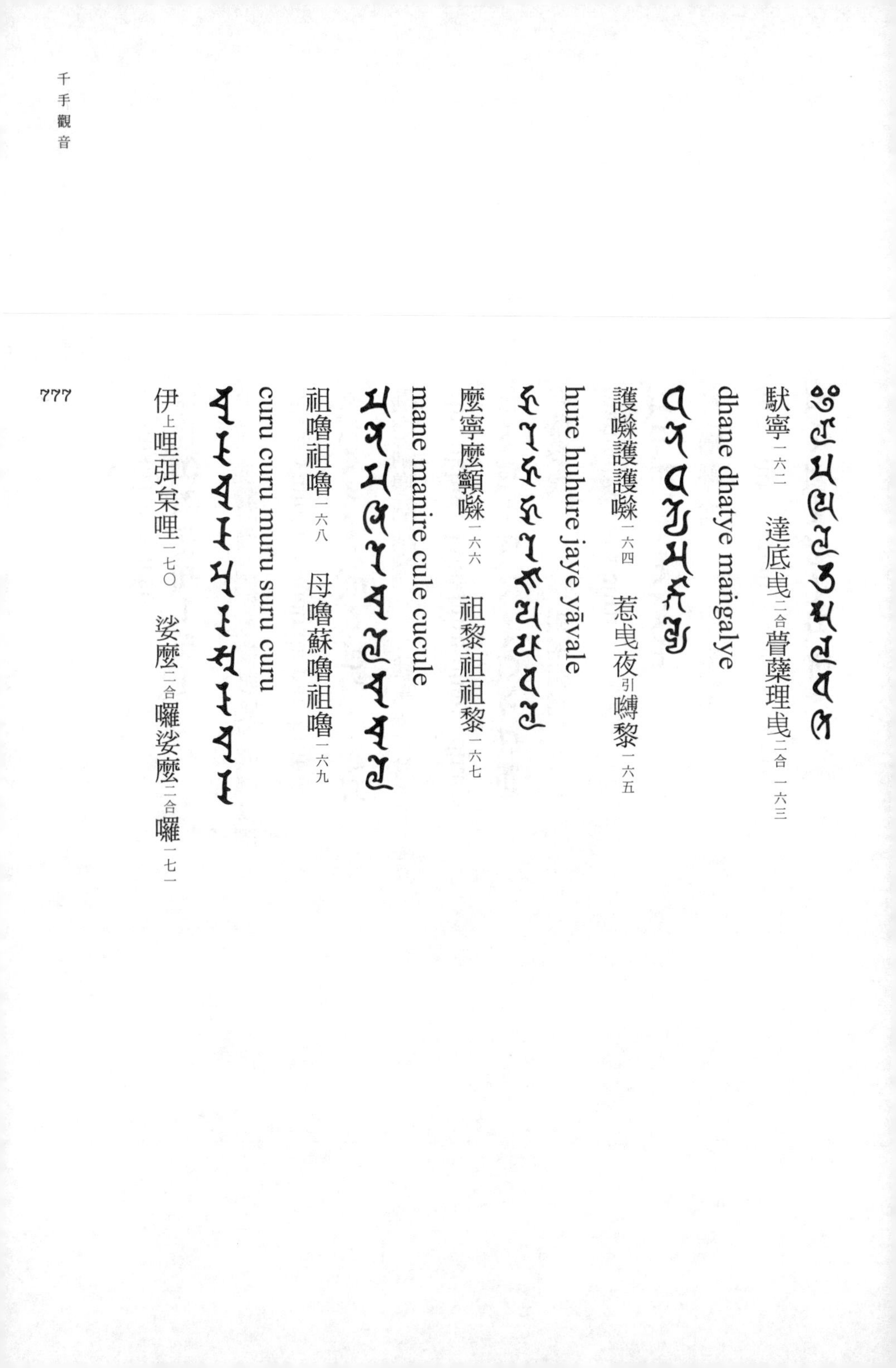

馱寧一六二　達底曳二合曹蘖理曳二合一六三

dhane dhatye maingalye

護嚕護護嚕一六四　惹曳夜引嚩黎一六五

hure huhure jaye yāvale

麼寧麼顊嚕一六六　祖黎祖祖黎一六七

mane manire cule cucule

祖嚕祖嚕一六八　母嚕蘇嚕祖嚕一六九

curu curu muru suru curu

伊上哩弭枲哩一七〇　娑麼二合囉娑麼二合囉一七一

iri misiri smara smara

婆去誐挽曩囉引演拏麼攞跛囉引訖囉二合麼一七二

bhagavannarāyaṇabala parākrama

齲嚕齲嚕齲齲嚕一七三　馱寧達底曳二合一七四

khurukhuru khukhuru dhane dhatye

瞢蘖黎曳二合一七五　祖嚕祖嚕一七六

maṅgalye curu curu

蘇上嚕蘇上嚕一七七　伊上囉麼底一七八

suru suru iramati

嚩囉麼底一七九　齲虜祖虜一八〇　塢齲虜一八一

varamati khulu culu ukhulu

嚩囉嚩囉一八二　跛囉跛囉一八三　娑囉娑囉一八四

vara vara para para sara sara

係係迦引攞引努娑引噒上一八五　左囉左囉一八六

hehe kālānusārincara cara

步步嚕一八七　左左一八八　唧唧一八九　祖祖一九〇

bhubhuru caca cici cucu

尾訖嘌二合多穆怯一九一　麼攞麼攞一九二

vikṛta mukha bala bala

𑖪𑖸𑖘𑖸𑖝𑖦𑖥𑖤𑖩𑖤𑖩

摩賀引麽攞一九三　跛囉引訖囉二合麽一九四

mahābala parākrama

𑖦𑖮𑖯𑖤𑖩𑖢𑖨𑖯𑖎𑖿𑖨𑖦

賀攞呬理護虜一九五　賀賀呬呬護護一九六

hala hili hulu haha hihi huhu

𑖮𑖩𑖮𑖰𑖩𑖰𑖮𑖲𑖩𑖲𑖮𑖮𑖮𑖰𑖮𑖰𑖮𑖲𑖮𑖲

多黎多黎一九七　多嚩黎一九八　馱㘑馱㘑一九九

tale tale tavale dhare dhare

𑖝𑖩𑖸𑖝𑖩𑖸𑖝𑖪𑖩𑖸𑖠𑖨𑖸𑖠𑖨𑖸

摩賀引馱㘑二〇〇　底哩底哩二〇一

mahādhare tiri tiri

𑖦𑖮𑖯𑖠𑖨𑖸𑖝𑖰𑖨𑖰𑖝𑖰𑖨𑖰

摩賀引底哩二〇二　矩黎矩黎矩矩黎二〇三

mahātiri kule kule kukule

曩引藝曩引誐引嚩底二〇四　怛吒怛吒二〇五

nāge nāgāvati taṭa taṭa

底致上底致上二〇六　覩跓同上覩跓二〇七

tiṭi tiṭi tuṭu tuṭu

賀嚕賀嚕二〇八　摩賀引賀嚕二〇九

hare hare mahāhare

惹黎惹攞引嚩底二一〇　齲銘齲銘齲齲銘二一一

jale jalāvati khume khume khukhume

左攞左攞二一二　攞羯勢二一三　地理地理二一四

𑖓𑖩 𑖓𑖩 𑖩𑖎𑖫𑖸 𑖠𑖰𑖩𑖰 𑖠𑖰𑖩𑖰

cala cala lakaśe dhili dhili

摩賀引地地理二一五　祖虜矩虜蘇上虜二一六

𑖦𑖮𑖯𑖠𑖰𑖠𑖰𑖩𑖰 𑖓𑖲𑖩𑖲 𑖎𑖲𑖩𑖲 𑖭𑖲𑖩𑖲

mahādhidhili culu kulu sulu

吠藝吠誐嚩引呬顊二一七　迦嚟矩矩嚟二一八

𑖪𑖸𑖐𑖸 𑖪𑖸𑖐 𑖪𑖯𑖮𑖰𑖡𑖰 𑖎𑖨𑖸 𑖎𑖲𑖎𑖲𑖨𑖸

vege vega vāhini kare kukure

鍋矩嚟二一九　多嚟味嚟二二〇

𑖎𑖲𑖎𑖲𑖨𑖸 𑖝𑖨𑖸 𑖪𑖰𑖨𑖸

kukure tare vire

味囉引嚩底二二一　左攞左攞二二二　唧理唧理二二三

virāvati cala cala cili cili

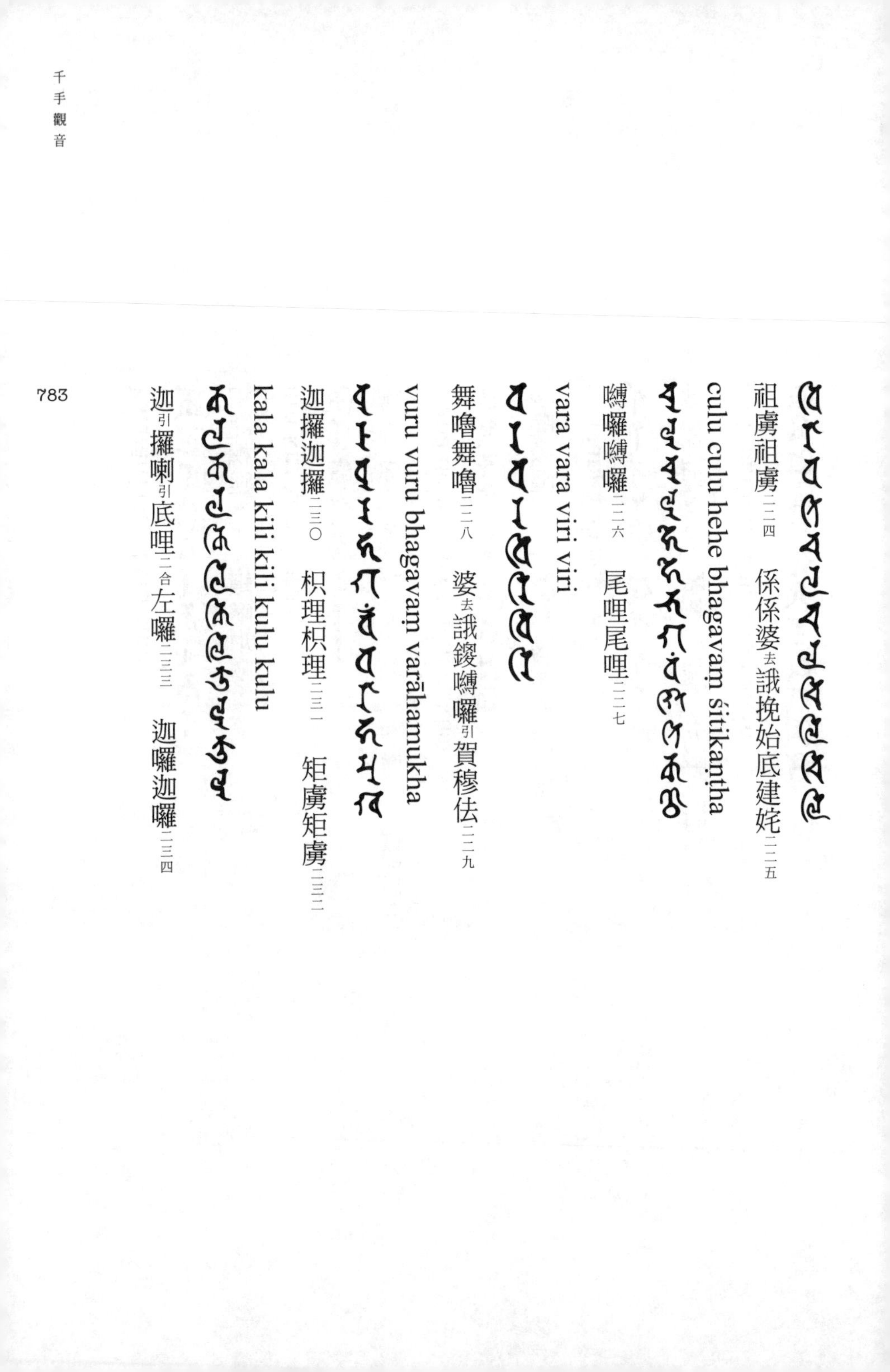

祖嚧祖嚧二二四　係係婆去誐挽始底建姹二二五

culu culu hehe bhagavaṃ śitikaṇṭha

嚩囉嚩囉二二六　尾哩尾哩二二七

vara vara viri viri

舞嚕舞嚕二二八　婆去誐鑁嚩囉引賀穆佉二二九

vuru vuru bhagavaṃ varāhamukha

迦攞迦攞二三〇　枳理枳理二三一　矩嚧矩嚧二三二

kala kala kili kili kulu kulu

迦引攞喇引底哩二合左囉二三三　迦囉迦囉二三四

kālarātri cara kara kara

枳哩枳哩二三五　矩嚕矩嚕二三六

kiri kiri kuru kuru

嚩引麼祢去捨悉體町以反、下同、二合多僧星孕反賀穆佉二三七

vāma deśa sthita siṃhamukha

多囉多囉二三八　摩賀引嚩多囉儜二三九

tara tara mahāvataraṇe

地理地理二四〇　摩賀引紇嘌二合乃野誐弭額二四一

dhili dhili mahāhṛdaya gamini

帝薺自曳反、下同帝惹引嚩底二四二　塢弃母弃二四三

teje tejāvati ukhi mukhi

𑖝𑖸𑖕𑖸 𑖝𑖸𑖕𑖯𑖪𑖝𑖰 𑖄𑖏𑖰 𑖦𑖲𑖏𑖰

跋捺囉二合穆契二四四　惹細惹枲㘑二四五

bhadramukhe jase jasire

𑖥𑖟𑖿𑖨𑖦𑖲𑖏𑖸 𑖕𑖭𑖸 𑖕𑖭𑖰𑖨𑖸

黨去藝多啷藝二四六　阿上㘑味引㘑二四七

taṅge taraṅge are vīre

𑖝𑖒𑖿𑖐𑖸 𑖝𑖨𑖒𑖿𑖐𑖸 𑖀𑖨𑖸 𑖪𑖱𑖨𑖸

悉第悉地黎二四八　惹黎惹理寧二四九

siddhe siddhile jale jaline

𑖭𑖰𑖟𑖿𑖠𑖸 𑖭𑖰𑖟𑖿𑖠𑖰𑖩𑖸 𑖕𑖩𑖸 𑖕𑖩𑖰𑖡𑖸

惹攞嚩底二五〇　素銘素麼嚩帝二五一

jalavati sume sumavate

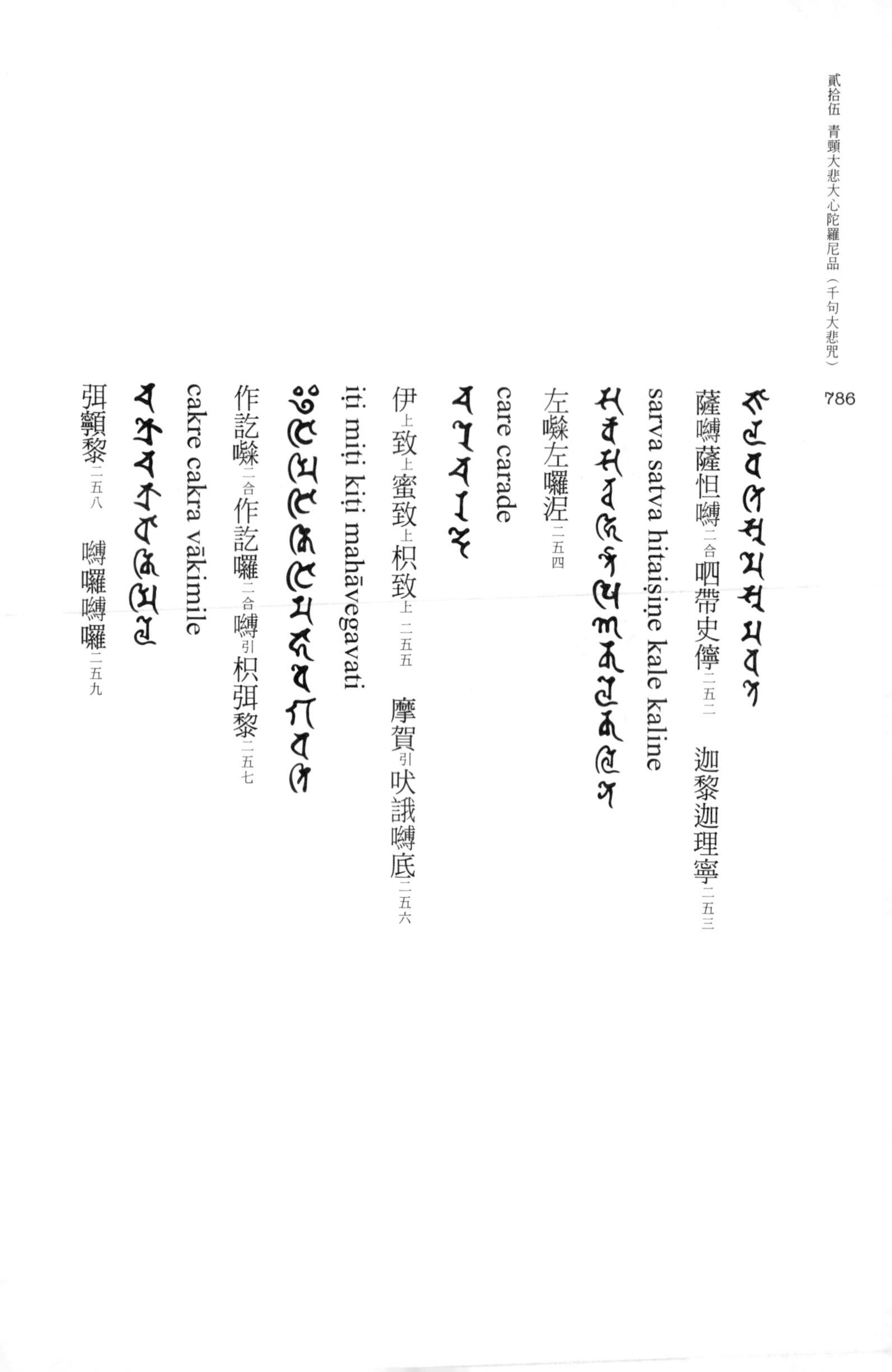

薩嚩薩怛嚩二合呬帶史儜二五二　迦黎迦理寧二五三

sarva satva hitaiṣiṇe kale kaline

左嚓左囉涅二五四

care carade

伊上致上蜜致上枳致上二五五　摩賀引吠誐嚩底二五六

iṭi miṭi kiṭi mahāvegavati

作訖嚓二合作訖囉二合嚩引枳弭黎二五七

cakre cakra vākimile

弭顊黎二五八　嚩囉嚩囉二五九

minile vara vara

跋捺囉二合嚩底二六〇　你庾二合帝尾娑薺同上 二六一

bhadravati dyute visaje

沒囉二合憾銘二合沒囉二合憾麼二合娑嚩二合嚟二六二

brahme brahmasvare

吠藝吠誐嚩底二六三　作訖嚟二合作訖囉二合穆契二六四

vege vegavati cakre cakra mukhe

顊理顊理二六五　布多寧惡屹嚟二合博屹嚟二合 二六六

nili nili putane agre pagre

多囉藝二六七　翳建引多揑寧吉反麼他寧二六八

tarage ekānta nirmathane

苫銘苫弭寧二六九　扇引多麼引曩枲二七〇

śame śamine śānta mānasi

弭黎弭黎弭理寧去二七一　冒引地孕二合誐嚩底二七二

mile mile miline bodhiṅgavati

迦曚迦曚二七三　迦囉引嚩底二七四

kare kare karāvati

滿馱曩引誐引嚧賀抳滿馱哩二七五

bandha nāgā rohaṇi bandhari

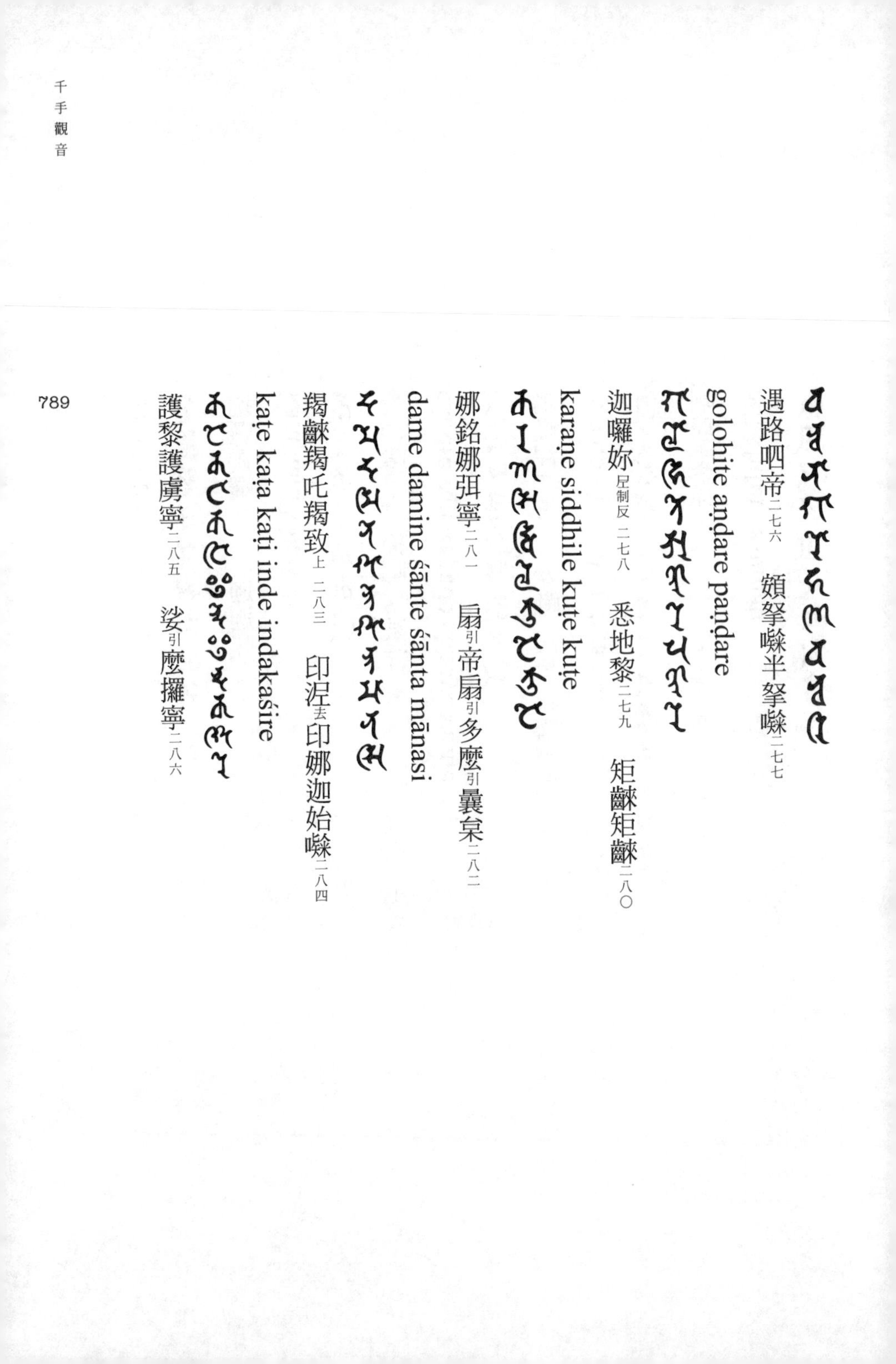

遇路呬帝二七六　頞拏嚕半拏嚕二七七

golohite aṇḍare paṇḍare

迦囉妳尼制反二七八　悉地黎二七九　矩蘇矩蘇二八〇

karaṇe siddhile kuṭe kuṭe

娜銘娜弭寧二八一　扇引帝扇引多麼引曩枲二八二

dame damine śānte śānta mānasi

羯蘇羯吒羯致上二八三　印涅去印娜迦始嚕二八四

kaṭe kaṭa kaṭi inde indakaśire

護黎護虜寧二八五　娑引麼攞寧二八六

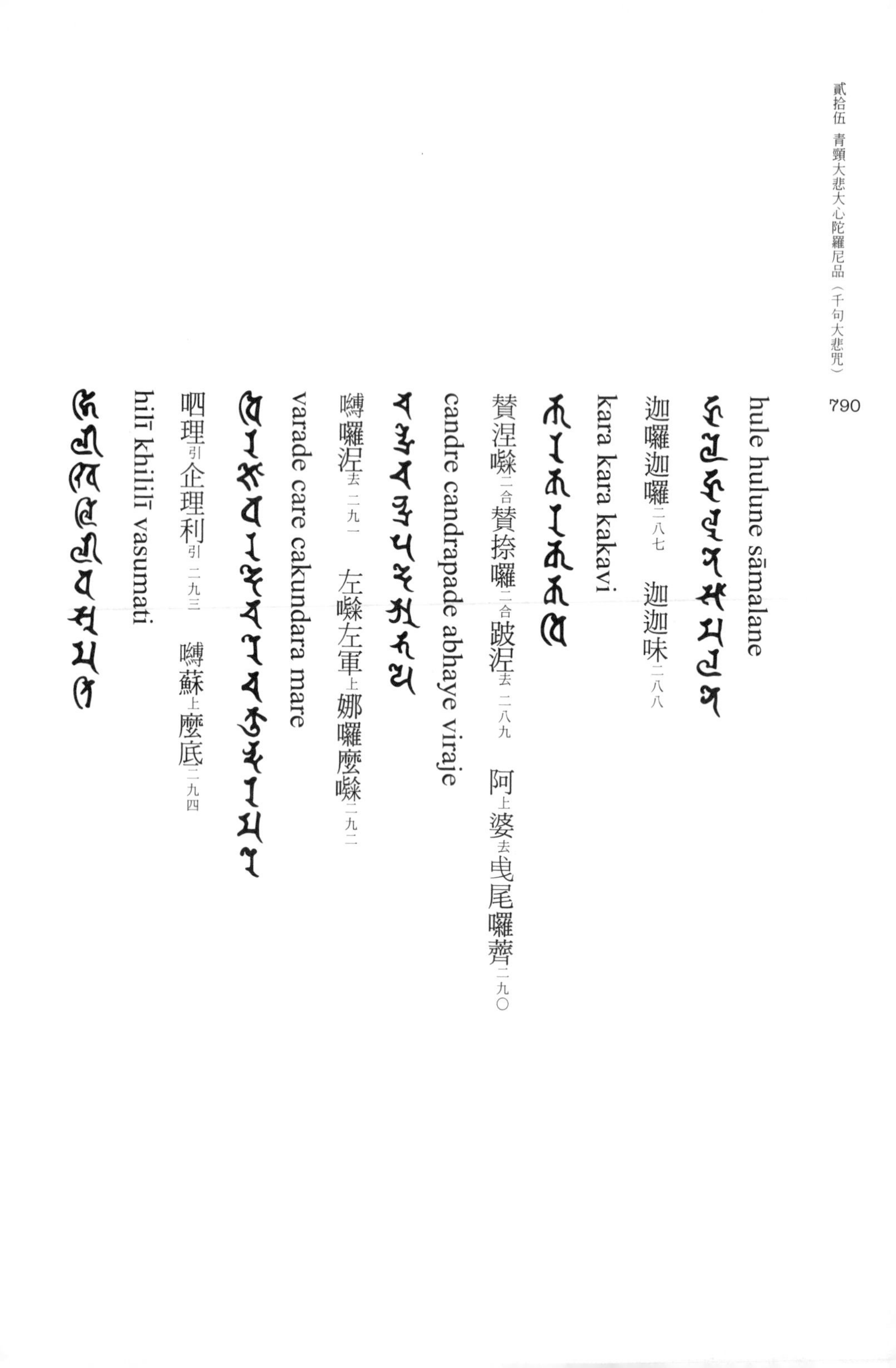

hule hulune sāmalane

迦囉迦囉二八七　迦迦味二八八

kara kara kakavi

贊涅⿰口絫二合贊捺囉二合跛涅去二八九　阿上婆去曳尾囉薺二九〇

candre candrapade abhaye viraje

嚩囉涅去二九一　左⿰口絫左軍上娜囉麼⿰口絫二九二

varade care cakundara mare

呬理引企理利引二九三　嚩蘇上麼底二九四

hilī khililī vasumati

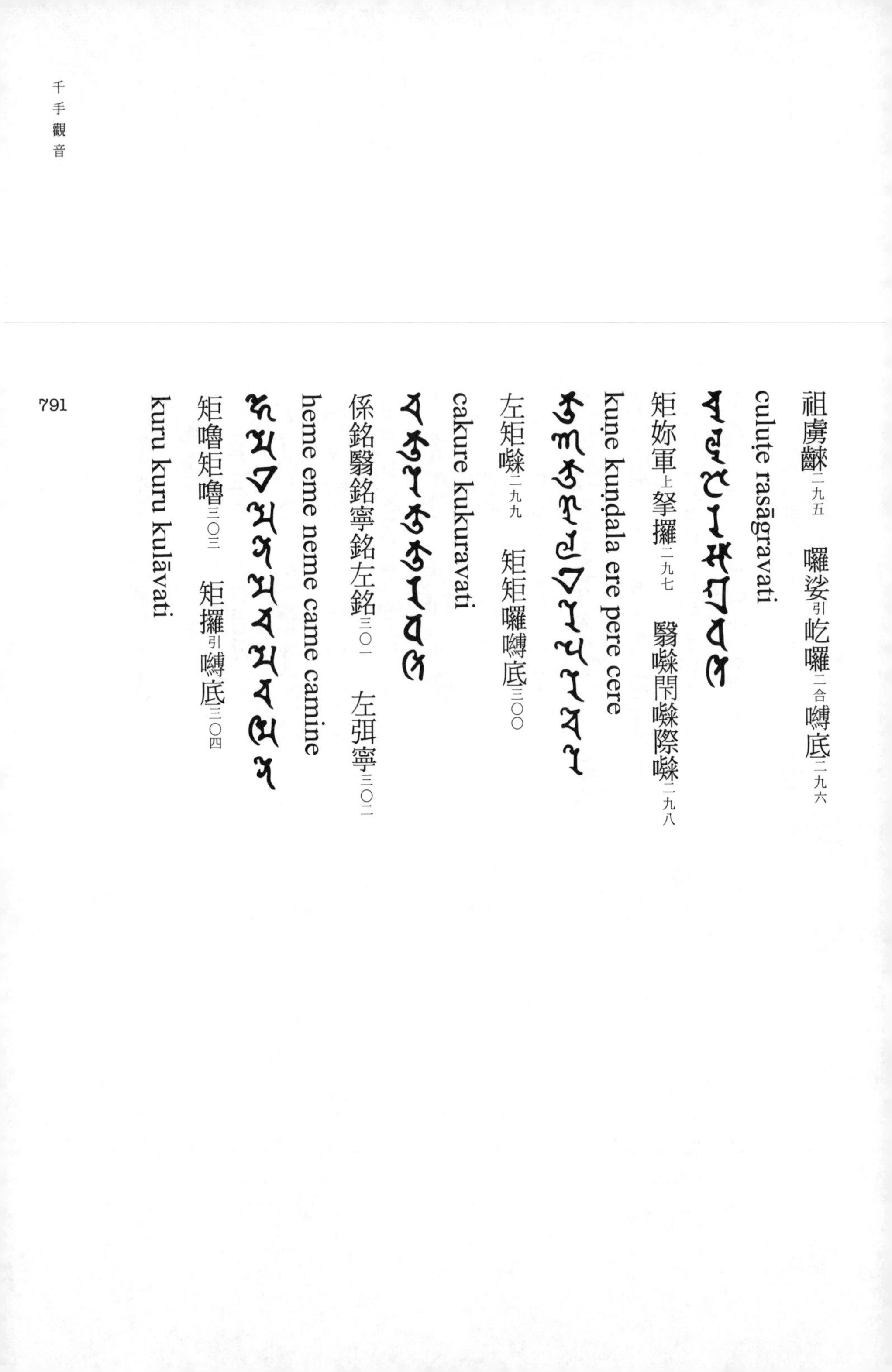

祖虜鰊二九五　囉娑引屹囉二合嚩底二九六

culuṭe rasāgravati

矩妳軍上拏攞二九七　翳嚕閇嚕際嚕二九八

kuṇe kuṇḍala ere pere cere

左矩嚕二九九　矩矩囉嚩底三〇〇

cakure kukuravati

係銘翳銘寧銘左銘三〇一　左弭寧三〇二

heme eme neme came camine

矩嚕矩嚕三〇三　矩攞引嚩底三〇四

kuru kuru kulāvati

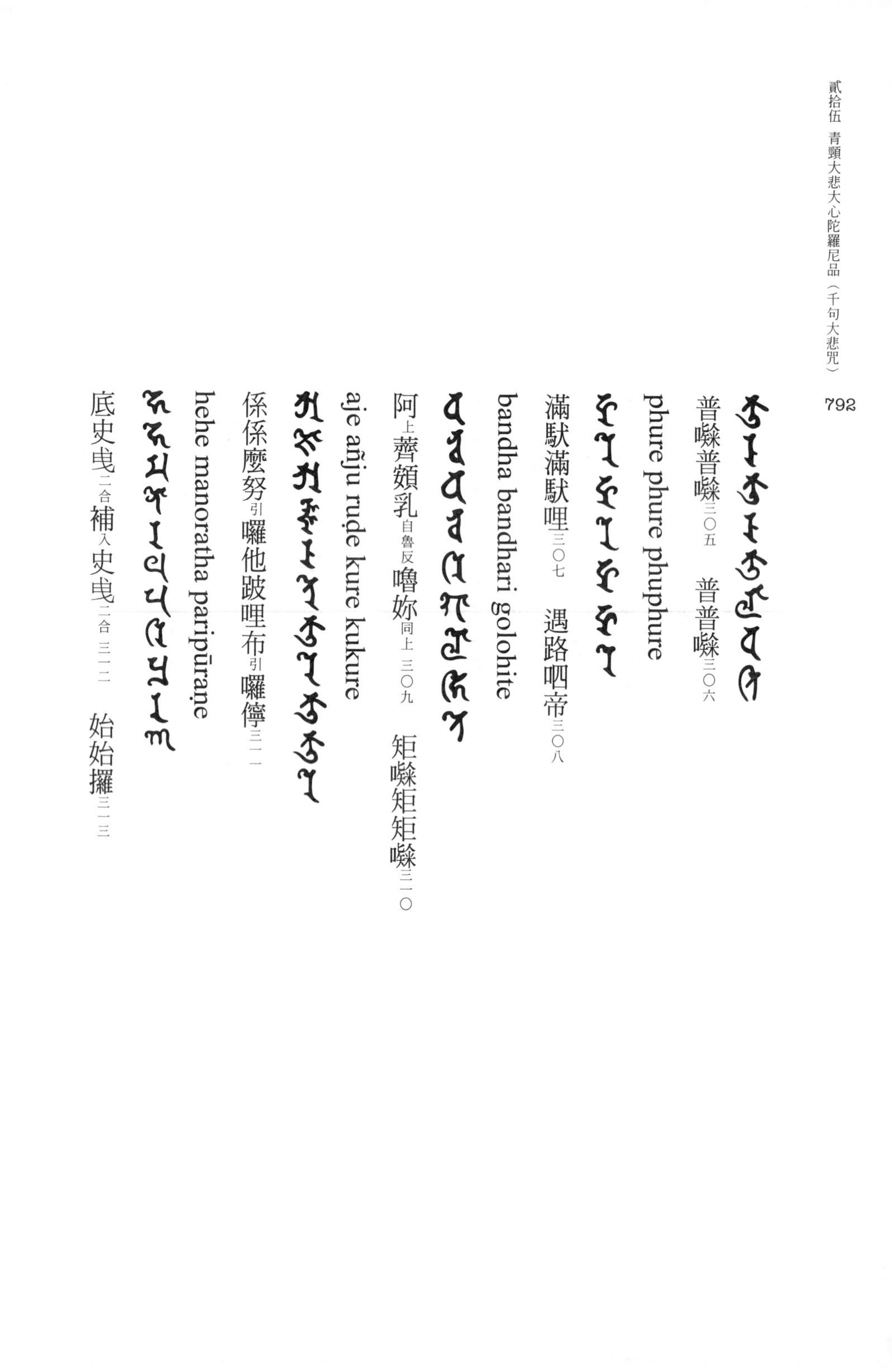

普嚕普嚕三〇五　普普嚕三〇六

phure phure phuphure

滿馱滿馱哩三〇七　遇路呬帝三〇八

bandha bandhari golohite

阿上薺頞乳自魯反嚕妳同上 三〇九　矩嚕矩矩嚕三一〇

aje añju ruḍe kure kukure

係係麼努引囉他跛哩布引囉儜三一一

hehe manoratha paripūraṇe

底史曳二合補入史曳二合 三一二　始始攞三一三

tiṣye puṣye śiśila

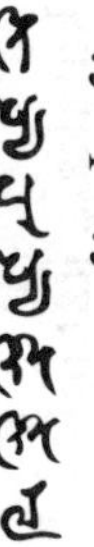

素攞始𡁠三一四　阿上嚩妳同上三一五

sulaśire avaḍe

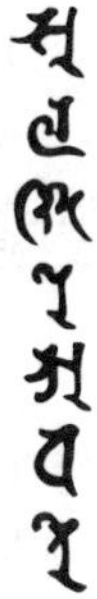

嫩上努𡁠努嚩𡁠三一六　馱𡁠馱𡁠馱𡁠馱𡁠三一七

nunnure nuvare dharedhare dharedhare

嚩𡁠祖黎三一八　祖入黎祖入攞跢旋三一九

vare cule culle culla taḍi

塢跛底齲跛底三二〇　塢嚕跛底三二一

upati khupati urupati

齲嚕跛底三二二　齲嚕齲嚕麼底三二三

khurupati khuru khurumati

齲囉麼底三二四　祖麼底祖嚕麼底三二五

khuramati cumati curumati

祖祖麼底三二六　祖嚕祖嚕麼底三二七

cucumati curu curumati

伊上噤味噤三二八　尾尾噤摘計吒迦儜三二九

ire vire vivire ṭake ṭakaṇe

羯吒羯吒羯吒抳三三〇

kaṭakaṭa kaṭaṇi

吒迦左囉儜三三一　羯吒嚩囒帝三三二

ṭaka caraṇe kaṭa varante

比黎弭黎三三三　契黎企企黎三三四　嚩囉儜三三五

pile mile khele khikhile varaṇe

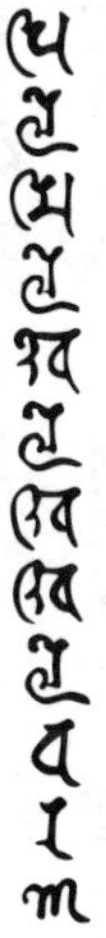

麼護嗓麼護儜三三六　嚩囉悉帝二合　三三七

mahure mahuṇe varaste

母母黎黎三三八　邏邏三三九

bubu lele lala

理理理印你哩二合弭你哩二合嶙上你哩二合　三四〇

lilili indri mindri rindri

尾尾嶙上你哩二合　三四一　鐸計穆計三四二

vivi rindri dhakke bukke

母母計醝自邏反、下同吠三四三

bubukke jhave

醝弭理劑在以反理劑劑黎三四四　尾麼黎三四五

jhamili jhijhile vimale

曩旎頸引　三四六　阿上矩黎矩黎三四七

naḍinī akule kule

曩自朗反矩黎三四八　阿上涅去齲娜地三四九

𑖕𑖽𑖎𑖲𑖩𑖸 𑖀𑖟𑖸𑖏𑖲𑖟𑖠𑖰

jaṅkule adekhudadhi

迦黎迦迦黎三五〇　阿上薺轕穌三五一

𑖎𑖩𑖸 𑖎𑖎𑖩𑖸 𑖀𑖕𑖸𑖪𑖘𑖸

kale kakale ajevaṭe

泯努泯努跛底三五二　阿上鼻娑引嚕迦滿娜哩三五三

𑖦𑖰𑖡𑖿𑖟𑖲 𑖦𑖰𑖡𑖿𑖟𑖲𑖢𑖝𑖰 𑖀𑖥𑖰𑖭𑖯𑖨𑖲𑖎 𑖦𑖡𑖿𑖟𑖨𑖰

mindu mindupati abhisāruka mandari

姹拆角反計綻拆諫反計三五四　姹迦際迦際三五五

𑖙𑖎𑖿𑖎𑖸 𑖙𑖒𑖿𑖎𑖸 𑖙𑖎 𑖓𑖸𑖎𑖓𑖸

ṭhakke ṭhanke ṭhaka cekace

迦囉迦嚓三五六　劫比黎劫比攞麼黎三五七

kara kare kapile kapila male

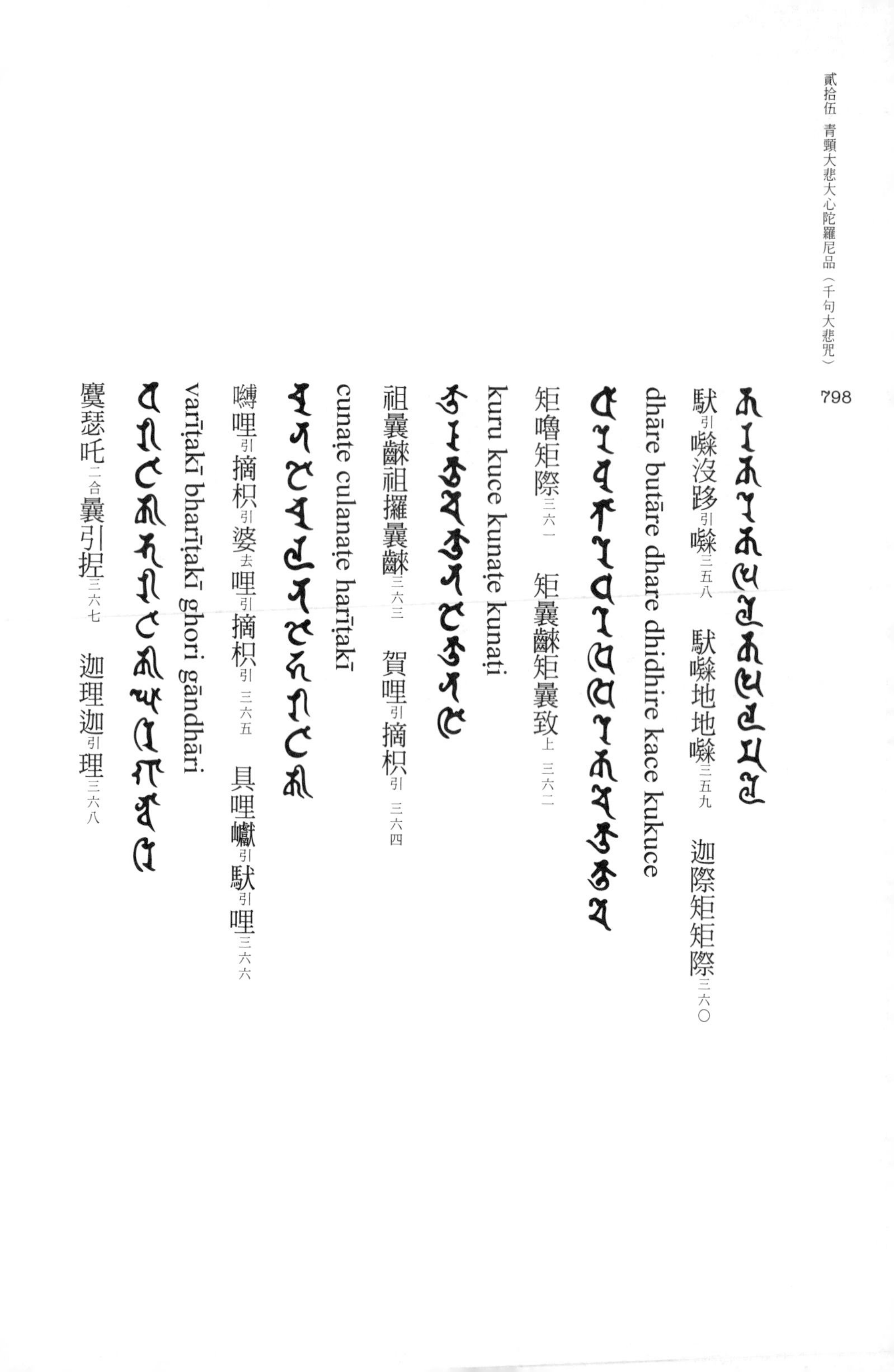

馱引嚩沒跢引嚩三五八　馱嚩地地嚩三五九　迦際矩矩際三六〇

dhāre butāre dhare dhidhire kace kukuce

矩嚕矩際三六一　矩曩穌矩曩致上三六二

kuru kuce kunaṭe kunaṭi

祖曩穌祖攞曩穌三六三　賀哩引摘枳引三六四

cunaṭe culanaṭe harīṭakī

嚩哩引摘枳引婆去哩引摘枳引三六五　具哩嚱引馱引哩三六六

varīṭakī bharīṭakī ghori gāndhāri

虁瑟吒二合曩引捉三六七　迦理迦引理三六八

guṣṭa nāṇi kali kāli

迦引迦引哩三六九　阿上尒帝三七〇

kākāri ajite

惹曳惹演底三七一　阿上鉢囉二合底賀帝三七二

jaye jayanti apratihate

麼攞嚩底三七三　阿上薺帝三七四　阿上婆去曳三七五

balavati ajete abhaye

嚩囉泥去謨哩抳三七六　嚩引攞嚩引弭顊三七七

varade moriṇi vāla vāmini

計捨嚩沒底哩二合計三七八　冈無肯反、引蘖嚩引枲額三七九

keśa vabutrike vāṅga vāsini

嚩引賀枲額三八〇　嚩囉涅去吠嚧左寧三八一

vāhasini varade vairocane

阿上蜜嘌二合多囉細三八二　嚩喞引誐妳三八三

amṛtarase varāṅgaṇe

母嚩妳三八四　薩嚩囉娑引屹囉二合賀引哩捉三八五

buvaṇe sarva rasāgrahāriṇi

阿上弭馱弭額三八六　祖鹻三八七

amidhamini cuṭe

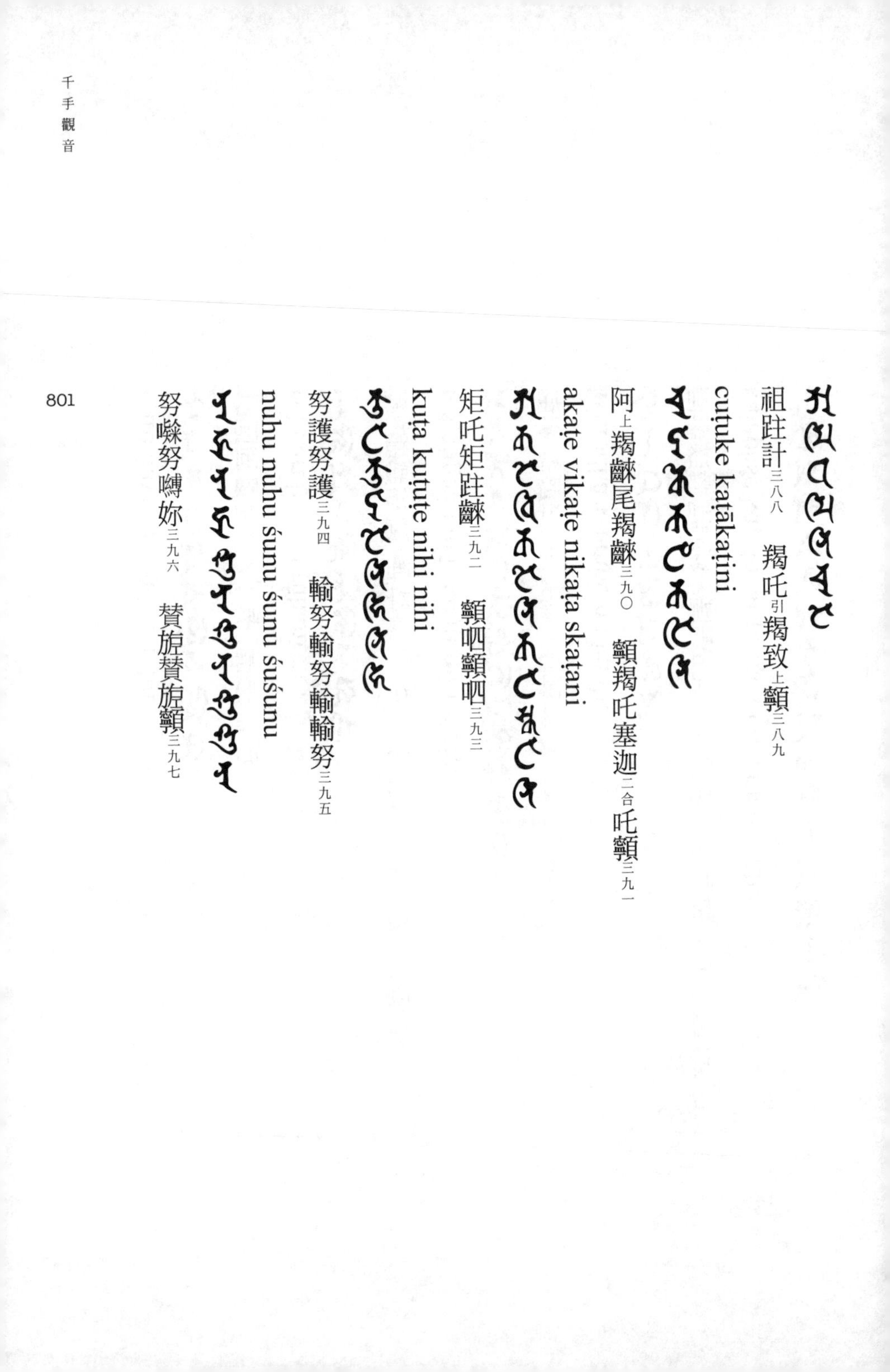

祖跓計三八八　羯吒引羯致上顊三八九

cuṭuke kaṭākaṭini

阿上羯⿰齒來尾羯⿰齒來三九〇　顊羯吒塞迦二合吒顊三九一

akaṭe vikaṭe nikaṭa skaṭani

矩吒矩跓⿰齒來三九二　顊呬顊呬三九三

kuṭa kuṭuṭe nihi nihi

努護努護三九四　輸努輸努輸輸努三九五

nuhu nuhu śunu śunu śuśunu

努嗾努嚩妳三九六　賛旋賛旋顊三九七

dure duvaḍe caṇḍi caṇḍini

𑖟𑖲𑖨𑖸 𑖟𑖲𑖪𑖚𑖸 𑖓𑖜𑖿𑖚𑖰 𑖓𑖜𑖿𑖚𑖰𑖡𑖰

嚕呬阿嚕呬三九八　嚕引呬嚕引賀捉引三九九

ruhi aruhi rūhi rūhaṇī

𑖨𑖲𑖮𑖰 𑖀𑖨𑖲𑖮𑖰 𑖨𑖳𑖮𑖰 𑖨𑖳𑖮𑖜𑖱

麼引蹬誐矩麼引哩計四〇〇　伊上致弭致上四〇一　瓔伊馨反儗哩四〇二

mātaṅga kumārike iṭi miṭi iṅgiri

𑖦𑖯𑖝𑖒𑖿𑖐 𑖎𑖲𑖦𑖯𑖨𑖰𑖎𑖸 𑖂𑖘𑖰 𑖦𑖰𑖘𑖰 𑖂𑖒𑖿𑖐𑖰𑖨𑖰

屈蕮二合囉馱引哩四〇三　攬謎鉢囉二合攬謎四〇四

kṣuradhāri lambe pralambe

𑖎𑖿𑖬𑖲𑖨𑖠𑖯𑖨𑖰 𑖩𑖦𑖿𑖤𑖸 𑖢𑖿𑖨𑖩𑖦𑖿𑖤𑖸

迦攞播勢迦攞戍引娜哩四〇五　布㗚儜二合布㗚拏二合麼努囉替四〇六

kalapaśe kalaśodaripurṇe purṇa manorathe

𑖎𑖩𑖢𑖫𑖸 𑖎𑖩𑖫𑖺𑖟𑖨𑖰𑖢𑖲𑖨𑖿𑖜𑖸 𑖢𑖲𑖨𑖿𑖜 𑖦𑖡𑖺𑖨𑖞𑖸

多藝多誐嚕四〇七　弭黎唧黎伊上理理黎四〇八
tage tagare mile cile ili lile
𑖝𑖐𑖸 𑖝𑖐𑖨𑖸 𑖦𑖰𑖩𑖸 𑖓𑖰𑖩𑖸 𑖂𑖩𑖰 𑖩𑖰𑖩𑖸

馱弭馱弭馱弭帝四〇九　嚩囉普嚕普嚕四一〇
dhami dhami dhamite vara phuru phure
𑖠𑖦𑖰 𑖠𑖦𑖰 𑖠𑖦𑖰𑖝𑖸 𑖪𑖨 𑖣𑖲𑖨𑖲 𑖣𑖲𑖨𑖸

多娜引覩嚕四一一　囉祖左嚕四一二
tadāture racu care
𑖝𑖟𑖯𑖝𑖲𑖨𑖸 𑖨𑖓𑖲 𑖓𑖨𑖸

護護四一三　矩矩嚕抳四一四　乞史二合、引囉細四一五
huhu kukuruṇi kṣīrase
𑖮𑖲𑖮𑖲 𑖎𑖲𑖎𑖲𑖨𑖲𑖜𑖰 𑖎𑖿𑖬𑖱𑖨𑖭𑖸

佉去囉細四一六　禁矩唵反、下同婆去娑滿二合娜寧四一七
kharase kumbha smandane

[illegible]

勃囉二合弭勃囉二合弭勃囉二合弭帝四一八

bhrami bhrami bhramite

𑖥𑖿𑖨𑖦𑖰 𑖥𑖿𑖨𑖦𑖰 𑖥𑖿𑖨𑖦𑖰𑖝𑖸

鉢囉二合娑嚕四一九　計具引嚕四二〇

prasare keghūre

𑖢𑖿𑖨𑖭𑖨𑖸 𑖎𑖸𑖓𑖳𑖨𑖸

三滿多跋涅嚕二合四二一　沒地沒地四二二

samantabhadre buddhi buddhi

𑖭𑖦𑖡𑖿𑖝𑖥𑖟𑖿𑖨𑖸 𑖤𑖲𑖟𑖿𑖠𑖰 𑖤𑖲𑖟𑖿𑖠𑖰

冒引馱野冒引地沫嘌誐二合、引努蘖帝四二三

bodhaya bodhi margānugate

𑖤𑖺𑖠𑖧 𑖤𑖺𑖠𑖰 𑖦𑖨𑖿𑖐𑖯𑖡𑖲𑖐𑖝𑖸

迦細迦細迦迦細四二四　三滿帝四二五

kase kase kakase samante

𑖎𑖭𑖸 𑖎𑖭𑖸 𑖎𑖎𑖭𑖸 𑖭𑖦𑖡𑖿𑖝𑖸

娑麼寧摩賀引娑麼寧四二六　蘇上穆契四二七

samane mahāsamane sumukhe

𑖭𑖦𑖡𑖸 𑖦𑖮𑖯𑖭𑖦𑖡𑖸 𑖭𑖲𑖦𑖲𑖏𑖸

尾穆契四二八　左涅去際涅去四二九

vimukhe cade cede

𑖪𑖰𑖦𑖲𑖏𑖸 𑖓𑖟𑖸 𑖓𑖸𑖟𑖸

砌娜寧尾砌娜寧四三〇　賀帝尾賀帝顊賀帝四三一

cchedane vicchedane hate vihate nihate

𑖓𑖿𑖔𑖸𑖟𑖡𑖸 𑖪𑖰𑖓𑖿𑖔𑖸𑖟𑖡𑖸 𑖮𑖝𑖸 𑖪𑖰𑖮𑖝𑖸 𑖡𑖰𑖮𑖝𑖸

呬理呬理弭呬理四三二

hili hili mihili

𑖮𑖰𑖩𑖰 𑖮𑖰𑖩𑖰 𑖦𑖰𑖮𑖰𑖩𑖰

鉢納銘二合鉢納麼二合跛涅去 四三三　護計普普勿反計普嵂梨骨反計四三四

padme padmapade hukke phukke phurukke

顊弭嚟四三五　顊囉弭囉四三六　難上你難上你穆企四三七

nimire nira mira dandi dandi mukhi

鶻際沒際四三八　祖卒則骨反際四三九

hucce bucce cucyucce

賛涅嚟二合賛捺囉二合訖囉二合銘四四〇

candre candra krame

素引哩野二合建癡勑例反素哩野二合囉濕弭二合薩你嘌二合勢四四一

sūryakaṇṭhe surya raśmi sadṛśe

娑囉娑囉四四二　訖囉二合麼訖囉二合麼四四三

sara sara krama krama

布囉布囉四四四　賀引賀引呬引呬引護護四四五

pura pura hāhā hīhī huhu

呬黎呬理黎四四六　矩虜矩虜四四七

hile hilile kulu kulu

沒囉二合憾銘二合沒囉二合憾麼二合矩麼引哩計四四八

brahme brahma kumārike

護虜𡁱四四九　護𡁱護㗳四五〇

hulure hure hure

吙(尸庵反、下同)謎吙(同上)麼跛底(四五一)　勃噒(上、二合)妳勃噒(上、二合)弩跛底(四五二)

ḍombe ḍombapati bhṛṇe bhṛṇapati

娑囉(引)娑哩⿰口絫(四五三)　味⿰口絫尾尾⿰口絫(四五四)

sarā sarire vire vivire

味(引)囉(引)努蘖帝(四五五)　左囉左囉(四五六)

vīrānugate cara cara

散左囉散左囉(四五七)　弭理弭理(四五八)　三滿多矩曩黎(四五九)

sañcara sañcara mili mili samanta kunale

鉢囉二合婆去娑嚩二合嚟四六〇　馱囉馱囉四六一

prabhasvare dhara dhara

瞢蘖黎曳二合　四六二　覩嚕覩嚕四六三

maṅgalye turu turu

鉢囉二合謨娜顊四六四　鉢囉二合陛蘇上鉢囉二合陛四六五

pramodani prabhe suprabhe

素麼引嚩底四六六　蘇銘矩蘇銘四六七

sumāvati sume kusume

矩蘇上麼引嚩底四六八

kusumāvati

多囉多囉儜四六九　嚩囉嚩囉儜四七〇

tara taraṇi vara varaṇi

賀囉賀囉四七一　鉢囉二合半左曩穆契四七二

hara hara prapañcana mukhe

虁妳虁虁妳四七三　度跓度跓四七四

guṇe guguṇe dhuṭu dhuṭu

達磨野惹蘇參布嘌儜二合　四七五

dharmmayaja susampurṇe

齲虜齲虜四七六　補穌吒轙穌四七七

khulu khulu puṭe ṭavaṭe

調吒諫反、下同調[illegible]四七八　吒吒吒吒四七九

ṭaṃṭaṃṭe ṭaṭa ṭaṭa

致上致致致四八〇　跓跓跓跓知古反 四八一

ṭiṭi ṭiṭi ṭuṭu ṭuṭu

賀攞賀攞四八二　呬理呬理四八三　搊吒搊吒四八四

hala hala hili hili caṭa caṭa

喞致上喞致上 四八五　祖跓祖跓四八六

ciṭi ciṭi cuṭu cuṭu

沒囉二合憾銘二合沒囉二合憾麼二合嚩黎四八七

brahme brahmavale

印涅嚟二合印捺囉二合訖囉銘四八八

indre indra krame

素銘素麼跛帝四八九　護嚕護嚕四九〇

sume sumapate huru huru

母嚕母嚕四九一　你庾二合底涅去味悉第四九二

muru muru dyuti devi siddhe

味嚟味囉跋捺囉二合曩莫塞訖哩三合帝四九三

vire vira bhadra nama skṛte

賀攞賀攞四九四　呬理呬理四九五　護虜護虜四九六

hala hala hili hili hulu hulu

尾麼黎麼攞跛訖嘌二合瑟龖二合四九七

vimale bala pakṛṣṭe

喞致上喞致上祖跓四九八　地理弭理四九九

ciṭi ciṭi cuṭu dhili mili

麼攞引拏額理五〇〇　祖跓祖跓五〇一

malāḍanili cuṭu cuṭu

鼻引麼嚩引臬額五〇二　娑囉娑囉五〇三　悉哩悉哩五〇四

bhīma vāsini sara sara siri siri

蘇上嚕蘇上嚕五〇五　贊旋贊旋穆契五〇六　阿上儗顊二合始契五〇七

suru suru caṇḍi caṇḍi mukhe agni śikhe

鉢囉二合婆去、引娑嚩二合嗘五〇八　曩攞曩攞五〇九

prabhāsvare nala nala

顊理顊理五一〇　努虜努虜五一一　左曩龢左曩龢五一二

nili nili nulu nulu canaṭe canaṭe

伊上囉麼底齲麼底五一三　嚩囉麼底五一四

iramati khumati varamati

娑攞娑攞五一五　嚕麼底五一六　嚩囉嚩囉五一七

sala sala rumati vara vara

娑普二合嚕娑普二合嚕五一八　尾嚩哩儜五一九　味囉儜五二〇

sphuru sphuru vivariṇe viraṇe

迦拏引以五二一　阿上枳捨囉攞引以五二二

kaṇāyi akiśara lāyi

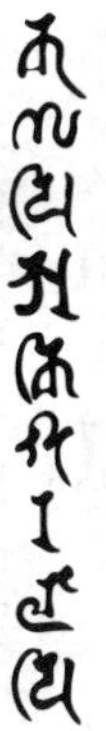

賛拏引理五二三　半拏[illegible]迦囉妳尼制反 五二四

caṇḍali paṇḍare karaḍe

地弭地弭地地弭五二五

dhimi dhimi dhidhimi

冒引地沫引嘌誐二合參鉢囉二合悉體二合、下、町以反帝五二六

bodhimārga saṃprasthite

賀囉賀囉五二七　滿度麼底五二八

hara hara bandhumati

呬哩呬哩五二九　企哩黎五三〇　苫銘苫弭寧五三一

hiri hiri khirile śame śamine

扇引帝扇引多麼引曩枲五三二　沃訖帝二合穆訖帝二合　五三三

śānte śānta mānasi ukte mukte

尾穆訖帝二合　五三四　穆羯細五三五　補補噝五三六

vimukte murkase pupure

𑖪𑖰𑖦𑖲𑖎𑖿𑖝𑖸 𑖦𑖲𑖨𑖿𑖎𑖭𑖸 𑖢𑖲𑖢𑖲𑖨𑖸

鉢納麼二合穆契五三七　蘇上娜細五三八

padmamukhe sudase

𑖢𑖟𑖿𑖦𑖦𑖲𑖏𑖸 𑖭𑖲𑖟𑖭𑖸

蘇建癡勑例反五三九　迦理迦理五四〇　矩虜矩虜五四一

sukaṇṭhe kali kali kulu kulu

𑖭𑖲𑖎𑖜𑖿𑖙𑖸 𑖎𑖩𑖰 𑖎𑖩𑖰 𑖎𑖲𑖩𑖲 𑖎𑖲𑖩𑖲

阿上鉢囉二合底賀帝五四二　嚩攞嚩底五四三

apratihate valavati

𑖀𑖢𑖿𑖨𑖝𑖰𑖮𑖝𑖸 𑖪𑖩𑖪𑖝𑖰

印訥嚕二合囉引惹引五四四　素謨囉引惹引五四五

indrorājā somorājā

𑖂𑖡𑖿𑖟𑖿𑖨𑖺𑖨𑖯𑖕𑖯 𑖭𑖺𑖦𑖺𑖨𑖯𑖕𑖯

嚩嚕攱引囉引惹引 五四六

varuṇorājā

麼曩悉尾二合、引嚩引蘇上枳引尾惹喻五四七

manasvī vāsukī vijayo

餤謨作訖囉二合尾惹喻五四八

yamo cakra vijayo

惹演姤地嘌二合多囉引瑟吒囉二合 五四九

jayanto dhṛtarāṣṭra

矩吠嚧尾嚕茶去句五五〇

kuvero viruḍhako

尾嚕播引、入屈茤二合囉引惹引 五五一

virupākṣo rājā

難上拏枳引囉引惹五五二　沒度婆去誐挽引 五五三

daṇḍakī rāja buddho bhagavāṃ

達麼娑嚩二合弭引達磨囉引惹五五四

dharmmasvamī dharmmarāja

咯乞創二合、引葍倶勿反、下同嚩覩麼麼稱名寫五五五

rakṣāṅkurvatu mama 稱名 sya

薩嚩薩怛嚩二合、引南上、引 五五六

sarva satvānāṃ

跛哩怛嚩二合跛哩屹囉二合憾五五七

paritraṃ parigrahaṃ

跛哩播攞難上左虘同上嚩覩五五八

paripalanaṃca kurvatu

僧去夜體町異反難上五五九

saṃyathīnaṃ

地哩地哩五六〇　鼻哩鼻哩五六一

dhiri dhiri bhiri bhiri

三滿多鼻哩五六二　馱計馱囉計五六三　嚩計五六四

samanta bhiri dhake dharake vake

惹攞惹攞五六五　矩嚕矩嚕五六六

jala jala kuru kuru

蘇上嚕蘇上嚕五六七　母嚕母嚕五六八

suru suru muru muru

迦囉鉢底嚟二合　五六九　迦囉嚕係五七〇

karapatre kararuhe

嚕係阿去、引　嚕係五七一

ruhe āruhe

遏特嚩寧尾度寧五七二　嚕嚕嚕五七三

adhavane vidhune rururu

馱囉引囉味囉嚩囉引　五七四　迦理迦理五七五

dhārāra vira varā kali kali

步引底尾步引底五七六　阿上鼻步引底五七七

bhūti vibhūti abhibhūti

磋上磋上鉢底五七八　護際五七九　際囉儜五八〇

cchacchapati huce ceraṇe

跛囉引妳五八一　阿上拏噞五八二

parāḍe aḍare

阿上祖嚩㘑五八三　阿上祖拏㘑五八四

acuvare acuḍare

囉嚩㘑五八五　迦囉迦囉五八六

ravare kara kara

枳哩枳哩五八七　矩嚕矩嚕五八八

kiri kiri kuru kuru

賀賀賀賀五八九　呬呬呬呬五九〇　護護護護五九一

haha haha hihi hihi huhu huhu

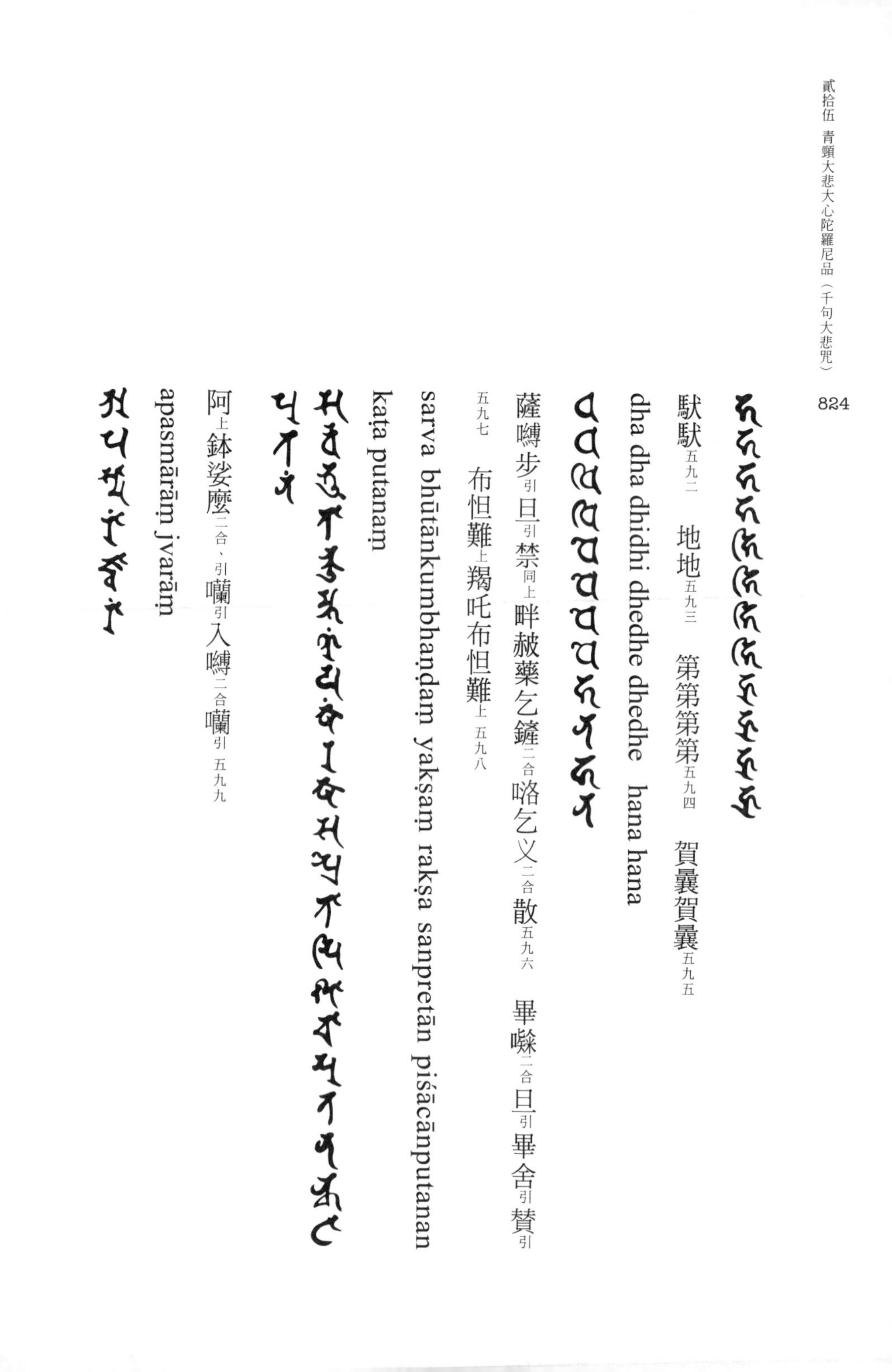

馱馱五九二　地地五九三　第第第第五九四　賀曩賀曩五九五

dha dha dhidhi dhedhe dhedhe hana hana

薩嚩步引日引禁同上畔赦藥乞鑳二合咯乞乂二合散五九六　畢嶬二合日引畢舍引贊引五九七　布怛難上羯吒布怛難上五九八

sarva bhūtānkumbhaṇḍaṃ yakṣaṃ rakṣa sanpretān piśācānputanan kaṭa putanaṃ

阿上鉢娑麼二合、引囕引入嚩二合囕引五九九

apasmārāṃ jvarāṃ

翳迦呬建六〇〇　你吠二合底引野建六〇一

ekahikaṃ dvetīyakaṃ

底哩二合底引野建六〇二　摻咄託建六〇三

tritīyakaṃ caturthakaṃ

瑑你喻二合、引底引娑引囒六〇四

cchandyo tīsāraṃ

路賀陵上誐六〇五　尾摻左建六〇六

lohaliṅga vicarcakaṃ

尾數引喞迦六〇七引　室嘌灑二合嚧遇六〇八

viṣūcikā śīrṣarogo

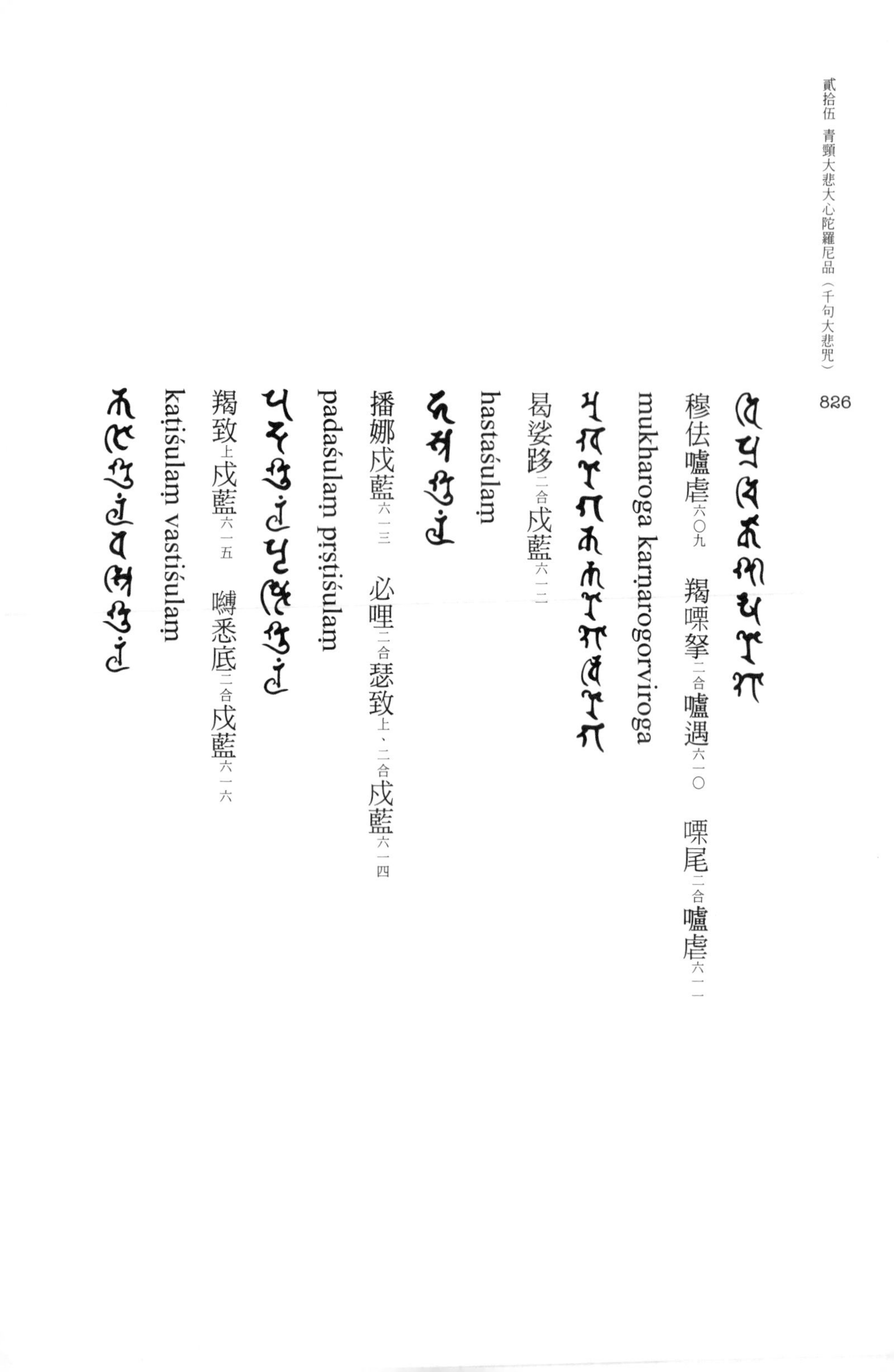

穆佉嚧虐六〇九　羯嘌弩二合嚧遇六一〇　嘌尾二合嚧虐六一一

mukharoga karṇarogorviroga

曷娑跢二合戍藍六一二

hastaśulaṃ

播娜戍藍六一三　必哩二合瑟致上、二合戍藍六一四

padaśúlaṃ pṛṣṭiśúlaṃ

羯致上戍藍六一五　嚩悉底二合戍藍六一六

kaṭiśúlaṃ vastiśúlaṃ

蘗攞屹囉二合憾六一七

galagrahaṃ

母引怛囉二合訖㗚二合擦𡅅二合 六一八

mūtrakṛcchraṃ

嚩悉底二合軍上拏藍六一九　阿引曩引賀六二〇

vasti kuṇḍalaṃ ānāha

曩引娑引嚧遇呬引二合呼迦引 六二一

nāsārogohinkā

濕嚩二合、引娑迦引 六二二

śvāsakā

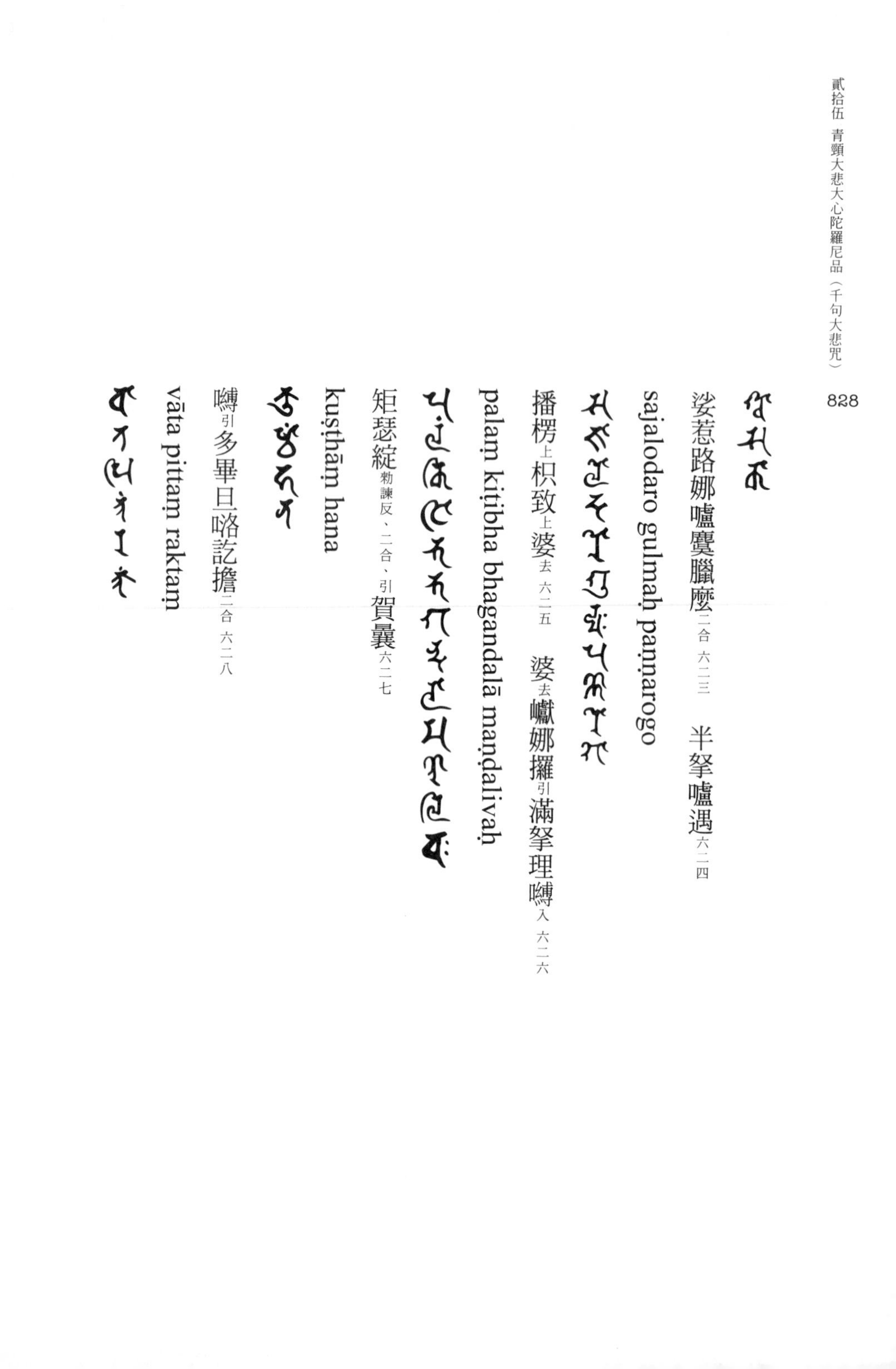

娑惹路娜嚧虋臘麼二合 六二三　半拏嚧遇六二四

sajalodaro gulmaḥ paṇṇarogo

播楞上枳致上婆去 六二五　婆去巇娜攞引滿拏理嚩入 六二六

palaṃ kiṭibha bhagandalā maṇḍalivaḥ

矩瑟綻勑諫反、二合、引賀曩六二七

kuṣṭhāṃ hana

嚩引多畢日咯訖擔二合 六二八

vāta pittaṃ raktaṃ

室黎二合濡麼二合、引喃六二九　賀曩賀曩六三〇

śleṣmāṇaṃ hana hana

婆去誐挽引散額播多惹引咄嚕二合、引巘六三一

bhagavāṃ sannipata jātrūgaṃ

賀曩賀曩六三二

hana hana

婆去誐挽悉底哩二合、引喃喻額弭野二合、引馱野六三三

bhagavaṃ strīṇaṃ yoni vyādhaya

咯乞叉二合咯乞叉二合麼麼稱名 六三四

rakṣa rakṣa mama 稱名

[illegible] 稱名

薩嚩薩怛嚩二合、引南上、引 六三五

𑖭𑖨𑖿𑖪 𑖭𑖝𑖿𑖪𑖯𑖡𑖯𑖽

sarva satvānāṃ

婆去誐挽引始底建姹 六三六

𑖥𑖐𑖪𑖯𑖽 𑖫𑖰𑖝𑖰𑖎𑖜𑖿𑖙

bhagavāṃ śitikaṇṭha

薩嚩鉢囉二合底野二合遏嘌剔二合迦婆去曳引毗藥二合 六三七

𑖭𑖨𑖿𑖪 𑖢𑖿𑖨𑖝𑖿𑖧 𑖀𑖨𑖿𑖞𑖰𑖎 𑖥𑖧𑖸𑖥𑖿𑖧𑖾

sarva pratya arthika bhayebhyaḥ

鉢囉二合底野二合蜜怛囉二合婆去曳毗藥二合 六三八

𑖢𑖿𑖨𑖝𑖿𑖧𑖦𑖰𑖝𑖿𑖨 𑖥𑖧𑖸𑖥𑖿𑖧𑖾

pratyamitra bhayebhyaḥ

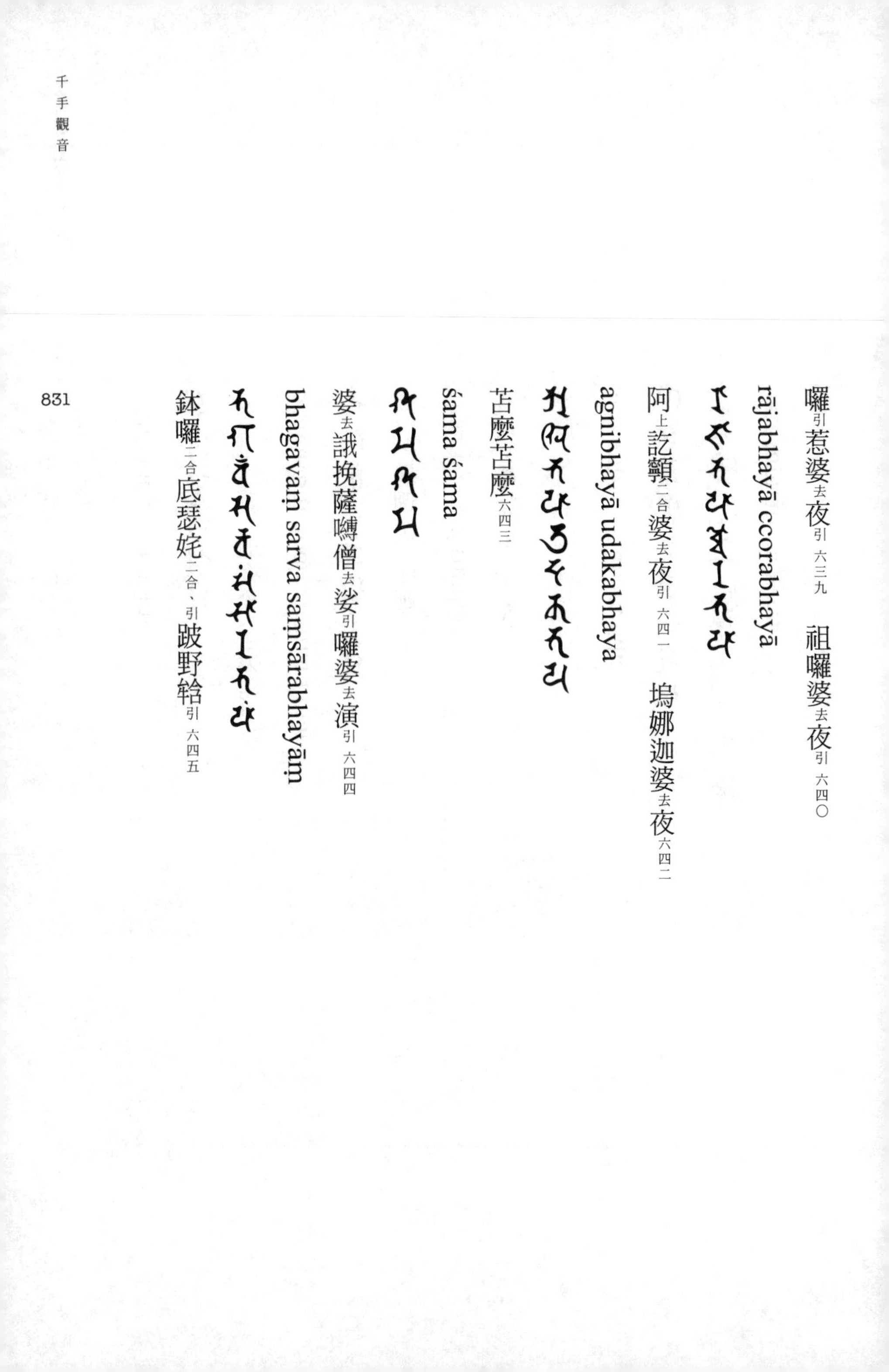

囉引惹婆去夜引 六三九　祖囉婆去夜引 六四〇

rājabhayā ccorabhayā

阿上訖顊二合婆去夜引 六四一　塢娜迦婆去夜 六四二

agnibhayā udakabhaya

苫麼苫麼六四三

śama śama

婆去誐挽薩嚩僧去娑引囉婆去演引 六四四

bhagavaṃ sarva saṃsārabhayāṃ

鉢囉二合底瑟姹二合、引跛野舲引 六四五

pratiṣṭhā paya māṃ

𑖢𑖿𑖨𑖝𑖰𑖬𑖿𑖙𑖯 𑖢𑖧 𑖦𑖯𑖽

婆（去）誐鑁冒（引）道娑麼（二合）囉鈴（引）六四六

bhagavaṃ bodhau smara māṃ

𑖥𑖐𑖪𑖽 𑖤𑖺𑖠𑖻 𑖭𑖿𑖦𑖨 𑖦𑖯𑖽

娑（去）誐挽迦（引）嚕抳迦六四七

bhagavaṃ kāruṇika

𑖥𑖐𑖪𑖽 𑖎𑖯𑖨𑖲𑖜𑖰𑖎

始底建姹嚩囉（引）賀穆佉六四八

śitikaṇṭha varāhamukha

𑖫𑖰𑖝𑖰𑖎𑖜𑖿𑖙 𑖪𑖨𑖯𑖮𑖦𑖲𑖏

曩囉僧（星孕反）賀嚕（引）跛尾濕嚩（二合）嚕（引）跛六四九

narasiṃharūpa viśvarūpa

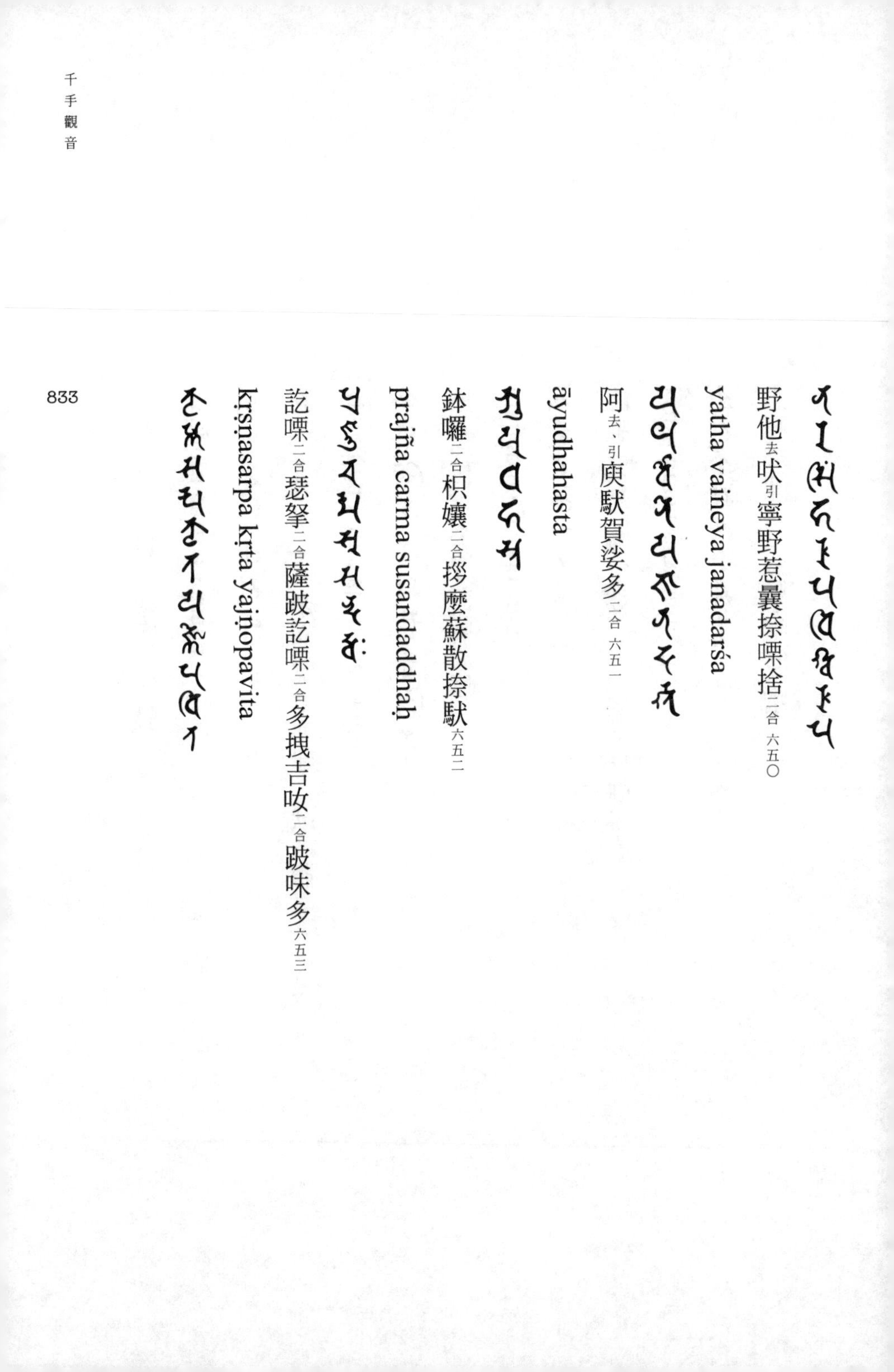

野他去吠引寧野惹曩捺嘌捨二合 六五〇

yatha vaineya janadarśa

阿去、引庾馱賀娑多二合 六五一

āyudhahasta

鉢囉二合枳孃二合拶麼蘇散捺馱六五二

prajña carma susandaddhaḥ

訖嘌二合瑟拏二合薩跛訖嘌二合多拽吉攺二合跛味多六五三

kṛṣṇasarpa kṛta yajṇopavita

尾野二合、引竭囉二合拶麼嚩娑曩六五四

vyāghra carma vasana

𑖪𑖿𑖧𑖯𑖑𑖿𑖨𑖓𑖨𑖿𑖦𑖪𑖭𑖡

訖嘌二合瑟拏二合、引尒曩嚩引麼塞建二合馱悉體町以反、二合多六五五

kṛṣṇājina vāma skandha sthita

𑖎𑖴𑖬𑖿𑖜𑖯𑖕𑖰𑖡𑖪𑖯𑖦𑖭𑖿𑖎𑖡𑖿𑖠𑖭𑖿𑖞𑖰𑖝

摩賀引麼攞跛囉引訖囉二合麼六五六

mahābala parākrama

𑖦𑖮𑖯𑖤𑖩𑖢𑖨𑖯𑖎𑖿𑖨𑖦

訖囉二合娑訖囉二合娑六五七　娑囉娑囉六五八

krasa krasa sara sara

𑖎𑖿𑖨𑖭𑖎𑖿𑖨𑖭𑖭𑖨𑖭𑖨

悉哩悉哩六五九　蘇上嚕蘇上嚕六六〇

siri siri suru suru

𑖭𑖰𑖨𑖰𑖭𑖰𑖨𑖰𑖭𑖲𑖨𑖲𑖭𑖲𑖨𑖲

阿上跛蘖蹉覩六六一

apagacchatu

𑖀𑖢𑖐𑖓𑖿𑖔𑖝𑖲

薩嚩阿上呬帶史攺引薩嚩薩怛嚩二合、引南上、引六六二

sarva ahitaiṣiṇo sarvasatvānāṃ

𑖭𑖨𑖿𑖪𑖯𑖮𑖰𑖝𑖹𑖬𑖰𑖜𑖺𑖭𑖨𑖿𑖪𑖭𑖝𑖿𑖪𑖯𑖡𑖯𑖽

沒馱薩底曳二合曩六六三

buddha satyena

𑖤𑖲𑖟𑖿𑖠𑖭𑖝𑖿𑖧𑖸𑖡

拶咄喃引摩賀引囉引惹引薩底曳二合曩六六四

caturṇāṃ mahārāja satyena

爍訖囉二合薩底曳二合曩六六五　沒囉二合憾麼二合薩底曳二合曩六六六

śakra satyena brahma satyena

尾瑟呅二合薩底曳二合曩六六七　曩引囉引演拏薩底曳二合曩六六八

viṣṇu satyena nārāyaṇa satyena

嚕捺囉二合薩底曳二合曩六六九　乙嘌二合史薩底曳二合曩六七〇

rudra satyena ṛṣi satyena

祢去嚩薩底曳二合曩六七一　曩引誐薩底曳二合曩六七二

deva satyena nāga satyena

曳路計薩底曳二合嚩引你曩六七三

yeloke satye vādina

室囉二合麼呅引嚩引沒囉二合憾麼二合呅引嚩六七四

śramaṇovā brahmaṇova

翳釤引薩底野二合嚩你南上、引薩底曳二合曩六七五

eṣāṃ satya vadināṃ satyena

阿上跛曩野婆去誐鑁引給引 六七六

apanaya bhagavāṃ māṃ

迦引拽擦嚩引阿引呬帶史拏引 六七七

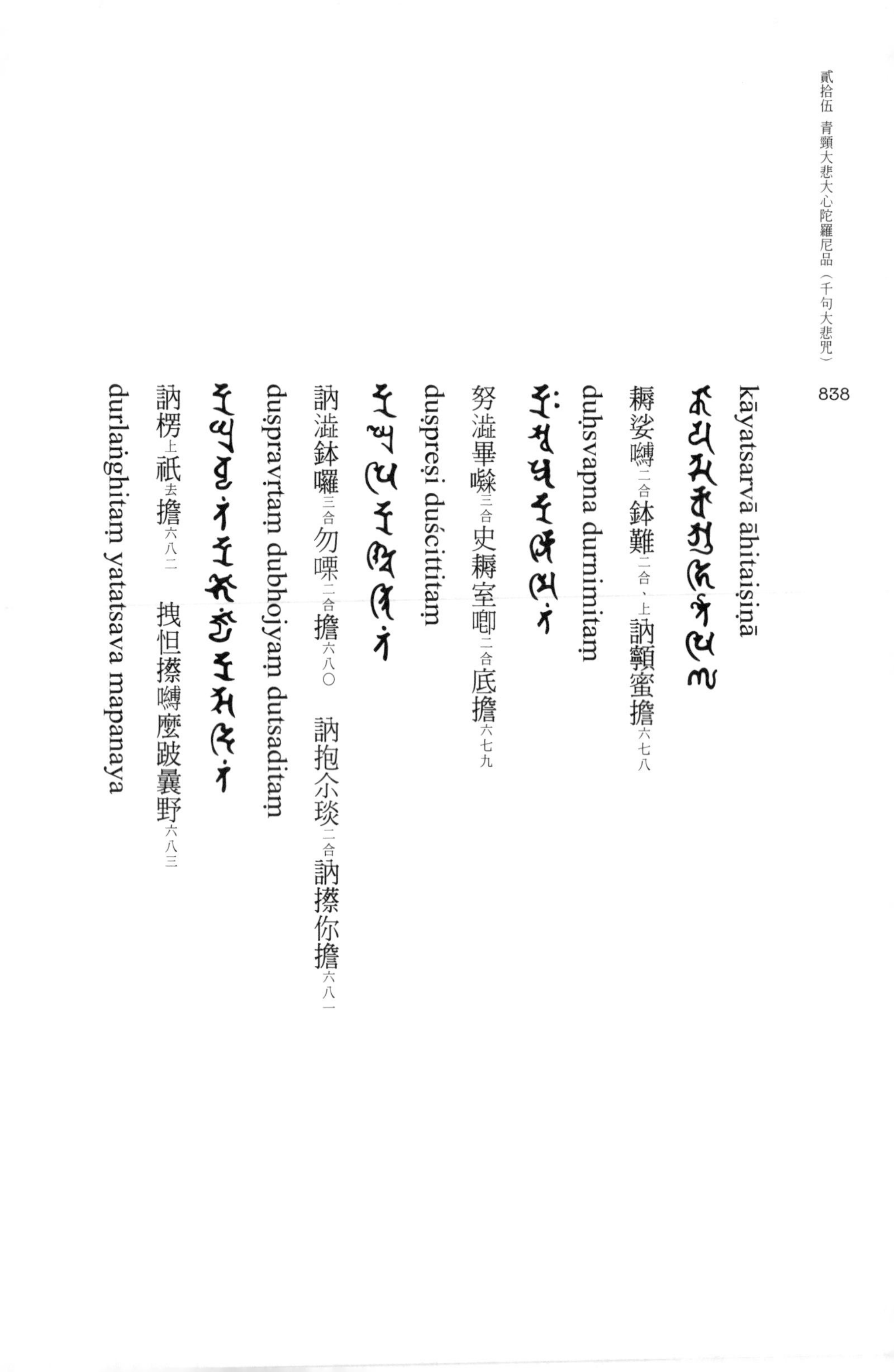

kāyatsarvā āhitaiṣiṇā

耨娑嚩二合鉢難二合、上訥⿰寧頁蜜擔六七八

duḥsvapna durnimitaṃ

努澁畢⿰口燊三合史耨室唧二合底擔六七九

duṣpreṣi duścititaṃ

訥澁鉢囉三合勿嘌二合擔六八〇　訥抱尒琰二合訥擦你擔六八一

duṣpravṛtaṃ dubhojyaṃ dutsaditaṃ

訥楞上祇去擔六八二　拽怛擦嚩麼跛曩野六八三

durlaṅghitaṃ yatatsava mapanaya

𑖭𑖲𑖥𑖴𑖬𑖰𑖝𑖽𑖧𑖝𑖦𑖪𑖢𑖢𑖝𑖧

娑麼二合囉擔六八四

smaratam

𑖭𑖿𑖦𑖨𑖝𑖽

婆去誐挽擔路迦尾路枳擔怛他去、引蘖擔六八五

bhagavantaṃ loka vilokitaṃ tathāgataṃ

𑖥𑖐𑖪𑖡𑖿𑖝𑖽𑖩𑖺𑖎𑖪𑖰𑖩𑖺𑖎𑖰𑖝𑖽𑖝𑖞𑖯𑖐𑖝𑖽

祢去呬銘婆去誐挽怒豧自路反嚩攬六八六

dehime bhagavaṃ dojo valaṃ

𑖟𑖸𑖮𑖰𑖦𑖸𑖥𑖐𑖪𑖽𑖟𑖺𑖕𑖺𑖪𑖩𑖽

尾引哩野二合落乞識弭三合六八七

vīrya lakṣmi

𑖪𑖱𑖨𑖿𑖧𑖩𑖎𑖿𑖬𑖿𑖦𑖰

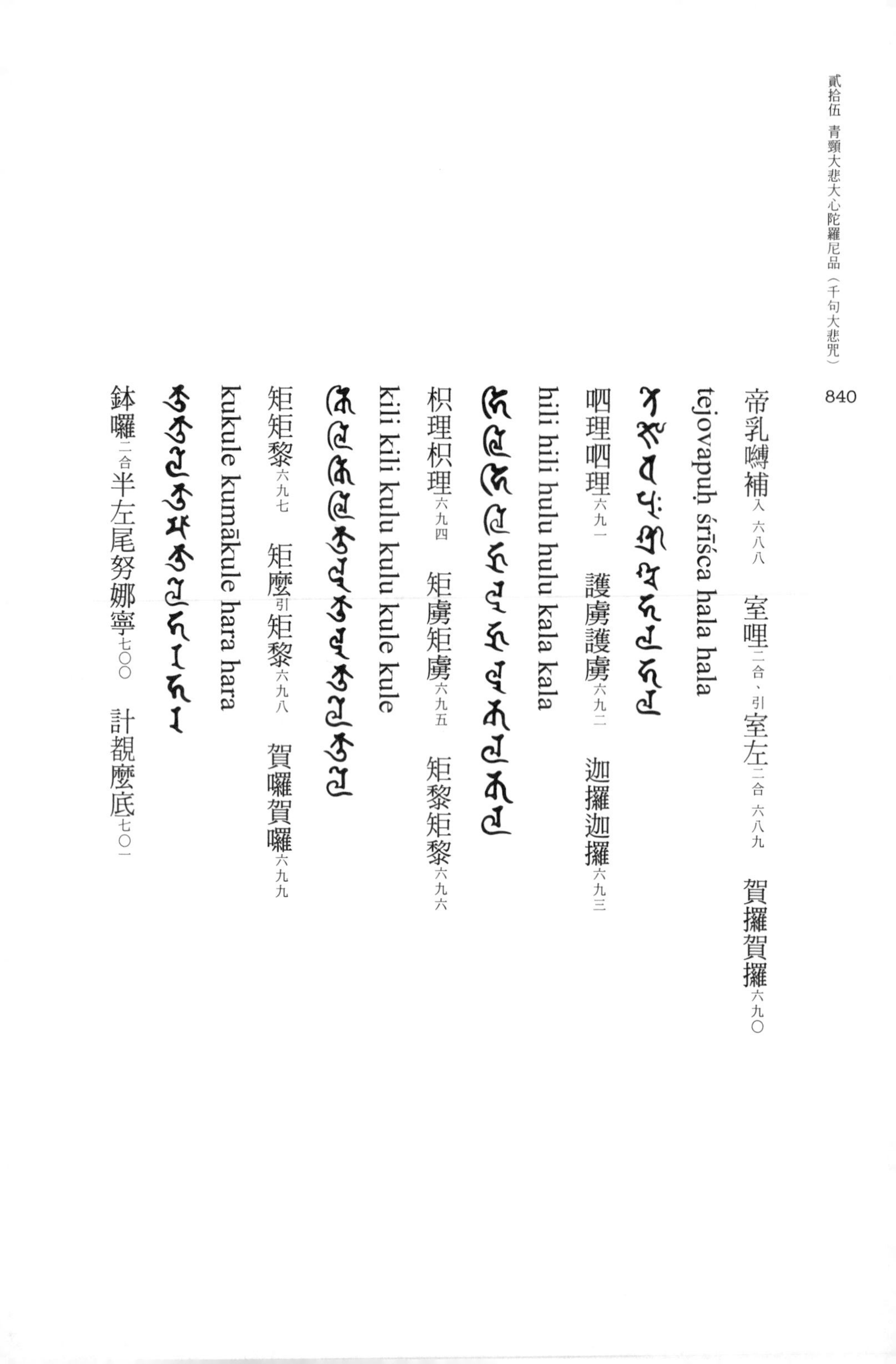

帝乳嚩補入 六八八　室哩二合、引室左二合 六八九　賀攞賀攞六九〇

tejovapuḥ śrīśca hala hala

呬理呬理六九一　護虜護虜六九二　迦攞迦攞六九三

hili hili hulu hulu kala kala

枳理枳理六九四　矩虜矩虜六九五　矩黎矩黎六九六

kili kili kulu kulu kule kule

矩矩黎六九七　矩麼引矩黎六九八　賀囉賀囉六九九

kukule kumākule hara hara

鉢囉二合半左尾努娜寧七〇〇　計覩麼底七〇一

prapañca vinodane ketumati

𑖢𑖿𑖨𑖢𑖗𑖿𑖓 𑖪𑖰𑖡𑖺𑖟𑖡𑖸 𑖏𑖸𑖝𑖲𑖦𑖝𑖰

步引蹬去誐銘七〇二　迦囉迦囉七〇三　枳哩枳哩七〇四

bhūtaṅgame kara kara kiri kiri

𑖥𑖳𑖝𑖽𑖐𑖦𑖸 𑖎𑖨 𑖎𑖨 𑖎𑖰𑖨𑖰 𑖎𑖰𑖨𑖰

矩嚕矩嚕七〇五　鼻引銘鼻引麽嚩黎七〇六　左囉左囉七〇七

kuru kuru bhīme bhīma vale cara cara

𑖎𑖲𑖨𑖲 𑖎𑖲𑖨𑖲 𑖥𑖱𑖦𑖸 𑖥𑖱𑖦 𑖪𑖩𑖸 𑖓𑖨 𑖓𑖨

唧哩唧哩七〇八　祖嚕祖嚕七〇九

ciri ciri curu curu

𑖓𑖰𑖨𑖰 𑖓𑖰𑖨𑖰 𑖓𑖲𑖨𑖲 𑖓𑖲𑖨𑖲

顊舍引左囉迦嚕捉迦七一〇

niśācara karuṇika

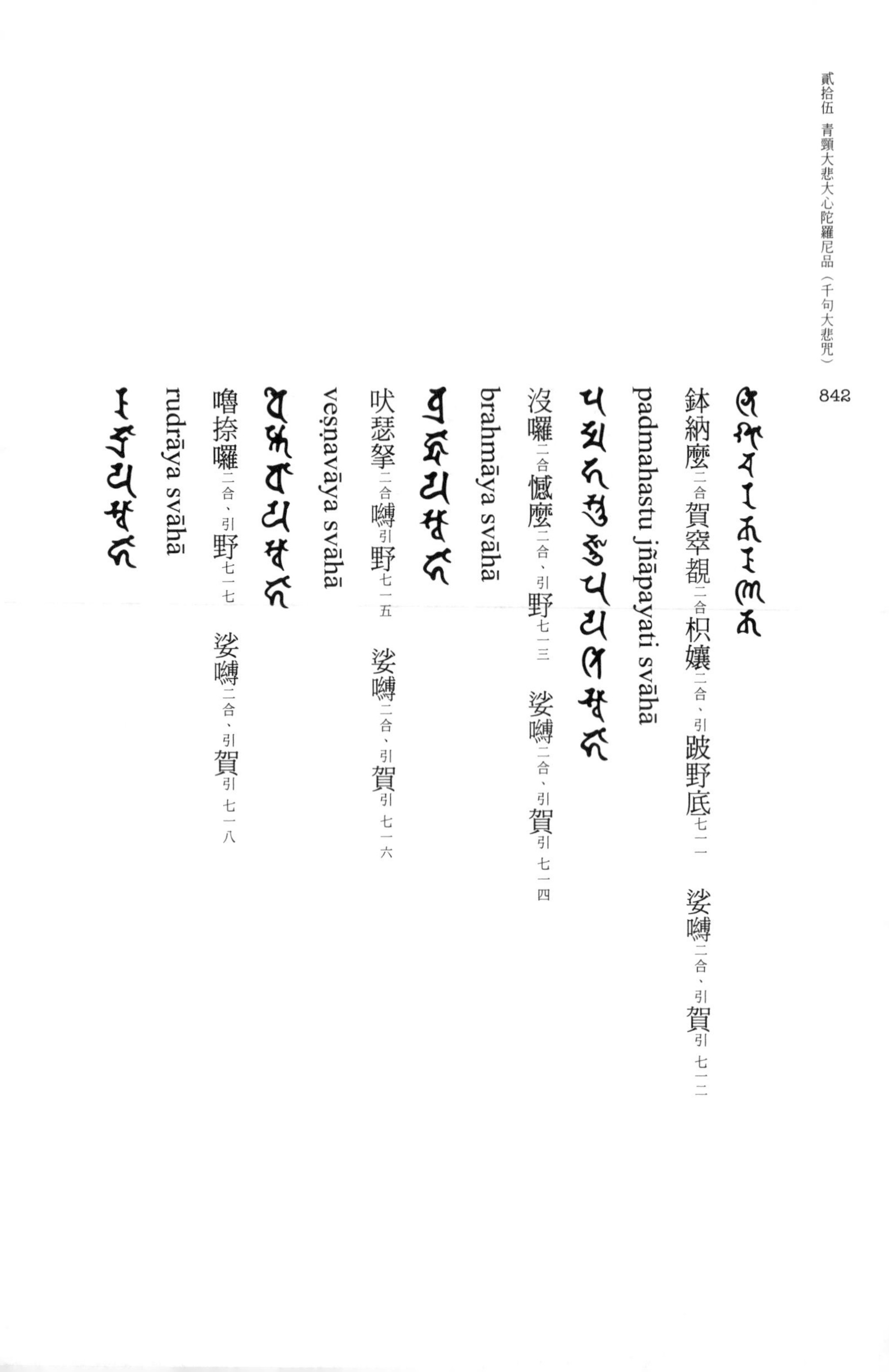

鉢納麼二合賀窣覩二合枳孃二合、引跛野底七一一　娑嚩二合、引賀引七一二

padmahastu jñāpayati svāhā

沒囉二合憾麼二合、引野七一三　娑嚩二合、引賀引七一四

brahmāya svāhā

吠瑟拏二合嚩引野七一五　娑嚩二合、引賀引七一六

veṣṇavāya svāhā

嚕捺囉二合、引野七一七　娑嚩二合、引賀引七一八

rudrāya svāhā

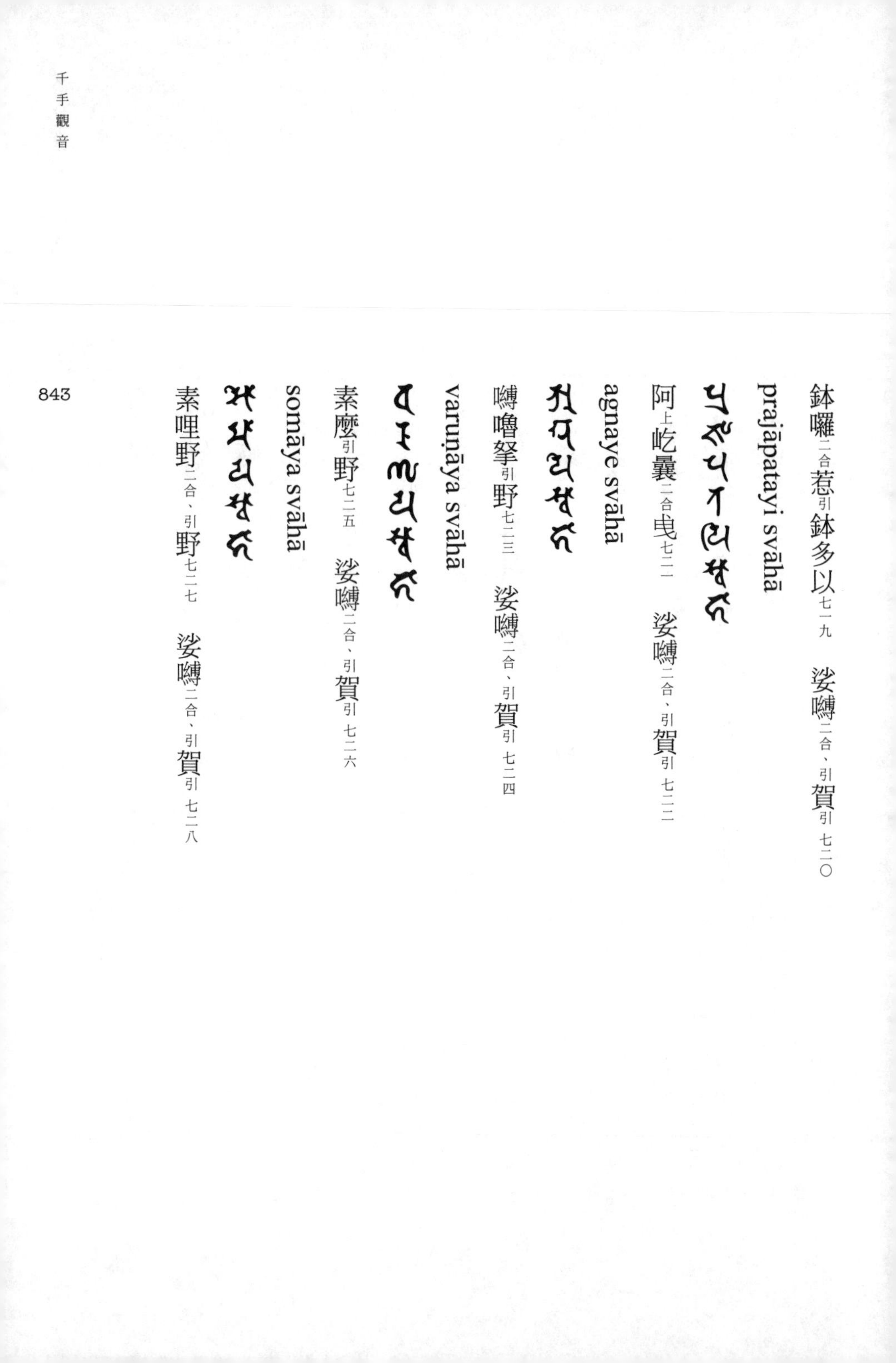

鉢囉二合惹引鉢多以七一九　娑嚩二合、引賀引七二〇

prajāpatayi svāhā

阿上屹曩二合曳七二一　娑嚩二合、引賀引七二二

agnaye svāhā

嚩嚕拏引野七二三　娑嚩二合、引賀引七二四

varuṇāya svāhā

素麼引野七二五　娑嚩二合、引賀引七二六

somāya svāhā

素哩野二合、引野七二七　娑嚩二合、引賀引七二八

sūryāya svāhā

𑖎𑖲𑖪𑖸𑖨𑖯𑖧 𑖭𑖿𑖪𑖯𑖮𑖯

矩吠囉引野七二九　娑嚩二合、引賀引七三〇

kuverāya svāhā

𑖠𑖴𑖝𑖰𑖨𑖯𑖬𑖿𑖘𑖿𑖨𑖯𑖧 𑖭𑖿𑖪𑖯𑖮𑖯

地哩二合底囉引瑟吒囉三合、引野七三一　娑嚩二合、引賀引七三二

dhṛtirāṣṭrāya svāhā

𑖪𑖰𑖨𑖳𑖛𑖎𑖯𑖧 𑖭𑖿𑖪𑖯𑖮𑖯

尾嚕茶去迦引野七三三　娑嚩二合、引賀引七三四

virūḍhakāya svāhā

𑖪𑖰𑖨𑖳𑖢𑖯𑖎𑖿𑖬𑖯𑖧 𑖭𑖿𑖪𑖯𑖮𑖯

尾嚕播引乞叉二合、引野七三五　娑嚩二合、引賀引七三六

virupākṣāya svāhā

𑖪𑖰𑖨𑖳𑖢𑖯𑖎𑖿𑖬𑖯𑖧 𑖭𑖿𑖪𑖯𑖮𑖯

得乞叉二合迦引野七三七　娑嚩二合、引賀引七三八

takṣakāya svāhā

𑖝𑖎𑖿𑖬𑖎𑖯𑖧 𑖭𑖿𑖪𑖯𑖮𑖯

嚩引娑吠毗藥二合七三九　娑嚩二合、引賀引七四〇

vāsavebhyaḥ svāhā

𑖪𑖯𑖭𑖪𑖸𑖥𑖿𑖧𑖾 𑖭𑖿𑖪𑖯𑖮𑖯

迦引底迦引蘇跢引野七四一　娑嚩二合、引賀引七四二

kātikāsutāya svāhā

𑖎𑖯𑖝𑖰𑖎𑖯𑖭𑖲𑖝𑖯𑖧 𑖭𑖿𑖪𑖯𑖮𑖯

尾你也二合、引馱嚩毗藥二合七四三　娑嚩二合、引賀引七四四

vidyādharebhyaḥ svāhā

𑖪𑖰𑖟𑖿𑖧𑖯𑖠𑖨𑖸𑖥𑖿𑖧𑖾 𑖭𑖿𑖪𑖯𑖮𑖯

尾你也二合、引馱哩毗藥二合 七四五　娑嚩二合、引賀引 七四六

𑖪𑖰𑖟𑖿𑖧𑖯𑖠𑖨𑖰𑖥𑖿𑖧𑖾𑖭𑖿𑖪𑖯𑖮𑖯

vidyādharibhyaḥ svāhā

爍訖囉二合、引野七四七　娑嚩二合、引賀引 七四八

𑖫𑖎𑖿𑖨𑖯𑖧𑖭𑖿𑖪𑖯𑖮𑖯

śakrāya svāhā

藥乞灑二合毗藥二合 七四九　娑嚩二合、引賀引 七五〇

𑖧𑖎𑖿𑖬𑖸𑖥𑖿𑖧𑖾𑖭𑖿𑖪𑖯𑖮𑖯

yakṣebhyaḥ svāhā

囉乞叉二合細毗藥二合 七五一　娑嚩二合、引賀引 七五二

𑖨𑖎𑖿𑖬𑖭𑖸𑖥𑖿𑖧𑖾𑖭𑖿𑖪𑖯𑖮𑖯

rakṣasebhyaḥ svāhā

必嘹二合帝毗藥二合 七五三　娑嚩二合、引賀引 七五四

pretebhyaḥ svāhā

比舍引際毗藥二合 七五五　娑嚩二合、引賀引 七五六

piśācebhyaḥ svāhā

布怛寧毗藥二合 七五七　娑嚩二合、引賀引 七五八

putanebhyaḥ svāhā

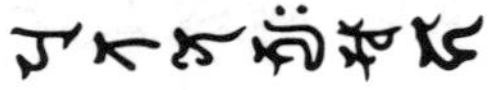

羯吒布怛寧毗藥二合 七五九　娑嚩二合、引賀引 七六〇

kaṭaputanebhyaḥ svāhā

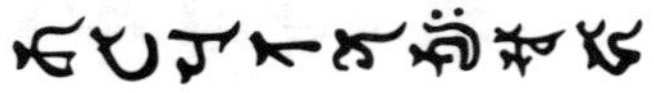

步引帝毗藥二合 七六一　娑嚩二合、引賀引 七六二

bhūtebhyaḥ svāhā

禁俱唵反畔妳毗藥二合 七六三　娑嚩二合、引賀引 七六四

kumbhaṇḍebhyaḥ svāhā

阿上鉢娑麼二合、引嚟毗藥二合 七六五　娑嚩二合、引賀引 七六六

apasmārebhyaḥ svāhā

塢娑跢二合、引囉計毗藥二合 七六七　娑嚩二合、引賀引 七六八

ustārakebhyaḥ svāhā

阿蘇嚟毗藥二合 七六九　娑嚩二合、引賀引 七七〇

asurebhyaḥ svāhā

麼嚕帝毗藥二合 七七一　娑嚩二合、引賀引 七七二

marutebhyaḥ svāhā

𑖦𑖨𑖲𑖝𑖸𑖥𑖿𑖧𑖾 𑖭𑖿𑖪𑖯𑖮𑖯

嚩日囉二合播抳播抳毗藥二合 七七三　娑嚩二合、引賀引 七七四

vajrapaṇi paṇibhyaḥ svāhā

𑖪𑖕𑖿𑖨𑖢𑖜𑖰 𑖢𑖜𑖰𑖥𑖿𑖧𑖾 𑖭𑖿𑖪𑖯𑖮𑖯

麼哩左曳七七五　娑嚩二合、引賀引 七七六

maricaye svāhā

𑖦𑖨𑖰𑖓𑖧𑖸 𑖭𑖿𑖪𑖯𑖮𑖯

巘引馱哩引曳七七七　娑嚩二合、引賀引 七七八

gāndharīye svāhā

𑖐𑖯𑖽𑖠𑖨𑖱𑖧𑖸 𑖭𑖿𑖪𑖯𑖮𑖯

悉馱引野七七九　娑嚩二合、引賀引 七八〇

siddhāya svāhā

𑖭𑖰𑖟𑖿𑖠𑖯𑖧𑖭𑖿𑖪𑖯𑖮𑖯

尾冈無肯反迦哩引曳七八一　娑嚩二合、引賀引　七八二

vivaṅkarīye svāhā

𑖪𑖰𑖪𑖽𑖎𑖨𑖱𑖧𑖸𑖭𑖿𑖪𑖯𑖮𑖯

扇引底曳七八三　娑嚩二合、引賀引　七八四

śāntiye svāhā

𑖫𑖯𑖡𑖿𑖝𑖰𑖧𑖸𑖭𑖿𑖪𑖯𑖮𑖯

塢麼引野七八五　娑嚩二合、引賀引　七八六

umāya svāhā

𑖄𑖦𑖯𑖧𑖭𑖿𑖪𑖯𑖮𑖯

室哩二合夜引曳七八七　娑嚩二合、引賀引　七八八

śriyāye svāhā

𑖓𑖎𑖿𑖨𑖯𑖧𑖭𑖿𑖪𑖯𑖮𑖯

餉企顊引曳七八九 娑嚩二合、引賀引七九〇

śaṅkhinīye svāhā

𑖫𑖽𑖏𑖰𑖡𑖱𑖧𑖸𑖭𑖿𑖪𑖯𑖮𑖯

塢遍捺囉二合、引野七九一 娑嚩二合、引賀引七九二

upendrāya svāhā

𑖄𑖢𑖸𑖡𑖿𑖟𑖿𑖨𑖯𑖧𑖭𑖿𑖪𑖯𑖮𑖯

焰麼引野七九三 娑嚩二合、引賀引七九四

yamāya svāhā

𑖧𑖦𑖯𑖧𑖭𑖿𑖪𑖯𑖮𑖯

藥乞乂二合、引地鉢多曳七九五 娑嚩二合、引賀引七九六

yakṣādhipataye svāhā

𑖧𑖎𑖿𑖬𑖯𑖠𑖰𑖢𑖝𑖧𑖸𑖭𑖿𑖪𑖯𑖮𑖯

巘達嚩引地鉢多曳七九七　娑嚩二合、引賀引七九八

gandharvādhipataye svāhā

曩引誐引地鉢多曳七九九　娑嚩二合、引賀引八〇〇

nāgādhipataye svāhā

麼努史野二合、引地鉢多曳八〇一　娑嚩二合、引賀引八〇二

manuṣyādhipataye svāhā

捨嚩嚓毗藥二合八〇三　娑嚩二合、引賀引八〇四

śavarebhyaḥ svāhā

半左黎毗藥二合八〇五　娑嚩二合、引賀引八〇六

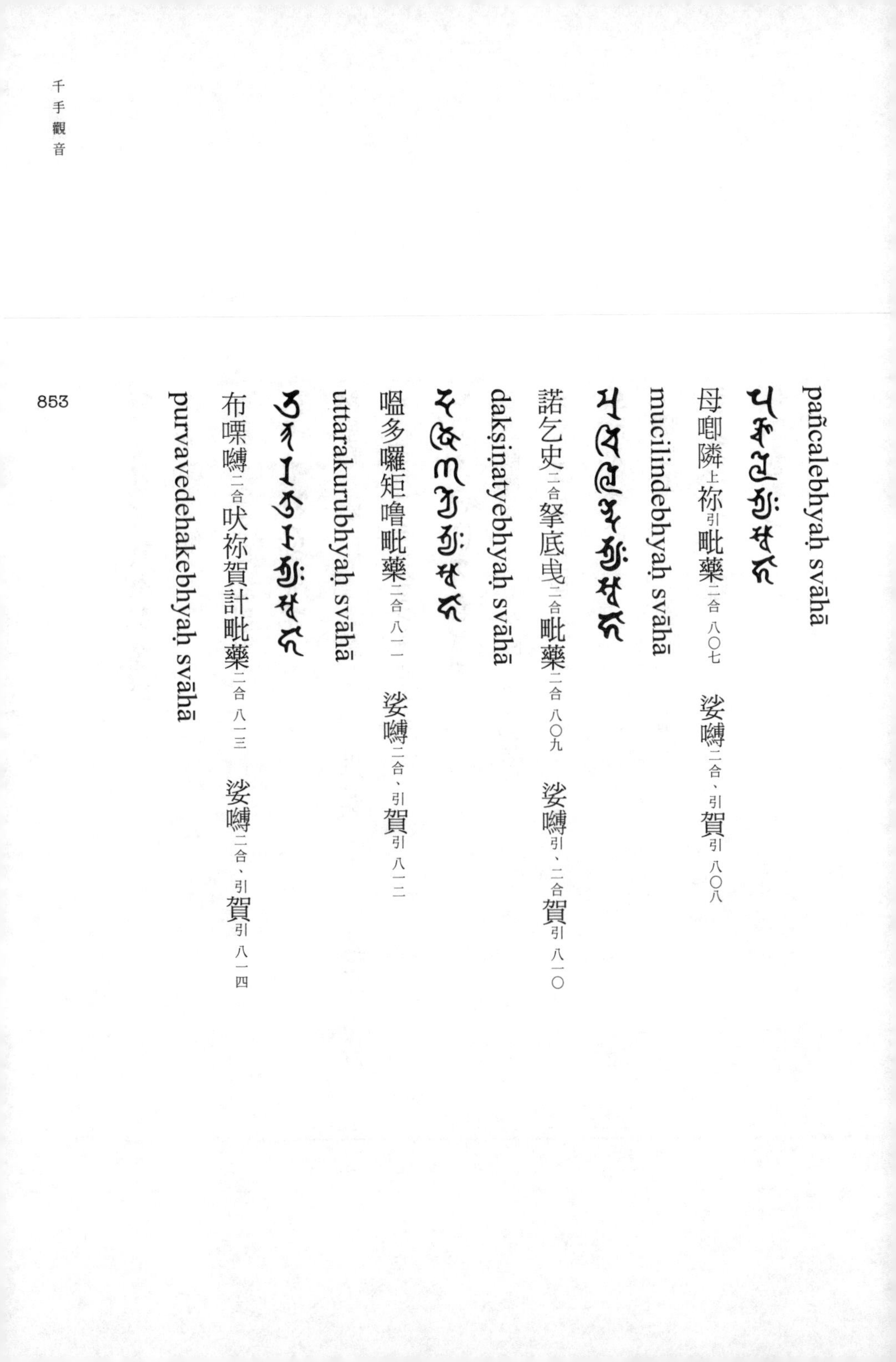

pañcalebhyaḥ svāhā

母唧隣上祢引毗藥二合 八〇七　娑嚩二合、引賀引 八〇八

mucilindebhyaḥ svāhā

諾乞史二合拏底曳二合毗藥二合 八〇九　娑嚩引、二合賀引 八一〇

dakṣiṇatyebhyaḥ svāhā

嗢多囉矩嚕毗藥二合 八一一　娑嚩二合、引賀引 八一二

uttarakurubhyaḥ svāhā

布嘌嚩二合吠祢賀計毗藥二合 八一三　娑嚩二合、引賀引 八一四

purvavedehakebhyaḥ svāhā

遇引娜顊引曳毗藥二合八一五　娑嚩二合、引賀引八一六

godanīyebhyaḥ svāhā

鉢室喞二合麼捏你吉反悉體同上、二合帝毗藥二合八一七　娑嚩二合、引賀引八一八

paścima nisthitebhyaḥ svāhā

護妳毗藥二合八一九　娑嚩二合、引賀引八二〇

huṇebhyaḥ svāhā

佉曬毗藥二合八二一　娑嚩二合、引賀引八二二

khaṣebhyaḥ svāhā

娜囉祢去、引毗藥二合 八二三　娑嚩二合、引賀引 八二四

daradebhyaḥ svāhā

𑖟𑖨𑖟𑖸𑖥𑖿𑖧𑖾𑖭𑖿𑖪𑖯𑖮𑖯

薩嘌吠二合毗藥二合 八二五　娑嚩二合、引賀引 八二六

sarvebhyaḥ svāhā

𑖭𑖨𑖿𑖪𑖸𑖥𑖿𑖧𑖾𑖭𑖿𑖪𑖯𑖮𑖯

嚩引野吠毗藥二合 八二七　娑嚩二合、引賀引 八二八

vāyavebhyaḥ svāhā

𑖪𑖯𑖧𑖪𑖸𑖥𑖿𑖧𑖾𑖭𑖿𑖪𑖯𑖮𑖯

作訖囉二合嚩引穌毗藥二合 八二九　娑嚩二合、引賀引 八三〇

cakravāṭebhyaḥ svāhā

𑖓𑖎𑖿𑖨𑖪𑖯𑖘𑖸𑖥𑖿𑖧𑖾𑖭𑖿𑖪𑖯𑖮𑖯

摩賀引作訖囉二合嚩引穌毗藥二合 八三一　娑嚩二合、引賀引 八三二

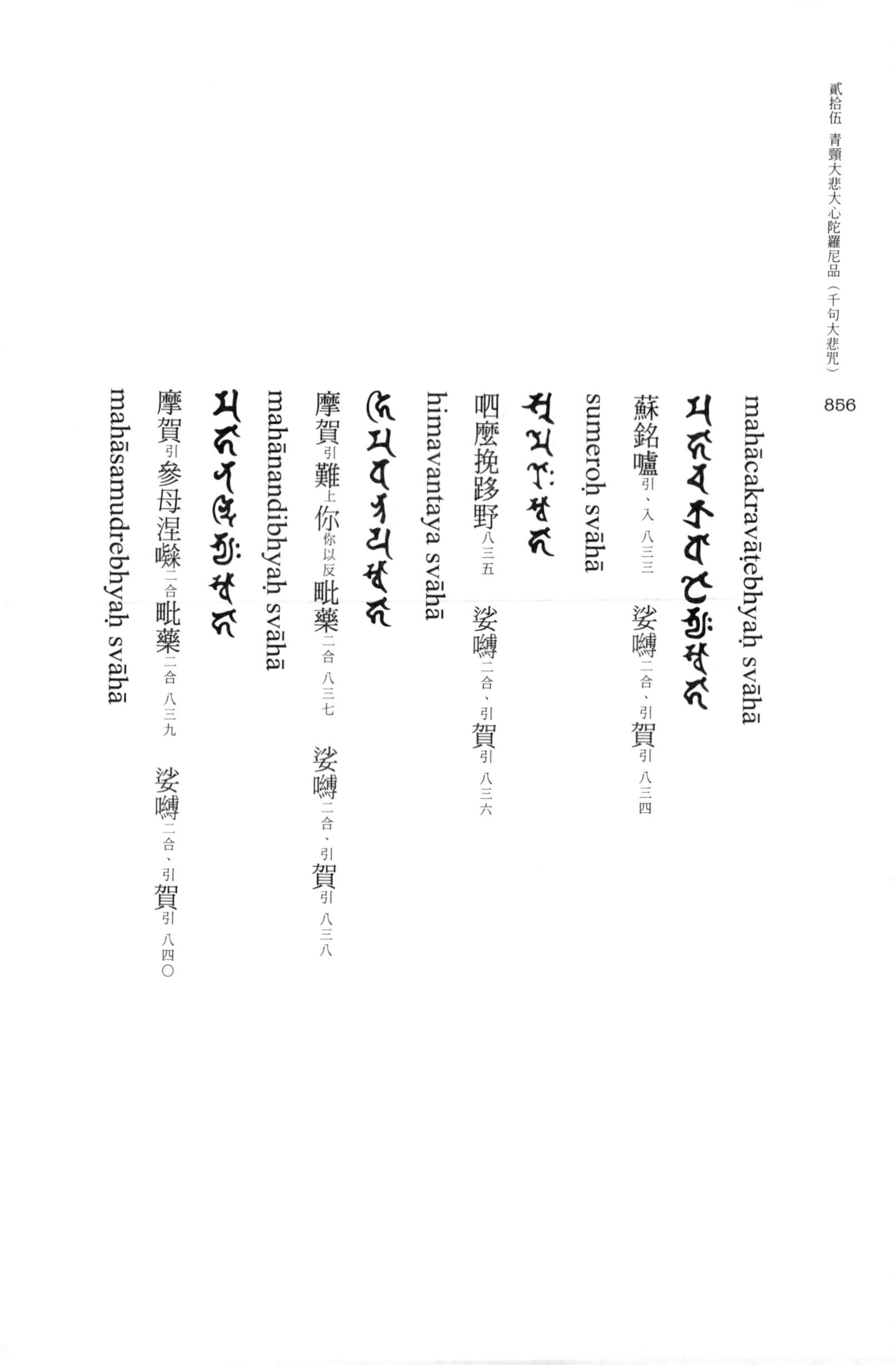

mahācakravāṭebhyaḥ svāhā

蘇銘嚧引、入八三三　娑嚩二合、引賀引八三四

sumeroḥ svāhā

呬麼挽跢野八三五　娑嚩二合、引賀引八三六

himavantaya svāhā

摩賀引難上你你以反毗藥二合八三七　娑嚩二合、引賀引八三八

mahānandibhyaḥ svāhā

摩賀引參母涅㗗二合毗藥二合八三九　娑嚩二合、引賀引八四〇

mahāsamudrebhyaḥ svāhā

際底曳二合毗藥二合 八四一　娑嚩二合、引賀引 八四二

cetyebhyaḥ svāhā

嚩曩娑麼二合底毗藥二合 八四三　娑嚩二合、引賀引 八四四

vanasmatibhyaḥ svāhā

仡嘌二合係毗藥二合 八四五　娑嚩二合、引賀引 八四六

gṛhebhyaḥ svāhā

濕麼二合舍引寧毗藥二合 八四七　娑嚩二合、引賀引 八四八

śmaśānebhyaḥ svāhā

沒囉二合憾麼二合妳引毗藥二合 八四九　娑嚩二合、引賀引 八五〇

brahmaṇebhyaḥ svāhā

𑖤𑖿𑖨𑖮𑖿𑖦𑖜𑖸𑖥𑖿𑖧𑖾 𑖭𑖿𑖪𑖯𑖮𑖯

乙嘌二合史毗藥二合 八五一　娑嚩二合、引賀引 八五二

ṛṣibhyaḥ svāhā

𑖨𑖴𑖬𑖰𑖥𑖿𑖧𑖾 𑖭𑖿𑖪𑖯𑖮𑖯

唵引 八五三　娑嚩二合、引賀引 八五四

oṃ svāhā

𑖌𑖼 𑖭𑖿𑖪𑖯𑖮𑖯

步引 八五五　娑嚩二合、引賀引 八五六

bhū svāhā

𑖥𑖳 𑖭𑖿𑖪𑖯𑖮𑖯

步嚩 八五七　娑嚩二合、引賀引 八五八

bhuva svāhā

𑖥𑖲𑖪 𑖭𑖿𑖪𑖯𑖮𑖯

勃嘌步二合嚩引野八五九　娑嚩二合、引賀引八六〇

bhurbhuvāya svāhā

𑖥𑖲𑖨𑖿𑖥𑖲𑖪𑖯𑖧 𑖭𑖿𑖪𑖯𑖮𑖯

溺屈蒭二合八六一　娑嚩二合、引賀引八六二

dikṣu svāhā

𑖟𑖰𑖎𑖿𑖬𑖲 𑖭𑖿𑖪𑖯𑖮𑖯

鉢囉二合、引祢去毗藥二合八六三　娑嚩二合、引賀引八六四

prādebhyaḥ svāhā

𑖢𑖿𑖨𑖯𑖟𑖸𑖥𑖿𑖧𑖾 𑖭𑖿𑖪𑖯𑖮𑖯

沒嘌二合藝毗藥二合八六五　娑嚩二合、引賀引八六六

mṛgebhyaḥ svāhā

𑖦𑖴𑖐𑖸𑖥𑖿𑖧𑖾 𑖭𑖿𑖪𑖯𑖮𑖯

博乞史二合毗藥二合 八六七　娑嚩二合、引賀引 八六八

pakṣibhyaḥ svāhā

𑖢𑖎𑖿𑖬𑖰𑖥𑖿𑖧𑖾 𑖭𑖿𑖪𑖯𑖮𑖯

麼努史曳二合毗藥二合 八六九　娑嚩二合、引賀引 八七〇

manuṣyebhyaḥ svāhā

𑖦𑖡𑖲𑖬𑖿𑖧𑖸𑖥𑖿𑖧𑖾 𑖭𑖿𑖪𑖯𑖮𑖯

悉底唎三合、引毗藥二合 八七一　娑嚩二合、引賀引 八七二

strībhyaḥ svāhā

𑖭𑖿𑖝𑖿𑖨𑖱𑖥𑖿𑖧𑖾 𑖭𑖿𑖪𑖯𑖮𑖯

娜引囉計毗藥二合 八七三　娑嚩二合、引賀引 八七四

dārakebhyaḥ svāhā

𑖟𑖯𑖨𑖎𑖸𑖥𑖿𑖧𑖾 𑖭𑖿𑖪𑖯𑖮𑖯

娜哩計毗藥二合 八七五　娑嚩二合、引賀引 八七六

darikebhyaḥ svāhā

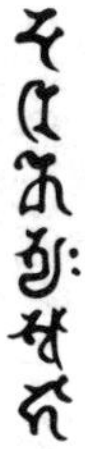

濕嚩二合毗藥二合 八七七　娑嚩二合、引賀引 八七八

śvabhyaḥ svāhā

能上勢毗藥二合 八七九　娑嚩二合、引賀引 八八〇

daṃśebhyaḥ svāhā

枳引[齒*來]毗藥二合 八八一　娑嚩二合、引賀引 八八二

kīṭebhyaḥ svāhā

麼捨計毗藥二合 八八三　娑嚩二合、引賀引 八八四

maśakebhyaḥ svāhā

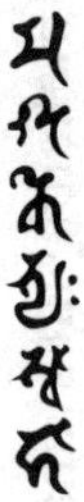

莫乞史二合毗藥二合八八五 娑嚩二合、引賀引八八六

makṣibhyaḥ svāhā

𑖦𑖎𑖿𑖬𑖰𑖥𑖿𑖧𑖾 𑖭𑖿𑖪𑖯𑖮𑖯

遇毗藥二合八八七 娑嚩二合、引賀引八八八

gobhyaḥ svāhā

𑖐𑖺𑖥𑖿𑖧𑖾 𑖭𑖿𑖪𑖯𑖮𑖯

跛戍毗藥二合八八九 娑嚩二合、引賀引八九〇

paśubhyaḥ svāhā

𑖢𑖫𑖲𑖥𑖿𑖧𑖾 𑖭𑖿𑖪𑖯𑖮𑖯

澡去嚟毗藥二合八九一 娑嚩二合、引賀引八九二

caurebhyaḥ svāhā

𑖓𑖻𑖨𑖸𑖥𑖿𑖧𑖾 𑖭𑖿𑖪𑖯𑖮𑖯

賛拏引黎引毗藥二合八九三 娑嚩二合、引賀引八九四

caṇḍālebhyaḥ svāhā

[illegible]𑖥𑖿𑖧𑖾 𑖭𑖿𑖪𑖯𑖮𑖯

訥瑟鯠二合毗藥二合八九五　娑嚩二合、引賀引八九六

duṣṭebhyaḥ svāhā

𑖟𑖲𑖬𑖿𑖘𑖸𑖥𑖿𑖧𑖾 𑖭𑖿𑖪𑖯𑖮𑖯

溺瑟訖嘌三合閉毗藥二合八九七　娑嚩二合、引賀引八九八

niṣkṛpebhyaḥ svāhā

𑖡𑖰𑖬𑖿𑖎𑖴𑖢𑖸𑖥𑖿𑖧𑖾 𑖭𑖿𑖪𑖯𑖮𑖯

薩嚩薩怛吠二合毗藥二合八九九　娑嚩二合、引賀引九〇〇

sarva satvebhyaḥ svāhā

𑖭𑖨𑖿𑖪 𑖭𑖝𑖿𑖪𑖸𑖥𑖿𑖧𑖾 𑖭𑖿𑖪𑖯𑖮𑖯

曩謨婆去誐嚩帝九〇一

namo bhagavate

𑖡𑖦𑖺 𑖥𑖐𑖪𑖝𑖸

路迦尾路枳跢引野怛他引蘖跢引野九〇二

loka vilokitāya tathāgatāya

𑖩𑖺𑖎𑖪𑖰𑖩𑖺𑖎𑖰𑖝𑖯𑖧𑖝𑖞𑖯𑖐𑖝𑖯𑖧

曩莫薩嚩婆去野鉢囉二合捨麼曩迦囉引野九〇三

namaḥ sarva bhaya praśamanakarāya

𑖡𑖦𑖾𑖭𑖨𑖿𑖪𑖥𑖧𑖢𑖿𑖨𑖫𑖦𑖡𑖎𑖨𑖯𑖧

曩麼迦引嚕抳迦引野九〇四

nama kāruṇikāya

𑖡𑖦𑖎𑖯𑖨𑖲𑖜𑖰𑖎𑖯𑖧

曩莫底哩二合穆佉引野九〇五

nama strīmukhāya

𑖡𑖦𑖭𑖿𑖝𑖿𑖨𑖱𑖦𑖲𑖏𑖯𑖧

曩莫底哩二合曩演曩引野九〇六

nama strīnayanāya

曩謨嚩囉引賀穆佉引野九〇七

namo varāhamukhāya

曩謨曩囉僧星孕反賀嚕引跛引野九〇八

namo narasiṃharūpāya

曩謨顊引攞引野九〇九　顊引攞建姹引野九一〇

namo nīlāya nīlakaṇṭhāya

曩莫摻咄步惹引野九一一　曩謨尾濕嚩二合嚕引跛引野九一二

namaḥ caturbhujāya namo viśvarūpāya

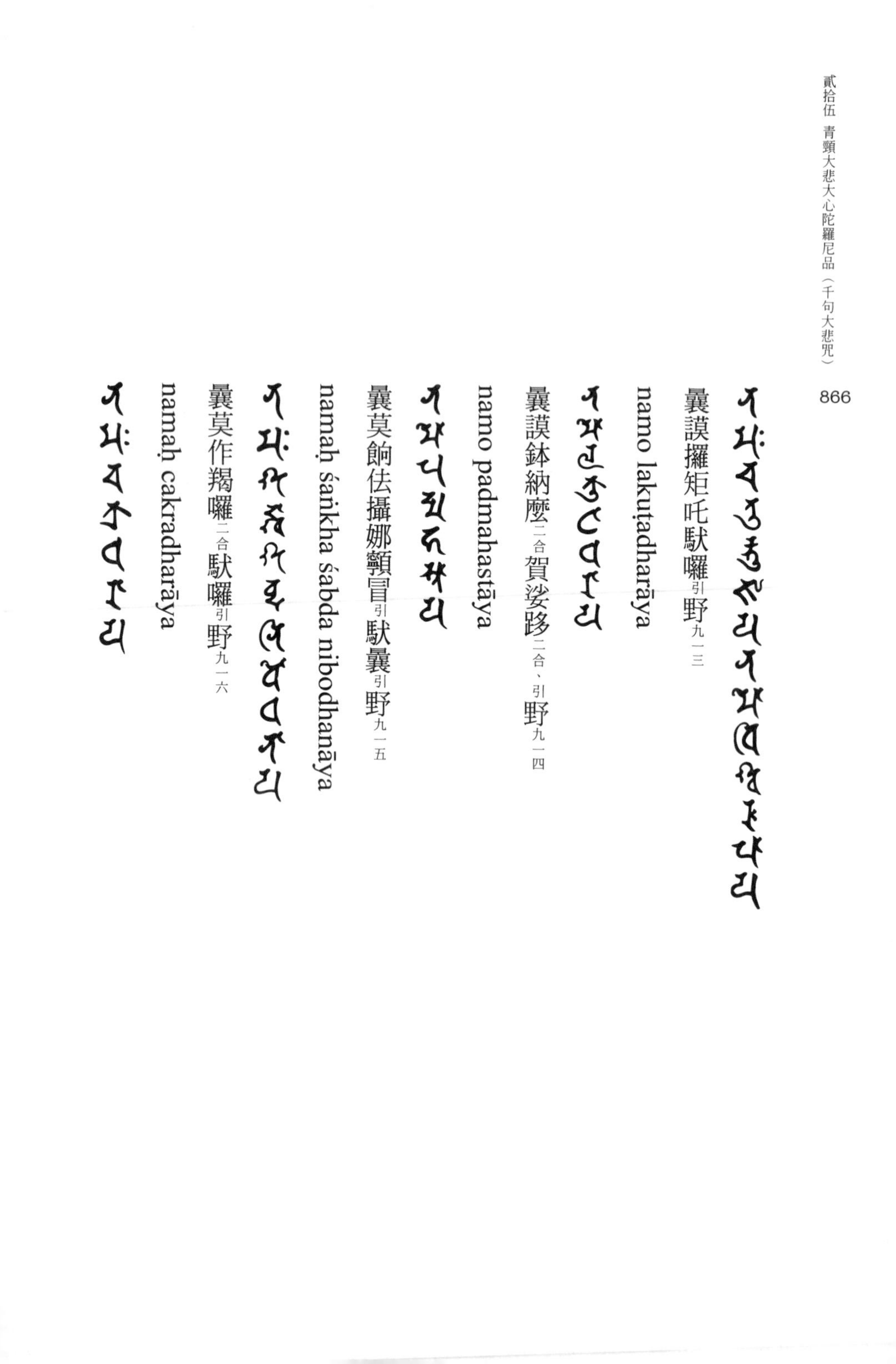

曩謨攞矩吒馱囉引野九一三

namo lakuṭadharāya

曩謨鉢納麼二合賀娑跢二合、引野九一四

namo padmahastāya

曩莫餉佉攝娜顊冒引馱曩引野九一五

namaḥ śaṅkha śabda nibodhanāya

曩莫作羯囉二合馱囉引野九一六

namaḥ cakradharāya

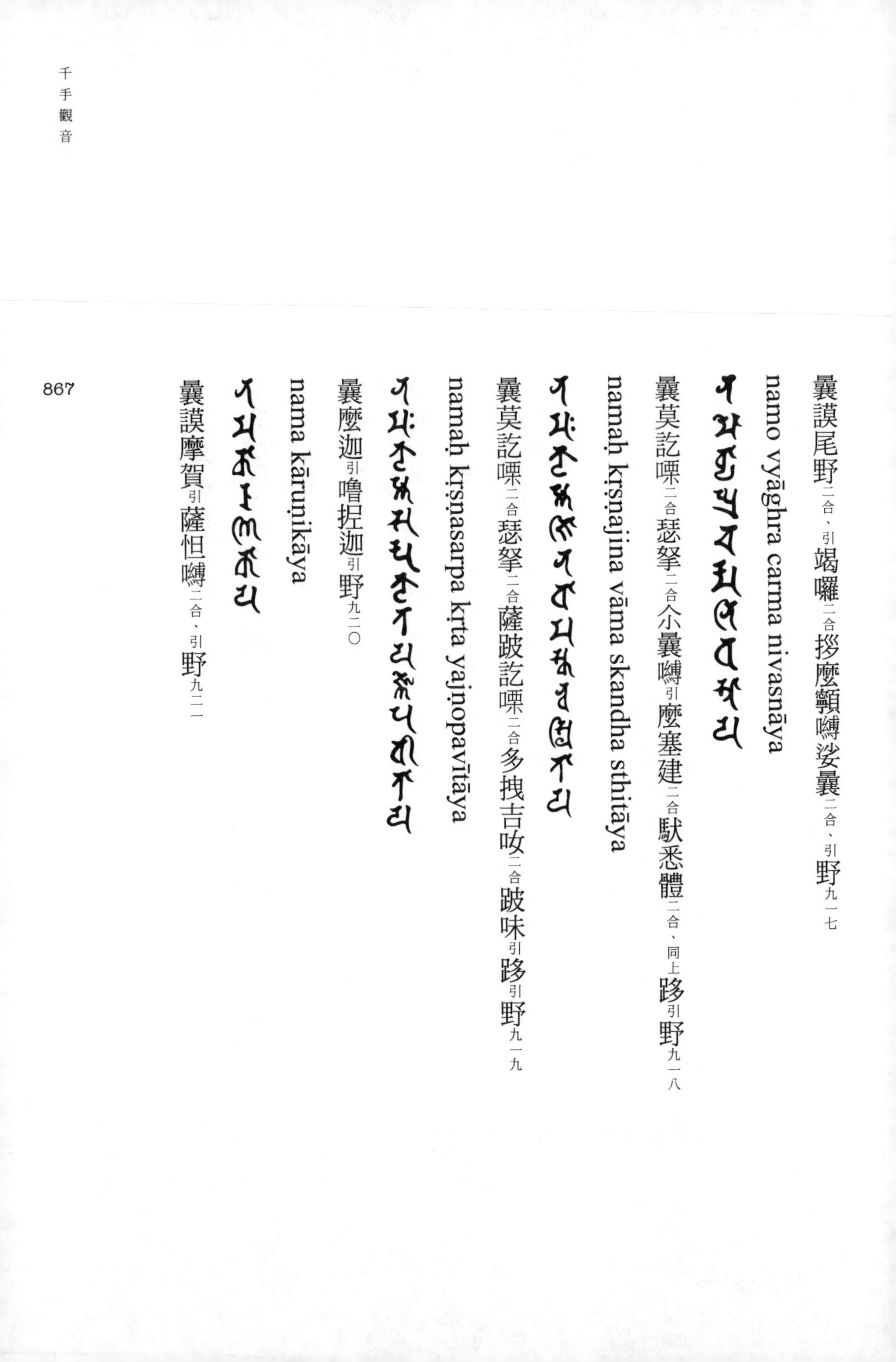

曩謨尾野二合、引竭囉二合拶麼顊嚩娑曩二合、引野九一七

namo vyāghra carma nivasnāya

曩莫訖嘌二合瑟拏二合尒曩嚩引麼塞建二合馱悉體二合、同上跢引野九一八

namaḥ kṛṣṇajina vāma skandha sthitāya

曩莫訖嘌二合瑟拏二合薩跛訖嘌二合多拽吉攺二合跛味引跢引野九一九

namaḥ kṛṣṇasarpa kṛta yajṇopavītāya

曩麼迦引嚕抳迦引野九二〇

nama kāruṇikāya

曩謨摩賀引薩怛嚩二合、引野九二一

namo mahāsatvāya

𑖡𑖦𑖺𑖦𑖮𑖯𑖭𑖝𑖿𑖪𑖯𑖧

曩謨嚩路枳帝濕嚩二合囉引野九二二

namo valokiteśvarāya

𑖡𑖦𑖺𑖪𑖩𑖺𑖎𑖰𑖝𑖸𑖫𑖿𑖪𑖨𑖯𑖧

悉殿覩滿怛囉二合跛娜九二三　娑嚩二合、引賀引九二四

siddhyantu mantrapada svāhā

𑖭𑖰𑖟𑖿𑖠𑖿𑖧𑖡𑖿𑖝𑖲𑖦𑖡𑖿𑖝𑖿𑖨𑖢𑖟𑖭𑖿𑖪𑖯𑖮𑖯

貳拾陸　大悲心陀羅尼義品

一

如是甚深的安住持蓮花三摩地
從法界體性中現起大悲大心
那具足至聖的觀世音自在菩薩
在法界中現起了如實的妙音淨語：
一心皈命三寶
敬禮　最勝利的聖觀自在菩薩摩訶薩
那具足一切大悲心者
敬禮　超越一切生死大海的大勝利者
敬禮　悲心具足滿溢濟度一切有情的大士
敬禮　現證解脫一切苦厄者
敬禮　斷除一切纏縛的自在者

敬禮　具足三目佛智者
敬禮　手持三叉檝的大降伏者
敬禮　清淨的蓮華手
敬禮　令法界覺起的法螺手
敬禮　執持一切法藏的持法杖手
敬禮　有如珍貴青孔雀頸的大自在者
敬禮　為降伏愚痴守護眾生而示現如野豬相的持豬面者
敬禮　具足威德如獅子吼般說法無畏的持獅形者
敬禮　具足原人體性而示現的人種神相
敬禮　具足無上大力而示現的勇健力士那羅延王身
如是敬禮　諸佛究竟大悲心所示現的聖者觀自在菩薩

圓具一切諸佛勝智導引、加持、
降伏法界眾生所示現無邊的妙相
於是從法界畢竟空的體性中　演說了如實的真言勝咒

從無生的畢竟空中、究竟的大悲心發出了不可思議的清淨梵音
以實相中脈在法界鉅雷中以無上的妙音共鳴
粉碎了一切業障魔擾
如是一切眾生在同體大悲中全佛無二

那妙音啊！
發出　唎哩　唎哩　迦理理　的無量妙音滿佈法界
弭理　弭理　弭弭理　的體性妙音
在一切眾生的心脈中如實的共震
粉碎了過去、現在、未來三世的所有業障
具足吉祥的蓮華、清淨的妙蓮體性啊！
同音同唱　在一切有情的心中與中脈同吟
唧哩　唧哩　唧弭理　如是大悲的光明旋唱著法界
能超越一切　能超越一切啊！
遏砌　捺砌　囊砌

從一切的執愛中得以自在解脫

如是的清淨、吉祥、無垢
阿契　嘀契　那如實的心音現成
現起如日、如月的莊嚴圓滿妙相
除去了一切眷屬的執著染思
歡喜啊！　歡喜　從大慈心性中為眾生發起勝悅
枳理　枳理　枳枳理
安忍一切！安忍一切！
為度一切眾生　具足安忍！
降伏恐懼！　無有恐怖！
自在解脫！自在的超勝解脫
娑皤　娑皤　尾皤

二

清淨啊！　清淨！　勝利的清淨！
消除！更深密的淨除　超淨一切的煩惱結縛！
具足妙花！具足微妙的淨花！
具足勝寶！具足聖寶！
如日！如月般圓滿的面容
⿰寧頁理　⿰寧頁理　⿰寧頁⿰寧頁理
至心！至細！至微淨！

從現空中如實現起最細心風！
梵唱出明空不二的真言妙音
迦囉　迦囉　光明、光明、現空明光如實增長
枳理　枳理　底哩　底哩　底底哩
矩嚕　矩嚕　矩嚕

上勝！勝生！明空如實勝生！
娑囉　娑囉　悉哩　悉哩
流向！流向！吉祥！最勝吉祥！
蘇嚕　蘇嚕
蓮花！光明的蓮花！觀自在心的陀羅尼！

破除一切障礙！破一切業障現空！
盡燃一切！燒一切燼！法界現空！
焚煮！焚煮！一切如是清淨圓滿
囉囉　囉囉　賜予一切悉地
囉攷　囉攷　伽攷　伽攷
法界中的鈴、鼓妙音演出了大空法性
鸝攷　鸝攷
那妙韻法音在有情心脈中如實的現起
再次流散出一切山河深谷

如實的流入法界大海
麼左黎　唧理顭

加持吾身如鷹飛空無際
行持！更殊勝的行動！
靜息平和那擾動諍辭所生起的苦惱
嘔契　沒契
如是超越一切的障礙
唧哩　唧哩　唧唧哩
至寂柔善的心意　如實的生起了
超越了一切思惟分別
努嚕　努嚕

具花環莊嚴者！足圓滿花環具力的降伏者
努嚕　努嚕　努努嚕

超越一切思議分別
企哩　企哩　企哩黎
讚誦吧！讚誦吧！從清淨的體性中讚誦……
憶念！　憶念！
那法界的妙慧降伏大痴所示現的具力豬面
從大悲體性所流出的大空忿怒獅面尊
令一切繫縛皆如實的解脫

那臂釧莊嚴、那具足臂釧、那具足腰衣莊嚴聖者！
令法界一切眾生圓滿成熟
解脫啊！解脫！　消除！除盡一切眾生煩惱業障
俱嚕　俱嚕　俱嚕　俱嚕　俱嚕
靜聽啊！　淨聽！
俱嚕　俱嚕　俱嚕　俱嚕　俱嚕
迅疾！迅疾！更迅疾的滅離一切眾障

賀顊　弭顊　嗡係呬

三

如實的解脫
流向吉祥光明！　流向最勝的吉祥光明
除滅！完全除滅！　令一切除滅業障煩惱！
那讚誦啊！讚誦最上的勝生圓滿具足
迅疾！迅疾！　用淨光焚盡眾障
讚嘆啊！讚嘆！
賀賀　呬呬　護護　係係
如是我！　如是我！
願我具足智慧　祈願加持我殊勝的智慧
麼帝　麼底帝　顊理鉢底
從心性之王出生圓滿勝智

那具足臂釧莊嚴的大悲青色勝主　請賜下如實的加持
枳致顊　弭哩　弭哩　弭弭哩　底哩　尾哩　尾底哩
心無罣礙　悟入究竟的清淨
護祖　賀醋醋
如實的召請供養
淨流一切垢！淨流一切的染垢！
佉佉　企企　齵齵　轙藝　怚藝
震動一切法界
擾動所有的塵垢　如實的淨化
讓一切垢穢除淨、除淨！
弭黎　多囉　底哩
聖救度者已圓滿如是的救度
如是生起、如是具足　那無比的廣大勇猛

具足臂釧與腰飾的大悲者
清淨的躍出　法界體性的廣大救度之舞
祖虜　祖虜　那清淨的妙舞
矩黎　矩矩黎　味噝　味噝
具足無比勇猛的大悲自在
伊噝　弭弭噝
持財寶者！持法界殊勝的財寶伏藏者！

企理　齲嚕
發出不變體性的妙音
救度尊！　聖救度尊！
嚩多囉儜　如廣大淨風的救度眾生
如捺囉尾旋　般精煉一切的智慧
呬哩　呬哩　祈請、傳呼、召請殊勝的冰竭羅伏藏
禁縛　綁縛起一切的障礙

消除一切的業障　獲得究竟的勝寶
祖計梟　努左龢
用自性的清淨　傳呼究竟的真言咒音
跓嚕　跓嚕　跓嚕　跓嚕

四

讓自性的勇士降伏一切的恐畏怖懼
以勝利光明的劍　將一切的障礙碎成粉末
殊勝的妙音現起了
塢普嚕　普嚕　普普嚕
踊動！踊動！　大踊動！
左黎　左理寧　麼麼黎
由清淨自我的體性現起妙音
伊攞　麼以黎

具青蓮花者　具無盡寶財、無盡聖財的吉祥者

供養！大供養！　廣大供養！

護𠾖　護護𠾖

勝利　無礙的究竟勝利

夜𡁠黎　麼寧　麼顊𠾖

清淨的自性大悲者

祖黎　祖祖黎　祖嚕　祖嚕

母嚕　蘇嚕　祖嚕

光明生起了　由自性如實的覺知吉祥

伊哩　弭枲哩

憶念！最深的憶念！

世尊！

具足無比大力勇健的那羅延天

醯嚕　醯嚕　醯醯嚕
那自性中發出的鉅偉勝吼
示現無比的吉祥聖財
祖嚕　祖嚕　蘇嚕　蘇嚕
光明的智慧現起了　願求最殊勝的智慧
醯虜　祖虜　塢醯虜
深願！深願！　究竟的心願！
跛囉　跛囉　娑囉　娑囉
流向無上的勝境

呼請！呼請！　願一切行滿　一切行圓
發起當下迅疾覺知現空
步步嚕　左左　唧唧　祖祖
如是變化為力士、勝力士、勇健大力士的面容
賀攞　呬理　護虜

賀賀　呬呬　護護
多黎　多黎　多嚩黎
那自性勇猛的音聲現起

善持！善持！　大善持！
濟度！濟度！　廣大濟度一切眾有情遠離熱惱
矩黎　矩黎　矩矩黎
大龍！　宛若大龍！
怛吒　怛吒　底致　底致　靚跓　靚跓
淨明　淨明　廣大淨明
淨水　宛若淨水
黵銘　黵銘　黵黵銘
擾動、震盪　觀照如是堅固、如實堅固
那廣大堅固的實相自心

祖嚧　矩嚧　蘇嚧
迅疾、迅疾流轉
迦𡀔　矩矩𡀔　鍋矩𡀔
具足大勇猛救度清淨一切眾生
左攞　左攞　唧理　唧理　祖嚧　祖嚧

五

如是！如是！　具足青頸淨相的大悲世尊
普願！普願！　法界淨聖
尾哩　尾哩　舞嚕　舞嚕
至聖的世尊
具大痴豬面的大悲聖者
迦攞　迦攞　枳理　枳理　矩嚧　矩嚧
那摧滅一切的行動　超越一切的淨行

迦囉　迦囉　枳哩　枳哩　矩嚕　矩嚕
如是安住慈悲的大威猛獅面尊
廣大救濟　廣大救度

以無比堅定的大心　達於究竟
具足了威光妙德
以賢善之面　以賢善面目示現
窮盡一切障礙
惹細　惹臬嗾　黨藝　多哵藝
如無盡的波浪衍伸吉祥具力
召喚廣大成就的勇力　具足殊勝的成就
惹黎　惹理寧
宛若淨水　如日如月般的明光
廣為一切眾生普作饒益
迦黎　迦理寧

如是的修行　廣大善修
伊致　蜜致　枳致

安止在清淨的自心
具足明淨的智慧與無比大力
圓具廣大迅疾之輪　如實的密咒之輪
召請！再召請！
普願！普願！　具足賢善光明的淨聖
發出宛若梵天、大梵天王的宏遠音聲
圓滿具足迅疾　大迅疾

以清淨輪寶　以廣如輪寶的清淨面容
如同靛青的最勝多羅尊般噉食一切惡鬼
如是一向擾亂寂靜平和柔善的心意者
弭黎　弭黎　弭理寧

善具所有修行的覺支
如是圓滿具足的善作、善修、善成
繫縛騎乘諸龍
以善妙咒語勝言祈福
加持淨白人龍王圓滿成就
矩⿰齒來　矩⿰齒來
調伏！大調伏！　具足寂淨調柔心意
用金瓔珞、臂釧、腰飾具足莊嚴
印涅　印娜　迦始⿰口桼
護黎　護虜寧　娑麼攞寧

六

如是行動　如是行動
如鳥飛空無礙

如明月　如明月光明
無有怖畏　遠離一切煩惱
願求具足修習　擁有軍娜囉力
呬理　企理利
具足一切的勝財智慧
具足最上勝味圓滿

勝利的軍荼利明王
翳嚩　鬧嚩　際嚩　左矩嚩
圓滿成證菩薩道果
具足福德智慧的資糧
如是　我、如我、即是我、具足我、圓成自性
如是　以一切自性　實踐　實踐　具足如來種性
普嚩　普嚩　普普嚩
以無比的大願成就

用究竟勝妙的真言密咒成就如是的大利

能了悟自性　禮敬不可勝者
矩嚕　矩矩嚕
如是　如是　勝願普皆圓滿
月宿光耀弗沙如來
始始攞　素攞　始嚕
阿嚩妳　嫩努嚕　努嚩嚕

那殊勝的吉祥清淨
持　善持　勝持　無比持此勝願
光明　光耀　燦爛奪目的電光
塢跛底　齲跛底　塢嚕跛底　齲嚕跛底
勝主　實然之主　最勝之主　真實之主
真實！真實！　智慧！

如聖馬王觀自在金剛蹄的不壞智慧
勝慧！深慧！　甚深智慧！
能透脫一切　透脫一切的智慧

勇力！大勇力！　無比勇力！

摘計　吒迦儜
如是的臂釧　莊嚴的臂釧
那無比莊嚴的臂釧　如實的示現不可思議的妙飾
用最勝妙臂釧　行於殊勝至道
比黎　弭黎　契黎　企企黎
與願圓滿成就
麼護㗫　麼護儜
偉大的善願　至上的大願
得以圓滿

母母　黎黎　邏邏　理理理
歡喜自性妙音　法爾現起
印你哩　弭你哩　嶙你哩
那因陀力　那鉅大之力　那無比的大力
尾尾　嶙你哩
無量的因陀羅力
鐸計　穆計　母母計　醯吠

那從性空中現起　降伏一切魔軍的宏偉音聲
醯弭理　劑理　劑劑黎
從淨水中出生一切勝族
阿涅　齲娜地　迦黎　迦迦黎
如是　如是　菩提淨命如實的現生
泯努　泯努
清淨的自性之主

遠離一切造作纏縛
姹計　綻計　姹迦　際迦際

七

如實的安樂現起了
光明　虛空的光明　紅色的華鬘莊嚴
受持智慧　受持智慧光明
迦際　矩矩際
至微至上的勝利
矩囊穌　矩囊致
祖囊穌　祖攞囊穌
究竟微妙的光明音聲
賀哩　摘枳　嚩哩　摘枳
圓滿那令人深敬的勝境

用宛如妙香的摩尼寶　宣說神咒
那暗夜具力之母　那暗夜具力之母
那威怒的暗夜具力之母
具足勝利、大勝利的無能聖者
如同具力無礙的力士
如是祈願　一切無有能勝、無有怖畏
如孔雀尾般明麗　如勝美仕女髮鬘般莊嚴
噝沒　底哩計
如安居在淨流處的勝利曼迦之王
普願受那最勝妙無死甘露的光明遍照

最善美高貴的仕女　具足一切最究竟莊嚴的妙好
阿弭　馱弭額　祖酥　祖跓計
那莊嚴的腰飾　臂釧莊嚴

阿羯穌　尾羯穌
那不可思議的莊嚴妙飾
如是階及於最勝
最殊勝的樓閣、鋒頂
額吧　額吧　努護　努護
輸努　輸努　輸輸努

那壓製出蘇摩清淨不死天藥的甘露者
那調鍊出不死甘露者
那成就無死甘露的聖者
光明　光明如是遠照一切
那忿怒　從大悲現空中所示現的忿怒
嚕吧　阿嚕吧　嚕吧　嚕賀捏
出生　出生一切　成就圓滿　廣大成就圓滿
摩登伽　那如龍象般的淨女

伊致　弭致　瓔儗哩
安止於正知覺了　如劍般鋒利
顯現！顯現！　觀照如是正見淨明觀照

圓滿　圓滿一切勝願
多藝　多誐嵯　弭黎　唧黎　伊理　理黎
馱弭　馱弭　馱弭帝
超越一切的有情
祈願！　甚深　甚深　爾時修習一切甚深供養
矩矩　嚕捉
乳海　攪拌乳海　用寶瓶承裝成就無死的甘露
旋澓　旋澓　流散周遍圓淨

八

普遍　賢善　覺、勝覺妙悟
隨順通達無上的菩提之道
開啟！開啟！　全然開啟
周遍　相會周遍　廣大周遍
示現勝妙之容　示現圓滿容顏
左涅　際涅
斷盡！一切斷盡！　寂滅！一切寂滅
令一切寂滅　如是大悲本覺
呬哩　呬哩　弭呬哩

禮敬蓮花之足　禮敬蓮花之足
頂禮殊勝大悲蓮花足尊
護計　普計　普嵂計
顊弭嗓　顊囉弭囉
清淨勝音　法爾響遍

難你　難你　穆企
鶻際　沒際　祖卒際
如日　如月　勝進向前
如日天之頸　如日天的光明

如是淨流　如是淨流
漸次　漸次　入於覺悟之城　入於覺悟的宮殿
賀賀　呬呬　護護　呬黎　呬理黎
矩虜　矩虜
宛如大梵　宛如大梵般的淨女
護虜嚕　護嚕　護嚟

那遍一切的法性　超越了一切種性
示現那譚婆種性主　示現那婆羅門種性主
一切平等本然無二的示現

娑囉　娑哩嚧　味嚧　尾尾嚧
具足勇力　具足勇猛　一切通暢圓具
左囉　左囉　散左囉　散左囉
弭理　弭理
遍照光明的淨眼妙音
受持　受持吉祥
覩嚕　覩嚕
現起歡喜光明　如月的勝妙光明

蓮花　蓮花　如微妙淨花
救度　救度啊！　祈願　祈願啊！
淨除　淨除一切戲論
向一切眾生　向一切眾生　圓滿供養正法布施
齲虜　齲虜　補嚧　吒轥嚧
調調嚧

吒吒　吒吒
致致　致致　跓跓　跓跓
賀攞　賀攞　呬理　呬理　摻吒　摻吒
唧致　唧致　祖跓　祖跓

九

降伏大梵啊！　降伏大梵！
勝進帝釋啊！　勝進帝釋！
月主啊！　月主！
疾速！疾速！成就　降伏阿修羅　超證成就光明天女
禮敬　英勇、大勇賢善者
賀攞　賀攞　呬理　呬理　護虜　護虜
最上殊勝的無垢勇士
唧致　唧致　祖跓　地理　弭理

麼攞　孥䫂理
光明的瓔珞花鬘　成就最勝莊嚴

劈開　劈開怖畏　成就自在
流注　流注　吉祥的光明　勝利吉祥光明
示現光焰聚頂的忿怒、大悲怖畏的臉目
發出了光明的淨音
現前！現前！　如蘆葦、如蘆葦般的無邊生起
那靛青、靛蘊的不可思議妙相啊！
左曩穌　左曩穌
如風般的智慧　如實的智慧　願求殊勝的智慧
如是堅固　如是堅固的妙慧
祈願！祈願！　光明遍照　光明遍照
如是勇健　消除眾障　具足無比勇力

如是旃陀羅女　如是少女
如是的清淨供養　具足智慧　具足智慧
妙智啊！妙智　如是成就無難
正安住在菩提大道
消除一切六親眷屬的障礙思量

慚愧啊！　慚愧！
讓自心平和淨息　生起至善寂靜的意念
宣說　解脫　勝利的從愚痴中解脫
如是　往昔如蓮華般的淨面　妙麗的頸項　如實的示現
超彼黑夜神母　超彼暗夜神母
矩虜　矩虜

十

一切勝利具力降伏帝釋天王、月王、水天之王
具慧龍王、廣財龍王
勝利　勝利　超彼夜摩死王
提頭賴吒、毘沙門、毘留勒義、毘留博義四大天王
降彼夜摩檀荼死王
佛世尊　一切法主　諸法之王
守護於我　一切眾生悉得救護　普皆攝受
普願一切眾生悉得佑護　安住於正智思惟
地哩　地哩

遠離怖畏！遠離怖畏！　遠離一切怖畏
馱計　馱囉計　嚩計
受持淨水　受持密言淨水
矩嚕　矩嚕　蘇嚕　蘇嚕　母嚕　母嚕
現起清淨的明光　光明

增長！增長！ 上乘 最上乘的受持者
遠離一切世間的最上乘者
嚕 嚕 嚕

善持勇勝大願
迦理 迦理
具足殊勝卓絕的繁盛
磋 磋 鉢底
護際 際囉儜 跛囉妳 阿拏嶸
阿祖嚩嶸 阿祖拏嶸 囉嚩嶸
迦囉 迦囉 枳哩 枳哩 矩嚕 矩嚕

如實的實踐 如實的實踐
真實的行持 圓滿的行持
賀 賀 賀 賀 呬 呬 呬 呬

護　護　護　馱　馱　地　地

第　第　第　第

破除！破除一切的業障煩惱

破除！破除一切的步多惡鬼、鳩盤茶、藥叉、羅剎、餓鬼、畢舍遮、臭鬼、極臭鬼、癲癇鬼、疫癘、一日熱、二日熱、三日熱、四日熱疫病、瀉痢熱病、蛇疔瘡、連瘡、腹脹、頭痛、顏面痛、耳痛、心痛、手痛、腳痛、背痛、下腹痛、咽喉痛、痛性尿淋、下腹膀胱炎、便秘、鼻病、飢餓、氣喘、水腫、腹腫、性病、疥癬皰疹、小豆疹、胎漏、流產、痲瘋病、黃疾風病、敗血病、肺病等諸魔病症　悉皆平復

如是　世尊！　祈請破除　請破除一切雜病、骨症

如是　世尊！　祈請救護一切女性病苦
救護　救護於我及一切眾生

十一

世尊　大悲青頸觀自在　祈願勝除一切仇敵、怨害、怖難
辟除一切仇怨、冤家
除滅　祈請除滅一切王難、賊難、火難、水難
大悲世尊！　請加持於我止息安住一切生死輪迴怖難
大悲世尊！　祈請覺悟於我、憶念於我
世尊！　大慈悲青頸尊、豬面尊、人獅形尊
如是示現種種形像化身
如是調伏人眾

如同新月現起調伏勝戰之手

繫縛善作智慧之皮
以黑蛇自持供養淨繩
身著虎皮　左肩以黑山羊皮為莊嚴
安住廣大威猛力士身姿
訖囉娑　訖囉娑　娑囉　娑囉
悉哩　悉哩　蘇嚕　蘇嚕

光明吉祥！光明吉祥！
淨除所有眾生的一切惡念
佛陀如實誓語！
四大天王如實誓語！
帝釋天王如實誓語！
梵天王如實誓語！
毘紐天王如實誓語！
那羅延天王如實誓語！

暴風神王如實誓語！
諸仙人如實誓語！
諸龍如實誓語！
一切世間真實論說！
沙門論、梵天論如是真實論說！
如是誓語！

大悲世尊！　令我遠離一切身相傷害、惡夢、兇兆等
生起惡見　生起邪念　如是將受到惡的報應
棄捨一切汙穢的飲食　誤解戒法之過
如是安忍　除去妄想分別
大悲世尊！　觀照世間的如來！　善施於我
大悲世尊！　一心的祈願　示現具足精進福德威光的吉祥殊勝妙相
如是加持於我
賀攞　賀攞　呬理　呬理　護虜　護虜

觀照！　如實觀照！
枳理　枳理　矩虜　矩虜
部族　淨勝的部族
矩矩黎　矩麼　矩黎
淨除！　淨除妄想！　除滅妄念！
真實證悟光明的智慧
迦囉　迦囉　枳哩　枳哩　矩嚕　矩嚕

十二

生起光明　生起勝利的光明
降伏恐怖　降伏一切怖畏
左囉　左囉　唧哩　唧哩　祖嚕　祖嚕
實踐啊！　實踐！
慈悲的蓮華手！　智慧的導引者！

在如暗夜的世間中引導成就
如是世、出世間的一切成就
大梵天成就　毘紐天成就　大自在天成就
世界主成就　火天成就　水天成就
月天成就　日天成就　毘沙門天王成就
持國天王成就　增長天王成就　廣目天王成就
德義伽龍王成就　麼娑婆神王成就
昴宿成就　持明者成就　持明神女成就
帝釋天王成就　藥叉成就　羅剎成就
辟荔多鬼成就　畢舍遮成就　臭鬼成就
極臭鬼成就　步多鬼成就　鳩槃荼鬼成就
顛狂鬼成就　焚燒鬼成就
阿修羅成就　風天成就
金剛手成就　摩利支天成就

乾闥婆王成就　殊勝　殊勝　法性遍照　本覺遍圓

世出世間勝利成就　佛性遍照一切成就

一切成就圓滿

降伏摧壞成就　柔善成就

烏摩天后成就　吉祥天成就

珍珠母成就　近主龍王成就

燄摩天成就　藥叉主成就

眾香主成就　龍主成就

人主成就　死屍眾成就

般遮羅眾成就　目支鄰陀龍王成就

南贍部州成就　北俱盧州成就

東勝神州成就　西牛賀州成就

最終究竟圓滿成就

護那族成就　佉索族成就

哪囉達族成就　一切種族成就

風神成就　鐵圍山成就

大鐵圍山成就　妙高山成就

雪山者成就　大歡喜成就

大海成就　塔廟成就

叢林成就　家宅成就

尸陀林成就　梵天女成就

仙人成就

嗡　成就　地成就

地界成就　廣大地界成就

清淨身成就　普施成就

獸成就　飛鳥成就

丈夫成就　婇女成就

童男成就　童女成就

蚯蠔成就　昆蟲成就
蛟蟲成就　蠅成就
牛成就　羊成就
太陽神成就　旃陀羅賤種成就
惡種成就　救贖成就
一切眾生成就

敬禮　世尊！　觀照世間如來
敬禮　除滅一切怖難
敬禮　大慈悲心
敬禮　三面尊
敬禮　三眼尊
敬禮　豬面尊
敬禮　示現人獅尊
敬禮　青頸尊

敬禮　四臂尊

敬禮　一切形體尊

敬禮　持法杖尊

敬禮　蓮華手尊

敬禮　令眾生覺醒的法輪聲

敬禮　持輪者

敬禮　著虎皮尊

敬禮　左肩安披黑山羊皮尊

敬禮　持黑蛇為供養祭蠅尊

敬禮　大慈悲尊

敬禮　摩訶薩埵

敬禮　大悲觀自在菩薩　令一切真言句成就圓滿

一切圓滿！　娑婆訶！

皈命　三寶

禮敬　聖觀自在菩薩
那偉大的菩薩　具大悲心的至尊
如是救護眾生一切的怖畏苦痛
如是　最究竟的皈命禮敬圓成
如是勇猛的青頸聖觀自在菩薩
以最殊勝的恭敬心
以最深敬的誓願　成就一切殊勝的眾事
具足吉祥的無能勝尊
超越一切部多鬼眾的障礙
清淨如實的現世之道

如是　如是　即說咒曰：
嗡！光明淨超一切世間的有情至尊
噫兮！　如是的聖心智明
偉大的菩薩大士摩訶薩

如實的憶念！憶念！　清淨的心
如實的成就！成就！　一切的事業
度盧！度盧！　善持！　善持！
凌空行越　偉大的凌空行越
如是奉持　奉持
受持如是帝釋自在之尊
震動啊！　震動！

如是的清淨無垢
如是的離垢無相
奉請那世間自在之主
除滅貪、瞋、痴三毒者
護虜！　護虜！　歡呼吧！　歡喜吧！
如同華鬘般歡喜的聖明
娑囉！娑囉！　悉哩！悉哩！

蘇嚕！蘇嚕！　流向清淨圓滿的覺悟
圓成覺悟！圓成覺悟！

如是如是！如是如是！
如實無盡的覺悟
青頸觀自在尊
如實正知正見法界體性
那究竟的歡喜心成就了
如實圓滿成就了
那廣大成就圓滿了
如實的瑜伽勝行成就自在圓滿

如是成就青頸觀世音自在
成就豬面尊　成就獅面的體性尊
成就蓮華手尊　成就勝戰輪尊

以清聖的法螺　普令眾生覺悟成就
善持大法杖圓滿成就
左肩處安置黑羊皮尊成就
善著虎皮尊成就
如是皈依淨聖的三寶
敬禮聖觀自在圓滿成就

如是日光菩薩為受持大悲心陀羅尼者　說大神咒而擁護：
南無勃陀瞿那迷　南無達摩莫訶低
namo buddhaguribi nama dharmamahāteḥ

南無僧伽多夜　泥底哩部畢薩咄檐納摩
namaḥ saṃghataya ṇitribubisātrutama namaḥ

如實誦此咒能滅一切罪　亦能辟魔及除天災
若誦一遍禮佛一拜　如是日別三時誦咒禮佛
未來之世所受身處　當得一一相貌端正可喜果報

日光菩薩宣說如是偈讚：

「千手觀音的大悲光明　殊勝清淨過於日月
能於一切惡世之中　善演究竟廣大智慧
如是自淨證佛道　無有垢穢普度眾生
諸佛大悲最勝長子千手千眼觀世音淨聖
觀自在尊以微妙論議　摧伏一切外道導正菩提
無量劫來　修習大悲無相三昧
善導一切眾生　證得無上勝妙菩提

如是供養法界諸佛　其數無量如恆河沙數
普於一切黑闇世界　以大悲光明善作佛事

為一切失道眾生　開示殊勝無上妙法
悉令得出於生死漂流
普令眾生如所願　於此自在成就無上菩提
具足清淨勝妙佛法　圓滿一切解脫淨戒
如是以諸佛大悲體性　教授法界無量無邊眾生
如是現成無上授記　盡成究竟圓滿佛果」

十三

如是月光菩薩亦復為諸行人　說陀羅尼咒而擁護之：

深低帝屠蘇吒　阿若蜜帝烏都吒　深耆吒　波賴帝
sintetedusoṣta ajñamiteotuṣta sinkhita pratiṣta

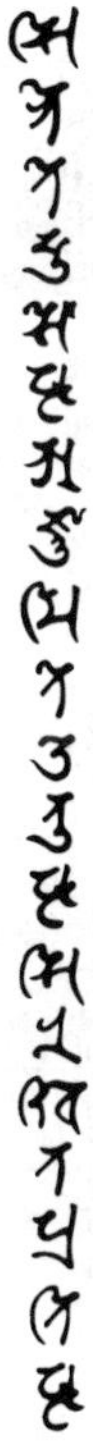

耶彌若吒烏都吒　拘羅帝吒耆摩吒　沙婆訶

yamicata odhuṣṭa kulatiṣṭa khimaṣṭa svāhā

如實誦此咒五遍　此咒乃過去四十恆河沙諸佛所說　我今亦說

為諸行人作擁護故　除一切障難故　除一切惡病痛故

成就一切諸善法故　遠離一切諸怖畏故

如是深心清淨受持此大悲心陀羅尼　廣宣流布於閻浮提

莫令斷絕　能廣大利益三界眾生

爾時月光菩薩宣說如是偈讚：

「諸佛大悲心所現　究竟體性觀世音淨聖

善護一切眾生圓滿成佛　願同尊行度盡眾生

大悲了知眾眼盡邊　故能出現清淨妙智

以能出現清淨智慧　具足如來清淨光明

大悲了知諸眼無我　故能出現勝清淨音

以能出現清淨妙音　具足如來梵音淨相
大悲淨聖於往昔普利眾生　故能成就眾語清淨
以能成就語言清淨　如是饒益無量法界無盡世間

如是了知眼本性空　故能成就大總持智慧
以能成就總持智慧　出現如來無量光明
如來了知諸眼差別　眼名差別亦無有邊
如是乃知名字無邊之故　出現如來無量光明
善知一切文字差別之門　即能了知眼空離於一切文字
以知眼空離於一切文字　出現如來無量光明
若人如是思惟眼本無我　即能了知佛語為究竟真實
以能了知佛語究竟真實　出現如來決定光明
大悲成就殊勝神通　即了無邊眼滅壞相
以能了知眼滅壞相　即能利益一切諸世間

大悲最勝千手淨尊　了達無邊諸眼生起
如是大悲能知諸眼生起　願我如是悟於究竟
如是耳、鼻、舌、身、心、色、聲、香、味及觸法
乃至世間所生眾聲名等　法爾現空大悲相應而作
如是五蘊、六根、十二入、十八界　法爾現成究竟空寂
本覺如實畢竟空中　大悲圓滿度眾成佛
如是六度波羅蜜門　如是法界一切勝法
成就無盡菩提道地　大悲現空圓滿究竟」

貳拾柒　補陀落海會品

爾時婆誐鍐世尊　安住在無礙大悲心大陀羅尼中
以究竟的自在力三昧
演說聖阿利耶　大曼荼羅的殊勝相貌
開示五部諸尊等的究竟心要　示現諸尊的威儀形色妙法
欲了知此究竟的大悲海會　及其諸尊印相者
應當先行了知指目等內義標幟　如是蓮花　合掌者
蓮花即是法界之理也　在理處必然有智慧相應
故以左、右手來表示　所以雙手又名曰理、智
如是左手寂靜故　是以名為理體胎藏大海
右手能成辦諸事　是以名為智慧金剛大海
而左手五指者　示現胎藏海中的五智

右手的五指者　示現金剛海中的五智

左手定右手慧　十指即為十度、十波羅蜜

或名為十法界　或稱為十種真如

內縮則盡攝收一　演開則有數種名號

左小指為檀表布施波羅蜜　無名指為戒波羅蜜

左中指為忍波羅蜜　左頭指為精進波羅蜜

左大指為禪波羅蜜　右小指為慧波羅蜜

無名指為方便波羅蜜　右中指為願波羅蜜

右頭指為力波羅蜜　右大指為智波羅蜜

如是亦可以左右反向標幟

左大指為慧　左頭指為方便

左中指為願　無名指為力　左小指為智

右手大指為檀布施空輪　右手頭指為戒風輪

右手中指為忍火輪　右手無名指為精進水輪

右手小指為禪地輪

嗡！現成

阿！現前

吽！現證

梭！現覺

哈！現圓滿

無初本具金剛界自在大三昧耶

自覺本初究竟大菩提心

自覺聖智頓證如來境地

普賢月滿不壞金剛光明心殿

現前法界一切全佛現成

五智所現　四種如來圓滿法身

三密四曼法爾本然現成

一切如來海會壇城普明現前

六大自瑜伽三十七不共最勝密成就
摩訶毘盧遮那佛自性遊戲

善哉！　善哉！　善哉！
從無初中不生不滅
從本初中如來如去
現法界中不一不異
顯無際中不常不斷
不垢不淨本來面目

本誓！　本誓！　本誓！
入佛三昧耶　全佛法界　眾生同佛圓滿

善哉！　始覺同本覺　自性普賢如來現　大日法身本現成
善哉！

法爾體性不思議　普賢自性自遊戲
金剛法界毘盧遮那佛　越彼三界金剛宮
初受用身成正覺　圓證一切如來平等智
現入一切如來金剛平等智印三昧耶
現證一切如來法平等自性光明智藏
成就如來正等正覺
如是一切如來　從自性薩埵金剛現
善持體性虛空藏大摩尼寶
自性灌頂自成就觀自在法王智

如是自佛自加持
發生一切佛事業毘首羯摩善巧智
現前金剛峰頂摩尼寶閣
自佛如是自成就
如是現成自性眾

大日如來流四佛
法界體性如來智
出生四智自受用
大圓鏡智、平等性智、妙觀察智、成所作智
施設四方如來座
四智流出四方佛
不動、寶生、觀自在王、不空成就佛
四佛復加持毘盧遮那佛
如是五智自性成　圓滿自受用自佛陀
大悲現成自受用　外令菩薩他受用
五方五佛如實現

毘盧遮那佛內心自證五峰金剛菩提心三摩地智
自妙受用依此智　流出不動金剛光遍照
清淨眾生大菩提心　令諸菩薩受用三摩地智

如是金剛波羅蜜菩薩　安住大日如來前
毘盧遮那佛內心自證虛空寶大摩尼功德三摩地智
自妙受用依此智　流出虛空寶光明
令一切眾生功德圓滿　令諸菩薩受用三摩地智
如是金剛寶波羅蜜菩薩　安住大日如來右
毘盧遮那佛內心自證羯摩金剛大精進三摩地智
自妙受用依此智　流出羯摩光明
令一切眾生成大精進　令諸菩薩受用三摩地智
如是金剛羯摩波羅蜜菩薩　安住大日如來左
毘盧遮那佛內心自證大蓮華智慧三摩地智
自妙用受依此智　流出蓮華光明
淨一切眾生客塵煩惱　令一切菩薩受用三摩地智
成金剛法波羅蜜菩薩　安住大日如來後
如是四波羅蜜菩薩　三世一切佛生成養育母

無量大悲法現生　無量方便護現出
大日如來自心中　諸佛菩提堅牢體
內心普現勇猛菩提心三摩地智
如實自受用流出五智金剛光明
如是遍照十方世界　普令眾生頓證普賢行
一切菩薩現前受用三摩地智
現成金剛薩埵形　安住阿閦佛前月

大日如來自心中　諸佛菩提四攝體
內心普現金剛鉤四攝三摩地智　如實自受用
流出金剛光明　如是遍照十方世界
以四攝法盡攝一切眾生　安於無上菩提
為令一切菩薩現前受用三摩地智
現成金剛王菩薩　安住阿閦佛右月

大日如來自心中　諸佛菩提無染淨
內心普現金剛愛大悲箭三摩地智　如實自受用
流出金剛箭光明　如是遍照十方世界
射淨一切眾生於無上菩提厭離心者
為令一切菩薩現前受用三摩地智
現成金剛愛菩薩　安住阿閦佛左月
大日如來自心中　諸佛菩提讚嘆體

內心普現金剛善哉歡喜王勇躍三摩地智　如實自受用
流出金剛善哉印光明　如是遍照十方世界
照明一切眾生憂慼於普賢行
生起劣意者　令其身心得勇躍勝智
為令一切菩薩現前受用三摩地智
現成金剛善哉形　安住阿閦佛後月
不動如來四親近　諸佛大戒忍度成

大日如來自心中　諸佛廣大灌頂力
內心普現金剛寶灌頂三摩地智　如實自受用
流出金剛寶光明　如是遍照十方世界
淨灌一切眾生頂　獲得菩薩不退轉職位
為令一切菩薩現前受用三摩地智
現成金剛寶菩薩　安住寶生佛前月

大日如來自心中　諸佛金剛威光智
內心普現金剛威光三摩地智　如實自受用
流出金剛日光明　如是遍照十方世界
破除一切眾生無明愚暗　發起大智光明
為令一切菩薩現前受用三摩地智
現成金剛威光形　安住寶生佛右月

大日如來自心中　諸佛圓滿諸大願
內心普現金剛寶幢三摩地智　如實自受用
流出金剛幢光明　如是遍照十方世界
滿一切眾生意願　為令一切菩薩現前受用三摩地智
現成金剛幢菩薩　安住寶生佛左月

大日如來自心中　諸佛廣大歡喜境
內心普現金剛笑印授記三摩地智　如實自受用
流出金剛笑印光明　如是遍照十方世界
為一切不定性眾生　授與平等無上菩提記
為令一切菩薩現前受用三摩地智
現成金剛笑菩薩　安住寶生佛後月
寶生如來四親近　諸佛無住施度成

大日如來自心中　諸佛自在無染智

內心普現金剛法清淨無染三摩地智　如實自受用
流出金剛法光明　如是遍照十方世界
淨除一切眾生五欲身心　如實清淨猶如蓮花不染塵垢
為令一切菩薩現前受用三摩地智
現成金剛法菩薩　觀自在王佛前月

大日如來自心中　諸佛永斷習氣智
內心普現金剛利劍般若波羅蜜三摩地智　如實自受用
流出金剛利劍光明　如是遍照十方世界
斷一切眾生結使離諸苦惱　還來收一體
為令一切菩薩現前受用三摩地智
現成金剛利菩薩　觀自在王佛右月

大日如來自心中　諸佛轉大法輪智
內心普現金剛因轉法輪三摩地智　如實自受用

流出金剛輪光明　如是遍照十方世界
以四攝攝一切眾生安於無上菩提
為令一切菩薩現前受用三摩地智
現成金剛因菩薩　觀自在王佛左月

大日如來自心中　諸佛離言說戲論
內心普現金剛密語離言說三摩地智　如實自受用
流出金剛舌相光明　如是遍照十方世界
能除十方一切眾生惡慧　令得四無礙解樂說辯才
為令一切菩薩現前受用三摩地智
現成金剛語菩薩　觀自在王佛後月
無量壽佛四親近　諸佛三昧大慧度

大日如來自心中　諸佛工巧業藝智
內心普現金剛業虛空庫藏三摩地智　如實自受用

流出金剛業光明　如是遍照十方世界
令一切眾生於一切如來諸菩薩所成廣大供養
為令一切菩薩現前受用三摩地智
現成金剛業菩薩　不空成就佛前月

大日如來自心中　諸佛大慈鎧冑力
內心普現金剛護大慈莊嚴甲冑三摩地智　如實自受用
流出金剛甲冑光明　如是遍照十方世界
能除眾生暴惡恚怒速獲大慈心
為令一切菩薩現前受用三摩地智
現成金剛護菩薩　不空成就佛右月

大日如來自心中　諸佛無畏調伏力
內心普現金剛藥叉方便恐怖三摩地智　如實自受用
流出金剛牙光明　如是遍照十方世界

降伏剛強難化眾生　安置於菩提道
為令一切菩薩現前受用三摩地智
現成金剛藥叉形　不空成就佛左月

大日如來自心中　諸佛住持成就門
內心普現金剛拳印威靈感應三摩地智　如實自受用
流出金剛拳光明　如是遍照十方世界
令一切眾生除其業障　速獲世出世間悉地圓滿
為令一切菩薩現前受用三摩地智
現成金剛拳菩薩　不空成就佛後月
不空成就佛親近　諸佛大精進度成
現空自寂法無生　空有無礙大菩提
方便廣大自受用　微妙莊嚴最勝利
大日如來自心中　諸佛大菩提供養

內心普現金剛嬉戲法樂幖幟三摩地智　如實自受用
流出金剛嬉戲幖幟光明　如是遍照十方世界
供養一切如來　及破凡夫貪染世樂　獲得嬉戲法園安樂
為令一切菩薩現前受用三摩地智
現成金剛嬉菩薩　安住大日東南隅

大日如來自心中　諸佛大寶福德具
內心普現金剛花鬘菩提分法三摩地智　如實自受用
流出金剛花鬘光明　如是遍照十方世界
供養一切如來　除諸眾生醜陋之形
獲得三十二相八十種隨形好身
為令一切菩薩現前受用三摩地智
現成金剛鬘菩薩　安住大日西南隅

大日如來自心中　諸佛大悲法界音

內心普現金剛歌詠淨妙法音三摩地智　如實自受用
流出金剛歌光明　如是遍照十方世界
供養一切如來　能令眾生破除語業戲論　獲得六十四種梵音具足
為令一切菩薩現前受用三摩地智
現成金剛歌菩薩　安住大日西北隅

大日如來自心中　諸佛神通大事業
內心普現金剛法舞神通遊戲三摩地智　如實自受用
流出金剛舞光明　如是遍照十方世界
供養一切如來　及破一切眾生無智無明　獲得六通自在遊戲
為令一切菩薩現前受用三摩地智
現成金剛舞菩薩　安住大日東北隅

大日如來自心中　諸佛清淨妙香供
內心普現金剛焚香雲海三摩地智　如實自受用

流出金剛焚香光明　如是遍照十方世界
供養一切如來　及破一切眾生臭穢煩惱　獲得適悅無礙智香
為令一切菩薩現前受用三摩地智
現成金剛焚香形　東南金剛寶閣住

大日如來自心中　諸佛寶華覺眾生
內心普現金剛覺花雲海三摩地智　如實自受用
流出金剛覺花光明　如是遍照十方世界
供養一切如來　及破一切眾生迷惑開敷心花　證無染智
為令一切菩薩現前受用三摩地智
現成金剛華菩薩　西南金剛寶閣住

大日如來自心中　諸佛智燈五眼淨
內心普現金剛燈明雲海三摩地智　如實自受用
流出金剛燈明光明　如是遍照十方世界

供養一切如來　及破一切眾生無明住地　獲得如來五眼清淨
為令一切菩薩現前受用三摩地智
現成金剛燈菩薩　西北金剛寶閣住

大日如來自心中　諸佛五分法身香
內心普現金剛塗香雲海三摩地智　如實自受用
流出金剛塗香光明　如是遍照十方世界
供養一切如來　及破一切眾生身口意業非律儀過　獲得五分無漏法身
為令一切菩薩現前受用三摩地智
現成金剛塗香形　東北金剛寶閣住

大日如來自心中　諸佛菩提心普召
內心普現金剛請召金剛鉤三摩地智　如實自受用
流出金剛鉤光明　如是遍照十方世界
請召一切如來金剛界道場　及拔一切眾生惡趣

安於無住涅槃之城　為令一切菩薩現前受用三摩地智

現成金剛鉤菩薩　東門月輪中安住

大日如來自心中　諸佛菩提心引攝

內心普現金剛引入方便羂索三摩地智　如實自受用

流出金剛羂索光明　如是遍照十方世界

引入一切如來聖眾及羂索一切沈溺於二乘實際三摩地智淤泥者

安置覺王法界宮殿　為令一切菩薩現前受用三摩地智

現成金剛索菩薩　南門月輪中安住

大日如來自心中　諸佛大悲閉惡趣

內心普現堅固金剛鎖械三摩地智　如實自受用

流出金剛鎖械光明　如是遍照十方世界

令已入一切如來聖眾金剛界道場　以大悲誓繫縛而住

及摧滅一切眾生外道諸見　住無上菩提不退堅固無畏大城

為令一切菩薩現前受用三摩地智
現成金剛鎖菩薩　西門月輪中安住

大日如來自心中　諸佛大智悟眾生
內心普現般若波羅蜜金剛鈴三摩地智　如實自受用
流出金剛鈴光明　如是遍照十方世界
歡喜一切如來海會聖眾　住金剛界道場者
及破一切眾生二乘異見　安置般若波羅蜜宮
為令一切菩薩現前受用三摩地智
現成金剛鈴菩薩　北門月輪中安住

如是報身佛頓證身、口、意三種淨業
遍周法界　於一一法門、一一理趣、一一毛孔身分相好
盡虛空界　不相障礙　各居無相本位
成就遍照光明毘盧遮那佛自受用身、他受用身

如是現證自受用身佛　具足三十七尊三摩地智　成就佛果
如是自性、受用、變化、等流身　佛德三六皆同自性身
法界現成體性普賢佛　現前三十七尊示全佛
自性如實畢竟空寂身　究竟法佛圓滿離一切
當下現成全佛如來眾　如實指示現聞現成就

註　《攝無礙軌》中、以左大指為慧、左頭指為方便、左中指為願、左無名指為力、左小指為智，其順序與一般儀軌不同。其他儀軌多為左大、頭、中、無名、小指順序為智、力、願、方便、慧，其下的右大、頭、中、小、無名指，其他儀軌多為禪、精進、忍、戒、檀。

貳拾捌　千手觀自在品

如是一切法本來寂靜　如實一切法本然無垢
現成一切法本然無諍　善乘究竟體性圓滿無上菩提
真實無有住處　圓證廣大涅槃
如實成就　如實吉祥　畢竟現空無可住
如是的自性清淨　大悲能滿一切眾願
究竟寂滅　息災成佛

如是現成勝初於無上乘發菩提心
由阿閦佛加持　證得圓滿菩提心
由寶生佛加持　內證菩提
外感空中寶生佛灌頂　受三界法王位
由觀自在王佛加持　語輪能說無量修多羅法門

由不空成就佛加持　於諸佛事及有情事　所行利樂皆悉成就

如是由金剛波羅蜜加持　證得圓滿周法界遍虛空大圓鏡智
由寶波羅蜜加持　於無邊眾生世間及無邊器世間　證得平等性智
由法波羅蜜加持　於無量三昧陀羅尼門諸解脫法　得妙觀察智
由羯磨波羅蜜加持故　於無量安立雜染世界清淨世界　證得成所作智

如是由金剛薩埵菩薩加持故　剎那猛利心頓證無上菩提
由金剛王菩薩加持
於諸有情利樂門中被具布施、愛語、利行、同事四攝法門
由金剛愛菩薩加持　於無邊有情無緣大悲曾無間斷
由金剛善菩薩加持　於諸善法渴仰無厭　見微少善便為稱美
如是由金剛寶菩薩加持　證無染智　猶如虛空廣大圓滿
由金剛光菩薩加持　證得慧光　喻若日輪無不照耀

由金剛幢菩薩加持故　能滿有情　世、出世間所有希願
如真多摩尼寶幢　心無分別　皆令滿足
由金剛笑菩薩加持　一切有情若見若聞
心生踊躍　於法決定　受法利樂

如是由金剛法菩薩加持　證得法本性清淨
悉能演說微妙法門知一切法皆如筏喻
由金剛利菩薩加持故　以般若波羅蜜劍
能斷自他無量雜染結使煩惱諸苦
由金剛因菩薩加持　於無量諸佛世界　請一切如來轉妙法輪
由金剛語菩薩加持　以六十四種法音遍至十方　隨眾生類皆成法益

如是由金剛業菩薩加持　於無邊佛剎海會成大供養儀
由金剛護菩薩加持　被大誓願莊嚴甲冑
返入生死廣作菩薩　引育有情置於佛法

由金剛牙菩薩加持　能降伏天魔一切外道　能清淨無始煩惱怨敵
由金剛拳菩薩加持　於三密門無量真言三昧印契合成一體
如是由金剛嬉菩薩加持　於受用法圓滿快樂　得受用智自在
由金剛鬘菩薩加持　得菩提分法花鬘以為莊嚴
由金剛歌菩薩加持　得如來微妙音聲聞者無厭　於聖德解脫
了覺諸法　猶如現空呼響
由金剛舞菩薩加持　得剎那迅疾分身頓至無邊世界
如是由金剛香菩薩加持　得如來悅意無礙智香
由金剛花菩薩加持　能開眾生煩惱淤泥覺意妙花
由金剛燈菩薩加持　獲得五眼清淨　自利利他照法自在
由金剛塗香菩薩加持　得佛五種無漏淨身
如是由金剛鉤菩薩加持　得召集一切聖眾速疾三昧

由金剛索菩薩加持　得如虛空無障礙善巧智
由金剛鎖菩薩加持　得佛堅固無染觀察大悲解脫
由金剛鈴菩薩加持　得如來般若波羅蜜音聲
聞者能摧滅藏識中諸惡種子
如是三十七內證無上金剛界分智威力加持　頓證毘盧遮那佛身

從無見頂相流出無量佛頂法身　雲集空中以成廣大法會
光明遍覆如塔相輪　十地滿足菩薩亦莫能睹見
冥加有情身心罪障悉令殄滅
無能知者　雖不能覺知　能息諸苦而生善趣

從光明流出十六菩薩及八方等內外大護
展轉發出光明　照觸惡趣　成就如來身塔窣睹波
衛護諸佛窣睹波塔法界宮殿　成為相輪
令身現證金剛界如來毘盧遮那遍照佛身

頓證受用圓滿報身佛陀　自體受身勝樂本來圓具
身口意淨遍周法界至尊　他受用圓滿教化法身菩薩
如實法界依緣具足理趣　變化相好普盡遍等虛空
法住法位無障亦無礙顯示　大悲空智無相了悟全佛
遍照光明法性勝變化身　如眼現觀圓滿金剛智
等流所現普遍於眾法界　無非遍照空明所流現
現前了悟無有非佛者　普賢體性全佛普皆現成

如是法界體性的五部尊法　示現了究竟法界實相
一切諸佛本尊　無非自心體性的大覺現成
如是體性法、報、化、功德、事業的佛身成就
如斯圓成五方五部、五佛、五法
演示了自體性究竟的法界遊戲廣大三昧

如是五法　一是息災法　圓用佛部尊等　如是故有五智五佛
二是增益法　圓用寶部尊等
如是有金剛寶、金剛光、金剛幢、金剛笑四菩薩
求福德者金剛寶菩薩　求智慧者金剛光菩薩
求官位者金剛幢菩薩　求敬愛者金剛笑菩薩
三是降伏法圓用金剛部尊等　如是有五大忿怒尊等
四者敬愛者法圓用蓮華部尊　是故有本尊大悲觀世音菩薩等
五者鉤召法圓用羯磨事業部尊等
如是有金剛鉤、金剛索、金剛鎖、金剛鈴等
證入菩薩五智　成就法身　如是有五智賢瓶
成就蓮華自性身　如是有四種蓮花等
成就佛身、受用身如是有五佛如來法界等
被甲成就變化身　如是有三十二身

五部部主毘盧遮那如來為佛部主源

大日經中以阿字為毘盧遮那佛種子　吽字為金剛薩埵種子
金剛頂經中　吽字為毘盧遮那佛種子　阿字為金剛薩埵種子
金剛海儀軌　如是每會　此兩字如是相代
當知互作主伴圓融利益一切眾生

如是佛陀海會大悲遷化亦現萬億數身　互作主伴接化群生
如是阿閦如來為金剛部主　金剛波羅蜜為母
寶生如來為寶部主　寶波羅蜜為母
無量壽如來為蓮華部主　法波羅蜜為母
不空成就如來為羯磨部主　羯磨波羅蜜為母
如是則據四波羅蜜以出生四佛之義
如是心有四佛而相互出生四波羅蜜之義

如是以五智五忿怒相配　則五智示現五忿怒尊
不動尊為毘盧遮那如來忿怒示現　自性輪為般若菩薩

降三世尊為阿閦佛忿怒示現　自性輪為金剛薩埵菩薩
軍荼利為寶生佛忿怒示現　自性輪為金剛藏王菩薩
六足大威德尊為無量壽佛忿怒示現　自性輪為文殊師利菩薩
金剛藥叉為不空成就佛忿怒示現　自性輪即金剛牙菩薩
如是穢積金剛亦為不空成就佛忿怒示現　自性輪則為金剛業菩薩
無能勝明王為釋迦牟尼佛忿怒示現　自性輪為慈氏菩薩
馬頭觀音為無量壽佛忿怒示現　自性輪為觀世音菩薩
如是於畢竟空中大悲示現忿怒身　除卻法界眾障　以圓滿眾生成佛

千手觀音曼荼羅

皈命圓滿千光眼的大悲觀自在菩薩
如是具足千手千眼實相宛然
大慈發心作為世間眾生的父母　能施與滿足一切眾生的心願
是故佛陀世尊　祕密宣說了大悲千手觀音的殊勝妙法
若欲成就千手觀音的殊勝妙法者

先發起廣大誓願　欲度一切眾生
一心至誠的稱念　西方無量壽佛
如是再一心憶念本尊大慈大悲千手千眼觀自在菩薩摩訶薩
並誦持大悲心根本大咒

隨順著大智而修行　則這殊勝的妙法速得成就
大悲千手千眼觀自在菩薩　為了眾生的緣故　如是具足了千臂千眼
這千手分為五部勝法　略說有四十手法
一一手各破眾生的二十五種幻有生滅執著　共有千手
這四十手今分為五部　一者佛部　二者金剛部
三者摩尼寶部　四者蓮華部　五者羯磨事業部
一部之中各配八手　合為四十　這五部中亦有五法　何者為五法？
一者息災法用佛部尊　所以有化佛手、羂索手、施無畏手、
白拂手、傍牌手、鉞斧手、寶戟手、楊柳枝手等八法
二者增益法用摩尼寶部尊　是故有如意寶珠手、寶弓手、寶經手、

白蓮華手、青蓮華手、寶鐸手、紫蓮華手、蒲桃手等八法
三者降伏法用金剛部尊　是故有跋折羅三鈷金剛手、獨鈷金剛杵手、
寶劍手、宮殿手、法輪手、寶鉢手、日摩尼手、月摩尼手等八法
四者敬愛法用蓮華部尊　所以有蓮華合掌手、寶鏡手、寶印手、
玉環手、寶瓶手、軍持手、紅蓮華手、錫杖手等八法
五者鉤召法用羯磨事業部尊　所以有鐵鉤手、頂上化佛手、數珠手、
寶螺手、寶箭手、寶篋手、髑髏寶杖手、五色雲手等八法
如是法界一切諸事無不成辦

如是宣說了一切諸尊等及忿怒自性輪圓滿
現今宣說初始域界中　本尊的微妙眾相
第一在內心地中　有八葉的蓮花
其微妙華色以青與黃為主　用妙寶金剛為莖
常發出無量光明　具有百千種妙色
如是繽紛以莊嚴淨地　大地為紺瑠璃所成

以黃金為界域　微妙無等比倫
從此華臺的中心　現出廣大月輪
其中有本尊大悲　千手千眼菩薩
怙主妙色超越三界　金色光明暉曜一切世間
頂上以髮髻冠莊嚴　寶冠中有紺色頭髮垂下
頂上具有五百面　具足一千眼

每一尊頭上的寶冠中　安住著化佛的身相
身上有千臂　其手中具足著雜寶莊嚴
左定手上有日精珠　左理手上有宮殿珠
左定手上有乾銷珠　左理手上有寶弓珠
左定手上有鍕持珠　左理手上有羂索珠
左定手上有紅蓮珠　左理手上有白蓮珠
左定手上有寶篋珠　左理手上有玉環珠
左定手上有寶鏡珠　左理手上有蒲桃珠

左定手上有化佛珠　左理手上有寶螺珠
左定手上有金剛杵　左理手上有鐵鉤珠
左定手上有白拂珠　左理手上有寶瓶珠
左定手上有如意珠　將左右定慧雙手如蓮華合十

右慧手上有月精珠　右智手上有色雲珠
右慧手上有錫杖珠　右智手上有寶劍珠
右慧手上有寶箭珠　右智手上有胡瓶珠
右慧手上有數王珠　右智手上有紫蓮珠
右慧手上有青蓮珠　右智手上有寶經珠
右慧手上有金輪珠　右智手上有髑髏珠
右慧手上有楊柳珠　右智手上有頂上珠
右慧手上有寶鉢珠　右智手上有三劍珠
右慧手上有鉞斧珠　右智手上有無畏珠
右慧手上有寶印珠

每一隻妙寶之臂　猶如尼瞿枝般莊嚴　用鐶釧為臂上的玉飾
具足百千種妙珍寶瓔珞　身微妙寶鬘及天衣
莊嚴如意寶珠的妙體　具足救世圓滿的光明
遠離一切熱惱安住於清涼三昧　結跏趺以右足押於左足上
安住在妙寶蓮上　妙相無與倫匹
現在既說明中間蓮胎的相貌　宣說威儀相好圓滿
如今再說明八蓮葉上　諸大菩薩的種種相好
以及息災、增益等　威儀形色法門

現在宣說八葉蓮花臺上的大菩薩　從東北開始說明然後右旋而繞
如是初為不空羂索觀音菩薩
頂上具有五髻寶冠　安住著化佛身相
具有三面九眼　正面為白肉色
現起微笑慈悲相貌　左、右面為天青色

示現瞋怒降魔相　身被著妙瓔珞
繫著鹿皮袈裟　具足百福莊嚴的妙身
身相為四臂兩足　左定上手持著開敷蓮花
左理下手持著羂索　或是執持著數珠
右慧上手結著說法印　或是持著金剛鎖
右智下手執持著鎖　現起妙寶瑠璃的光明
安住於千葉蓮花之上　跏趺坐右足押於左足上

再次為毘俱胝觀音菩薩
頂上有著大寶冠　身相為白肉色
具足一面二眼　現起熙怡慈悲的相貌
身上有四臂兩足　左定上手執持蓮花
左理下手執持鍕持寶瓶　右慧上手握數珠
右智下手與願印　安坐妙寶青蓮花
身被寶鬘及天衣　具足瓔珞上妙裳

安住千葉寶蓮上　雙足跏趺右押左

再次為十一面觀音菩薩

諸頭髮上安髻冠　冠中吉祥住佛身
正面淺黃色莊嚴　救世哀愍眾生相
左右青黑面威猛　左三忿怒具力相
右三息降魔相　當後暴笑威嚴相
頂上安住如來相　身具四臂與兩足
左定上手執蓮花　左理下手善握鍕持寶瓶
右慧上手施無畏印　或結拳印金剛契
右智下手持數珠　身被寶鬘妙瓔珞
妙著天衣及上裳　商佉妙色光明照
安住千葉寶蓮上　雙足跏趺右押左

再次馬頭觀音菩薩

頂上善具寶馬頭　三面三三眼具足
如是正面寶冠中　安住化佛妙身相
身相赤肉色端嚴　具足甚大瞋怒相
利牙善現於脣上　身具四臂與兩足
定、慧雙手結印契　左定光明結拳印
善屈檀、戒、忍三指放輪　舒精進、禪二指如嘴
右慧手亦復如是　以定慧手指進指合頭
當於胸臆稍下垂　左定手示拳印相
右慧手執持鉞斧　身被寶鬘妙瓔珞
莊嚴天衣微妙裳　具足妙色瑠璃光
安住廣大蓮花上　雙足跏趺右押左

再次忿怒鉤觀音菩薩
頂上具火焰寶冠　四面示現明王像
正面白肉色端嚴　眼目威猛丈夫相

左右威具綠碧色　現有大悲忿怒相
左定上手持蓮花
左理下手持羂索　右慧上手執鐵鉤
右智下手與願契　莊嚴身相妙瓔珞
身被寶鬘天衣裳　千色蓮花光明具
安住大寶蓮花上　雙足跏趺右押左

再次如意輪觀音菩薩
頭戴微妙大寶冠　頂上安住佛身相
一面慈悲心愍念眾生之相　身相以淺黃色端嚴
身具六臂兩足之體　左定上手按於門山
左理次手執蓮花　左定下手持金寶
右慧上手思惟之相　右智次手執如意寶
右慧下手持數珠　身被寶鬘微妙瓔珞
善服袈裟天衣裳　圓光蓮花具足清淨之色

安住大寶蓮花之上　雙足仰左足跏趺於右足

再次不空觀音菩薩
頂上現具大寶冠　三面具足三三九眼
正面為莊嚴白肉色　示現忿怒怖畏的相貌
身具四臂兩足之體　左定上手蓮上具鉤
左理下手持羂索　右慧上手金剛鉤
右智下手執三叉劍杵　身被寶鬘及瓔珞
善服袈裟天衣裳　微妙蓮花光明遍照
安住大寶蓮花上　跏趺雙足以右押左

再次一髻羅剎觀音菩薩
頂上現起火髻的寶冠　現起青黑色的面容
用無上的悲心現起甚大忿怒的相貌　身上具有四臂兩足
左定上手執持三叉的劍杵　左理下手執持羂索

右慧上手執著寶劍　右智下手持著鉞斧之劍
身被著寶鬘及瓔珞　善巧身著袈裟大衣裳
圓光示現百寶妙色　雙足跏趺以右押左
如是宣說了八大菩薩的相貌　一切威儀莊嚴形色已圓滿呈現

千光眼
曼荼羅

補陀落海會尊像曼荼羅（攝無礙軌）

補陀落海會名字曼荼羅（攝無礙軌）

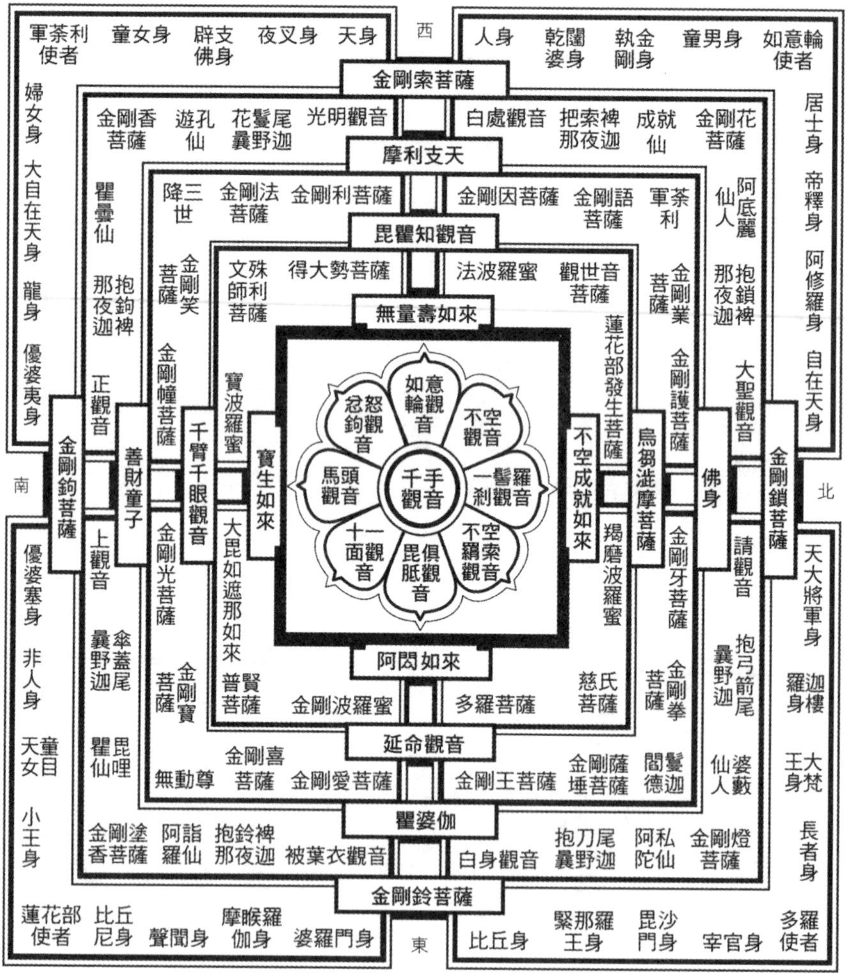

貳拾玖　增益延命降伏品

一

現在宣說第二院的增益延命法門

究竟的增益　法爾畢竟空中無住
如是大悲現成　盡未來際利益一切有情　無有盡期
如是能增益所增益法性自在增益
一切處現前圓滿自在無量壽命
圓滿法界眾生成佛
法界自性壇城如實現前

東方為阿閦佛
身相為端嚴的赤白色　如同朝日初出的妙相

左定手結著拳印　右慧手摩於膝上
身被著僧伽梨服　安住於月輪之中
身具閻浮淨金的光明　以白象做為寶座

南方為寶生如來
身相是莊嚴的黃金色　左定手結著拳印
右慧手展開向外方　善巧稍屈無名指及小指
敘伸中指、頭指及大指　身被著福田寶衣
金色暉曜光明　如是以寶馬為座

西方為無量壽如來
身相現起端嚴的赤金色　雙手結著三摩地定印
雙目微開向下淨視之相　現起丹紅色光的袈裟衣
安住於大月輪中　體現入於三摩地定拔除眾苦
身現紫磨的金色光明　以孔雀作為寶座

北方為不空成就如來
身相為端嚴的赤金色　左定手結著拳印
右慧手舒展五指　當於右胸臆上
身被著莊嚴的福田僧衣　安住於滿月輪中
身現黃金周遍的光明　以金翅鳥迦嚕羅為寶座

東北為慈氏菩薩
頂上為莊嚴妙寶冠　身相為白肉色
左定手執持紫蓮花　花上有著軍持寶瓶
右慧手為摩膝之相　身具一切微妙瓔珞
莊嚴身飾現起救世之身　安住於月輪海中

東南為普賢菩薩
頂上端嚴妙髻寶冠　身相示現白肉色

具足大悲愍念眾生相　左定手持蓮上具鉤
右慧手握拳押於膝　具足百千種瓔珞
身著珠鬘及天衣　示現一切妙寶色
以莊嚴慈悲為體　身具圓滿蓮環光明
以大寶蓮花為坐　安住於圓滿月輪

西南為文殊師利菩薩
頂上具足五髻莊嚴寶冠　身相示現黃金妙色
左定手執持青蓮花　其上現有三股劍
右慧手執持梵函　身具莊嚴飾微妙眾寶
示現圓光為商佉色　安住吉祥月輪中

西北為觀世音菩薩
頂上以大寶冠莊嚴　其中示現無量壽佛
身相示現淨白肉色　十度合掌如開敷蓮

以天衣為妙袈裟　具足萬德妙好瓔珞
示現莊嚴的黃金色　身光赫奕遍照法界
安住於月輪中　雙足跏趺右押於左

其次為東門南金剛波羅蜜菩薩
頂上以五髻寶冠莊嚴　身相如染上大海之色
左定手執蓮花　其上有梵篋
右慧手結阿閦印　袈裟上有妙好瓔珞
示現莊嚴青黑色　安住於月輪之中

其次為東門北多羅菩薩
其頂上為莊嚴髮髻冠　身相示現青白色
貌如中年女子　定慧二手執持青蓮花
圓滿周遍光明　發如猶如淨金光暉
熙怡微笑著鮮白衣　莊嚴身相無有極限

其次為南門東大毘盧遮那如來
其頂上著毘楞伽摩尼百寶莊嚴天冠
頂上安住五方佛　身相示現莊嚴黃金色
定慧二手結入定印　以萬億寶瓔珞莊嚴
身著花鬘妙天衣　以一切寶莊嚴身
身具千色商佉光　以師子為寶座

其次為南門西寶波羅蜜菩薩
頂上戴著五髻寶冠　身相為白肉色
左定手上執著蓮花　其蓮花上具足寶物
右慧手上執四角輪　袈裟上具有種種的上妙瓔珞
身相莊嚴妙好　安住於月輪當中

其次為西門南方得大勢菩薩
其頂上戴著五髻寶冠　冠中安置著鍕持寶瓶

身相為白肉色　左定手上持白蓮花
右慧手上結說法印　具足上妙瓔珞寶鬘
莊嚴身相如同觀音　安住於月輪當中

其次為西門北方法波羅蜜菩薩
其頂上以五髻寶冠莊嚴　身相為白肉色
以定慧二手結入定印　上有蓮華　華上置有梵函
袈裟上有妙好瓔珞　真身萬福莊嚴
身具圓光遍滿法界　安住於月輪之中

其次為北門東方羯磨波羅蜜菩薩
其頂上具有五髻寶冠　身相為青碧色
左定手上執蓮花　其蓮華上有梵篋
右慧手上執羯磨杵　袈裟上有種種美妙瓔珞
以種種妙寶莊嚴自身　安住於月輪當中

其次為北門西方蓮花部發生菩薩
其頂上戴著上妙寶冠　身相為白肉色
具足慈悲救世之相　具足相好四八三十二色
左定手上執紅蓮花　右慧手摩於膝上
身被寶鬘袈裟　以種種瓔珞及天衣
上妙寶玉鐶釧　莊嚴上妙之身
安住於大蓮月殿
以上宣說第二院諸尊方位圓滿

二

現今宣說第三院增益降伏法諸尊

如實法大寂　現空寂滅涅槃

摧滅一切障法　自性圓滿成就
眾生全佛　廣大究竟降伏
降伏自心於大悲體性
法界全佛　一以廣大心、第一心、平常心、不顛倒心自性降伏
如實的金剛般若　同體大悲成就
惱無性即是降伏義
不生不滅即是降伏義
畢竟空中的無相布施
眾生全是佛陀即是降伏義
大悲如是現成！大悲如實現成！

首先為東門延命觀音菩薩
其頂上戴大寶冠　寶冠中安住佛身
身相為深黃色　具足慈悲柔軟之相
示現二十臂救世　導引接濟群生

兩足下具輻輪相　化導一切有情
左上定手承持寶珠　左下理手把持寶劍
左上定手握著金輪　左下理手持金剛橛
左上定手持傍牌　左下理手持金剛鐸
左上定手執金剛鈴　左下理手持大蓮花
左上定手持數珠　左下理手結智拳印
右上慧手執戟鞘　右下智手把金剛劍
右上慧手化承佛像　右下智手持金剛寶
右上慧手持寶鏡　右下智手執金剛索
右上慧手加持無畏　右下智手執跋折羅
右上慧手持五股杵　右下智手持縛日羅
以百千種瓔珞　妙鬘及天衣
莊嚴上妙之身　圓光靡不周遍
安坐於頗頭摩花上　安住於大月輪中

其次為南門千臂千眼觀音菩薩
其頂上有五百諸頭寶冠莊嚴　各各安住佛身
具足千眼千臂　身相為黃金色
左上定手持開敷蓮花　左下理手持羂索
右上慧手持大蓮花　右下智手持寶數珠
左上定手持開敷蓮花　定慧二手結合掌印契
安住理、智三摩地　有上千種滿願之法
使眾生所求皆得圓滿　廣大弘誓深如大海
廣度一切諸群生　恆以五智廣大威力
引接一切眾生　在王難刀兵之世
化為刀王而救之　在疫病災厄之時
化為醫王而救濟之　在飢饉渴乏之時
化為施主慈愍眾生　在怖畏急難之時
化為皈依處而救助之　乃至化為海潮中的各種魚類
及示現白犬之身　利益所有皈依者

為利益一切眾生的緣故　示現萬億寶刀　百億上妙瓔珞
天衣以及寶鬘　嚴飾上妙之身　身具圓光遍照法界
安住於鉢曇摩花之上　雙足跏趺以右足押左足

其次為西門毘瞿知觀音菩薩
其頂上具有大寶冠　其寶冠中安住佛身
身相為黃金色　具有十八臂
為了引接眾生的緣故　示現大悲救世之相
左上定手持化佛身　左下理手頗胝珠
左上定手持如意珠　左下理手握梵函
左上定手抱宮殿　左下理手金剛索
左上定手持金剛鈴　左下理手說法印
左上定手結施無畏印　右上慧手持縛日羅
右下智手持頗胝珠　右上慧手持寶劍
右下智手持金剛鎖　右上慧手持利鉾

右下智手持寶數珠　右上慧手持戟鞘
右下智手結說法印　右上慧手亦為說法印
以百千種瓔珞　及種種珍寶莊嚴自身
以圓滿光明度化眾生　雙足跏趺以右足押於左足
恆常遊住於大蓮花上　安住於大月輪中

其次為北門烏芻澁摩菩薩
頂上髮髻遶白蛇　身相為大青色
上有金剛寶瓔珞　面示廣大忿怒之相
具有六臂六足體　左下理手結檀拏印
左上定手執鉾鎊　左下理手握金輪
右上慧手執寶劍　右下智手持鉞斧
以種種金剛妙寶瓔珞　莊嚴自身不可計量
左下理手持寶數珠　右上慧手執三股杵
右下智手結滿願印　以慧方左中願指稍屈

以智力真如為嘴　以獸皮為衣
右肩二赤蛇盤繞　蟠結下垂至胸臆
令蛇頭與本尊同一方向　四臂兩膊也有一蛇盤繞
其顏色為青白色　安住於寶池蓮華上

其次為東北方閻鬘德迦明王
其頂上有火焰鬘髻　身為迅雷玄雲之色
具足六面十八眼　顯現極大忿怒之相
光輝火焰超過眾雷電　以水牛為座騎

其次為東南不動明王本尊（無動尊）
其髮髻上有八蓮葉　頂髮下垂至右肩
具一目而諦觀　面門如水波相
顯現大忿怒白牙　左上定手握於羂索

右上慧手把持寶劍　綴滿金剛妙寶瓔珞
示現威怒身相具足猛烈火焰　安住於磐石之座

其次為西南降三世明王
其頂上以髑髏火髻為寶冠　身為夏季時雨雲之色
具有三面各具三眼　示現阿吒吒般微笑
具足百千臂　手中操持眾多器械

如是示現八臂之相　以圓滿悲願弘誓之故
左上定手執戟鞘　左下理手抱著寶弓
左上定手持金剛索　右上慧手持金剛鐸
右下智手持寶箭　右上慧手握寶劍
理、智二手結救世印　先以左定腕
押於右慧腕上　以右慧手地輪小指
叉左定手地輪小指　猶如懸空之蓮劍

左定手進水輪無名指　及以中指忍火輪
相屈入於掌中　亦以戒風輪頭指
檀空輪大指直豎　各各相附頭
譬如兩邊嘴　右慧手亦如是
其身以金剛寶瓔珞　作為莊嚴自身妙寶
身光威赫宛如霹靂之相　火焰寶鬘靡不周遍
左足踩蹈大自在天　右足踩蹈自在天后
度脫其惡心　令其皈依佛法僧三寶

其次為西北軍荼利明王
其頂上為髮髻髑髏冠　身為雷電黑雲之相
具三目令眾生怖畏之相　以八臂操持器械
左定手持握金剛　左理手執持戟鞘
左定手持金剛鉤　右慧手執二股
右智拳押於脅下　先作金剛拳印

再直豎無名指及戒風輪食指　當於右脅之下
右慧手結施無畏印　左定手與右慧手結大瞋印
先以右慧手之腕　押左定手之腕上
各作金剛拳　左定右慧二手的戒風輪即無名指和食指
忍大進水輪中指無名指　各自直豎當於胸臆
以蚊蝁作為臂環　以金剛作為寶瓔珞
以鐶釧莊嚴手臂及足踝　以獸王之皮為衣
以白蓮承接兩足　身上有十二蛇圍繞
二蛇在頸垂下　二蛇繞著兩膊
八蛇各繞於八臂　令眾生生起甚大怖畏之相
或是示現千臂　名號為千臂甘露
或是示現八臂　名號為聖軍荼利
或是示現二臂　稱為蓮花軍荼利
如是示現萬種化身　守護眾生遠離一切災厄
安住於大熾烈焰中　威德深不可測

此為釋迦牟尼佛化現大忿怒尊　示為自性輪金剛
此為藏王大菩薩　以降魔故現此身尊形

次為東門南金剛愛菩薩
其頂上以大寶冠莊嚴　身相為白肉色
左定手執寶弓　右慧手持寶箭
以金剛寶瓔珞　天衣及華鬘
莊嚴妙飾寶身　安住於月輪光蓮座

次為金剛喜菩薩
其頂上以大寶冠莊嚴　身相為白肉色
定慧二手結拳印　即著於胸臆之上
莊嚴自身令人喜愛　身光遍佈圍繞
共有十六位大菩薩　威儀相好皆與此尊同體

其次東門北金剛王菩薩
其頂上以大寶冠莊嚴　身相為白肉色
定慧二手共結拳印　莊嚴身相如上所說

其次為金剛薩埵菩薩
其頂上以大寶冠莊嚴　身相為白肉色
左定手作金剛拳　右慧手持三股杵

次為南門東金剛光菩薩
其頂上以大寶冠莊嚴　身相為赤肉色
左定手結拳印　右慧手持月精珠

其次為金剛寶菩薩
其頂上以大寶冠莊嚴　身相為白肉色
左定手結與願印　右慧手持金剛寶

其次為南門西金剛幢菩薩
頂上以大寶冠莊嚴　身相為白肉色
定慧二手持寶幢幡　莊嚴身相如上所說

次為金剛笑菩薩
其頂上以大寶冠莊嚴　身相為白肉色
定慧二手各作拳　揚於雙耳之側

次為西門南方金剛利菩薩
其頂上以大寶冠莊嚴　身相為黃金色
左定手持蓮葉其上有寶函　右慧手執金剛劍

次為金剛法菩薩
其頂上以大寶冠莊嚴　身相為白肉色
定慧二手承著蓮花　莊嚴身相如上所說

次為西門北方金剛因菩薩
其頂上以大寶冠莊嚴　身相為白肉色
左定手作金剛拳　右慧手握金輪

次為金剛語菩薩
其頂上以大寶冠莊嚴　身相為白肉色
以定慧二手持如來舌　莊嚴身相如上所說

次為北門東方金剛牙菩薩
其頂上以大寶冠莊嚴　身相為白黃色
定慧二手作拳當於胸臆　莊嚴身相如上所說

次為金剛拳菩薩
其頂上以大寶冠為莊嚴　身相為大青色

以雙手定慧合為金剛拳　揚起手印當於胸臆之前
手腕稍屈垂於心際　莊嚴身相猶如上所說

北門西方為金剛護菩薩
其頂上以大寶冠為莊嚴　身相為青碧色
左定舒起頭指　其餘皆屈其指
手印揚起附於腋側　右慧之手亦復如是

次為金剛業菩薩
頂上具有莊嚴大寶冠　身相為白肉色
以定慧雙手合掌於中　揚起手印安於頂上
如是宣說第三院諸尊方位究竟

參拾　敬愛增益品

現在宣說第四院為敬愛增益法
諸佛大悲法性深妙體性　如實現成實相的敬愛法門
如實善觀法界體性清淨　心無厭足　清淨樂施　法爾自在
普令一切有情得大無畏　成就佛道　勇猛無退
如實現觀法界畢竟空寂　無生無滅　本自清淨
大悲發心　我同發心　如實敬愛圓成
善哉！善哉！
善觀法界眾生　圓滿成佛
究竟真實愛敬勝法

東門為瞿婆伽

頂上嚴具著大寶冠　身相為白肉色
定慧雙手持紫蓮花　身具妙寶瓔珞衣
以引接有情眾生故　示現為天帝相

南門為善財童子
髮髻以童子冠為莊嚴　身相為白肉色
定慧手持赤蓮華　憐愍一切眾生相

西門為摩利支天
示現吉祥天女形　面門為桃花色
以定慧雙手執白蓮花　具足百千種瓔珞
莊嚴身相微妙色　為救世間而示現天相

北門為佛身
具足三十二相紫金色　佛身牟尼善逝之相

左定舒開安於膝上　右為慧手說法印
身現頗胝商佉光明　住於頗頭摩花

東北為金剛燈菩薩
頂上安具大寶冠　身相為鮮肉色
以定慧雙手持於燈明　莊嚴身相如上所說

東南為金剛塗香菩薩
頂上安具大寶冠莊嚴　身相為大青色
以定慧雙手持塗香器　莊嚴身相如上所說

西南為金剛香菩薩
頂上以大寶冠為莊嚴　身相為大黑色
以定慧雙手持香爐　莊嚴身相如上宣說

西北為金剛花菩薩
頂上具足莊嚴大寶冠　身相為淺黃色
定慧雙手持鮮花　莊嚴身相如上所說

南門南為被葉衣觀音
頂上嚴具大寶冠　髮髻現起無量壽如來
身相為白肉色　左定手示說法印
右慧手為未開敷蓮　具足商佉軍那光明
微笑安坐白蓮上　雙足跏趺右押左

次為抱鈴褌那夜迦
象王為頭具人身　身相為青黃色
舌相遍於法界中　左定手握拳押腰際
右慧手持金剛鈴　以鐶釧瓔珞妙衣莊嚴
具足大威德相　焰鬘光明遍其身

次為阿詣羅仙
身相瘦羸赤肉色　手執持蓮華有瓶
身相光焰所圍繞　安住蓮花葉上

東門北為白身觀音
頂上以大寶冠為莊嚴　身相為淺黃色
示現大悲救世相　左定手結說法印
右慧手執蓮花　莊嚴妙身如上所說

次為抱刀尾囊野迦
現起白象頭人身　身相為白皓色
左定手結拳印　右慧手持寶劍
以鐶釧瓔珞妙衣莊嚴　焰鬘遍滿圍繞於身

次為阿私陀仙
身相為白肉色　手上執持法寶藏
示現瘦皺裸形相　普遍火焰鬘嚴身

南門東為上觀音
頂上嚴具大寶冠　身相為白肉色
左定手示說法色　右慧手持白拂
鮮白日月輪光明　安住鉢曇摩花上

次為傘蓋尾曩野迦
示為白象頭人身　身相為珂雪色
如是手執持白傘蓋　鐶釧妙瓔珞莊嚴
現具大威力相　熾焰光明普遍身

次為毘哩瞿仙

身相示為赤肉色　左定右慧手執持仙杖
身色赫赫暉光普現　安住熾烈猛焰之中

南門西為正觀音
頂上為莊嚴大寶冠　身相示現為白肉色
左定手執持赤蓮花　右慧手持紅蓮花
示現救世愛敬之相　莊嚴身相如上所說

次為抱鉤褌那夜迦
如是象王頭人身　身相現為深赤色
左手空拳押腰　右慧手執持金剛鉤
如是鐶釧妙瓔珞為莊嚴　具足大威德之相
以電光體圍繞自身　莊嚴身相無有限量

次為瞿曇仙

身相示現為赤肉色　如是執持寶賢瓶
歡喜具足廣大神通相　周身環現起大光焰

西門南為光明觀音
頂上具足莊嚴大寶冠　身相現為深黃色
自在微妙喜悅之相　左定手示現說法印
右慧手為施無畏印　百種妙瓔珞莊嚴
具足花鬘及天衣　莊嚴身相如上所說

次為花鬘尾曩野迦
現為白象頭人身　身相示為白鵠色
定慧雙手把持花鬘　具足廣大勢力之相
以鐶釧妙瓔珞莊嚴　猛焰熾烈遍滿其身

次為遊孔仙

身相示為白肉色　如是執持大寶函
具足廣大神力之相　普遍光明大熾烈焰

西門北為白處觀音
莊嚴髮冠身襲純妙衣　身相示為白黃色
左定手持鉢曇摩　右慧手垂下示現拳印
百千種瓔珞為妙飾　莊嚴身相如上宣說

次為把索褌那夜迦
身相現起紅蓮之色　具有象王頭及人身
舌相滿布於世間　左定手拳印押於腰
右慧手執持金剛索　具足廣大威德之相
焰鬘普遍於周身　以鐶釧妙瓔珞嚴飾

次為成就仙

身相示現為赤肉色　如是執持三股印
具足廣大威神相貌　安住於熾烈炎鬘之中

北門東為請觀音
頂上以大寶冠為莊嚴　身相示現為白黃色
左定手執持軍持　右慧手示為施無畏印
以百千種眾瓔珞為妙飾　莊嚴身相如上所說

次為抱弓箭尾曩野迦
具有白象頭及人身　身相現起白雪色
左定手抱持著寶弓　右慧手執持寶箭
以鐶釧微妙瓔珞為飾　焰鬘熾烈遍周於身

次為婆藪仙人
右定左慧手持青蓮華　具足廣大神驗之相

安住於焰鬘光明之中　如是具足大仙之相

北門西為大聖觀音
頂上以大寶冠為莊嚴　身相現為白肉色
如實慈悲救度世間　左定手持新鮮蓮花
右慧手示施無畏印　莊嚴身相宛如上說

次為抱鎖裨那夜迦
身相現為靉靆色　左定手執持金剛鎖
以右慧手握持蘿蔔　具足威德巍巍之相
赫赫如同朝日暉光　炎鬘熾烈周遍於身

次為阿底麗仙人
身相為染赤色　執持仙人之杖
示現廣大神力相貌　焰鬘熾烈周遍於身

如是宣說第四院諸尊方位究竟

參拾壹　鉤召被甲品

現在宣說第五院為鉤召被甲法

一相清淨　平等無二　如實鉤召　現成無分別智
甚深鉤召即般若波羅蜜多
於畢竟空中無所分別　現觀眾生圓滿成佛
如是真實鉤召勝義
一切無生無滅　不可破壞　現成金剛
如是堅固被甲勝法
法爾平等　如實大悲鉤召
法界同成無上菩提
如是究竟鉤召法門

東門為金剛鈴菩薩
頂上以妙寶冠為莊嚴　身相現為大青色
左定手結拳印　右慧手持金剛鈴
以一切珍寶瓔珞　天衣及袈裟為妙飾
莊嚴妙寶身相　圓光宛如彩虹色相
住芬茶利花上　大滿月輪之中

南門為金剛鉤菩薩
頂上以妙寶冠為莊嚴　身相示為玃鷜色
左定手結拳印　右慧手持金剛鉤
以百千寶瓔珞為妙飾　莊嚴身相如上所說

西門為金剛索菩薩
頂上以妙寶冠為莊嚴　身相示為白黃色
左定手持金剛索　右慧手握拳押於膝上

以百千種瓔珞為妙飾　莊嚴身相如上所說

北門為金剛鎖菩薩
頂上以妙寶冠為莊嚴　身相示為白肉色
左定手結拳印　右慧手持金剛鎖
以百千妙瓔珞為妙飾　莊嚴身相如上所說

東北為多羅使者
身相示現為青碧色　左定右慧手持紫蓮花
現為幼年童女狀　以寶冠妙瓔珞為莊嚴
周環現起熾烈焰鬘　莊嚴身相宛如觀音

東南為蓮花部使者
身相現為白黃色　中尊示為童子狀
定慧手持赤蓮花　以金剛寶瓔珞妙飾其身

大鬘焰光遍滿其身　莊嚴身相如上所說

西南為軍荼利使者
身相現為染青色　瞋怒示起白牙相
具足長年丈夫之相　如是執持蓮華上具杵
以大髮端嚴瓔珞妙飾　焰鬘熾烈遍於寶身

西北為如意輪使者
身相示為珂雪色　現起忿怒藥叉之狀
如是執持如意寶　身被金剛瓔珞妙飾
端嚴身相宛如觀音　以熾烈焰鬘遍滿寶體

東門南為婆羅門身
面門現為赤肉色　首示比丘僧之狀
身被白素世俗之衣　左定右慧手執持錫杖

次為摩睺羅伽身
身具蛇頭貴人之相　以定慧手抱持笙笛
或以投繫鼓示現　威儀宛如天眾身

次為聲聞身
身相示為白肉色　現起熾年比丘之相
如是執持著三衣函　身被僧伽梨嚴身

次為比丘尼身
身膚現為白肉色　如是執持紅蓮花
現為耆老女人之相　身被福田衣莊嚴

東門為比丘身
皮皺示為赤肉色　具足威儀大德之相

以頭巾袈裟衣莊嚴　如是執持鉢草座

次為緊那羅王身
如是示現麞鹿馬頭二面　執持微妙音聲樂器
以人身裸形之相示現　身相現為赤肉色

次為毘沙門身
頂上以大寶冠為莊嚴　面門現為深黃色
示現忿怒降魔威力之相　左定手捧寶塔
右慧手持寶劍　身被甲冑威武之衣
袈裟寶瓔珞為妙飾　以天衣莊嚴自身

次為宰官身
面門示為赤肉色　以定慧雙手合掌為印
身被禮服衣為妙飾　具足大勢官人相

南門東為優婆塞身
面門示為白肉色　頂戴白冠身具百結衣
如是執持修行之器　現身白衣俗人相

次為非人身
身相示為大青相　左定手執持張弓
右慧手持矢箭　現為惡栴陀羅之狀

次為童目天女
身相現為白肉色　如是定慧手執持紫蓮花
慈悲憐愍一切眾生故　如是示現天人相
以妙鬘寶瓔珞為飾　莊嚴身相示現殊妙體

次為小王身

面門示為赤肉色　頂戴妙寶珠鬘寶冠
雙手定慧共合掌　身被深赤色莊嚴妙衣

南門西為優婆夷身
面門示為白肉色　具為長髮女人狀
微露半齒示現愛敬相　如是右慧手執持蓮花

次為龍身
身相示為大青色　頂上現具龍頭形
瞋恚忿怒威猛相　如是定慧手握黑雲

次為大自在天身
頂上微妙天冠為莊嚴　面門現為紫蓮花色
如是定慧手抱利鉾　自在乘於大黑水牛上
善以天衣及飛衣　上妙寶瓔珞為妙飾

莊嚴嚴身相微妙色　如是安住於月輪中

次為婦女身

面門示現為白肉色　宛若諸天采女之狀

具足愛敬愛重之相　莊嚴身相示現微妙色

西門南為天身

身相現為紅蓮色　左定手持蓮花寶函

右慧手持妙蓮花　身具天衣百福莊嚴身相

次為夜叉身

頂上以火焰冠為莊嚴　身相示為赤肉色

眼目宛如雷電光閃　如是定慧手持三股杵

次為辟支佛身

皮膚示為白肉色　容貌為中年比丘之相
定慧雙手合十如蓮　身被福田之衣

次為童女身
面門示為珂雪色　身現少年童女相狀
如是執持青蓮花　安住於妙寶花上

西門北為人身
面門示現白肉色　身相現出貴人之相
如是執持妙蓮花　身被福田之衣

次為乾闥婆身
頂上以八角冠為莊嚴　身相示為赤肉色
其身宛如大牛王　左定手執簫笛
右慧手持寶劍　具足大威力相

髮髻現起焰鬘冠

次為執金剛身
身相現為赤肉色　嚴身具足忿怒降魔之相
髮髻以焰鬘冠為莊嚴　左定手以拳押於腰際
右慧手執持金剛杵　以金剛寶瓔珞為妙飾
身披天衣獸皮服　以妙寶色莊嚴其身

次為童男身
面門示為白肉色　以幼年少童狀現身
定慧手執蓮花　身被妙寶衣為莊嚴

北門東為天大將軍身
面門現為赤肉色　定慧雙手共合掌
容儀宛如帝釋天王　莊嚴身相以妙寶色

次為迦樓羅身
身相現為青黑色　面門為妙翅鳥
現以威勢裸形之相　人身且具有羽翼
左定手握拳著腰際　右慧手執持金剛鉤

次為大梵王身
頂上以妙天冠為莊嚴　面門示為白肉色
具足四面三目之相　體現八臂兩足之身
左定初手握三股杵　左二理手持蓮花
左三定手執持軍持　左四理手善持白拂
右慧初手善結拳印　右智二手執持利鉾
右慧三手持四智寶鏡　右智四手結施無畏印
身被上妙瓔珞　天衣及袈裟為寶飾
如是莊嚴上妙身相　身具圓光安坐白蓮上

次為長者身
面門示為白肉色　如是執持如意寶
身被具禮衣服為妙飾　現為大富貴人之相

北門西為自在天身
面門示為白肉色　如是執持著紅蓮花
身穿寶冠天帝衣飾　具足帝釋天王之相

次為阿修羅身
三面現為青黑色　具足威猛忿怒裸形之相
六臂兩足為體　以定慧雙手為合掌印
左定初手持火頗胝　左理二手執刀杖
右慧初手持水頗胝　右智二手持鎰印

次為帝釋身

頂上以寶冠為莊嚴　現戴嚩日羅金剛杵
面門示為白肉色　左定手結拳印
右慧手持一股杵　以百千種瓔珞
天衣及飛衣　莊嚴妙寶衣為飾
住於圓光月輪之中　安住於妙高座上

次為居士身
面門示為白肉色　如是執持著摩尼寶
身被禮服妙衣為飾　示現大家長者之相
以上三十三身的化現安住於月輪中的大蓮華葉座上

既如是宣說了五部諸尊　一切方位色像究竟之後
現在宣說四種蓮華　圍繞地大的形色莊嚴
東方青蓮花　西方白蓮花　南方黃蓮花　北方紫蓮花
如是蓮花地東北　南西等隅內　各各有賢瓶安放

妙色無可比喻　炎鬘莊嚴的蓮花座上　瓶插著大蓮花
如是次說四蓮寶地
四方蓮花門　其色為鮮赤色
常放無量光明　次從紺青色
至第二院之間　以黃金為地
有一股杵之形　次從第二院
至第三院間　白銀以為地
有三股杵之形　次從第三院
至第四院間　黃金以為地
有獨股杵之形　次從第四院
至第五院間　白銀以為地
有嚩日羅杵形　次從第五院
至第六院間　黃金以為地
有五股杵之形　次內院地色
紺青散金花　第二院地色

淺黑散金花　第三院地色
淺紫散金花　第四院地色
深紫散銀地　第五院地色
淺青散金花　第六蓮花地
深赤頻婆之色
此曼荼羅大海　懸示從黑色流於赤色
其中的莊嚴諸尊等　安住於大月輪中
如是補陀落海會諸尊住略出威儀形色現成圓滿

參拾貳　無終大悲品

拈起自性的心筆
用最誠摯的心願墨滴
寫下您具德的史詩
大悲的聖者啊！
智慧卑微如我
如何書寫您法身歷程的一粒微塵
請用千手助我
請用千眼照我
讓我用最真的微心
描繪您的少分聖德
讓一切眾生尋那無盡的光明
成就大覺

圓滿那全佛的法界

一心的祈請
那大悲已降注於我
如是光明的照亮我的心
普願眾生成佛
普願眾生成佛
普願眾生成佛
如是真心的祈願
眾生全佛
南無大慈大悲千手千眼觀世音菩薩摩訶薩
南無大悲者
南無淨聖者
南無最聖清淨的蓮華手
善哉！善哉！

善聞！淨聞啊！
聽那大悲心的梵唱
聞那無始無終的大悲心陀羅尼
在不生不滅的畢竟空中
從自性心中覺起
那無初的妙音玄唱
嗡！畢竟空　清淨　清淨……

法界正如實的錄下您不可思議的常寂光明
嗡　縛日羅　達磨　紇哩
那最勝的金剛法
傳下了最殊勝究竟的金剛法門……
如是的受用
如實的受用
在覺而無受中

成就了金剛法門
皈命最聖的千手千眼觀世音自在
具足滿月妙相　由蓮華中現生
能以無畏施於一切有情
以福慧莊嚴的微妙善法成就眾生
如是的超越一切的生滅
如實的不一、不異　圓滿的不常、不斷
現前的無垢無淨

於是如是而來　如是而去
在無時空中自在的遊戲
皈命那最上的蓮華聖尊
悲的那麼深
慈的那麼淨
那麼的無緣大慈同體大悲

直令一切有情證成了無上菩提
普現法界同成淨土

唯有一心　唯有一心　唯用一心
於是　是心即是觀世音　觀世音成了自心
我將如是圓滿觀世音菩薩的十萬史詩
演唱在無初無後的吉祥法界
那是眾生都成了佛
所有的有情都成了佛陀
如是的全佛的法界
如是的現成
如斯現成……

附錄——眞言咒語索引

觀音傳十萬史詩系列 01

楊枝淨水

洪啟嵩著 / 精裝 / NT$980

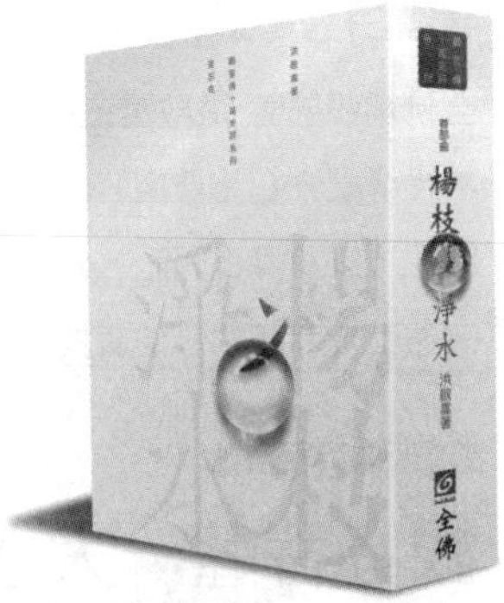

首部觀世音菩薩磅礴史詩大傳（全傳預計十五部），媲美印度第二大史詩鉅著《羅摩衍那》。

第一本觀音史詩傳記，獨特的史詩小說體，細緻又浩瀚、典雅又奔放的超絕想像空間！

描寫二千五百年前，印度古城毘舍離大瘟疫的實況，看觀世音菩薩如何從極樂世界前來地球救援，看佛陀、聖弟子及毘舍離的長者居士們，如何教引眾生，從最深苦處得到救度，超越這場千年無盡的生死遊戲！

講佛經 01

如觀自在—
千手觀音與大悲咒的實修心要

洪啟嵩著 / 精裝 / NT$680 （增訂典藏版）

大慈大悲觀世音菩薩，出生千手千眼救度眾生，而大悲咒正是其靈驗不可思議的神咒。

本書詳解大悲咒十大心要，及千手觀音的形象及持物祕義、並總攝為實用的修持法軌，幫助學人入於觀音大悲心海，獲致無上守護！

佛教小百科 11

觀音寶典

全佛編輯部著 洪啟嵩主編 / 平裝 / NT$320

本書詳細介紹諸尊觀音的化現、特德、經典故事、圖像，以及真言咒語、修持法門與相關經典，是認識觀世音菩薩的最佳寶典。

守護佛菩薩 05

觀音菩薩—大悲守護主

全佛編輯部著 洪啟嵩主編 / 平裝 / NT$280

本書介紹觀世音菩薩及其各種無畏的廣大濟度與感應事蹟，與如何祈請觀世音守護，並特選〈心經〉、〈普門品〉、〈耳根圓通章〉白話語譯及觀音圖像、插圖，讓讀者輕鬆學習觀音法門。

佛經修持法 01

如何修持心經

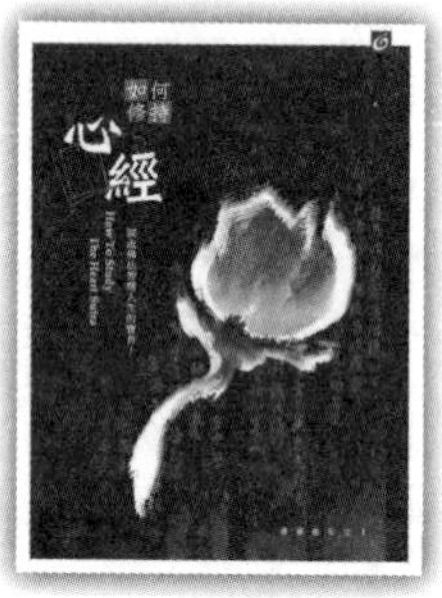

洪啟嵩著 / 平裝 / NT$200

本書逐文解讀《心經》，帶讀者深入《心經》內義與修持方法，幫助讀者迅速掌握《心經》的心要。

佛經修持法 05

如何修持大悲心陀羅尼經

洪啟嵩著 / 平裝 / NT$220

本書逐文解讀《大悲心陀羅尼經》，並明析如何以十種心來誦持大悲咒及誦持方法，與日常修持法，幫助讀者迅速掌握經典心要。

千手觀音香

觀音妙香焚起了世界妙馨，大香焰雲如是的興起了，上達普陀洛迦山聖境……

千手觀音香以富森生木、蟻漏等頂級沉木原料精製而成，供此妙香，諸佛福佑、龍天喜護。

- 千手觀音聖菩提香 NT$16,800
- 千手觀音大慈悲香 NT$7,000
- 千手觀音福德寶香 NT$5,600

觀音吉祥寶扇 NT$399

大悲的風啊！
是觀世音菩薩大悲的廣大自在……

由國際禪畫藝術家洪啟嵩禪師書寫梵文、中文大悲咒的觀音扇，搧出觀世音菩薩的大悲咒風，吹著身者，能除一切惡業重罪，蒙獲福佑，常生佛前。

長扇：33cm，適合家用、供養
短扇：23cm，適合隨身攜帶

大悲心陀羅尼複方精油香氛寶扇禮盒 NT$1230起

以檀、沉及頂級精油配方，使人回歸本心。有滴式精油及噴式香氛可選擇，可搭配觀音扇、口罩香氛扣、薰香機使用。

大悲心音・和平地球頌鉢

由印度三百年手工製鉢廠精心製作，鉢身刻有藥師佛、釋迦牟尼佛種子字，及「和平地球」字樣。配合人體七種脈輪、七種音頻，音療養生。大悲心音，上供諸佛，妙音齊頌和平地球。

欲瞭解本頁觀音生活系列產品，歡迎至全佛門市 - 心茶堂體驗，洽詢電話 02-22198189。
全佛網站 www.buddhall.com

觀音傳十萬史詩系列2

千手觀音

作者　洪啟嵩
發行人　龔玲慧
藝術總監　王桂沰
執行編輯　彭婉甄、莊慕嫺
梵字校正　劉詠沛
謄稿校對　鄭燕玉、柯牧基、詹育涵
美術編輯　張育甄
封面設計　王桂沰
梵字墨寶　洪啟嵩
佛像畫作　洪啟嵩
出版　全佛文化事業有限公司 http://www.buddhall.com
訂購專線：(02)2913-2199 傳真專線：(02)2913-3693
匯款帳號：3199717004240 合作金庫銀行大坪林分行
戶名／全佛文化事業有限公司
E-mail:buddhall@ms7.hinet.net
全佛門市：覺性會館•心茶堂／新北市新店區民權路 88-3 號 8 樓
門市專線：(02)2219-8189
行銷代理　紅螞蟻圖書有限公司
台北市內湖區舊宗路二段 121 巷 19 號（紅螞蟻資訊大樓）
電話：(02)2795-3656 傳真：(02)2795-4100

初版　二〇二二年六月
定價　新台幣一二〇〇元
ISBN 978-626-95127-3-7（精裝）

國家圖書館出版品預行編目（CIP）資料

千手觀音 / 洪啟嵩著 . -- 初版 . -- 新北市：全佛文化事業有限公司 , 2022.06
面；　公分 . --（觀音傳十萬史詩系列；2）
ISBN 978-626-95127-3-7(精裝)
1.CST: 觀世音菩薩 2.CST: 佛教傳記 3.CST: 通俗作品

229.2　　111007817

Published by BuddhAll Cultural Enterprise Co.,Ltd